Sigrid-Maria Größing · Starke Frauen – schwache Männer

Sigrid-Maria Größing

Starke Frauen – schwache Männer

Von Kleopatra bis Wallis Simpson

Meiner Tochter Gudrun gewidmet,
von der die Idee zu diesem Buch stammt

ISBN 3-218-00610-4
Schutzumschlagentwurf: Kurt Rendl, Wien
Schutzumschlagbilder: Wallis Simpson (Weidenfeld & Nicolson, London, aus
„Wallis & Edward Letters"), Madame de Pompadour (Bildarchiv der Öster-
reichischen Nationalbibliothek, Wien), Isabella von Kastilien (Palacio Real,
Madrid).
Satz: Bernhard Computertext, Wien
Repro: Repro Wohlmuth Ges. m. b. H., Wien
Druck und Bindung: Wiener Verlag, Himberg bei Wien

Inhalt

5

Vorwort

»Starke Frauen – schwache Männer«: ein Gegensatz, der in der Geschichte scheinbar selten aufscheint, da es bis in unsere heutige Zeit eher ungewöhnlich ist, Frauen im Scheinwerferlicht der Öffentlichkeit zu finden. Die Frau im Hintergrund aber, als Mutter möglichst vieler Kinder, als Gefährtin, Beraterin, manchmal auch als »graue Eminenz« der Mächtigen, ist durchaus in der Männergesellschaft akzeptiert worden, die jahrhundertelang das Wohl und Wehe auf unserer Welt bestimmt hat.

Alle anderen Rollen sind den Frauen verwehrt gewesen, den meisten – aber nicht allen. Nur ganz selten standen Frauen im Vordergrund, um Politik in großem Stil zu machen. Herrscherinnen wie Maria Theresia oder Victoria von England sind genauso bekannt wie Katharina von Rußland oder Elizabeth I. von England. Von diesen »starken Frauen« soll in diesem Buch nicht die Rede sein; ihre Biographien füllen ganze Bibliotheken.

Andere Frauen, stark in ihrem Denken, Fühlen, in ihrer sexuellen Ausstrahlung und ihrem Reiz, haben ihren Platz in der Geschichte gefunden, genauso wie die Männer an ihrer Seite, die durch die Dominanz ihrer Frauen scheinbar zur Bedeutungslosigkeit herabgesunken sind. Aber Gegensätze sind im menschlichen Leben immer unerläßlich gewesen, sie ziehen einander nicht nur an, sie können sich im Idealfall auch ergänzen und Großes bewirken. Die Stärke des einen geht nicht zwangsläufig mit der Schwäche des anderen Hand in Hand.

Manchmal jedoch haben Frauen ihre Männer an Bildung, Kunstsinn, an Weitblick und Diplomatie bei weitem übertroffen, wie Isabella d'Este, die Marquise von Pompadour oder Sophie von Bayern, die Mutter von Kaiser Franz Joseph. Daneben waren Zielstrebigkeit und ungewöhnliche Konsequenz nötig, wie etwa bei Wallis Simpson: Eigenschaften, die ihr den Weg an die Seite des ehemaligen englischen Königs ebneten.

Es sind viele verschiedene Wesenszüge, die so manche Frau neben ihrem zurückhaltenden Mann stark erscheinen lassen. Dabei ist den meisten Damen von hohem Geblüt der Zufall zu Hilfe gekommen, denn nur einer einzigen Herrscherin – Isabella von Kastilien –, die als »stark« in die Geschichte eingegangen ist, war es vergönnt, ihren Lebenspartner selbst aussuchen zu können. Sonst hat die Heiratspolitik der Eltern die Ehepartner bestimmt. Nur durch eine glückliche Fügung des Schicksals haben manche Frauen die Möglichkeit erhalten, sich außerordentlich zu entfalten. Ein überaus starker Wille, unendliche Kraft und Geduld, gepaart mit Intelligenz und Feingefühl waren die unerläßlichen Voraussetzungen dafür, um sich in einer von Männern dominierten Welt zu behaupten und Anerkennung zu finden.

Es war eine Tragik für alle Frauen früherer Zeiten, daß das Tun und Wirken solcher Ausnahmeerscheinungen nicht in das Bewußtsein des »einfachen« Volkes gedrungen ist. So sind die dynamisch-aktiven Damen, die »starken Frauen«, eine Ausnahme in der Geschichte geblieben. Sie paßten ganz einfach nicht in das Klischeebild, das man sich von einer Frau machte. Mit ihrer Art, zu handeln, haben sie für kurze Zeit die Ordnung der Welt gestört. Trotz ihrer Stärke ist es ihnen nicht vergönnt gewesen, den Sieg über die vielen »schwachen Männer« davonzutragen und die Situation der Frau von Grund auf zu ändern und zum Besseren zu führen.

Sigrid-Maria Größing

Das »ewig Weibliche« zog ihn hinab...

KLEOPATRA UND MARC ANTON

Ein Raunen ging durch die dichtgedrängte Menschenmenge vor dem Forum Romanum, dort, wo der große Caesar jahrelang Politik gemacht, wo man ihm zugejubelt hatte und von wo der geniale Feldherr zu seinen Triumphzügen aufgebrochen war. Hier an diesem Ort, der zeit seines Lebens eine so wichtige Rolle gespielt hatte, hier lag er nun, regungslos, bedeckt mit der blutverschmierten Toga; sie sollte die Wunden verbergen, die ihm seine engsten Freunde und Vertrauten zugefügt hatten. Das wächserne Gesicht leuchtete fahl in der warmen Frühlingssonne, und der Holzstoß, in dessen Flammen der Körper des einst gefeierten Mannes vergehen sollte, war schon aufgeschichtet. Alle waren zur Leichenfeier gekommen, Männer und Frauen, Reiche und Arme, Freund und Feind, Gaffer und Nichtstuer. Dieses Schauspiel wollte sich niemand entgehen lassen, obwohl die Situation in der Stadt nach der Ermordung des Diktators höchst unsicher schien. Was kommen würde, wußte im Augenblick niemand so recht. Sollte man den Tod Caesars bejubeln, so wie es die Verschwörer wollten, sollte man den Gerüchten Glauben schenken, daß er tatsächlich die Macht an sich hatte reißen wollen, die Krone angestrebt hatte? Oder sollte man die feigen Attentäter verdammen, die einen der besten und ehrenwertesten Römer hinterhältig gemeuchelt hatten? Würde durch seinen Tod nicht wieder ein Bürgerkrieg beginnen, der die mühsam erreichte Ordnung in der Stadt und auf dem Land in Chaos verwandelte? Wußte man denn heute noch, wer morgen vielleicht schon als Feind die Tore einsprengen würde? Die Auspizien, die Vorzeichen, die man aus Opfern und aus der Vogelschau herauslesen konnte, waren denkbar ungünstig. Kurz nach dem Mord auf dem Forum waren Gerüchte aufgetaucht und durch andere, schreckliche Vorhersagen bestätigt worden. Wer immer irgend etwas wußte oder sich einfach etwas zusammenreimte, der

9

wurde umdrängt, denn man wollte die neuesten Berichte hören, man wollte wissen, wie es zu dem Mord gekommen war, wie die Senatoren ihre unter der Toga verborgenen Dolche herausgezogen hatten, einer nach dem anderen, und wie sie zugestoßen hatten, Dutzende Male, Brutus allen voran, der Freund und Vertraute Caesars.

Unmittelbar nach der Schreckenstat war in Rom Panik ausgebrochen. Zunächst war es den Mördern gelungen, öffentlich kundzutun, warum es unumgängliche Notwendigkeit gewesen sei, Caesar auszuschalten. Aber je mehr Zeit verstrichen war, desto kritischer wurden die Stimmen, die sich heftig gegen das Attentat aussprachen. Und als der Tag der Bestattung bekanntgegeben wurde, ließ es sich keiner nehmen, an der Feier teilzunehmen. Man wollte nicht nur den Scheiterhaufen lodern sehen, man war auch an den Leichenreden interessiert; wer würde die letzten ehrenden Worte für den Toten sprechen?

Die Feier war im Gange, die Zeremonie lief ab, wie das Gesetz es befahl, als sich ein Mann den Weg durch die Menge bahnte, den alle in Rom kannten: Hochgewachsen, das Haupt stolz erhoben, den Blick zielsicher auf die Rednertribüne gerichtet, schritt er durch die Menge, um seinem Vorbild, Freund und Weggenossen die letzte Ehre zu erweisen: Marcus Antonius, Reitergeneral und Konsul, Mitkämpfer Caesars, Lebemann und Liebling der Frauen. Er hatte alle Hebel in Bewegung gesetzt, um auf dem Forum die Leichenrede halten zu können; das war der richtige Ort, seine politischen Ziele bekanntzugeben: *Er* wollte der Erbe Caesars werden. Keine Gelegenheit war günstiger. Marcus Antonius schätzte die Stimmung der Menge richtig ein: Wenn es ihm gelang, den Römern die Mörder als heimtückisch und eigennützig hinzustellen, dann würde die öffentliche Meinung umschwenken, und er konnte sich als Retter des Vaterlandes präsentieren.

Marc Anton stieg die Stufen zur Rednertribüne hinauf und hielt oben kurz inne. Sein Blick glitt über die Menschenmenge und blieb an der blutverschmierten Toga Caesars hängen. Dann schien es, als habe er sich gefaßt, und er begann eine Rede, die das Volk von Grund auf aufwühlte. Ja, er hatte recht, wenn er sagte, daß kein besserer Römer je gelebt hatte als der große Caesar! Seine ganze Liebe hatte er dem Volk geschenkt. Welcher Herrscher von Rom hatte jedem einzelnen Bürger der Stadt schon jemals bare Münze vermacht, wer seine Gärten dem Volk zur Verfügung gestellt? Und dieser Mann, der alle geliebt hatte, dieser Mann war

10

von treulosen, hinterhältigen und gewinnsüchtigen Männern meuchlings umgebracht worden! Empörung ergriff die Menge, man ballte die Fäuste drohend gegen die Senatoren, die krampfhaft versuchten, gute Miene zum bösen Spiel zu machen. Bewegung kam in die Massen, einige versuchten nach vorne durchzudringen, wo die Mörder Caesars schon das Weite suchten. Der Redner hatte sein Ziel erreicht: nicht Brutus und Cassius, die Anführer der Verschwörung, er, Marcus Antonius, würde das Erbe Caesars antreten können.

Schon lange Zeit war Marcus Antonius in Caesars Diensten gestanden, war ihm in vielfacher Weise verbunden. Caesar hatte bald die Fähigkeiten des jungen, dynamischen Mannes erkannt, der die Reiterei von einem Sieg zum anderen geführt hatte. Er merkte, daß die Soldaten den vitalen jungen Mann bewunderten und ihm blind ergeben folgten. Marc Anton war ein Haudegen, ein Teufelskerl, dem alles gelang, was er anpackte. Es gab für ihn weder Maß noch Ziel, und das war es, was den Legionären imponierte. Hatte er mit seinen Leuten einen Sieg errungen, dann gab es für ihn kein Halten mehr: Tagelang ließ er sich mit Wein vollaufen, bis er nicht mehr stehen konnte; mitten unter seinen Soldaten grölte er in bacchantischem Taumel schlüpfrige Lieder und verlangte nach möglichst ordinären Frauenzimmern. Niedrigste Genüsse aller Art zogen ihn an, ebenso wie primitive Menschen, mit denen er dann den Becher der Freundschaft leerte. Er hatte nichts Aristokratisches an sich, er war ein hemmungsloser Genießer.

Dies alles wußte Caesar, als er ihn zum Reitergeneral ernannte; er wußte aber auch, daß die Legionen für Marc Anton durchs Feuer gehen, ja, ihr Leben hingeben würden. Auch für Caesar kämpften die Soldaten bis zum letzten Mann, weil sie die persönliche Tapferkeit des Diktators kannten und schätzten, weil sie wußten, daß sie Caesar niemals in ungewisse Abenteuer stürzen würde, weil sie den großen Menschen in ihm erahnten, dem sie sich anvertrauen konnten. Caesar war ein gebildeter, kunstsinniger Staatsmann, weit mehr als ein bloßer Feldherr; er ordnete den Staat und schuf die Grundlagen für ein blühendes Zeitalter.

Diese zwei grundverschiedenen Menschen kamen immer wieder in Verbindung, zogen einander an, um sich bald darauf wieder abzustoßen. Zu extrem erschien Caesar der Charakter des Marc Anton, zu animalisch und triebhaft, aber auch zu pietätlos. Und immer wieder war es zwischen den beiden zu schweren Auseinandersetzungen gekommen. Als Caesar seinen Rivalen, den großen Pompejus, in der Schlacht bei Pharsalus besiegt hatte und erleben mußte, daß man diesen tapferen Römer, der durch die Wirren des Schicksals zu seinem Feind geworden war, hinterrücks und gemein ermordet hatte, ließ er dem toten Gegner alle Ehren erweisen, seinen prachtvollen Besitz in Rom aber zum Verkauf anbieten. Marc Anton war es, der die Villa in einer Augenblickslaune erwarb, noch bevor er recht wußte, wie er die Villa und die Gärten bezahlen sollte. Mit ihm zogen allerhand zweifelhafte Gestalten, Kumpane seiner wilden Nächte, in die herrlichen Räume des Pompejus. Die Sklaven mußten die Gewölbe öffnen, in denen die besten Falerner Weine neben den Amphoren mit ausländischen Sorten wie Sizilianer, Chier und Lesbier lagerten. Marc Anton überließ den Dirnen, Schauspielern und Zechprellern, Würfelspielern und Schuldenmachern die prachtvolle Villa und amüsierte sich, selbst schon trunken, wenn die kunstvollen Statuen und Silbergeräte des Pompejus von seinen Freunden im Rausch zerschlagen wurden. Das einstmals herrliche Haus glich bald einem Schlachtfeld, der Fußboden war besudelt, die Seidenkissen zerfetzt, beißender Gestank durchzog die Räume.

Natürlich kam dieses Treiben Caesar zu Ohren. Empört forderte er Marc Anton auf, endlich den vollen Preis für den Landsitz zu bezahlen. Damit hatte Antonius nicht gerechnet. Hatte er nicht ein Recht auf die Villa, hatte er nicht tapfer und erfolgreich in Ägypten gekämpft? Als er aber merkte, daß er bei Caesar auf taube Ohren stieß, verwandelte sich sein Argumentieren in blanke Wut. Alles Hadern, Schimpfen und Fluchen half jedoch nichts, er mußte zahlen. Marc Anton versuchte das inzwischen völlig verwüstete Haus zu versteigern, um die entsprechenden Mittel aufbringen zu können, aber schließlich kam ihm ein Umstand zu Hilfe, der ihn im letzten Moment vor Schimpf und Schande bewahrte: Caesar unternahm einen Feldzug nach Spanien und hatte deshalb Wichtigeres zu tun, als sich weiter mit Antonius zu zanken.

Bald nach der Rückkehr Caesars aus dem Westen kam es zwar zu einer Aussöhnung der beiden Männer, aber Caesar erkannte, daß man den ungestümen jungen Mann an der kurzen Leine führen mußte, sollte er als Konsul nicht zur Gefahr für den römischen Staat werden. Eine straffe Hand mußte ihn leiten, er durfte sich nicht nach Lust und Laune entfalten. Wahrscheinlich war dies auch der Grund, daß Caesar nicht den Glücksspieler Marc Anton zum Erben und Nachfolger bestimmte, sondern einen Mann ganz anderen Kalibers, dessen Werdegang er schon seit langem verfolgt hatte: Seine Wahl fiel auf den Sohn seiner Nichte Atia, auf Caius Octavianus. Es war eine schwere Entscheidung für den alternden Staatsmann und Feldherrn. Das Schicksal hatte ihm in seinen ehelichen Verbindungen mit Töchtern aus vornehmen, traditionsreichen Familien nur eine einzige Tochter, Julia, geschenkt, deren frühen Tod er nie ganz verwunden hatte. Immer hatte er auf einen Sohn gehofft, und es war ihm auch einer geboren worden, das Kind einer großen, leidenschaftlichen und beinahe letzten Liebe: Caesarion, der Sohn Kleopatras, der jungen ägyptischen Königin. Kleopatra hatte viele Gründe gehabt, Caesar in ihren Bann zu ziehen. Sie hatte große Ziele: sie wollte als Königin von Ägypten herrschen und nicht zulassen, daß ihr Bruder und Gatte Ptolemäus XIV. sie vom Königsthron verdrängte. Nach alter Tradition des Hauses war sie mit ihrem vierzehnjährigen Bruder vermählt worden; Geschwisterehen sollten den Bestand der Dynastie der Lagiden absichern. Das Erbe, das aus diesen Verbindungen erblühte, war schrecklich: Mord, Totschlag, Haß und Hetze waren die Folgen der Inzucht. Alle Schlechtigkeiten dieser Welt fanden sich in dieser degenerierten Familie, die sich damit brüstete, daß ihre Vorfahren von dem berühmten Feldherrn Alexanders des Großen, Ptolemäus I. Soter, abstammten. Auch die beiden Geschwister Kleopatra und Ptolemäus kämpften gegeneinander einen verzweifelten Kampf um die Macht. Keiner von beiden wußte, welch üble Taktik der andere für den nächsten Tag geplant, wen er als Mörder gedungen hatte, welches Gift schon gebraut und welcher Dolch schon geschliffen worden war.

Caesar war wegen Pompejus nach Ägypten gekommen, zuerst als Verfolger und dann als sein Rächer. Natürlich wußte auch er vom Kampf der Geschwister und hatte die Absicht, Ruhe und Ordnung in Alexandria wieder herzustellen; er wollte Kleopatra und Ptolemäus vorladen, um gleichsam als neutraler Dritter Recht zu sprechen. Ägypten gehörte schon seit längerer Zeit zur Einflußsphäre der Römer, ja, der Vater Kleopatras und Ptolemäus' hatte sich nur mit ihrer Hilfe in Alexandria halten können. Ptolemäus XIII., der ebenso wie seine Vorgänger ein undurchschaubares Ränkespiel getrieben hatte, hatte das Land durch seine persönlichen Laster an den Rand des Abgrunds gebracht. Nach seinem Tod im Jahre 51 brachen sofort zwischen den Geschwistern Erbstreitigkeiten aus. Aber die Zwistigkeiten waren natürlich keine rein familiäre Angelegenheit, da sowohl Kleopatra als auch ihr Bruder zahlreiche Anhänger im Volk hatten. Ein Bürgerkrieg konnte nur dadurch verhindert werden, daß die Römer ein Machtwort sprachen.

Caesar aber hatte nicht mit der politischen Schlauheit und der Raffinesse Kleopatras gerechnet. Natürlich hatte sie erfahren, daß der Mann, der die Fünfzig bereits überschritten hatte, nach wie vor weiblicher Schönheit nicht widerstehen konnte. Sie mußte sich ihm zur richtigen Zeit und in der richtigen Weise präsentieren; sie mußte für ihn unwiderstehlich sein, dann konnte sie ihres Sieges sicher sein.

Als vor dem Feldherrn langsam ein kostbarer Teppich entrollt wurde, dem eine junge, bezaubernde Frau entstieg, glaubte sich Caesar in einem erotischen Traum. Auch wenn Kleopatra nicht im landläufigen Sinne schön war, so ging doch eine Faszination, ein Reiz von ihr aus, der jeden Mann umfing und dem nicht nur ein Caesar erlag. Von der ersten Nacht an war ihr der römische Feldherr verfallen. In Alexandria erlebte Caesar einen Rausch der Sinnlichkeit, für den er seine Sicherheit, ja sein Leben aufs Spiel setzte. Ganz gegen seine sonstige Gewohnheit verschob er die Abreise immer wieder, um in den Armen seiner Geliebten das süße Leben und das Nichtstun bis zur vollen Neige genießen zu können. Er entschloß sich erst, nach Rom zurückzukehren, als durch den Tod ihres Bruders der Thron für Kleopatra endgültig gesichert war.

Als der Feldherr Ägypten und Kleopatra verließ, wußte er, daß die junge Königin ein Kind von ihm erwartete. In Rom erreichte ihn die Nachricht, daß ihm ein Sohn geboren worden war, ein Sohn, den er sich so lange gewünscht hatte. Aber zu sehr war Caesar stolzer Römer, als daß er dieses Kind als ebenbürtig, als gleichberechtigt ansehen hätte können. Niemals würde Caesarion, wie der Knabe dem Vater zu Ehren genannt worden war, das Erbe des Vaters in Rom antreten können. Caesar war zwar in den Bann der schönen Königin geraten, aber er blieb im Innersten doch der politisch kühle Kopf. Daher konnte er es auch wagen, Kleopatra mit dem neugeborenen Sohn nach Rom kommen zu lassen, ohne einen Skandal zu riskieren. Immerhin war Caesar ja offiziell mit Calpurnia verheiratet, die wahrscheinlich von all den Vorgängen, die sich im fernen Afrika zugetragen hatten, durch die nie verstummenden Gerüchte, die in Rom die Runde machten, gehört hatte.

14

Während Caesar in Rom wenig Zeit für Kleopatra fand – sie wohnte in einem prachtvollen Landhaus außerhalb der Stadt –, beschäftigten ihn immer mehr die Gedanken, wer sein Nachfolger werden sollte. Seine Kräfte hatten unter den Strapazen, denen sein Körper auf den beschwerlichen und langen Feldzügen ausgesetzt gewesen war, allmählich zu schwinden begonnen. Octavian war es, der seinen Vorstellungen von einem gebildeten Römer am meisten entsprach; zwar war der Jüngling noch reichlich unerfahren, aber Caesar hatte die Absicht, den Großneffen in seine Schule zu nehmen und aus ihm einen brauchbaren Staatsmann zu machen.

Das Schicksal aber hatte es anders gewollt. Jäh durchbohrten die Dolche der Mörder die Pläne des großen Imperators; mit einem Mal, gleichsam über Nacht, wurde aus dem unerfahrenen, unbekannten Jüngling der Erbe des großen, reichen Mannes. Ein Bote seiner Mutter Atia brachte die Hiobsbotschaft vom Tod des Onkels nach Apollonia, wohin Octavian mit den Legionen gezogen war. Er sollte sofort nach Rom zurückkehren, denn man konnte nicht wissen, wie sich die Lage entwickelte. So wollte es die Mutter, und so wollte es auch Caius Octavianus. Die Tragödie hatte ihn stark gemacht, und er fühlte sich der Verantwortung gewachsen, die nun auf ihn zukam. Wie ein Mann trat der Siebzehnjährige vor die parthischen Legionen, die ihm sofort ihre Dienste anboten. Aber die Überlegung, mit militärischer Bedeckung nach Rom zu ziehen, verwarf Octavian so schnell, wie sie ihm gekommen war. Er hielt es für ratsamer, unerkannt als Privatmann die Situation zu beobachten und abzuwarten, wie sich die Dinge entwickeln würden.

Als Octavian die Tore Roms durchschritt, soll sich ein Ring von schillernden Regenbogenfarben rund um die Sonne gebildet haben, ein Omen, das vom Volk als Zeichen künftiger Größe gedeutet wurde. Der Praetor der Stadt, Caius Antonius, ein Bruder des Marcus Antonius, trat auf Octavian zu und verkündete ihm, daß sein Großonkel Caesar ihn, Caius Octavianus, zum Erben eingesetzt habe. Ob Octavian von den Plänen Caesars gewußt hatte, ob er überrascht oder bewegt war, darüber gibt es keine Nachricht. Fest steht nur, daß er erklärte, er werde das Erbe annehmen. Alles, was im Augenblick und in der Zukunft geschah, wurde von Octavian genau kalkuliert; sein scharfer Verstand beherrschte sein Tun, Spontaneität und Emotionen waren ihm fremd. Und wenn man sich auch zunächst über den unscheinbaren, schmächtigen jungen

15

Mann wunderte und über die weitreichenden Entscheidungen, die er traf, erstaunt den Kopf schüttelte, erkannte man doch sehr bald, daß alles, was er plante, genau durchdacht war.

Octavian war das genaue Gegenteil von Marc Anton. Beide zusammen hätten sich wohl ergänzt, hätte es im Spiel um die Macht so etwas wie eine echte Doppelfunktion gegeben; aber bei diesen im Alter und in der Erscheinung so unterschiedlichen Männern ging es um Sein oder Nichtsein, wenngleich sie durch das Gebot der Stunde gezwungen waren, zunächst ihre Antipathien zu verbergen. Es galt, das Volk von Rom für sich zu gewinnen, jenes Volk, das sich in nichts vom Pöbel zu allen Zeiten unterschied: heute ließ es die Mörder Caesars hochleben, im nächsten Augenblick forderte es den Tod der Verschwörer. Wer immer es verstand, dem Volk ein Spektakel zu bieten, dem jubelten die Massen zu, den erklärten sie zu ihrem Führer.

Beiden, Marc Anton und Octavian, war die Rolle, die das Volk von Rom für ihre persönliche und politische Zukunft spielen würde, völlig klar. Aber auch Caesars Mörder versuchten die Massen hinter sich zu versammeln. Ein Kampf um die Macht, ein Kampf auf Leben und Tod begann nach den Iden des März im Jahre 44. Der Staat, den Caesar scheinbar geordnet hatte, drohte durch den Machtanspruch einzelner Männer und deren Sympathisanten ins Chaos zu stürzen.

Nach der Leichenrede Marc Antons auf dem Forum hatten die Verschwörer Brutus und Cassius das Weite gesucht und waren mit einigen Legionen, die sich hinter sie gestellt hatten, in den Orient gegangen. Von dort aus wollten sie aus sicherer Entfernung die Entwicklung in Rom abwarten. Zunächst schien es, als würde Marc Anton alle Fäden in der Hand halten, auch nachdem Caius Octavianus in der Stadt aufgetaucht und zum Erben Caesars erklärt worden war. Da das Testament öffentlich verkündet worden war, interessierte das römische Volk vor allem, was jeder einzelne aus dem Besitz des großen Caesar geerbt hatte, weniger, wie die beiden, Antonius und Octavian, sich endgültig einigen wollten. Schließlich wurde Caius Octavianus kraft des Testaments seines Großonkels vom Volkstribun Lucius Antonius öffentlich am 9. Mai 44 (nach römischer Zählung 710 a.u.c.) zum Caesar erklärt. In den folgenden Tagen strömten Tausende Menschen in die prachtvollen Gärten am Tiber, die Caesar dem Volk von Rom zur Erholung und Unterhaltung vermacht hatte. Außerdem sollte jeder Bürger von Rom 300 Sesterzen – für viele ein kleines Vermögen – aus der Privatschatulle Caesars erhalten. Welch großen Menschenfreund hatten die Meuchelmörder hingestreckt! Einen edleren Menschen hatte es in Rom noch nie gegeben! Als Octavian allerdings die 25 Millionen Sesterzen an die Römer auszahlen wollte und sich an Antonius wandte, der alle Verbindlichkeiten geregelt hatte, um das Geld zu erhalten, antwortete dieser kurz und bündig, es seien keine baren Geldmittel vorhanden, nur Schulden. Octavian war in einer Zwangslage. Die Machenschaften Marc Antons hatte er sehr wohl durchschaut; er wußte aber auch, daß er das Volk von Rom unter allen Umständen auf seine Seite bringen, daß er das versprochene Geld auszahlen mußte, um sich die Herzen der Römer zu sichern. So ging er daran, den gesamten Grundbesitz Caesars zu verkaufen, und als er merkte, daß noch immer nicht genug Mittel da waren, um das Volk befriedigen und auch die versprochenen Spiele abhalten zu können, da griff er auf seinen Familienbesitz zurück und zahlte alles aus eigener Tasche.

Brot und Spiele, dafür gab das Volk von Rom seine Seele. Brot hatte Octavian bereits verteilt, und die Spiele sollten – koste es, was es wolle – folgen. Seine Freunde erkannten die Gunst der Stunde und unterstützen ihn, so gut sie konnten. Das Theater war zum Bersten voll, als Octavian mit seinen Leuten erschien, um vom goldenen Sessel aus, auf dem Caesar in den letzten Lebensjahren gethront hatte, wenn er zum Volk sprach, eine Rede zu halten. Die mit Edelsteinen besetzte goldene Krone, die Octavian ebenfalls von Caesar geerbt hatte, hatte er wohlweislich nicht mit ins Theater genommen. Kaum waren die ersten Worte über seine Lippen gekommen, als Marc Anton im Theater erschien, Caius Octavianus in aller Öffentlichkeit von den Liktoren am Reden hindern ließ und ihm androhte, ihn ins Gefängnis werfen zu lassen. Die Situation schien für den jungen, ehrgeizigen Mann von Tag zu Tag unangenehmer zu werden, wenn er nicht Mittel und Wege zu einem Ausgleich mit dem Rivalen fand.

Octavian glaubte ein Leben lang an besondere Zeichen, die von Caesar aus dem Jenseits geschickt worden seien. So berührte es ihn seltsam, daß während der Spiele sieben Tage lang ein Komet am Himmel zu sehen war. Es war nicht schwer, dem leichtgläubigen Volk einzureden, dies sei ein untrüglicher Wink des großen Caesar, der unter die Sterne versetzt worden war. Gab der tote Diktator nicht selbst das Zeichen, wer der Herr in Rom werden sollte?

17

Aber noch hatte Marc Anton eine unübersehbare Zahl von Anhängern und Freunden, noch fehlte es Octavian an treuergebenen Soldaten, die ihm die unumschränkte Macht sichern konnten, noch lebten die Mörder Caesars.

Und noch lebte Kleopatra mit ihrem Sohn Caesarion in ihrem Landhaus außerhalb von Rom. Keiner der beiden um die Macht ringenden Männer verschwendete wahrscheinlich auch nur einen Gedanken an diese Frau, die zum Greifen nahe war und die nur zu bald das römische Weltreich ins Wanken bringen sollte.

Marc Anton hatte die ägyptische Königin wahrscheinlich schon bei seinem Feldzug nach Ägypten kennengelernt, den er als Reitergeneral unternommen hatte, um den Vater Kleopatras zu unterstützen. Wie nah sich die beiden damals gekommen waren, ist in keiner Chronik vermerkt. Während der Zeit allerdings, die Kleopatra als Geliebte Caesars in der Nähe Roms lebte, dürfte ihr Marc Anton wohl kaum seine Aufwartung gemacht haben. Vielleicht fürchtete er auch die Eifersuchtsszenen, die ihm seine Frau Fulvia wegen seiner zahlreichen Amouren ohnehin ständig machte. Und Caius Octavianus hatte zunächst ganz andere Sorgen und Probleme, als sich um die ehemalige Geliebte seines Großonkels zu kümmern.

Kleopatra hatte lange hin und her überlegt, wie sie sich nach Caesars Tod am besten verhalten sollte. Würde man sie und ihren Sohn gefangensetzen, mußte sie um ihr Leben bangen? Als sie aber merkte, daß die Situation in Rom immer verworrener wurde, daß keiner mehr so richtig wußte, für wen er sich am nächsten Tag entscheiden sollte, da beschloß sie, möglichst rasch und unauffällig mit Caesarion die Stadt zu verlassen und sich nach Ägypten einzuschiffen. Freilich war ein solches Unternehmen nicht ohne Risiko, da keineswegs sicher war, wie man sie in Alexandria empfangen würde.

Auf hoher See ließ Kleopatra ihren letzten noch lebenden Bruder, Ptolemäus XV., mit dem sie nach dem Tod von Ptolemäus XIV. offiziell verheiratet worden war und der mit ihr gemeinsam das Schiff bestiegen hatte, im Dunkel der Nacht ermorden. Caesar selbst hatte diese Ehe gestiftet, weil er es politisch für opportun hielt, die alten Sitten des ptolemäischen Hauses zu beachten. Freilich war der Junge nur eine Marionette von Ehemann gewesen, der weder das Schlafzimmer seiner Frau betreten noch sich sonst eheliche Rechte herausnehmen durfte. Kleopatra wußte aber, daß Ptolemäus ihr in Zukunft nur im Wege sein, ja zur Gefahr werden würde; allzu leicht konnte er – wie sein verstorbener Bruder – das Volk gegen sie aufwiegeln. Und so gab sie den Befehl zum Mord – ohne Bedenken, ohne Gewissen.

Nun betrat die Königin wieder den Boden Alexandrias, mit der festen Absicht, die Zügel der Macht endgültig an sich zu reißen und nie wieder loszulassen. Sie kam zurück als eine Frau, welche die weite Welt kennengelernt hatte, die mit dem mächtigsten Mann seiner Zeit eine leidenschaftliche Affäre gehabt und die an seiner Seite die einflußreichsten Leute von Rom kennengelernt hatte. Sie hatte dem Imperator seinen einzigen Sohn geschenkt, ein Unterpfand, das Caesar an sie gebunden hatte, solange er lebte. Noch hatten die Römer ihre eiserne, alles fordernde Hand nicht nach Ägypten ausgestreckt, noch akzeptierte man die Tochter des Auletes als Königin am Nil. Und Kleopatra hatte sich fest vorgenommen, diese Stellung zu behalten, koste es, was es wolle. Ägypten durfte unter gar keinen Umständen dem römischen Weltreich einverleibt, es durfte niemals römische Provinz werden! Obwohl Kleopatra ihre Ziele dem eigenen Volk klar zu erkennen gab, obwohl sich jeder Bürger bei einigem Nachdenken sagen mußte, daß die Königin mit ihren politischen Vorstellungen recht hatte, sah man sie doch mit mißtrauischen Augen an, und bald fing man an, sie zu hassen. Doch sie nahm wenig Notiz von der Stimmung im Volk; sie hatte ihre Ratgeber und ihre treuen Freunde, auf die sie sich verlassen konnte. Auf keinen Fall durfte sie sich jetzt auf eine Konfrontation mit den Römern einlassen; sie mußte in Ruhe und Besonnenheit abwarten, was das Schicksal ihr bringen würde.

Nach den vielen Monaten in Rom, in denen sie zurückgezogen und zurückhaltend gelebt hatte, gab sie sich dem Leben in der luxuriösen Stadt am Nil in vollen Zügen hin. Gegen die Abwechslungen und auserlesenen Genüsse, die das strahlende Alexandria bot, war das Leben in der Weltstadt Rom eintönig, beinahe trübselig gewesen. Was bedeuteten die Triumphzüge, die von Zeit zu Zeit über die Via Sacra zogen, was das Grölen des Pöbels beim Anblick der gefesselten Gefangenen, die hinter dem Triumphator in Ketten hergeschleppt wurden, was die Spiele, die zur Unterhaltung des gemeinen Volkes abgehalten wurden, was die Schmausereien der Reichen in ihren Landhäusern in der Campagna, was das süße Nichtstun in den kühlen, weiten Säulengängen oder in den marmornen Bädern gegen die üppigen Feste, die in Alexandria

19

beinahe tagtäglich ausgerichtet wurden und alles boten, was die überreizten Sinne noch aufnehmen konnten! Vom großen Alexander als Zentrum der Welt gegründet, bot Alexandria alles, was man sich an Lustbarkeiten nur vorstellen konnte. Die Schriftsteller und Dichter der Antike wurden nicht müde, die Schönheit der Paläste zu rühmen, Wunderwerke der Baukunst, Symbole eines Luxus, der nirgendwo sonst auf der Welt zu finden war. Vielfältige Kulturen begegneten hier einander, aber nicht, um sich zu bekämpfen, sondern um sich im friedlichen Wettstreit zu begegnen, zu ergänzen, zu vervollkommnen. Und so sehr auch die herrschende Schicht sittlich und moralisch verkommen war, so sehr wurden Philosophen und Gelehrte, Geschichtsschreiber und Dichter, Architekten und Mathematiker, Astronomen und Astrologen begrüßt und gefördert. Aus allen Teilen der Welt kamen sie und fanden hier in Alexandria nicht nur begeisterte Aufnahme, sondern auch alle Möglichkeiten für ihre Forschungen und Arbeiten. Besonders beliebt waren Künstler und Gelehrte aus Griechenland; Griechen waren es ja auch gewesen, die mit Alexander gekommen waren, um diese prachtvolle Stadt als Zentrum der griechischen Kultur in Nordafrika zu errichten. Gebildete bevorzugten noch immer die griechische Sprache, und es war in den ersten Familien der Stadt selbstverständlich, sich griechische Erzieher für die Kinder zu nehmen. Griechische, aber auch ägyptische Götter wurden verehrt und besaßen ihre prachtvollen Tempel, mit Gold und bunten Farben verziert. Neben solchen Anlagen, die den Gedanken auf das Jenseits richten sollten, gab es Gymnasien, in denen Jünglinge wie einst in Griechenland bis zu ihrem achtzehnten Lebensjahr ihre Körper nackt trainierten, wo die jungen Männer aber auch ihren Geist in der Diskussion mit den Lehrern auf allen Wissensgebieten schulen konnten. Gemeinsam besuchte man die berühmte Bibliothek, die größte und bedeutendste der damaligen Welt. Als Kleopatra nach der Ermordung Caesars in ihre Heimatstadt zurückkehrte, war die Bibliothek allerdings nicht mehr vorhanden, denn in dem Kampf um die Macht, bei dem sie von Caesar und seinen Truppen unterstützt worden war, war dieser einmalige Schatz mit seinen Abertausenden wertvollen Papyrusrollen ein Raub der Flammen geworden.
Alexandria war ein Schmelztiegel nicht nur der Kulturen, sondern auch der Rassen und Völker. Die Stadt wimmelte von braunhäutigen Syrern und schwarzgelockten Juden, von kraftstrotzenden

Nubiern vom Nil, von feilschenden Arabern und redegewandten Asiaten, aber auch von römischen Legionären und griechischen Kaufleuten. Selbst aus Indien und China war so mancher Händler nach Alexandria gekommen, denn der Ruf der Stadt hatte sich weithin verbreitet. Da das Meer vor der Küste tief genug war, hatte man einen Hafen erbauen können, in dem selbst große Schiffe vor Anker gingen. So gaben sich vor allem Händler aus aller Welt hier ein Stelldichein, und die Stadt zog ihren Nutzen aus den vielfältigen Geschäften.

Berühmte Wissenschaftler lebten in der Stadt, ebenso wie eine riesige Schar billigster Dirnen, die den fremdländischen Händlern und Seefahrern die Nächte versüßten. Steinreiche Kaufleute vergrößerten tagtäglich ihren Besitz durch exotische Handelswaren, daneben trieb sich bettelarmes Taglöhnervolk in den engen, heißen Gassen der Vorstädte herum und war froh, die billige Linsensuppe, die vor den Häusern in großen Kesseln gekocht wurde, erstehen zu können.

Die Geschäftigkeit des Tages wurde beinahe noch übertroffen von den Ausschweifungen der Nacht. Wenn die Sonne sank, dann erwachte in den Palästen der Reichen das Leben. Die Nacht brachte Abkühlung und verhieß Genüsse, die das Licht des Tages nicht zuließ.

In diese Stadt, in ihre Stadt, war die nun 25jährige Kleopatra zurückgekehrt. Aus sicherer Entfernung verfolgte sie die politischen Wirren in Italien, aus denen so bald blutiger Ernst wurde, den Kampf um die Macht, der sich schon bald abzuzeichnen begann. Als Handelsreisende verkleidete Späher brachten ihr Nachrichten aus Rom. So erfuhr Kleopatra auch von der gewaltigen Auseinandersetzung zwischen Octavian und Marc Anton, die in der Schlacht bei Mutina ihren Höhepunkt gefunden hatte. Obwohl hier der junge Octavian den Kampf für sich entscheiden konnte, war es ihm doch klar, daß Marc Anton noch immer viel zu viele Anhänger in Rom besaß. Nur ein Ausgleich konnte den politischen Weg des Octavian ebnen, bis es ihm gelang, die Macht an sich zu reißen.

Waren die charakterlichen und politischen Gegensätze der beiden Männer auch groß, in einem waren sie sich einig: Jeder von ihnen benötigte für seine Legionen, mit deren Hilfe er seine Macht zu festigen gedachte, für die Veteranen, die jahrelang gedient hatten, und für seinen persönlichen Lebensstil Geld, viel Geld. Und so lag es auf der Hand, daß man gemeinsam etwas unternehmen mußte, um an die nötigen Geldquellen heranzukommen. Im Triumvirat mit dem Konsul Lepidus verbunden, wollten die beiden Rivalen nun Gesetze nach eigenem Gutdünken verkünden. Wie dereinst Publius Cornelius Sulla erließ man sogenannte Proskriptionen, durch die politische Gegenspieler genauso aus der Welt geschafft werden sollten wie Menschen mit Geld und Gut. Lange Listen mit den Namen der Geächteten wurden an den Säulen und Hauswänden angeschlagen; jeder, dessen Name irgendwo aufschien, war vogelfrei. Ein Blutbad war die Folge dieser Aktion; der Nachbar erschlug den Nachbarn, der Freund war vor dem Freund nicht sicher. Man zerrte die Elenden aus ihren Häusern und schlug ihnen auf offener Straße den Kopf ab. Der Mob machte auch vor dem berühmten Redner und Philosophen Cicero nicht halt, ja, man schnitt dem Unglücklichen nicht nur das Haupt ab, man riß ihm auch seine berühmte Zunge heraus und durchstach sie mit Nadeln, um seine Redekunst noch im Tod zu verhöhnen. Die Besitzungen der Geächteten wurden auf Geheiß der Triumvirn eingezogen, und jeder konnte sich vorstellen, wer die Nutznießer dieser Gewaltaktion sein würden. Der republikanische Gedanke, für den Brutus und Cassius den Mord an Caesar begangen hatten, war mit Füßen getreten worden.

Kleopatra war über all diese Vorgänge im fernen Rom wohl unterrichtet. Nach außen hin vermied sie es, sich zu deklarieren. Sie lavierte geschickt, neigte sich einmal dem Emporkömmling und Glücksritter Dolabella zu, um dann zum Schein mit den Mördern Caesars, die im Orient Zuflucht gesucht hatten, zu sympathisieren. Kleopatra wollte und konnte warten. Sie ahnte, daß die Stunde nicht fern war, in der sie wieder übers Meer fahren würde, um einen der beiden Mächtigen in Rom in ihren Bann zu schlagen.

Der Tag, den die Königin herbeigesehnt hatte, kam früher, als sie gedacht hatte. Schon kurze Zeit nach der Schlacht bei Philippi, in der die Mörder Caesars Kampf und Leben verloren hatten, erschienen römische Gesandte in Alexandria, um Kleopatra vor Marc Anton zu laden, der in den Orient gereist war, um dort nach dem Rechten zu sehen. Man warf der ägyptischen Königin undurchschaubares Ränkespiel vor; nun sollte sie sich in Ephesus vor dem römischen Herrscher des Ostens verantworten. Nach der siegreichen Schlacht von Philippi hatten sich Octavian und Marc Anton darin geeinigt, daß Antonius den Osten unter römische

Kontrolle bringen sollte, während Caius Octavianus sich um die Versorgung der zahlreichen Veteranen in Italien kümmern würde. War Antonius auch in ärmlichen Verhältnissen aufgewachsen, so fühlte und gab er sich doch jetzt ganz als orientalischer Herrscher. Genuß und Luxus, das war es, was er immer und überall suchte. Schon als junger Mann hatte er seinen aufwendigen Lebensunterhalt wie sein Mentor Caesar als Lustknabe verdient; damals hatte ihn eine beinahe verhängnisvolle wollüstige Abhängigkeit mit Curius dem Jüngeren verbunden. Diese Liebesbeziehung war in Rom, wo man sich im Laufe der Zeit an alle möglichen sexuellen Abartigkeiten gewöhnt hatte, beinahe zu einem Skandal ausgeartet. So wurde Antonius vom Vater des Curius das Haus verboten, aber während die Wächter alle Türen und Tore in der Nacht fest verriegelten, schwang sich Antonius über das Dach zu seinem Geliebten. Marc Anton tat alles ohne Maß und Ziel. Er verführte Jungfrauen genauso wie tugendsame, treue Ehefrauen und brüstete sich damit in der ersten Gesellschaft Roms mit den zynischen Worten, daß die Frauen eigentlich nur den Männern zum Genuß geschaffen seien. Er suchte seine Lust und sein Vergnügen überall und fragte nicht, wer dabei sein Gefährte war, Dirnen oder Spieler, Gaukler oder Schauspieler. Jeder, der mit ihm Würfel spielte, der Soldatenlieder grölte, der zechte und praßte, bis sich das Morgenrot zeigte, war ihm willkommen.

Auch in Ephesus, wohin er sich mit seinen Legionen begeben hatte, führte er das Leben eines hemmungslosen Spielers. Mußte er politische Entscheidungen treffen, dann tat er dies spontan, aus Augenblickslaunen heraus. Dabei vergaß er, daß Octavian von Rom aus all seine Schritte genau registrierte. Noch waren sie Partner, aber der Weg, auf dem Marc Anton wandelte, konnte nur allzu leicht in den Abgrund führen.

Nur in einem einzigen Punkt berührten sich die Interessen der beiden Männer, hier waren sie beinahe gleich veranlagt: Beide liebten Frauen jeglichen Alters. Auch Octavian war kein Tugendbold, und so mancher Ehemann, der sich zu wenig um seine Frau kümmerte, mußte sich damit abfinden, daß der junge Triumvir ihm Hörner aufgesetzt hatte. Der schlanke junge Mann stand bei den Damen in hoher Gunst; ein Abenteuer mit ihm versprach heiß und leidenschaftlich zu werden, wenn es auch nicht ewig dauern würde. So war es nicht verwunderlich, daß er mit 25 Jahren schon zweimal geschieden war. Seine erste Frau Clodia war noch fast ein

Kind, als sie mit Octavian verlobt wurde; sie war die Tochter der später berühmt-berüchtigten Fulvia, der zweiten Frau Marc Antons. Octavian hatte also eine Stieftochter seines späteren Rivalen geheiratet. Eines Tages aber schickte er sie nach Hause, mit der Erklärung, sie sei noch Jungfrau – seltsam bei einem Mann, von dem in ganz Rom bekannt war, daß er vor allem Jungfrauen bevorzugte! Auch seine zweite Frau verließ der spätere Kaiser, gerade an dem Tag, an dem sie seine einzige Tochter Julia zur Welt brachte. Als Grund gab er an, das ewige Gezeter von Scribonia nicht mehr hören zu können. Wahrscheinlich aber hatte er schon längst ein Auge auf die Frau seines Freundes Tiberius Claudius Nero, auf die junge und schöne Livia, geworfen. Und obwohl Livia wieder in gesegneten Umständen war, – sie erwartete mit zwanzig Jahren das dritte Kind –, glaubte Octavian nicht mehr ohne sie leben zu können. Er veranlaßte den Ehemann, sich von Livia zu trennen und heiratete – ohne die vorgeschriebenen zehn Monate abzuwarten – die hochschwangere Livia. Beim Festmahl fehlte niemand, der in Rom Rang und Namen hatte; auch der ehemalige Gatte der Braut und Vater des zu erwartenden Kindes war geladen.

Es konnte nicht ausbleiben, daß über das Kind, das Livia nach nur dreimonatiger Ehe zur Welt brachte, und über dessen Väter in Rom Spottverse und -lieder im Umlauf waren. Octavian ließ das kalt; nach der Geburt des Knaben, bei der er anwesend war, ließ er ihn nach altrömischer Sitte auf den Boden legen; dann bückte er sich und hob ihn auf. Damit tat er kund, daß er das Kind, wenn er es auch nicht selbst gezeugt hatte, als Sohn annehme. Dann übergab er es einem Sklaven und schickte es zu seinem leiblichen Vater. Die Liebe Octavians zu Livia war dauerhaft und tief. An seiner Seite wurde sie zu einer der berühmtesten Frauen in der römischen Geschichte.

Octavian war noch kaum dreißig Jahre alt, hatte sich aber politisch seine Hörner abgestoßen. Er hatte schon in jungen Jahren jene Abgeklärtheit erreicht, die seinem politischen Gegenspieler und Rivalen ein Leben lang fehlen sollte. Dessen Leben in Asien glich indes einer Schwelgerei ohne Ende. Die satte Lust wäre vollständig gewesen, hätte ihm nicht die entsprechende Gefährtin gefehlt. Freilich mangelte es ihm niemals an willfährigen Damen, die nur allzu gerne bereit waren, sein Lager mit ihm zu teilen, aber die wahren Genüsse der Liebe sollte der römische Machthaber erst erfahren, als er die ägyptische Königin in seinen Armen hielt.

Römische Abgesandte waren in Alexandria erschienen, um Kleopatra vor Marc Anton zu laden. Man bezichtigte die Königin, in den vergangenen Jahren eine undurchsichtige Schaukelpolitik betrieben zu haben: Einmal sei sie auf Seiten der Anhänger des Pompejus gestanden, dann habe sie wieder die Mörder Caesars durch ihre Flotte unterstützt. Wahrscheinlich barg die Aufforderung des Triumvir Marc Anton an Kleopatra, nach Tharsos zu kommen, für die ägyptische Königin keine allzu große Überraschung. Insgeheim hatte sie damit gerechnet und vielleicht sogar darauf gehofft. Nun sollte Marc Anton ein unvergeßliches Schauspiel erleben, das er sich nicht einmal in seinen Träumen ausmalen konnte.

Kleopatra sagte zwar den römischen Abgesandten ihre Absicht zu, Antonius bald aufzusuchen, den Tag ihrer Ankunft aber ließ sie geheimnisvoll im dunkeln. Und obwohl Antonius selbst schon tagelang Ausschau nach der ägyptischen Flotte gehalten hatte, wurde er dennoch von der Ankunft der Königin überrascht.

Als der Mond schon hoch am Himmel stand, bot sich dem Römer ein unwirklich scheinendes Bild: Eine silberne Barkasse trieb langsam den Fluß hinauf. Auf dem Boot lagen in lässigen Posen Jünglinge und Jungfrauen, ganz in silberne Gewänder gekleidet; ihre Finger zupften die Saiten silberner Harfen und entlockten ihnen betörende Töne. Zum Klang der sphärischen Musik tauchten die Ruder in gleichmäßigem Takt in das schimmernde Wasser. In der Mitte der Barkasse aber thronte sie, Kleopatra, Königin von Ägypten, einer Venus gleich. Die halb durchsichtigen Gewänder enthüllten mehr, als sie verbargen, und ließen den Reiz eines sinnlichen Körpers ahnen. Das lange schwarze Haar fiel dicht auf die weißen Schultern, mit kostbaren Edelsteinen besetzte Spangen glitzerten im Mondlicht. Das war kein Mensch aus Fleisch und Blut, keine irdische Frau, die hier an Land gehen wollte, um Rechenschaft abzulegen; hier glitt eine Göttin ans Ufer, um sich unter die Menschen zu gesellen. Venus kehrte bei Bacchus ein.

Noch bevor die ägyptische Königin ihren Fuß an Land gesetzt hatte, überreichten ihr Boten Marc Antons die Einladung zu einem Gastmahl. Der Triumvir war sonst nicht der Mann, der sich Frauen gegenüber durch übertriebene Galanterie auszeichnete; hier aber spürte das Rauhbein, daß Kleopatra nicht die Frau war, die man mit einem Fingerschnippen auf die Lagerstatt werfen konnte; dieses Weib wollte nach allen Regeln der Verführungskunst erobert sein. Daß es Kleopatras einziges Ziel war, ihn, den

Sinnenmenschen, so zu fesseln und von sich abhängig zu machen, daß er allmählich zu ihrer Marionette werden mußte, erkannte er nicht. Und damit war sein Schicksal besiegelt. Der römische Machthaber hatte Kleopatra in die Falle locken wollen, um sie politisch auszuschalten, und ging sehenden Auges selbst hinein.

Kleopatra beantwortete die Einladung Marc Antons zunächst mit einer Gegeneinladung, die der Triumvir nicht ausschlagen konnte. Nicht er war der Gastgeber in den nächsten Tagen; die Königin von Ägypten lud ein und präsentierte alles, was sein Gaumen, aber vor allem sein Herz begehrten. In Tharsos erlebte Marc Anton eine andere Welt, einen Lebensstil, wie er ihn sich in der Weltstadt Rom nicht träumen konnte. Der alte Haudegen, dessen Genüsse an Derbheit und Gewöhnlichkeit kaum zu übertreffen waren, erlebte hier, wie man am ptolemäischen Hof alle Register der Verwöhnung zu ziehen vermochte. Die delikaten Speisen waren mit erlesenem Geschmack wie kleine Kunstwerke gestaltet, exotische Gewürze regten zum Trinken an, und die schweren orientalischen Weine steigerten die Erregung des Römers ins Unermeßliche. Mit ihrer wohlklingenden Stimme unterhielt Kleopatra Marc Anton einen ganzen Abend lang in lateinischer Sprache, die sie genauso beherrschte wie alle anderen wichtigen Sprachen ihrer Zeit, und er las gebannt die Worte von ihren Lippen.

Für Marc Anton war alles unwichtig geworden; er verschloß die Augen vor politischen Fragen, es interessierten ihn weder Octavian noch Sextus Pompejus, für ihn gab es nur einen Gedanken: Wie konnte er diese Frau erobern, wie konnte er Kleopatra zu seiner Geliebten machen? Kleopatra zog alle Register der Verführungskunst; bald gab sie sich abweisend-charmant, bald funkelte in ihren dunklen Augen heiße Glut, dann wieder stieß sie Marc Anton durch ein paar barsche Worte zurück, um kurz darauf wie zufällig ihr zartes Gewand von den Schultern gleiten zu lassen, um ihren vollen Busen fast ganz zu entblößen.

Als Marc Anton schließlich völlig von Sinnen auf ihr Lager fiel, da machte Kleopatra ihn nicht nur zu ihrem Liebhaber; er wurde zu ihrem Sklaven. Nie mehr würde er Entscheidungen treffen können, die sie nicht in irgendeiner Weise beeinflußt hatte, nie mehr würde er sich völlig aus ihren Netzen befreien können. Vergessen war, daß er eigentlich mit der ägyptischen Königin abrechnen wollte, vergessen die Vorhaltungen, die er ihr machen wollte, vergessen die Vorstellungen, Ägypten endlich zur römischen Provinz machen zu können; willenlos folgte er ihr nach Alexandria. Kleopatra hatte sehr bald die Haltlosigkeit Marc Antons erkannt – und vor allem die ungehemmte Gier nach ihrem Körper. Indem sie ihm immer und überall nachgab, sich ihm zu jeder Zeit hingab, wo, wann und wie er wollte, erreichte sie von Marc Anton Dinge, die er bei klarem Verstand wahrscheinlich niemals genehmigt oder akzeptiert hätte. In seinen Armen erschlich sie sich die Hinrichtung politischer Gegner genauso wie den Besitz von Städten, Ländern und Inseln, auf die sie schon längst ein Auge geworfen hatte. So versprach Marc Anton Kleopatra in einer einzigen schwachen Stunde fast die gesamte vorderasiatische Mittelmeerküste.

Kleopatra hatte erkannt, daß der Römer tief in seinem Innersten ein eher vulgärer, ordinärer Mensch war, der die groben Genüsse bevorzugte. Deshalb verkleidete sie sich gelegentlich als Sklavin und zog mit ihm nächtelang durch Alexandria, wo beide in billigen Hafenspelunken mit Matrosen und Dirnen würfelten und soffen. Und obwohl Marc Anton Unmengen Alkohol vertrug, brach er doch manchmal volltrunken einen Streit von Zaun, so daß Kleopatra alle Hände voll zu tun hatte, um ihn aus dem Hafenviertel zu schleppen, damit er nicht zusammengeschlagen wurde. Aber auch das Leben im Palast bot immer neue Annehmlichkeiten, Luxus und Ausschweifungen jeder Art.

Wahrscheinlich hätte sich Marc Anton jahrelang nicht entschließen können, Alexandria und dem üppigen Leben an der Seite Kleopatras den Rücken zu kehren, hätte nicht seine Verwandtschaft einen regelrechten Krieg mit Octavian angezettelt. Sein Bruder Lucius Antonius, der damals Konsul war, stellte sich zusammen mit Marc Antons Frau Fulvia mit Waffengewalt gegen Octavian und unterlag. Obwohl der Triumvir Lucius und Fulvia begnadigte, richtete er ein fürchterliches Blutbad unter ihren Getreuen an. Es blieb Marc Anton nichts anderes übrig, als sich endlich vom Bett der Kleopatra zu erheben und nach Italien zu reisen. Dort machte er seiner Frau die heftigsten Vorwürfe und schied im Zorn von ihr, ohne Abschied und ohne Versöhnung. Als Fulvia bald nach der letzten Begegnung mit ihrem Mann von einem Fieber dahingerafft wurde, empfand er zwar ein tiefes Gefühl der Beschämung, aber auch Erleichterung, denn ihr Tod befreite ihn von den komplizierten Konsequenzen, die sich aus dem Verhalten seiner Verwandtschaft für ihn ergeben hätten. Und so sehr er Octavian auch immer noch oder immer mehr mißtraute, so sehr bemühte er sich, den Schein der Freundschaft durch nichtssagende Höflichkeiten zu wahren.

Auch die Freunde der beiden Triumvirn hatten die Gefahr erkannt, die sich für den Staat aus der Konkurrenz der beiden so gegensätzlichen Persönlichkeiten ergab. Solange Marc Anton im Banne Kleopatras stand, solange er sich im Orient oder in Ägypten aufgehalten hatte, solange er außer Landes war, hatte sich die politische Situation entspannt. Octavian konnte nach eigenem Gutdünken regieren und herrschen. Nun aber war Marc Anton als Triumvir zurückgekehrt und demonstrierte damit, daß er keineswegs gewillt war, seine Machtposition aufzugeben. Man mußte alle Hebel in Bewegung setzen, um die beiden zu versöhnen und einen drohenden Bürgerkrieg zu verhindern.

Schon lange hegten die engsten Freunde Octavians einen raffinierten Plan: Seine bildschöne, geliebte Schwester Octavia, die in ganz Rom wegen ihres untadeligen Wesens, aber auch wegen ihrer Liebenswürdigkeit und Klugheit bekannt war und die als Inbegriff weiblicher römischer Tugend galt, war kurz vor dem Eintreffen Marc Antons in Italien Witwe geworden (sie brachte einige Monate nach dem Tod ihres Mannes noch ein Kind zur Welt); diese Frau nun hatte man für Marc Anton ausersehen, durch sie sollte er Kleopatra vergessen. Durch ihr reines, stilles Wesen, durch ihre Anschmiegsamkeit, aber auch durch ihre ungewöhnliche Schönheit sollte sie die ägyptische Schlange aus Marc Antons Herz verdrängen und ihn wieder in die römische Politik zurückführen. Gleichzeitig hoffte man auf eine endgültige Aussöhnung zwischen Octavian und Marc Anton als Folge dieser Heirat.

Es war nicht schwer, den Frauenfreund Marc Anton für diese Verbindung zu interessieren. Und auch die schöne Octavia war damit einverstanden, einen der attraktivsten Männer Roms zu heiraten und dabei noch ihrem Bruder einen Gefallen zu tun. Dieser eheliche Bund war zwar eine rein politische Angelegenheit; daß Marc Anton mit Octavia aber auch noch eine schöne junge Frau bekam, begütert und aus erstklassigem Hause, war eine zusätzliche angenehme Mitgift. Vielleicht reizte ihn, der in Alexandria in den Armen Kleopatras alle Arten und Abarten der Liebe kennengelernt hatte, das unschuldige Wesen seiner jungen Frau; an Octavias Seite genoß er nun friedliche Stunden, und auch Octavian gab sich alle Mühe, dem neuen Schwager ein freundliches Gesicht zu zeigen. Nur zu bald zeigte sich, daß der Jüngere bei allen gemeinsamen Unternehmungen stets der glücklichere war. Fand man sich zum Würfelspiel zusammen, so würfelte er sicherlich mehr Augen als Marc Anton, ließ man Vögel um die Wette fliegen, so trugen die Tiere Octavians den Sieg davon. Und so sehr Marc Anton es gewohnt war, in Alexandria bei Kleopatra über seine Niederlagen zu scherzen und zu lachen: hier verging ihm das Spaßen. Er mußte erkennen, daß er trotz seiner Körperkraft und Vitalität Octavian bei weitem unterlegen war.

Wahrscheinlich waren diese heimlichen Niederlagen mit ein Grund dafür, daß sich Marc Anton kurz nach der Geburt der ersten Tochter entschloß, Rom den Rücken zu kehren und mit seiner Familie nach Griechenland zu gehen. Hier wurde er – wie schon in früheren Zeiten – wie ein Gott empfangen. Die Griechen waren kluge Diplomaten und wußten genau, wie sie Antonius bei Laune halten konnten. Natürlich hatte es sich längst herumgesprochen, daß er selten genug Geld hatte; die Gefahr war groß, daß der Triumvir hier in diesem Land, das zur römischen Provinz gemacht worden war, rücksichtslos Kontributionen eintreiben würde. Es war wichtig, ihn bei Lust und Laune zu halten. Wettkämpfe und Spiele wurden ihm zu Ehren abgehalten, ja, man benannte sogar im Jahre 38 v. Chr. nach ihm die Panathenäen-Spiele. Der geschmeichelte Marc Anton ließ es sich nicht nehmen, in griechischer Kleidung den Festlichkeiten beizuwohnen. Der Einfluß, den Octavia auf ihren Mann ausübte, schien sein Wesen verändert zu haben. Er, der nie besonders viel für Bildung und Kunst übrig gehabt hatte, besuchte zusammen mit Octavia nun die Vorträge griechischer Philosophen und nahm sogar die ehrenvolle Stelle eines Gymnasiarchen an, eines Ministers für Erziehungsfragen.

Aber der Macht von Frauen sind Grenzen gesetzt, und so sehr sich Octavia auch bemühte, die Erinnerung an Kleopatra im Herzen ihres Mannes auszulöschen, sie vermochte doch Marc Anton nicht zu halten. Der Reiz des Neuen war allzu schnell verflogen, von Tag zu Tag nahm die Langeweile an der Seite seiner makellosen Frau zu, und die Tugendhaftigkeit Octavias begann Marc Anton zu langweilen. Zu fremd war für ihn das Leben, das er an ihrer Seite führen mußte. Antonius begann die Fesseln, die ihm die Politik auferlegt hatte, zu sprengen. Seine innere Spannung hatte sich beinahe ins Unerträgliche gesteigert, sie mußte sich irgendwann plötzlich entladen. Daher ergriff er die erstbeste Gelegenheit, um dem Einfluß Octavias entfliehen zu können. Drohende Unruhen in Syrien lieferten den Vorwand, um sie mit den Töchtern, die sie ihm geboren hatte, in Athen zurücklassen zu können. Marc Anton wußte aber auch, daß im Osten schwere Aufgaben auf ihn warteten. Er mußte sich profilieren, wollte er nicht gegenüber seinem großen Rivalen Octavian ins Hintertreffen geraten. Schon bald, nachdem beide in Tarent im Jahre 37 einen Vertrag unterzeichnet hatten, in dem Antonius dem Octavian seine Flotte für den Kampf gegen Sextus Pompejus überlassen hatte, waren die alten, beinahe unüberbrückbaren Gegensätze wieder aufgetaucht. Octavian fühlte, daß die Ehe seiner Schwester gefährdet war. Marc Anton hatte Octavia klar zu erkennen gegeben, daß er sie auf keinen Fall mit in den Orient nehmen wollte; bis zur Insel Korfu durfte sie ihn begleiten, dann sagte er ihr – was beide nicht ahnen konnten – für immer Lebewohl.

Antonius sollte in den Krieg gegen die Parther ziehen, jenes Volk, das die römischen Provinzen im Osten ständig bedrohte und gegen dessen Stärke kein strategisches Rezept zu helfen schien. So mancher bedeutende römische Feldherr hatte hier sein Leben lassen müssen. Auch Caesar hatte unmittelbar vor seiner Ermordung zum Krieg gegen die Parther gerüstet; wer immer den entscheidenden Sieg über dieses wilde Volk davontrug, der würde in Rom unendliches Ansehen genießen.

Für Marc Anton war dies vermutlich eine willkommene Prestigeangelegenheit. Hier konnte er zeigen, wozu er als Feldherr imstande war. Aber bevor er die Grenzen des römischen Reiches überschritt, wollte er Kleopatra wiedersehen. Eilends schickte er Boten nach Alexandria, die der Königin eine Einladung nach Antiochia überbrachten.

Auf diesen Augenblick hatte Kleopatra gewartet; sie war sicher gewesen, daß die Stunde kommen würde, in der Marc Anton genug von seiner tugendhaften Gattin haben würde. Er würde zu ihr zurückkehren und für immer bei ihr bleiben!

Während der Abwesenheit des Geliebten war die Ägypterin keineswegs untätig gewesen. Sie hatte ihre Späher und Spitzel geschickt in der Umgebung Marc Antons postiert, und ihre Einflüsterer waren es gewesen, die manch schlechten Rat gegeben hatten. Astrologen und Wahrsager begleiteten ihn, die ihm zweideutige, aber vielversprechende Zukunftsaussichten prophezeiten, die in ihm durch die Doppeldeutigkeit ihrer Sprüche unmerklich die Sehnsucht nach Kleopatra steigerten, die ihm zu erkennen gaben,

daß sein Leben an der Seite Octavias auf die Dauer schal und leer
sein mußte. Auch das labile Verhältnis zu seinem Schwager Octavian war durch die Ränke der Wahrsager nicht gerade verbessert
worden. Ein ägyptischer Traumdeuter hatte ihm geraten: »Dein
Genius fürchtet den seinen. Für sich allein ist er stolz und erhaben.
Ist aber der des Octavius zugegen, wird er herabgedrückt und eingeschüchtert.« Fein war das Netz, das Kleopatra um Marc Anton
geworfen hatte, und es gab kein Entrinnen mehr.
In ihren Armen vergaß er nun wieder aufs neue die römische Politik, den großen Rivalen, die sittsame Ehefrau. Und je mehr sich
Marc Anton an Kleopatra verlor, desto klarer wußte sie, was sie
wollte. Nach Marc Antons Abreise hatte sie einem Zwillingspär-
chen das Leben geschenkt, Kindern der Liebe, die aber in Zukunft
die ihnen gebührende Rolle übernehmen sollten. Es fiel Kleopatra
nicht schwer, den liebestollen Marc Anton davon zu überzeugen,
daß er diese Kinder unter allen Umständen legitimieren mußte. So
erkannte Marc Anton Alexander Helios und Kleopatra Selene als
seine rechtmäßigen Kinder an, ja, mehr noch, er beschloß, die Frau
endlich zu heiraten, die ihm alles bedeutete. Mit diesem Entschluß
aber setzte er sich über alle römischen Konventionen und Traditionen hinweg. Natürlich hatten die meisten römischen Feldher-
ren, Konsuln und Patrizier irgendwo in der weiten Welt ihre Liebschaften, aber es war doch allenthalben nur bei eher lockeren Verbindungen geblieben. Für die Erbfolge war die legitim Angetraute
zuständig. Man war absolut prüde, wenn es darum ging, eine Dop-
pelehe ohne vorherige Scheidung einzugehen.
So heiratete Marc Anton, der gebürtige Römer, die Königin von
Ägypten nach altem orientalischem Brauch. Als Morgengabe
schenkte er ihr weite Gebiete, auf die sie schon lange ein Auge geworfen hatte, wie das Land am syrischen Haurangebirge, das dem
Vasallenfürsten Lysanias gehört hatte, einige Städte an der phöni-
kischen Küste, die Balsampflanzungen bei Jericho und einige
fruchtbare und strategisch wichtige Gebiete auf Kreta. Kleopatra
war durch ihre Heirat nicht nur legitime Ehefrau eines der beiden
mächtigsten Männer im römischen Weltreich geworden; sie war
im Gegensatz zu ihrer Rivalin Octavia auch noch die reichste Frau
weitum. Sie hatte es durch ihre Liebeskünste verstanden, ihre politischen Ziele fast zur Gänze zu erreichen, und war als Königin
von Ägypten drauf und dran, sich mit Hilfe Marc Antons ein eigenes Reich im Vorderen Orient aufzubauen.

Kleopatra benutzte Marc Anton für ihre politische Machtstellung, aber sie unterstützte auch seine Idee, den Krieg gegen die Parther zu eröffnen. Ein Triumph in einem solchen Feldzug würde auch ihre Position als seine Frau stärken. In dieser Angelegenheit aber hatte sie sich gewaltig verrechnet.

Marc Anton hatte ein riesiges Heer zusammengeholt. Allein 60.000 Legionäre aus Italien hatten sich eingefunden, um an der Seite ihres legendären Feldherrn zu kämpfen. Das gesamte Heer zählte über 100.000 Mann. Noch niemals hatte man eine so große Anzahl von bewaffneten Soldaten gesehen. Die Kunde vom Anmarsch der Legionen verbreitete Furcht und Schrecken; nicht nur tief hinein ins Land der Parther, bis Indien drangen die schauerlichen Gerüchte.

Kleopatra ließ es sich nicht nehmen, das römische Heer und seinen Oberbefehlshaber bis an die Grenzen des Euphrat zu begleiten. Die Anwesenheit einer Frau im römischen Heerlager erregte anfangs großes Erstaunen, später auch den Unmut der Soldaten. Aber keiner wagte es, auch nur den leisesten Tadel zu äußern. Kritiker wurden als schäbige Meuterer betrachtet und mit drakonischen Strafen bedacht. Es gab genügend Beispiele der grausamen Urteile, die Marc Anton über diejenigen gefällt hatte, die Kleopatra im Wege standen oder sich irgendwann erdreistet hatten, anderer Meinung als sie zu sein. Keiner von ihnen war mehr am Leben, keinem wurde Gnade gewährt.

Die Auspizien für den Feldzug waren ungünstig gewesen. Lange hatten die römischen Seher versucht, Marc Anton von diesem Unternehmen abzubringen. Und er hätte gut daran getan, auf sie zu hören: Der Krieg gegen die Parther wurde zu einer katastrophalen Niederlage für den Feldherrn. Die Parther hatten alle Verteidigungsmöglichkeiten genutzt, waren vor keiner List und Finte zurückgeschreckt, hatten die Feinde von einem Hinterhalt in den anderen gelockt und keine Gefangenen gemacht, sondern die römischen Legionäre erbarmungslos niedergemetzelt. Nur mit äußerster Mühe hatte Marc Anton sein eigenes Leben retten können. Vernichtend geschlagen, von Kälte und Hunger gezeichnet, flüchtete er sich mit dem traurigen Rest seines einst riesigen Heeres an die syrische Küste.

Mutlos, verzweifelt und am Ende seiner Kräfte, sandte er um Kleopatra, die vor allem Geld mitbringen sollte, damit er die Soldaten, die schon monatelang keinen Sold mehr erhalten hatten, endlich bezahlen konnte. Sie erhielten nur einen Bruchteil dessen, was ihnen einst versprochen worden war, und es wurde auch gebührend darauf hingewiesen, daß sie das Geld einzig und allein der Großzügigkeit der ägyptischen Königin zu verdanken hätten.

Der Stern des Marc Anton, der in Rom nach dem Tode Caesars aufgegangen war, glomm nach der Niederlage gegen die Parther im Jahre 36 nur noch ganz schwach am politischen Himmel. Und je mehr er verlöschte, deste heller wurde es um Octavian. Ihm war es nach langen Jahren gelungen, den Sohn des großen Pompejus, Sextus Pompejus, einen Glücksritter, der immer wieder die Küsten des Mittelmeeres mit seinen Seeräubern bedroht hatte, in die Knie zu zwingen und aus Sizilien zu vertreiben. Überdies hatte Octavian ohne Rücksprache mit Marc Anton dem dritten Mann im Triumvirat, Lepidus, die nordafrikanischen Provinzen weggenommen und unter seine Kontrolle gestellt; Lepidus war mit der Wahl zum Pontifex Maximus abgespeist worden. Nun war Octavian Roms mächtigster Mann. *Er* hatte keine Niederlage einstecken müssen, *er* machte Politik nach seinem Willen, *er* beherrschte das Zentrum der Welt, *er* saß in Rom.

Der endgültige Bruch zwischen den beiden Triumvirn kam von seiten Marc Antons. Und der war von Kleopatra aufgestachelt, die ihn zur Scheidung von Octavia drängte. Einmal schmeichelnd, einmal drohend, dann wieder mit Tränen kämpfend, verstand sie es – ein Meisterwerk der Theatralik –, ihre Argumente vorzutragen. Eines stand für sie fest: Erst wenn Marc Anton offiziell von seiner römischen Frau geschieden war, würde man ihre Ehe auch in Rom anerkennen müssen.

Obwohl der Krieg gegen die Parther zu einer solch beschämenden Niederlage geworden war, zog Marc Anton, wahrscheinlich auf Anraten Kleopatras, als Triumphator in Alexandria ein. Ein römischer Feldherr feierte einen Triumph über ein Volk, das er nicht besiegen konnte! Die römischen Traditionen wurden mißachtet und verhöhnt! Zwar schleppte man als Alibi den gefangenen Armenierkönig mit, den man in einem kurzen Krieg besiegt hatte, um zu beweisen, daß der Triumph rechtmäßig sei, aber alle wußten, daß es Kleopatra war, die im Hintergrund die Fäden zog, daß sie es gewesen war, die auf diesen Triumph auf ägyptischem Boden gedrängt hatte.

Als Gottheiten verkleidet, saßen beide, Antonius und Kleopatra, auf goldenen Thronen hoch über dem demütig knienden Volk, um die Huldigung der Massen entgegenzunehmen. Und staunend erkannten alle: Osiris war in der kraftvollen Gestalt des Römers wiedererstanden, und Isis-Kleopatra verwirrte die Gemüter und Sinne.

Natürlich blieben die Vorgänge in Alexandrien auch Octavia im fernen Rom nicht verborgen. Auch sie hatte ihre Gefolgsleute, die ihr über das Leben und Treiben ihres Mannes genau berichteten. Wenn sie auch wußte, daß sie Marc Anton längst verloren hatte, glaubte sie doch nicht an die Eingebungen der Vernunft, sondern folgte der Stimme ihres sanften Herzens und unternahm einen letzten verzweifelten Versuch, ihren Mann zurückzugewinnen. Außer ihrer Herzensnot belasteten sie auch die immer deutlicher werdenden Spannungen zwischen ihrem Bruder und ihrem Ehemann; mit Schrecken erkannte sie, daß großes Unheil über Rom hereinbrechen würde, wenn es ihr nicht gelang, ihren Mann zur Rückkehr nach Rom und zur Abkehr von Kleopatra zu überreden. Zweitausend Legionäre begleiteten Octavia bei ihrer Bittfahrt zu Marc Anton. Sie hatte ihr Privatvermögen angegriffen und prachtvolle Geschenke für die Offiziere und Freunde ihres Mannes eingekauft, um sie weiterhin auf seiner Seite zu halten. Kleopatra erkannte sofort, daß die Nebenbuhlerin – und das war Octavia in Kleopatras Augen – zum offenen Angriff übergegangen war. Weinend fiel sie dem Geliebten um den Hals und beschwor ihn händeringend, nicht nach Griechenland zu ziehen, wo ihn Octavia erwartete. Eine neuerliche Abreise des geliebten Mannes werde sie niemals überleben! Was sollte Antonius tun? Einerseits bot ihm Octavia die einmalige Gelegenheit, wieder nach Rom zurückkehren zu können, andererseits mußte er mit Schrecken mitansehen, wie Kleopatra von Tag zu Tag verhärmter wurde und wie alle Freude aus ihrem Gesicht wich. Er war nun einmal nicht der Mann, der mit der Faust auf den Tisch schlagen konnte, um diesem unwürdigen Spektakel Einhalt zu gebieten. Er war zu naiv, zu verblendet und von Kleopatra zu abhängig, als daß er die Raffinesse der Ptolemäerin hätte durchschauen können. Ihren Kummer und Schmerz hielt er für echt. Anstatt sich eines Besseren zu besinnen, anstatt die Gefühle Octavias zu erkennen, gab Marc Anton Kleopatra nach und ließ durch Boten seiner Frau, die hoffnungsvoll auf eine Antwort wartete, mitteilen, sie solle mit ihrem Gefolge unverzüglich nach Italien zurückkehren. Aber dies war noch nicht genug der Schmach für Octavia: Durch einen Scheidebrief tat

Marc Anton nun öffentlich kund, daß er sich von ihr endgültig trennen wollte.

Daß dieser verhängnisvolle Brief weitreichende Folgen haben würde, darüber mußte er sich allerdings im klaren sein. Wie um sich auf andere Gedanken zu bringen, wie um sich selbst zu beweisen, daß er richtig gehandelt hatte, stürzte er sich in einen neuen Festestaumel. Mitten in der Stadt wurde auf Geheiß des Antonius eine riesige silberne Tribüne aufgebaut, mit zwei goldenen Thronsesseln für Caesarion, den Sohn Caesars, und für dessen Mutter. In einer eindrucksvollen Zeremonie wurde der junge Caesarion zum Mitregenten erhoben, Kleopatra aber erhielt den Titel »Neue Isis«.

Ihre neue Machtposition zeigte sie auch in aller Öffentlichkeit. Bei Verhandlungen und Besprechungen, in denen Antonius neue Pläne für die nächsten Feldzüge entwickelte, war sie dabei und führte das große Wort. Kleopatra gab sich mit dieser Rolle als Beraterin aber nicht zufrieden, sondern sie begleitete Antonius auch auf seinen Feldzügen, was die Legionäre zutiefst erbitterte. Die alten Kämpfer, die in vielen Schlachten ihr Leben für Marc Anton riskiert hatten, empfanden es als Hohn, sich von einer Frau, einer Ptolemäerin, sagen lassen zu müssen, was zu tun war.

Der Scheidebrief Marc Antons war in Rom als Erklärung des offenen Bruchs aufgenommen worden. Octavian, der die Demütigung seiner Schwester kaum verwinden konnte, setzte alle Hebel in Bewegung, um Marc Anton und vor allem Kleopatra zu Staatsfeinden erklären zu lassen. In seinem Haß dem ehemaligen Schwager gegenüber scheute er auch vor höchst ungewöhnlichen Schritten nicht zurück: Er veranlaßte, daß das Testament des Antonius, das dieser nach alter Sitte bei den Vestalinnen hinterlegt hatte, in aller Öffentlichkeit im Senat verlesen wurde. Hierin bestätigte Marc Anton nicht nur, daß Caesarion Caesars leiblicher Sohn sei, sondern er verfügte auch, daß Kleopatra und ihre Kinder nach seinem Tod wahre Unsummen zugesprochen erhalten sollten. All dies wäre für die Senatoren vielleicht noch zu akzeptieren gewesen; daß aber Marcus Antonius, gebürtiger Römer, Feldherr und Staatsmann, nach seinem Tode nicht in Rom beigesetzt werden wollte, daß er wünschte, in Alexandria neben Kleopatra die letzte Ruhestätte zu finden, das grenzte an Hochverrat.

Octavian hatte erreicht, was er wollte: Er hatte Senat und Volk von Rom die Augen geöffnet, und jeder sah ein, daß man nun gegen den Staatsfeind und seine Konkubine vorgehen müsse. Octavian verhielt sich dabei äußerst diplomatisch, um die Sympathisanten des Rivalen nicht vor den Kopf zu stoßen. Nicht Marc Anton, sondern Kleopatra wurde zum Hauptfeind erklärt, sie sollte die Quelle allen Übels sein, sie war der böse Geist des Marc Anton, sie hatte ihn verhext, verführt, verzaubert. Ihr Ausspruch, sie werde künftig auf dem Kapitol Recht sprechen, war plötzlich in aller Munde. Der trügerische Friede zwischen Marc Anton und Octavian war zerbrochen, der letzte große Kampf begann.

Untrügliche Zeichen schienen den Untergang Marc Antons anzukündigen. Ein heftiges Erdbeben zerstörte die Stadt Pisaurum, die er gegründet hatte, und in Alba sahen die entsetzten Bewohner von der Statue des Feldherrn Schweiß tropfen. Bildsäulen, die den Namenszug des Triumvirn trugen oder ihn selbst darstellten, wurden von gewaltigen Sturmböen durch die Luft geschleudert und zerschmettert, und als schrecklichstes Omen ging nach einem Blitzschlag der Heraklestempel in Patras in Flammen auf. Marc Anton selbst konnte mitansehen, wie der gewaltige Tempel in sich zusammenbrach.

Obwohl die Heere und Flotten der beiden Parteien beinahe gleich stark waren, schien Octavian von Anfang an die Gunst der Götter auf seiner Seite zu haben. Schon bei den ersten Gefechten zeigte sich, daß Octavian mit seinen Leuten den Truppen Marc Antons an Kampfeswillen und Kampfkraft bei weitem überlegen war. In seinem Heer herrschten Zucht und Ordnung, aber auch der feste Vorsatz, für Rom, für Italien, für die Heimat zu kämpfen. Außerdem besaß Octavian in seinem Freund Vipsanius Agrippa einen weitsichtigen, erfahrenen Heerführer, der durch seinen Mut und seine persönliche Tapferkeit die Truppen zu begeistern verstand. Aber für wen kämpften die Soldaten des Antonius, für wen setzten sie eigentlich ihr Leben aufs Spiel? Auch das Geld Kleopatras konnte nicht helfen, man spürte das Mißtrauen der Männer, den Unwillen und Ärger über ihre Anwesenheit mitten im Kampfgetümmel.

Die Schlacht bei Actium am 2. September 31 an der griechischen Küste des Ionischen Meers wurde zu einer Katastrophe für Marc Anton. Nicht nur, daß die Legionen des Agrippa seinen Truppen weit überlegen waren: Für Antonius bedeutete diese Niederlage auch das psychische Ende. Als er erkennen mußte, daß sein Landheer, aber auch seine Flotte chancenlos waren, fühlte er, wie ausgebrannt er bereits war. Nicht ein Funke Hoffnung war ihm geblieben. Er hatte mit dieser Schlacht alles verloren, vor allem aber auch sein felsenfestes Vertrauen in Kleopatra. Zweifel an ihrer Treue und Redlichkeit keimten in seiner Brust. Wollte sie ihm nach dem Leben trachten, war schon das Gift für ihn gebraut? Seine Kampfeskraft und sein unbezähmbarer Mut aus früheren Tagen waren verschwunden. Und als er schließlich sah, daß mitten im Getümmel das von Kleopatra befehligte Flaggschiff plötzlich die Segel setzte, da war es um den einstmals großen Feldherrn geschehen. Hals über Kopf verließ er die Schlacht und versuchte in einem kleinen Boot das Schiff Kleopatras einzuholen, das nach Süden segelte. Als es Antonius nach übermenschlichen Anstrengungen gelang, zu Tode erschöpft und naß bis auf die Haut das Schiff der Königin zu erreichen, und als er von einigen Sklaven an Deck gezogen wurde, da war er nicht in der Lage, ein Zusammentreffen mit der Frau zu ertragen, die zu seinem Schicksal geworden war. Er setzte sich an den Bug des Schiffes und blieb dort drei Tage und Nächte, um innere Einkehr zu halten, um nachzudenken über die Situation, in die er durch eigene Schuld und durch seine an Hörigkeit grenzende Liebe zu Kleopatra geraten war.

Und doch hörte er wieder auf ihre beschwichtigenden und beschwörenden Worte. Wollte er denn jetzt verzweifeln, jetzt, wo noch lange nicht alles verloren war? Aber nur ein einziger Vorschlag Kleopatras schien einen Ausweg zu bieten: Sie mußten Ägypten aufgeben, mit ein paar Getreuen über Arabien weiter nach Osten ziehen und dort versuchen, sich ein neues Leben aufzubauen. Gemeinsam würden sie alle Hindernisse aus dem Weg räumen, zu zweit würden sie alles schaffen. Wichtig war nur, daß Marc Anton ihr, Kleopatra, in allem vertraute und keine Zweifel an ihrer Treue und Liebe hegte.

Trotz der Niederlage wurde nach dem Eintreffen des Feldherrn und der Königin in Alexandria ein pompöses Fest gefeiert. Niemand sollte ahnen, wie es wirklich um sie stand; die Späher der Feinde waren überall. Alles war wie in früheren, sorglosen Zeiten. Der Geburtstag des Geliebten wurde als öffentliches Freudenfest gefeiert, zu dem alle eingeladen waren, die kommen wollten, und jeder Gast zog fürstlich beschenkt nach Hause.

Diese Zerstreuungen und Ablenkungen aber konnten Marc Anton nicht aus seiner dumpfen Verzweiflung reißen. Dazu kam der nagende Argwohn gegen Kleopatra, die Furcht vor Verrat und Hinterlist. Sein Verdacht richtete sich gegen den Abgesandten des Octavian, Thyrsos, einen klugen und gutaussehenden jungen Mann. In blinder Eifersucht forderte Marc Anton von Kleopatra, den jungen Römer öffentlich auspeitschen zu lassen und ihn dann unverrichteter Dinge zu Octavian zurückzuschicken. Ja, seine Verzweiflung ging so weit, daß er den einstigen Weggefährten, Mitstreiter und Schwager zum Zweikampf herausforderte. Die zynische Antwort Octavians war für Marc Anton niederschmetternd: Es stünden ihm viele Wege zum Tode offen. Das letzte Ringen mit dem Rivalen wurde zu einem sinnlosen Aufbäumen. Von allen verlassen, mußte er mitansehen, wie die letzten seiner Männer mit fliegenden Fahnen zu seinem Feind übergingen.

Antonius hatte alles verloren, seine Legionen, sein Ansehen, seine Selbstachtung und – so fühlte er deutlich – auch Kleopatra. Sie stand nicht mehr an seiner Seite. Sie war nicht die Frau, die einen Verlierer trösten konnte, sie war nur eine Frau für die schönen Tage des Lebens. Nun suchte sie wieder einen Ausweg. Ein letztes Mal wollte sie ihre persönlichen Reize in die Waagschale werfen; ihrer Anziehungskraft würde auch der kühle Octavian nicht widerstehen können – so glaubte sie. Wenn es ihr aber nicht gelang, ihn in ihren Bann zu schlagen, dann war ihr weiteres Schicksal besiegelt.

Kleopatra hatte für alle Möglichkeiten vorgesorgt. Sie befahl, ihr Giftschlangen zu bringen, deren Wirkung sie systematisch an zum Tode Verurteilten ausprobierte. Diesen Unglücklichen setzte sie selbst die Schlangen an der Halsschlagader an und beobachtete dann die Reaktionen der Gebissenen, ihr Winden im Todeskampf, um die Wirkung des tödlichen Giftes studieren zu können. Denn sie war auf der Suche nach einem Gift, das sanft und zugleich endgültig wirken würde. Der Tod war für Kleopatra kein Fremder mehr; von Jugend an hatte sie sich mit ihm angefreundet, und längst war ein prächtiges Mausoleum errichtet, das auf sie wartete.

Dieses Grabmal stand unmittelbar vor der Fertigstellung, als die Truppen Octavians vor den Toren Alexandrias aufmarschierten. Kleopatra beauftragte ihre Diener und Dienerinnen, ihre berühmten Edelsteine, ihr Gold und Silber sowie die kostbarsten Tischgeräte in das Mausoleum zu bringen. Hier, in ihrem luxuriös ausgestatteten Totenpalast, wollte sie Octavian erwarten. Sie hatte eine Liste ihrer Schätze anlegen lassen und sie mit einem persönlichen Gruß an den Feldherrn geschickt. Der Römer sollte sehen, was ihn erwartete, falls er ihren Willen tat. Anderfalls konnte er gewärtig sein, von ihren Edelsteinen keinen einzigen zu Gesicht zu bekommen. Sie würde schon dafür Sorge tragen, daß nichts, aber auch gar nichts in die Hände der Römer fiel.

Mitten in diesen Vorbereitungen traf sie die Nachricht vom Ende ihres Geliebten. Marc Anton waren Gerüchte zu Ohren gekommen, die wissen wollten, daß sich Kleopatra das Leben genommen hatte. Seine Verzweiflung war grenzenlos. Ohne sie konnte und wollte er nicht mehr leben. In seiner Ausweglosigkeit bat er seinen Lieblingssklaven Eros, ihm den Tod zu geben. Aber Eros brachte es nicht über sich, seinen Herrn zu töten. So rammte sich Marc Anton selbst das Schwert in den Unterleib, verletzte sich dabei aber nicht tödlich. Blutüberströmt brachte man ihn zu Kleopatra, die sich in ihren Turm zurückgezogen hatte. Sklaven zogen ihn mit Seilen hinauf in das Grabmal; dabei verlor er so viel Blut, daß er entkräftet in ihre Arme fiel und sein Leben aushauchte.

Für Trauer blieb Kleopatra nur wenig Zeit. Schon hallten die Straßen Alexandrias von den Tritten der Legionäre. Nur die engsten Vertrauten der Königin kannten die Geheimgänge, durch die man in das Mausoleum vordringen konnte. Aber schließlich gelang es den Abgesandten Octavians, sich durch List Zutritt zu verschaffen und Kleopatra in ihrem Schlafgemach daran zu hindern, sich zu erdolchen. Man brachte sie vor Octavian. Der Herr über das römische Weltreich erwartete mit Spannung den Auftritt der Frau, die durch ihre Verführungskünste zwei der mächtigsten Männer Roms von sich abhängig gemacht hatte, deren Reizen ein Caesar nicht hatte widerstehen können und die einen Marc Anton so sehr unterjocht hatte, daß er sie gegen alle Gesetze zu seiner legitimen Gemahlin genommen hatte. Was er aber jetzt sah, war eine verblühte Frau, mit zerrauftem Haar und blutig zerkratztem Gesicht, in dem die wilden Jahre ihre Spuren deutlich hinterlassen hatten. Wie in früheren Zeiten hatte Kleopatra hauchdünne, durchsichtige Gewänder angelegt, die ihren alternden Körper mehr enthüllten als verbargen. Das, was er sah, war allerdings nicht dazu angetan, den Mächtigen zu reizen. Alle ihre Ausflüchte, ihre Entschuldigungen, der tote Marc Anton habe sie zu allen feindseligen Handlungen gegen Rom gezwungen, halfen nichts mehr. Die Zeit der großen Verführungen war für Kleopatra vorbei. Mit kühlem Lächeln betrachtete Octavian die Frau, unterbrach ihre Anklagen und Ausflüchte kaum, hörte mit freundlichem Gesicht zu und überlegte dabei, wie er dieses Weib demütigen konnte. Als Beutestück wollte er sie nach Rom bringen und dann gefesselt im Triumphzug mitschleifen lassen.

Trotz aller Verbindlichkeit Octavians erkannte Kleopatra nur zu bald, daß sie seine Gefangene war. Keiner durfte zu ihr in das Mausoleum vorgelassen werden, nichts durfte ihr geschickt werden, was nicht eingehend untersucht worden war. Auch der Korb mit frischen Feigen, den ein Sklave brachte, wurde aufgedeckt. Niemand ahnte etwas Böses.

Festlich gekleidet lag die Königin auf ihrem Bett. Der Diener stellte den Korb ab, öffnete den Deckel, und ohne hinzublicken faßte Kleopatra wie zufällig mitten hinein in die Feigen, als wolle sie sich eine Frucht nehmen. Den kurzen, schnellen Biß der Otter kann sie kaum gespürt haben. Nur zwei kleine Wunden am Unterarm zeugten später davon, daß die todbringende Schlange ihr Gift hier verspritzt hatte. Es wirkte augenblicklich.

Wie ein Lauffeuer verbreitete sich die Kunde vom Tode Kleopatras in Alexandrien. Bestürzt versuchte Octavian, zu retten, was nicht mehr zu retten war. In fieberhafter Eile schickte er Männer in das Mausoleum, die Kleopatra das Gift aussaugen sollten. Aber es war zu spät, niemand konnte die ägyptische Königin mehr lebendig machen. Und Octavian mußte zähneknirschend erkennen, daß Kleopatra, der ein Marc Anton so sehr verfallen gewesen war, daß er sein Vaterland und sein Leben für sie geopfert hatte, auch ihn im Tode überlistet und um seinen Triumph gebracht hatte. Auch er war ihr nicht gewachsen. Sie war stark, selbst im Tod.

Sie herrschte über Rom und seine Kaiser

JULIA AGRIPPINA, CLAUDIUS UND NERO

Die Zeit war in Fluß geraten im römischen Weltreich; alles schien unsicher, was einst zu den Grundfesten des Staates gehört hatte. Dabei waren noch nicht allzu viele Jahre vergangen, seit Augustus, unter dem das Imperium eine Ära des Friedens erlebt hatte, die Augen für immer geschlossen hatte. Jetzt aber waren die alten Tugenden ins Wanken geraten und hatten einer Verderbtheit Platz gemacht, die den wenigen Römern, welche die alten Sitten noch hochhielten, die Schamröte ins Gesicht trieb. Schon unter dem Nachfolger des Augustus, seinem Stiefsohn Tiberius, der sich mit zunehmendem Alter mehr und mehr auf die eigennützigen Einflüsterungen seiner Ratgeber verließ, waren fremde Götter nach Rom gebracht worden und mit ihnen neue blutige Opferbräuche. Griechische Sitten bürgerten sich ein, die bisher unangefochtene Stellung der Senatoren wurde in Frage gestellt, und der Herrscher begehrte für sich und seine Familie Ehrungen, die ein Augustus niemals für sich in Anspruch genommen hätte.

Vielleicht wäre alles ganz anders gekommen, hätte Augustus einen leiblichen Sohn gehabt, der die staatsmännischen Fähigkeiten des Vaters und den klaren politischen Blick der Mutter geerbt hätte. Aber der Kaiser hatte nur eine einzige Tochter, Julia, die der Vater über alles liebte und die er trotzdem aus politischen Überlegungen ins Unglück stürzte, als er ihre überaus glückliche Ehe trennte, aus der drei Söhne und zwei Töchter (Vipsania Julia und Vipsania Agrippina) stammten und sie gegen ihren Willen mit seinem Stiefsohn und Nachfolger, dem düsteren Tiberius, verheiratete. Weder Bitten noch Tränen vermochten den Entschluß des Vaters rückgängig zu machen, und schließlich beugte sich Julia ohnmächtig seinem übermächtigen Willen. War auch die erzwungene Ehe anfangs harmonisch verlaufen, so hatte doch Tiberius von seiner Frau bald genug und gab ihr zu verstehen, daß sie ihm zu alt sei.

41

Blutjunge Mädchen wurden in den Palast gebracht, mit denen sich Tiberius vor den Augen seiner verschmähten Frau amüsierte. Viel hatte Julia ertragen, hatte den ungeliebten Mann geheiratet und sich redlich bemüht, ihm trotz allem eine gute Ehefrau zu sein; diese Schmach aber überstieg ihre Kraft. Von einem Tiberius verstoßen, wollte sie nun aller Welt beweisen, wie sehr sie als Frau noch Anklang finden konnte. Wie im Taumel warf sich Julia von einem Abenteuer ins andere, nahm sich ihre Liebhaber, wo sie sie fand, je jünger, desto besser, und kümmerte sich nicht mehr um Tugend und Moral.

Nicht lange konnten die Gerüchte vom Lebenswandel seiner Tochter dem Kaiser verborgen bleiben. Als man schon beinahe mit Fingern auf Julia zeigte, tat Augustus einen Schritt, der ihm unendlich schwer fiel: Er sprach die lebenslängliche Verbannung über die geliebte Tochter aus. Julia mußte Rom verlassen und sollte nie mehr zurückkehren. Der Kaiser verfügte, daß kein Mann in ihre Nähe kommen dürfe, nicht einmal alte Sklaven, die sie seit ihrer Kindheit kannten. Sie, die in Rom in Saus und Braus gelebt hatte, sollte in einfachsten Verhältnissen ihr Dasein fristen. Jeglicher Luxus war verboten, ja, es wurden ihr kaum die normalen Bedürfnisse des täglichen Lebens gestattet.

Was Augustus in seiner grenzenlosen Enttäuschung allerdings nicht bedacht hatte, war, daß Julia das Opfer seiner eigenen Politik und des Lebenswandels ihres dritten Mannes geworden war. Freilich hatte sie eine gewisse Haltlosigkeit von ihrer Mutter Scribonia geerbt, von der sich Augustus getrennt hatte, um die schöne Livia zu heiraten, als sie von einem anderen Mann schwanger war. Angeblich hatte er zu dieser Frau nie intime Beziehungen. Vielleicht genügte es der ehrgeizigen Livia, Frau des mächtigsten Mannes im römischen Weltreich zu sein. Vielleicht aber mußte sie sich erst in langen Auseinandersetzungen damit abfinden, von ihrem Mann anscheinend nicht begehrt zu werden. Das Ergebnis war, daß sie in beinahe ans Übermenschliche grenzender Großzügigkeit in Rom nach jungen, willfährigen Mädchen, vor allem aber nach Jungfrauen suchen ließ, die sich bereit erklärten, für reichlich klingende Münze das Lager des Kaisers zu teilen. Vielleicht kündigte sich schon hier eine Auflösung der römischen Sitten an, eine Zerstörung der alten Familienideale, obwohl man im Kaiserpalast noch den Schein wahrte.

Das Schicksal wollte es, daß sich in den Nachfolgern des Augustus sein Blut mit dem seines ehemaligen Weggefährten und späteren Widersachers Marcus Antonius vermischte. Die beiden Töchter Octavias, die sie Marc Anton geboren hatte, hatten beide dem ungetreuen Vater zu Ehren Antonia geheißen; die ältere »maior«, die jüngere »minor«. Während die ältere Antonia einen charakterlich wenig hochstehenden Mann namens Lucius Domitius Ahenobarbus ehelichen mußte, verband sich die jüngere Antonia mit dem beliebten Stiefsohn des Augustus, mit Drusus, dem Sohn seiner Frau Livia, der ursprünglich zum Nachfolger des Augustus ausersehen war. Ehrenwert wie sein Vater Drusus war auch dessen Sohn Germanicus, für den es keine andere Wahl gab: Auch er mußte in die Familie des Augustus einheiraten: Vipsania Agrippina, die Tochter der Julia, war die unfreiwillig Auserwählte. Der moralische Abstieg des augustäischen Hauses war damit besiegelt. Die Familienmitglieder wurden nicht müde, sich möglichst wirkungsvolle Methoden auszudenken, wie man die anderen ins Jenseits befördern könnte. Die Kinder des Germanicus überboten einander an Schlechtigkeit, und es war eine Tragik für den römischen Staat, daß ausgerechnet diese Generation an die Macht kommen sollte. Dazu kam, daß sich bei den Enkeln der älteren Antonia viele Eigenschaften zeigten, die nur ein Erbe ihres Urgroßvaters Marc Anton sein konnten: Genuß- und Trunksucht, der Hang zur Unmäßigkeit, Spielleidenschaft und moralische Verderbtheit zeichneten Lucius Domitius Ahenobarbus und seinen Sohn Gnaeus Domitius Ahenobarbus aus.

Und so vermischte sich das Blut der leichtlebigen Julia Generationen später mit dem wilden Blut des Marc Anton in den Enkeln und Urenkeln der beiden. Denn Gnaeus Domitius Ahenobarbus heiratete die Tochter des Germanicus, Julia Agrippina, und zeugte mit ihr einen Sohn, den späteren Kaiser Nero. Er scheint geahnt zu haben, welches Kind da zur Welt gekommen war, als er nach Neros Geburt die düsteren Worte sprach: »Unmöglich kann von uns beiden ein guter Mensch geboren sein!«

Ob Gnaeus Domitius Ahenobarbus im Innersten wirklich davon überzeugt war, der Vater des Knaben zu sein, bleibt dahingestellt. Wahrscheinlich konnte nicht einmal die eigene Mutter Julia Agrippina sicher sein, daß der Sohn tatsächlich von ihrem Ehemann stammte, denn gern und häufig wechselte sie ihre Liebhaber.

Julia Agrippina hatte als Tochter des Germanicus und der Vipsania Agrippina im hohen Norden, im heutigen Köln, am 6. November

15 n. Chr. das Licht der Welt erblickt: dort, wo ihr Vater gegen die Germanen kämpfte, die damals begannen, die Nordgrenze des Imperiums zu bedrohen. Aber sein Schicksal sollte sich nur zu bald erfüllen. Nach einem Triumph über die Germanen war er von seinem Onkel Tiberius als Herrscher im Osten des römischen Weltreiches eingesetzt worden, und in Antiochia, wo er seine Residenz aufgeschlagen hatte, war es auch, wo er ganz plötzlich im Jahre 19 n. Chr. starb. Seine Witwe Vipsania Agrippina war fassungslos in ihrem Schmerz. Sie konnte nicht glauben, daß Germanicus eines natürlichen Todes gestorben sein sollte, sie suchte nach einem Verdächtigen und Schuldigen am Tode ihres Mannes und bezichtigte lautstark vor aller Welt den Statthalter von Syrien, Piso, und dessen Frau Plancina, Germanicus ermordet zu haben. Ihr Verdacht war auf Piso gefallen, da dieser mit Livia, aber auch mit Tiberius eng befreundet war. Natürlich drangen diese Anschuldigungen Vipsania Agrippinas bis nach Rom und machten im Kaiserpalast böses Blut. Vor allem Tiberius war über die Verdächtigungen seiner Nichte empört. Um in Rom in aller Öffentlichkeit ihren unsagbaren Schmerz über den Tod des Gatten zu demonstrieren, kleidete sich Vipsania Agrippina nur noch in schwarze Trauergewänder, als lebende Anklage gegen Tiberius, den sie für den Mörder ihres Mannes hielt. Tiberius rächte sich nur zu bald: Die Witwe des Germanicus wurde auf die Insel Pandataria verbannt. Aber auch fernab von Rom kam sie nicht zur Vernunft. Sie gebärdete sich wie wild, geiferte und schrie schreckliche Anschuldigungen gegen den Kaiser heraus. Zur Strafe ließ er sie auspeitschen und auf einem Auge blenden. Diese Schmach konnte die Witwe eines Helden, eines der berühmtesten Männer der Zeit, eines Volkslieblings, eines Germanicus, nicht überleben. Agrippina verweigerte jede Nahrung, und schließlich machte der Tod ihren Qualen ein Ende.
Die beiden älteren Söhne Vipsania Agrippinas sollten den Tod der Mutter nicht lange überleben. Obwohl Tiberius sich mit dem Gedanken getragen hatte, den älteren zu seinem Nachfolger zu machen, verwarf er diesen Plan und ging gegen ihn und seinen Bruder mit brutaler Gewalt vor. Nero wurde vom Kaiser der Homosexualität bezichtigt, ein Vergehen, über das man zwar für gewöhnlich den Mantel des Schweigens breitete – Liebschaften unter Männern waren seit Generationen gang und gäbe –, das aber immer noch als Vorwand für eine Verbannung dienen konnte. Seine

angebliche Veranlagung mußte ihm zum Verhängnis werden. Nero hatte vom Leben nichts mehr zu erwarten, der Tod war sein Begleiter auch auf Pontia. Als er vom Schiff an Land gestoßen wurde, zeigte ihm der Henker schon die Schlinge, mit der er erdrosselt, und den Haken, mit dem sein Leichnam in den Tiber geschleift werden sollte. In langen, schlaflosen Nächten erkannte der Jüngling, daß seine Lage hoffnungslos war; nur der Freitod konnte ihn von den physischen und psychischen Foltern erlösen, denen er durch die Schergen des Tiberius ausgesetzt war.

Seinem jüngeren Bruder Drusus sollte es nicht besser ergehen. Der Jüngling wurde in den Kerker geworfen, wo man ihn beinahe verhungern ließ. Tagelang nährte sich der junge Drusus von der Füllung seiner Matratze, dann machte man kurzen Prozeß und brachte ihn um.

Auch die Töchter der Vipsania Agrippina und deren Bruder Caius Germanicus lebten in ständiger Gefahr, denn man wußte nie, was dem launenhaften, grausamen Kaiser noch einfallen würde. Zunächst hatte die Großmutter Antonia minor sich der verwaisten jungen Mädchen angenommen. In ihrem Haus wurde die jüngere Julia Agrippina in den römischen Tugenden unterrichtet, und es wäre durchaus möglich gewesen, daß aus ihr eine achtbare römische Familienmutter geworden wäre, hätte man sie nicht schon mit dreizehn Jahren an jenen Konsul Gnaeus Domitius Ahenobarbus verheiratet, eine Ehe, die vom Kaiser höchstpersönlich veranlaßt worden war. Es konnte ihm unmöglich entgangen sein, daß der Mann, den er dem jungen Mädchen zugedacht hatte, ein Ausbund an Brutalität und Verkommenheit war. Ahenobarbus machte vor nichts halt, er quälte Mensch und Tier, und seine ganze Vorliebe – wie die seines Vorfahren Marc Anton – galt den Tierhetzen und Gladiatorenkämpfen im Zirkus. Schon die Familie des Bräutigams scheint sich nicht allzu großer Beliebtheit erfreut zu haben, denn der Beiname »Ahenobarbus« deutete nicht nur auf einen bronzefarbenen Bart hin, sondern man kolportierte noch eine andere Version, die weniger freundlich war: Die Farbe der Gesichter in der Familie sei wie Eisen, die Herzen seien aus Blei.

Domitius war unzuverlässig, jähzornig und sprunghaft. Wenn ihm etwas nicht paßte, so zog er das Schwert. Sklaven und Freigelassene betrachtete Gnaeus Ahenobarbus als Freiwild, mit ihnen verfuhr er nach Lust und Laune. Fuhr er mit seinem Wagen aus, so konnte es geschehen, daß er auf ahnungslos Dahinspazierende losraste und sie überfuhr, um sie dann, wenn sie verletzt am Boden lagen, mit eigener Hand zu töten. Er trieb es schließlich so arg, daß dies selbst dem Kaiser zuviel wurde, dem man von verschiedenen Untaten berichtet hatte. Tiberius gab den Befehl, den Wüstling in die Schranken zu weisen. Der Tod des Kaisers allerdings ersparte Ahenobarbus alle Konsequenzen, und der neue Kaiser Caius Caesar Germanicus, genannt Caligula, zeigte sich gegenüber den Leidenschaften des Schwagers eher verständnisvoll.

An einen solchen Mann also war die junge, schöne Julia Agrippina verheiratet worden. Das Schicksal des Mädchens und ihrer beiden Schwestern war bis zu diesem entscheidenden Ereignis kein leichtes gewesen, denn trotz der schützenden Hand, die die Großmutter über die Enkelinnen hielt, konnte man nicht sicher sein, daß der Tod nicht auch auf die Töchter des Germanicus wartete, die weniger unterwürfig waren als ihr Bruder Caius.

Alle drei, Julia Drusilla, Julia Agrippina und Julia Livilla besaßen faszinierende Reize und eine ungewöhnliche Anziehungskraft. Bald fanden sich Scharen von Verehrern ein, die den schönen Mädchen nicht nur den Hof machen wollten. Die frühe Heirat der Agrippina mit ihren erst dreizehn Jahren war im Rom jener Zeit nichts Ungewöhnliches, hatte doch Augustus ein Gesetz erlassen, daß schon zehnjährige Mädchen offiziell verlobt werden durften; die Hochzeit fand dann meist am zwölften Geburtstag statt. So befand sich Agrippina also durchaus im heiratsfähigen Alter, als der verkommene Gnaeus Domitius Ahenobarbus um ihre Hand anhielt. Aber Ahenobarbus heiratete kein unerfahrenes Mädchen, denn Julia Agrippina war trotz ihres zarten Alters in gewissen Kreisen Roms wegen ihrer Leidenschaftlichkeit und vor allem wegen ihrer rasch wechselnden Liebhaber schon allgemein bekannt. Sie haßte Langeweile, vor allem in der Liebe. Dabei schien es wie ein seltsamer, aber angenehmer Zufall, daß ihre Liebhaber durchwegs einflußreiche und sehr wohlhabende Männer waren, allerdings meist anderweitig gebunden oder verheiratet. Auch die Ehe hinderte Agrippina nicht daran, weiter ihren Liebesabenteuern nachzugehen, so wie ihr Mann sie schon vor und noch mehr nach der Hochzeit mit noch jüngeren Mädchen, verheirateten Frauen, aber auch blutjungen Knaben, ja sogar mit seiner eigenen Schwester betrog. Agrippina revanchierte sich auf ihre Weise: Sie erweiterte die Reihe ihrer Liebhaber um den Mann ihrer Schwester, auch noch, als sie merkte, daß sie ein Kind erwartete. Bald begann man sogar zu munkeln, daß sie selbst mit ihrem Bruder Caius, der als Kaiser die Nachfolge des Tiberius angetreten hatte, eine blutschänderische Beziehung unterhalte. Was vorerst wie böswillige Nachrede wirkte, schien immer mehr wahr zu werden. Denn der überlebende Sohn des vielgeliebten und allseits verehrten Germanicus, dem die Soldaten in Germanien den zärtlichen Beinamen »Caligula« (Stiefelchen) gegeben hatten, da das Kind mit schönen Stiefeln stolz im Lager herumspaziert war, hatte sich schon sehr bald zu einem über alle Maßen ausschweifenden Menschen entwickelt. Wenn man nun in Rom munkelte, daß der junge Kaiser mit seinen Schwestern intim verkehrte, so paßte diese unerhörte Perversion durchaus ins Bild. Ja, Caligula bemühte sich erst gar nicht, wenigstens den Schein von Anstand zu erwecken. Als wolle er Senat und Volk von Rom provozieren, umarmte er seine Schwester in aller Öffentlichkeit und drückte sie lange und sehr deutlich eng an sich, um sie dann gierig und gar nicht brüderlich zu küssen. Dabei hatte es ihm besonders seine jüngere Schwester Julia Drusilla angetan; Caligula trug sich sogar ernsthaft mit dem Gedanken, sie offiziell zu heiraten. Im Orient und bei den Ptolemäern waren Geschwisterehen durchaus Sitte gewesen, warum sollte er als Kaiser dies nicht auch in Rom einführen? Wer würde es wagen, sich gegen die Anordnungen des Herrschers zu stellen? Die Senatoren waren längst zu Marionetten degradiert; was für den Kaiser zählte, war einzig und allein die Prätorianergarde, die zu einer regelrechten Schutztruppe geworden war. Durch die Unterstützung des Prätorianerpräfekten Marco war Caligula auch zum Kaiser ausgerufen worden, und diese Leute standen wie ein Mann hinter ihm. Obwohl Caligula wissen mußte, daß der seltsame Plan einer Heirat mit der eigenen Schwester in Rom und selbst bei seinen treuesten Freunden tiefe Empörung hervorrufen würde, kümmerte er sich wenig um die allgemeine Stimmung. Aber der Tod machte Caligula einen Strich durch die Rechnung: Julia Drusilla starb ganz plötzlich, bevor er sie zu seiner offiziellen Frau machen konnte. Das hinderte ihn aber nicht daran, die unnatürliche Zuneigung zu seinen beiden anderen Schwestern nach wie vor in aller Öffentlichkeit zu zeigen. Er verlieh den jungen Frauen hohe Ehrungen und Auszeichnungen; sie durften neben ihm im Theater und bei den Spielen Platz nehmen, eine Ehre, die den Frauen früherer Zeiten niemals zugestanden worden war. Nur Livia, die Gemahlin des Augustus, hatte gegen das Ende ihres Lebens ähnliche Vorrechte erreicht. Im Jahre 37 n. Chr. verlangte Caligula sogar einen offiziellen Senatsbeschluß, nach dem jeder, der eine Eidesformel aussprach, noch hinzufügen sollte: »Ich werde mich und meine Kinder nicht lieber halten als Caius und seine Schwestern.«

Im Kaiserpalast, dem Zentrum des römischen Weltreichs, ersannen Caligula und seine Schwestern Tag um Tag neue Abwechslungen. Tage und Nächte unterschieden sich nur wenig von denen der Reichen in Rom. Ein Heer von Sklaven sorgte für alle Bedürfnisse. Man erging sich in der Stadt, besuchte hin und wieder den Senat, um sich zu informieren, lauschte interessiert den Neuigkeiten und dem Klatsch, der von Mund zu Mund ging, politisierte mit Freunden, intrigierte, wenn man Lust dazu hatte, und lud Gäste zum Abendmahl. Das Leben war bunt, aber im allgemeinen nicht besonders abwechslungsreich, es sei denn, man hatte ein Landhaus außerhalb von Rom in den Bergen oder am Meer, wohin man im Sommer seinen Wohnsitz verlegte. Der Abend gehörte den Gästen. Man lagerte auf Ruhebetten um die Tische und ergötzte sich an den exotischsten Delikatessen. Alle reichen Familien wetteiferten untereinander, wer die besten Köche sein eigen nannte. Unsummen wurden für bekannte Meister ihres Fachs gezahlt, und es galt als Kavaliersdelikt, wenn man sich gegenseitig die Köche abspenstig machte. Nachtigallenzungen, Flamingozungen oder Pfauenleber waren gefragt, ganz zu schweigen von frischen Austern oder seltenen Fischen wie Muränen, die in eigenen Bottichen gezüchtet wurden. Freilich fehlten auch heimische Geflügel- und Wildarten nicht, wenngleich man gerne damit prahlte, Delikatessen kredenzen zu können, die von fernher geholt worden waren. Nachdem durch Lucullus, einen besonderen Gourmet, die Kirsche und die Aprikose nach Rom gebracht worden waren, wurde man nicht müde, immer neue Früchte und Gemüse aus allen Teilen des Weltreichs nach Rom zu transportieren. Sklaven tranchierten die Braten und zerteilten sie in mundgerechte Stücke, denn die Römer der Kaiserzeit kannten weder Messer noch Gabel; lediglich die Suppe schlürfte man aus kunstvoll verzierten Löffeln. Man aß also mit den Händen, niemanden störte es, wenn sie vor Fett triefen. Hin und wieder tauchte man sie in Rosenwasser oder wischte sie einfach an den Haaren eines Sklavenkindes ab. Hatte man genug gegessen, begann das Trinkgelage. Dabei floß der Wein in Strömen, aber ein Gastgeber, der auf den Ruf seiner Keller etwas hielt, begnügte sich nicht mit dem Wein aus der Campagna oder dem Falerner; er ließ sich das köstliche Getränk eher von den griechischen Inseln kommen. (Von Kaiser Augustus hingegen ist bekannt, daß er den Südtiroler Wein liebte, obwohl er ihn nur mäßig trank, so wie Augustus insgesamt mäßig im Essen und Trinken war.) Man vermischte den Wein mit Wasser und fügte ihm noch verschiedene Essenzen oder Rosenblätter bei.

So ähnlich, nur noch weit luxuriöser, brachten Caligula und seine Schwestern ihre Tage zu. Im allgemeinen war es damals noch nicht Sitte, daß auch Frauen bei Tisch hingestreckt lagen; das Gesetz befahl ihnen eine aufrechte, würdige Haltung beim Essen und Trinken. Was aber galten die Gesetze für denjenigen, der über ihre Einhaltung und Durchführung zu wachen und zu entscheiden hatte? Warum sollten sich die Schwestern nicht liegend bei Tische ergötzen, wo sich doch aus dieser Form der Unterhaltung allerlei andere Varianten des Vergnügens entwickeln konnten! Dabei vergaß vor allem Agrippina nicht, daß alles, was sie tat, jede neue Beziehung, ihr zum Nutzen gereichen mußte. Jeder Mann, der in ihre Netze geriet, war sorgfältig von ihr ausgewählt. Sie begnügte sich nicht allein mit der augenblicklichen Lust, sie dachte weiter und plante die Zukunft. Der kaiserliche Bruder aber war die wichtigste Karte in ihrem Spiel um die Macht.

Agrippina hatte schon sehr bald die schwache, gegen alle Laster anfällige Natur des unansehnlichen Caligula durchschaut. Vielleicht war sie deshalb so willig gewesen, das blutschänderische Verhältnis mit ihrem Bruder einzugehen, um ihn völlig in die Hand zu bekommen. Sie hatte allerdings nicht damit gerechnet, daß Caligula über ihre sonstigen Affären, auch mit ihrem Schwager Lepidus, durch seine Informanten Bescheid wußte. Ausgerechnet Lepidus aber war bei Caligula angeschwärzt worden, einen Umsturz zu planen, um sich selbst zum Kaiser ausrufen zu lassen.

Diese bedrohlichen Gerüchte waren in Rom aufgetaucht, während Lepidus in Gallien nach dem Rechten sah. Ohne nur die geringste Andeutung zu machen, lud Caligula seine Schwestern zu einer Vergnügungsreise in die Länder jenseits der Alpen ein. Die Vorbereitungen mußten rasch vonstatten gehen; ganz gegen seine sonstige Gewohnheit drängte Caligula zum schnellen Aufbruch. Agrippina und ihre Schwester freuten sich auf das Wiedersehen mit Lepidus, weilte doch der Ehemann der einen und der Liebhaber der anderen schon viel zu lange im fernen Gallien. Keine der beiden Frauen konnte den wahren Grund der Reise auch nur ahnen. Caligula zeigte sich den Schwestern gegenüber fröhlich und aufgeräumt, er behandelte sie zuvorkommend, beinahe liebenswürdig. Aber kaum hatten sie den beschwerlichen Weg über die verschneiten Berge hinter sich und waren im Lager des Lepidus angekommen, wo man sie nichtsahnend freudig begrüßte, da zeigte der Kaiser sein wahres Gesicht und seine eigentliche Absicht. Gleich nach der stürmischen Begrüßung gab Caligula den Soldaten einen Wink; Lepidus wurde umzingelt und gefesselt. An Ort und Stelle ließ Caligula ihm und anderen Verdächtigen den Prozeß machen, und vor den Augen der Frauen wurde Lepidus als Hochverräter hingerichtet. Kaum hatte er den letzten Atemzug getan, da wurde ein riesiger Holzstoß entzündet, auf den man die Leiche gelegt hatte. Als die Flammen zum Himmel schlugen und der Schmerz Agrippina überwältigen wollte, da warnte sie ein grausames Leuchten in den Augen des Bruders, und sie erkannte, daß auch sie und ihre Schwester in höchster Lebensgefahr schwebten. Caligula schien nur auf ein Zeichen zu warten, auf einen verfänglichen Satz, der sie verraten konnte; seine Strafe würde auch sie in voller Härte treffen. Und so kam es auch. Er zwang Agrippina, die Asche ihres toten Geliebten, im Busen versteckt, nach Rom zu bringen. Dort konnte er den Anblick der intriganten Schwester nicht mehr ertragen und verbannte sie nicht nur aus seiner unmittelbaren Nähe, sondern weit weg von Rom auf die pontischen Inseln, wo ihnen weder Sklaven noch Freigelassene zur Verfügung standen und wo sie auf allen Luxus verzichten mußten, den sie in Rom an seiner Seite genossen hatten.

Agrippinas Ehemann, der Vater Neros, Ahenobarbus, war kurz zuvor, im Jahre 40 n. Chr., an Wassersucht gestorben. Nun wäre seine Witwe eine steinreiche Frau gewesen, denn das riesige Vermögen des Verstorbenen war in drei Teile geteilt worden: ein Drittel erbte der Sohn Nero, ein Drittel Julia Agrippina und ein Drittel der Kaiser. Der geldgierige Caligula aber legte sofort die Hand auf den Nachlaß des Schwagers und strich das Vermögen ein. Der gesamte Hausrat, Möbel, Teppiche, goldene und silberne Tafelgeräte, wurde versteigert und verkauft. Auch die Sklaven der Schwestern wurden feilgeboten, und jeder Käufer mußte einen überhöhten Preis bezahlen.

Caligulas Geldgier hatte sich bereits zum Wahnsinn entwickelt. Er beklagte sich bitter darüber, wie arm er als Kaiser sei, und als ihm eine Tochter geboren wurde, verkündete er öffentlich, daß er nun nicht nur als Kaiser, sondern auch als Vater einer Tochter, die eine Aussteuer benötige, riesige finanzielle Lasten zu tragen hätte, die weit über seine Kräfte gingen. Er veranstaltete eine öffentliche Sammlung und stellte sich wie ein Bittsteller im Vorhof seines Palastes auf, um die Münzen persönlich einzusammeln und aufzuheben, die Männer und Frauen aller Stände und Berufe vor ihn hinwarfen. Dann ließ er einen riesigen Haufen Goldmünzen vor sich aufschütten, um wie von Sinnen mit irrem Blick in dem Geld zu wühlen, die Münzen hochzuwerfen und sie wieder aufzufangen und sich grell lachend im Goldberg zu wälzen.

Immer mehr verfiel Caligula, der Sohn achtbarer, ja bewunderter Eltern, dem Wahnsinn, aber niemand wagte es, diesem irrsinnigen Treiben ein Ende zu bereiten. Zu gefährlich war es, auch nur ein leises Wort des Tadels selbst im Freundeskreis anzubringen, denn je verrückter sich der Kaiser gebärdete, desto grausamer wurde die Verfolgung aller, die ihm verdächtig vorkamen. Daher konnte sich Agrippina zunächst glücklich schätzen, außer Reichweite ihres unberechenbaren Bruders zu sein. Sie konnte nur hoffen, daß sich endlich in Rom Männer finden würden, die dem Treiben des Geisteskranken ein Ende bereiteten. Sie kannte aber auch die Schwierigkeiten, die eine geheime Verschwörung beinahe unmöglich machten: So wahnsinnig sich Caligula auch aufführte, es fanden sich immer wieder Männer, die bereit waren, das Leben dieses Irrsinnigen mit ihrem eigenen Körper zu schützen.

Aber endlich, nachdem er drei Jahre als Kaiser sein Unwesen getrieben hatte, schlug die Stunde auch für Caligula. Im Einvernehmen mit dem Befehlshaber der Leibwache, der von Caligula in unverschämter Weise immer wieder und in aller Öffentlichkeit verhöhnt und verspottet worden war, fanden sich zwei Tribunen, die dem Kaiser nach dem Verlassen des Theaters die Schwerter in den aufgedunsenen Leib rammten. In blinder Wut stachen die Umstehenden dann auf den sich am Boden windenden Caligula ein. Jetzt endlich, als er tot war, waren sich alle einig: Diesem verruchten und verrohten Wüstling wollte man nicht einmal ein standesgemäßes Begräbnis zuteil werden lassen. Bevor die Menge den Leichnam in Stücke reißen konnte, schafften einige Männer den Toten in die Gärten der Familie Lamia, wo man sich so sehr beeilte, den Körper des ehemaligen Herrschers zu verbrennen, daß man nicht einmal abwartete, bis die Flammen ihn vollständig in Asche verwandelt hatten. Nur angekohlt, verscharrte man ihn wie einen Hund.

Agrippina, die diese Nachricht wahrscheinlich mit Erleichterung und Freude aufnahm, konnte freilich nicht ahnen, daß nun ein Mann zum Kaiser ausgerufen werden würde, den sie dereinst höhnisch verlacht hatte. Ausgerechnet Claudius, der jüngere Bruder des beliebten Germanicus, ihr eigener Onkel, wurde Kaiser über das römische Weltreich, ein Mann, der niemals im Leben von einer solchen Stellung auch nur geträumt hatte, der als schwächliches Kind von seiner Mutter nicht geliebt und von seiner Großmutter Livia beinahe gehaßt worden war. Claudius hatte, da er zu früh das Licht der Welt erblickt hatte, einen Sprachfehler, er stotterte, wenn er aufgeregt war, außerdem hinkte er und war ein übernervöses und sensibles, grüblerisches Kind gewesen. Er war kein Held, kein Siegertyp wie sein um fünf Jahre älterer Bruder, der viel zu früh verstorbene Germanicus. Aber er war klug, verläßlich und vor allem gebildet. Sein Neffe Caligula hatte seine Redlichkeit belächelt, und auch die übrigen Familienmitglieder hatten nur Hohn und Spott für den in sich gekehrten Claudius, der sich in der verkommenen römischen Gesellschaft kaum zeigte, da ihm das stille Leben lieber war als die orgiastischen Gelage.

Nach vielen Jahren waren erstmals wieder die Senatoren in Erscheinung getreten, hatten auf dem Kapitol wie in alten Zeiten eine Versammlung abgehalten und den Konsuln ihren Plan unterbreitet, nach den vorangegangenen chaotischen Zeiten die Republik wieder herstellen zu wollen. Man hatte allerdings die Rechnung ohne die Prätorianergarde gemacht, die sich schon längst das Recht herausnahm, die Kaiser bestimmen und ausrufen zu können. Warum die Garde nach der Katastrophe mit Caligula unter allen Umständen noch einen Herrscher aus der julisch-claudischen Familie haben wollte, war beinahe unverständlich. Jedenfalls setzte sie sich über alle Einwände des Senats hinweg und schickte eine Abordnung von Soldaten in den Palast des Claudius. Als dieser die Prätorianer kommen hörte, ahnte er wahrscheinlich Schreckliches; er hinkte durch den Raum und suchte ein Versteck, in dem er sich sicher fühlen konnte. Aber in seiner Todesangst kam er nicht weit, und die Soldaten mußten nicht lange suchen, bis sie ihn hinter einem Vorhang entdeckten. Sie zogen den am ganzen Körper Zitternden hervor und riefen ihn zu seinem übergroßen Erstaunen zum neuen Kaiser aus.

Claudius war schon fünfzig Jahre alt, als er die Nachfolge seines Neffen antrat. Sein Regierungsantritt war für alle überraschend gekommen; vor allem seine Familie konnte es kaum fassen, daß der ältliche, stotternde Bücherwurm nun Kaiser des Weltreiches sein sollte. Aber mit perfekter Wendigkeit hängte man sofort sein Mäntelchen nach dem Wind, kam dem neuen Kaiser mit großer Liebenswürdigkeit entgegen und hoffte, daß auch Claudius die Spötteleien vergessen würde. Obwohl der Kaiser seine Familie wahrscheinlich nur zu genau kannte, wollte er nun allen durch Mildtätigkeit und Großmut zeigen, wie grundlegend man ihn verkannt hatte und wie sehr sie ihm Unrecht getan hatten, sie, die ihn als Dummkopf, ja, als Affen verhöhnt hatten.

Eine seiner ersten Handlungen als Kaiser war es, seine Nichte Julia Agrippina und ihre Schwester aus der Verbannung nach Rom zurückzuholen. Die Jahre im Exil hatten Agrippina nicht geläutert, im Gegenteil. Kaum war sie wieder in Rom, da versuchte sie mit aller Intensität das nachzuholen, was sie versäumt hatte. Sie war immer noch jung, und sie war immer noch schön. Dazu kam, daß sie die Nichte des regierenden Kaisers war; ihre Chancen waren also größer denn je. Aber nicht jeder Mann kam für Julia Agrippina in Betracht. Zunächst fiel ihr Kennerblick auf Galba, dessen Frau gerade gestorben war. Aber so sehr sich Agrippina auch um den Witwer bemühte, so sehr sie ihm schöne Augen machte, Galba zeigte keine Reaktion, und schließlich erklärte er sogar, daß er an ihr nicht interessiert sei. Den Schock dieser Zurückweisung konnte Agrippina lange nicht verwinden. Aber ihr nächstes Opfer war bald gefunden: Caius Sallustius Crispus Passienus, ein römischer Millionär, der auch gleich dazu bereit war, die Nichte des Kaisers zu heiraten, da er sich entscheidende Vorteile davon versprach, ungehindert bei Hofe aus- und eingehen zu können. Sallustius war durch seinen Vorfahren, den Dichter Sallust, zu dem gewaltigen Vermögen gekommen, das er nun mit seiner jungen Frau verprassen konnte. In dieser neuen Ehe sah Agrippina sich beinahe am Ziel ihrer Wünsche, aber nur beinahe: Obwohl sie nun aus dem vollen schöpfen konnte, obwohl ihr beinahe alles geboten wurde, wonach ihr Herz begehrte, hatte sie eines noch nicht in Händen: Sie saß noch nicht an den Schalthebeln der Macht. Aber sie hatte einen Sohn, und dieser Sohn sollte eines Tages als Kaiser über Rom herrschen.

Diese Idee hatte immer mehr Gestalt angenommen, seit ihr alternder Onkel Claudius auf dem Thron saß. Nur über dessen Bett konnte der Weg eines Nero und damit auch ihr eigener Weg an die Spitze des Staates führen. Den Kaiser mußte sie in ihre Netze locken. Aber noch war Claudius mit einer attraktiven und sinnlichen Frau verheiratet, noch übte Messalina, seine dritte Gemahlin, mit der er eine Tochter Octavia und einen Sohn Britannicus hatte, auf den Kaiser Einfluß aus.

Der Zufall kam Agrippina zu Hilfe. Der liebestollen Messalina genügte der schwächliche Gatte schon lange nicht mehr. Sie begann sich vom gemeinsamen Lager davonzustehlen, um sich, mit einer blonden Perücke getarnt, allen Freuden der Sinne hinzugeben. Claudius schöpfte lange Zeit keinen Verdacht; so mußte er aus allen Wolken fallen, als er schließlich vom nächtlichen Treiben seiner Frau, der Kaiserin, in den berüchtigtsten römischen Bordellen erfuhr. Selbst sein unentbehrlicher Berater Narcissus hatte lange gezögert, dem Kaiser die Augen über den Lebenswandel seiner Frau zu öffnen. Als aber Messalina im Jahre 48 n. Chr. zusammen mit ihrem Liebhaber Gaius Silius wahrscheinlich den Sturz des Claudius plante, da wurde es Narcissus zuviel. Er unterrichtete den Kaiser von den Absichten seiner Frau und ihres Geliebten. Caius Silius, der als schönster Mann Roms galt, entstammte einer der besten Familien. Messalina war seiner Ausstrahlung vom ersten Moment an verfallen, und Silius hoffte, durch die Beziehung zur Gemahlin des Kaisers politisch bedeutungsvoll zu werden. Aber die Rechnung der beiden, die sogar in aller Öffentlichkeit eine bacchantische Hochzeit veranstalteten, ging nicht auf. Was sie nicht erwartet hatten, trat ein: Claudius zeigte sich nicht als Schwächling, sondern als enttäuschter, eifersüchtiger Mann, der seine Rache wollte. Der Liebhaber seiner Frau wurde hingerichtet, und auch Messalina half kein Flehen um Gnade. Claudius sah nicht ihre Tränen und hörte nicht ihr Wehklagen. Als die Häscher mit gezücktem Schwert das Haus ihrer Mutter betraten, wohin sie sich geflüchtet hatte, da sah sie keinen anderen Ausweg mehr, als sich unter lautem Weinen selbst den Tod zu geben.

Der Weg in den Kaiserpalast war durch die Unvorsichtigkeit Messalinas für Agrippina beinahe frei geworden. Lediglich ihr zweiter Mann stand ihr noch im Weg. Aber das Schicksal fügte es, daß Sallustius ganz plötzlich vom Tod ereilt wurde, aus heiterem Himmel, ohne vorherige Krankheit und ohne irgendwelche Anzeichen von geistiger oder körperlicher Schwäche. Ein seltsames Zusammentreffen, daß ausgerechnet zu dem Zeitpunkt, als Claudius wieder nach einer Frau Ausschau hielt, der Ehemann der Agrippina zu Grabe getragen wurde! Es war nur zu verständlich, daß die Gerüchte in Rom nicht mehr verstummen wollten, wonach sie die Hände beim Tod ihres Mannes im Spiel gehabt habe. Aber die näheren Umstände wurden nicht bekannt, und diejenigen, welche sie kannten, wurden zum Schweigen verpflichtet oder überlebten die nächsten Monate nicht mehr.

Kaum war das pompöse Leichenbegängnis für Sallustius vorüber, da wußte es Agrippina so einzurichten, daß aus dem Kaiserpalast immer öfter Einladungen an sie und ihren Sohn Nero ergingen. Freilich war Kaiser Claudius über den freizügigen Lebenswandel seiner Nichte nicht im unklaren, aber Agrippina bot alle Raffinessen der Verführungskunst auf – und das war ein Metier, das sie mit Meisterschaft beherrschte –, so daß Claudius von ihr völlig gefangen war und nicht mehr viel nach ihrer Moral fragte, obwohl ihm sein treuer Diener Narcissus nur allzu genau von Agrippinas bisherigem Leben und Treiben berichtete. Aber so sehr Claudius auch sonst die Ratschläge des Narcissus schätzte, diesmal ließ er sich nicht davon abbringen: Er wollte sich die Frau, die er ehelichen würde, selbst aussuchen. Nicht Aelia Patina, die ihm von Narcissus vorgeschlagen wurde, wollte er nehmen, sondern dieses begehrenswerte Weib, seine Nichte. Und mit hocherhobenem Haupt, ihres Triumphes sicher, zog Agrippina als Braut des Kaisers in den Palast ein.

Die Hochzeit des ungleichen Paares vollzog sich mit allem nur erdenklichen Prunk. Claudius, ein begeisterter Esser und Trinker, mußte sich mit einer Feder etliche Male den Gaumen kitzeln lassen, um alle dargereichten Speisen genießen zu können. Wie immer verließ er das Speisezimmer erst in vollgegessenem und volltrunkenem Zustand. Ob er auch in seiner vierten Hochzeitsnacht seiner üblichen Gewohnheit frönte, gleich nach dem Essen umzufallen und mit offenem Mund einzuschlafen, darüber schweigen die Chronisten.

Die neue Frau des Kaisers gab sich zunächst liebevoll und tugendhaft, und es dauerte nicht lange, bis sie der alternde Ehemann, der ganz in ihren Bann geschlagen war, mit allen erdenklichen Ehren und Auszeichnungen überhäufte. Keusch, beinahe bieder wie eine Römerin aus längst vergessenen Zeiten, zeigte sich Agrippina dem Kaiser und dem Volk, sie wirkte ausgesprochen sittsam, obwohl sie in die Ehe einen geheimen Liebhaber, Pallas, mitgebracht hatte. Nun galt es nur noch, den gefährlichen Narcissus auszubooten, um sämtliche Fäden der Macht in Händen zu halten.

In Claudius war nach dem vermeintlichen Anschlag, den Messalina mit ihrem Liebhaber auf sein Leben geplant hatte, eine innere Wandlung vor sich gegangen. Er hatte sich zwar schon immer vor Attentaten gefürchtet – nicht zu Unrecht, denn Mord und Totschlag waren in Rom an der Tagesordnung, und auch Claudius war kein unumstrittener Herrscher, dazu waren seine verschiedenen Gerichtsurteile und sein Vorgehen besonders gegen die Senatoren viel zu willkürlich –, jetzt aber ließen ihn seine Ängste kaum noch schlafen. Das politische Engagement, das er vor allem zu Beginn seiner Regierung gezeigt hatte, schwand. Schon wenige Monate nach seiner Ernennung zum Kaiser hatte er nicht gezögert, trotz seines schlechten Gesundheitszustandes eine beschwerliche Reise nach Britannien zu unternehmen, das im Jahre 43 erobert und zur Provinz gemacht worden war. Er hatte begonnen, die Dinge im Staat wieder zu ordnen, die durch die Versäumnisse und die Mißwirtschaft seines Vorgängers in Unordnung geraten waren. Claudius befaßte sich mit tausend Dingen, er saß stundenlang geduldig bei Gericht, kümmerte sich um die Armen, verlieh denen, die es sich verdienten, das römische Bürgerrecht und beschäftigte sich mit den Wissenschaften, um sich schließlich auch als Schriftsteller einen Namen zu machen.

All sein später Elan aber war durch die Machenschaften der Messalina unterbrochen, ja, beinahe lahmgelegt worden. Und seiner vierten, politisch nach der Macht strebenden Frau konnte nichts Besseres passieren als ein tatenloser, müder Kaiser.

Der Weg für Agrippina war frei geworden. Dabei spielte ihr Sohn Nero eine entscheidende Rolle. Der Jüngling war mit der Mutter in den Kaiserpalast eingezogen und begann hier bald das große Wort zu führen. Die Kinder des Kaisers, Octavia und Britannicus, wurden übergangen, und es fiel Claudius wahrscheinlich gar nicht auf, welch seltsames Spiel hier gespielt wurde. Warum sollte der Sohn seiner vierten Gemahlin nicht mit seiner Tochter aus dritter Ehe verlobt werden? Die junge Octavia, die Tochter der Messalina, wurde sicherlich nicht gefragt, ob ihr der wenig ansehnliche, plumpe Jüngling mit dem fleckigen Gesicht und den kurzsichtigen, schielenden Augen auch gefiel.

Kaum war der erst zwölfjährige Nero mit der Kaisertochter verlobt, da betrieb die Mutter mit aller Schlauheit seine Adoption durch Claudius. Für die Mutter war es sicherer, wenn Nero vom Kaiser an Sohnes statt angenommen wurde, als wenn er nur die Stellung eines zukünftigen Schwiegersohnes innehatte. In vielen Stunden der Schmeichelei konnte Agrippina ihren Mann überzeugen, daß Nero, war er einmal legitimer Bruder des erst neunjährigen Britannicus, sicherlich ein treuer Beschützer des Knaben vor den Unbilden der Welt sein würde.

Am 25. Februar schlug für Agrippina die erste Stunde ihres Triumphes: Ihr Sohn wurde von Claudius in einer großen Feier als Nero Claudius Drusus Caesar Germanicus adoptiert. Damit war es aber nicht genug, denn nun wäre es beinahe unmöglich geworden, daß die Tochter des Claudius, Octavia, weiterhin mit Nero verlobt sein konnte. Durch die Adoption war Nero ja ihr Bruder geworden und hätte somit seine Schwester heiraten sollen. Um dies zu verhindern, veranlaßte Agrippina ihren Mann, seine eigene Tochter von einer anderen Familie adoptieren zu lassen, damit die geplante Heirat dann später wirklich zustande kommen könne. Kaiser Claudius sagte zu allem Ja und Amen, was seine Frau – wahrscheinlich in engem Kontakt mit ihrem Liebhaber – ausbrütete. Er war schon viel zu lethargisch geworden, um sich gegen die Pläne und Vorstellungen Agrippinas zu wehren, und sie konnte allmählich schalten und walten, wie es ihr gefiel. Und je mehr Claudius sich zurückzog, desto mehr trat Agrippina in das Licht der Öffentlichkeit. Unmittelbar nach der Adoption ihres Sohnes war ihr vom Senat der Titel »Augusta« verliehen worden, eine Auszeichnung, die Agrippina zu neuen Forderungen veranlaßte. Sie wollte nicht mehr wie die früheren Gemahlinnen der Kaiser im Hintergrund stehen, für sie war die erste Reihe im Rampenlicht der Öffentlichkeit gerade gut genug. Ihre Kleidung wurde der des Kaisers angeglichen; man sollte schon von weitem erkennen, welche Stellung sie im Staat und in der Politik innehatte. Und Claudius war nicht der Mann, seiner Frau zu verwehren, daß sie sich für ein Kampfspiel, das im Jahre 52 n. Chr. abgehalten wurde, einen Überwurf aus Goldfäden weben ließ, der wie ein Feldherrnmantel geschnitten war. Noch niemals war eine Frau in einer solchen Robe in der Öffentlichkeit erschienen; nicht der Kaiser zog die Blicke aller auf sich, Agrippina war der strahlende Mittelpunkt. Dazu ließ sie sich einen mit echtem Gold verzierten Prunkwagen bauen, in dem sie zuerst kreuz und quer durch Rom fuhr, um dann den Weg hinauf zum Kapitol einzuschlagen. Und sie kümmerte sich nicht im mindesten darum, daß dies bisher nur den Priestern und Götterbildern vorbehalten gewesen war; im Gegenteil, sie genoß die Empörung, die sie überall hervorrief.

Agrippina fand es kaum noch der Mühe wert, ihre Absichten hinter einer Maske der Scheinheiligkeit zu verbergen. Sie ließ Claudius nicht mehr im Zweifel, daß er ihr und ihren Machtgelüsten im Wege stand. Sie, nicht er, führte ein großes Haus, und jeder, der in Rom etwas auf sich hielt, versuchte zu ihren Empfängen geladen zu werden. Der Kaiser wurde im Palast seiner Frau wie ein eher ungebetener Gast behandelt, so, als würde er gar nicht dazugehören.

Besonders pompös waren die öffentlichen Geburtstagsfeiern für Agrippina selbst, aber auch für ihren Sohn Nero. Sie ließ den Tag ihrer Geburt zum Staatsfeiertag erklären und setzte durch, daß ihre Geburtsstadt Köln im Jahre 50 n. Chr. mit dem Ehrentitel »Colonia Claudia Ara Agrippiniensium« ausgezeichnet wurde. Damit alle Römer von ihren Ehrungen, aber auch von ihren Taten jede kleinste Kleinigkeit erfahren sollten, wurde alles, was Agrippina unternahm, in der Staatszeitung veröffentlicht. Auch dies war bis dahin nur den Kaisern vorbehalten gewesen. Allein ließ sie sich als »Augusta«, als Erhabene, in ihrer Luxussänfte durch Rom tragen, und jeder, der ihr begegnete, mußte ihr huldigen.

Vielleicht übten die Vitalität und Energie, die Agrippina zeigte, eine besondere Faszination auf den tatenlosen Claudius aus, der er sich nicht entziehen konnte. Denn nur so ist vieles zu verstehen, was der Kaiser auf Agrippinas Einflüsterungen hin anordnete. Es war bis dahin einzig und allein dem Kaiser vorbehalten gewesen, daß sein Bildnis auf den verschiedenen goldenen und silbernen Geldstücken erschien. Jetzt prangte das Antlitz der Agrippina samt ihrem Namen auf allen Münzen, eine Auszeichnung, die ihr auch nach dem Tod ihres Mannes und nach dem Regierungsantritt ihres Sohnes Nero noch gewährt wurde. Zu den Wagenrennen und Zirkusspielen ließ sich Agrippina in ihrem stadtbekannten goldenen Wagen fahren, von dem manche Chronisten behaupten, daß er von zwei Löwen gezogen wurde. Damit sie nicht selbst die Treppen zur kaiserlichen Ehrenloge hinaufsteigen mußte, hoben Sklaven die Kaiserin aus ihrem Wagen in eine bereitgestellte Sänfte und trugen sie zu ihrem Platz neben dem Kaiser. Für Agrippina war es selbstverständlich, daß sie hier saß. Auch wenn ausländische Delegationen bei Kaiser Claudius vorsprachen, wurden sie nur dann vorgelassen, wenn es seine Gemahlin für angemessen hielt. Sie selbst thronte hoheitsvoll neben ihrem Mann, der fast eingeschüchtert wirkte, und führte meist die Unterredungen mit den Gästen, ohne sich von Claudius unterbrechen zu lassen. Kein Bittsteller bemühte sich mehr um eine Audienz beim Kaiser; wenn einer etwas wollte, mußte er sich zwangsläufig an die Kaiserin wenden, und diese beurteilte die Chance für eine positive Erledigung des Ansuchens für gewöhnlich danach, wie viel Geld jemand für besondere Privilegien zu zahlen bereit war. War Agrippina allmählich auch beinahe zur Alleinherrscherin in Rom geworden, ihre Geldgier hatte sie nicht verloren.

Über all der Macht, die Agrippina an sich gerissen hatte, vergaß sie jedoch nicht ihr eigentliches Ziel: Ihr Sohn sollte Nachfolger des Kaisers werden. Es war ihr aber auch bewußt, daß dieser Jüngling eine gute Erziehung erhalten sollte. Sie ließ die berühmtesten Lehrer und Philosophen, die nicht nur in Rom Rang und Namen hatten, vor ihren Augen Revue passieren und befragte alle genau, vor allem diejenigen, die ihr von ihren persönlichen Beratern empfohlen worden waren. Ihre Wahl fiel schließlich auf den Philosophen Seneca, der allerdings nicht den besten Leumund in der Stadt genoß, da er mit Agrippinas Schwester Julia Livilla ein allseits bekanntes Verhältnis gehabt hatte, das Kaiser Caligula, wahrscheinlich aus einer Anwandlung von Eifersucht, nicht geduldet hatte. Mit Schimpf und Schande war damals Seneca aus Rom verbannt worden. Für Agrippina bestanden natürlich keine moralischen Bedenken, Seneca zurück nach Rom zu holen und als Erzieher des minderjährigen Nero einzusetzen. Ihm zur Seite wurde noch Burrus gestellt, mit dem sich Seneca hervorragend verstand. Obwohl sich beide wahrscheinlich redlich bemühten, aus dem jungen Mann einen rechtschaffenen Menschen und ordentlichen Herrscher zu machen, mußten sie letztlich doch erkennen, daß ihr Tun und ihre Mühen von vornherein zum Scheitern verurteilt waren. Und die Mutter tat ein übriges, um den Sohn vollends zu verderben. Wo immer es nur möglich war, sollte Nero in den Vordergrund geschoben werden. Am 4. März des Jahres 51 wurde der gerade Dreizehnjährige mit der Männertoga bekleidet, und mit fünfzehn Jahren durfte er zum ersten Mal im Senat eine öffentliche Rede halten.

Skeptisch und voller Mißtrauen hatten sich die Senatoren versammelt. Man wußte um die Hintergründe des bevorstehenden Auftritts. Hier sollte der Adoptivsohn des Kaisers öffentlich präsentiert werden und nicht der leibliche Sohn von Claudius, Britannicus, der legitime Nachfolger. Vor Aufregung zitternd, mit Schweißtropfen auf der Stirn und mit sich überschlagender Stimme hielt der junge Nero eine Rede, die selbst die kritischen Senatoren in Erstaunen versetzte. Jedes Wort war gekonnt gesetzt, jede Phrase genau einstudiert. Tosender Beifall war der Lohn für Nero und seine erste öffentliche Rede, – die freilich nicht aus seiner Feder stammte und von der bald alle wußten, daß ihr Urheber Seneca hieß. Aber Nero hatte im Senat einen positiven Eindruck geschaffen, und das war für Mutter und Sohn einzig und allein von Belang.

Obwohl Claudius anfänglich zögerte, bestätigte er schließlich doch die Ernennung Neros zum Jugendführer; anschließend unterzeichnete er auf Drängen seiner Frau auch das Dekret, das Nero schon vor dem zwanzigsten Lebensjahr zum Konsul designierte. Und zur allgemeinen Überraschung wurde der unreife Jüngling in das Priesterkollegium aufgenommen. Claudius hatte sich sehr schnell vollständig aus dem politischen Leben zurückgezogen. Er hatte Zeit für seine Kinder gehabt, aber um ihre persönlichen Belange kümmerte er sich wenig. Vielleicht hätte er es sonst nicht zugelassen, daß seine junge, unverdorbene Tochter Octavia nun tatsächlich dem schon damals leicht abartigen Nero zur Frau gegeben wurde. Nero war gerade fünfzehn Jahre alt geworden, als man ihm die Tochter des Kaisers ins Ehebett legte, das er nur für kurze Zeit mit ihr teilen sollte. Octavia, die für die sexuellen Ausschweifungen ihres Ehemannes wenig übrig hatte, war kein beneidenswertes Leben an der Seite des früh für alle Laster der Zeit anfälligen jungen Mannes beschieden. Perverse Vergnügungen reizten Nero mehr als ihre Sittsamkeit, und gar bald schien selbst Claudius zu bereuen, seine Tochter diesem wüsten Burschen ausgeliefert zu haben. Überdies trat der junge Britannicus, sein leiblicher Sohn, allmählich ganz in den Schatten seines Adoptivbruders. Freilich war es ein gewaltiger Fehler von Claudius gewesen, den Bitten der Agrippina nachzugeben und zu bestimmen, daß bei einer Erkrankung des Kaisers nicht sein eigener Sohn Britannicus sein Stellvertreter sein sollte, sondern Nero.

Gezielt hatte Agrippina die Position ihres Sohnes aufgebaut, und alles schien nach ihren Plänen zu laufen. Da plötzlich flackerte der Wille des Kaisers wie ein Strohfeuer auf und schien alles, was Agrippina aufgebaut hatte, zunichte zu machen. Claudius besann sich seiner Vaterpflichten und verfügte, daß dem Britannicus nun endlich die Männertoga verliehen werden solle, »damit das römische Volk endlich seinen wahren Caesar erhalte«. Außerdem sollte der leibliche Sohn der zweite präsumtive Nachfolger sein.

Dieses späte, überraschende Handeln kostete den Kaiser das Leben. Wie jeden Tag begab sich Claudius auch am Abend des 12. Oktober 54 in seine Gemächer zum Abendessen. Sein Wächter und Freund Narcissus, dessen wachsamem Auge kaum etwas verborgen blieb, weilte gerade zu dieser Zeit nicht in Rom. Er hatte bei seinem Herrn um Urlaub gebeten, denn die Gichtanfälle, die ihm schon über längere Zeit das Leben zur Hölle gemacht hatten, waren wieder akut geworden. Der Kaiser hatte nichts dagegen einzuwenden, daß der treue Diener in den warmen, heilsamen Bädern von Sinussa Linderung für seine Schmerzen suchte. Claudius konnte freilich nicht ahnen, daß er seiner Frau und ihrem mörderischen Gefolge dadurch schutzlos ausgeliefert war. Es sollte für den römischen Kaiser das letzte Abendmahl sein.

Zusammen mit der stadtbekannten Giftmischerin Locusta hatte Agrippina ein wirkungsvolles, heimtückisches Gift gebraut. Man mußte behutsam vorgehen, denn es wäre den Sklaven, aber auch den Bekannten, mit denen der Kaiser gewöhnlich zu speisen pflegte, wohl verdächtig gewesen, wenn Claudius auf der Stelle tot umgefallen wäre. Die Wirkung des Giftes mußte daher genau dosiert werden; ganz allmählich erst sollte eine Verwirrung des Geistes eintreten, die immer mehr überhandnehmen sollte, bis der Kaiser schließlich zusammenbrach.

Fast schien die Rechnung der beiden Frauen aufzugehen. Kaum hatte sich Claudius nach dem Genuß seines Pilzgerichts den Mund abgewischt, begann er wirre Reden zu führen, als wäre er bereits schwer betrunken. Agrippina beobachtete ihren Mann genau; es konnte nicht lange dauern, bis er das Bewußtsein verlor. Aber sie hatte nicht mit der erstaunlichen Robustheit des sonst eher kränklichen Kaisers gerechnet. Heftiger Durchfall befiel Claudius, und allmählich ließ die Wirkung des Giftes nach. In panischem Schrecken sah die Mörderin, wie sich Claudius allmählich erholte und langsam wieder zu sich kam. Sie mußte handeln, ehe es zu spät war. Xenophon wurde herbeigeholt, der griechische Leibarzt des

Kaisers, den man schon lange in den Plan eingeweiht hatte, fürwahr kein treuer Diener seines Herrn, der dem Kaiser nun schlecht vergalt, was dieser für ihn getan hatte. Agrippina drückte Xenophon eine Feder in die Hand, die vorher mit einem stark wirkenden Gift bestrichen worden war. Als gälte es, Claudius zum Erbrechen zu bringen wie nach einem allzu üppigen Mahl, steckte Xenophon ihm die Feder in den Hals, und das Gift tat unverzüglich seine Wirkung. Ohne die Augen noch einmal aufzuschlagen, glitt Claudius entseelt zu Boden.

Der Kaiser war tot, aber noch durfte diese Kunde nicht aus dem Palast dringen. Mit beherrschter Stimme befahl Agrippina den Wachen, alle Eingänge zum Palast abzuschließen; niemand durfte hinein und hinaus. Als sie dann die Stunde für gekommen hielt, trat sie, auf Britannicus gestützt, aus ihren Gemächern, als suche sie bei dem einzigen legitimen Sohn ihres Mannes Trost in ihrem unsäglichen Schmerz. Und der Schachzug war perfekt, denn so konnte Britannicus nicht den Palast verlassen. Weder der Senat noch die Priester und die Garde, die auf nähere Berichte und Nachrichten hofften, wurden informiert, so lange, bis für Agrippina der günstigste Augenblick gekommen war, Nero als neuen Kaiser zu präsentieren.

Langsam und theatralisch trat der junge Mann vor die Prätorianer, in deren Hand nun sein Schicksal lag, als hätte er seinen Auftritt schon lange und intensiv eingeübt. In einer wieder von Seneca verfaßten Rede versprach er, wie schon Claudius es gehalten hatte, dem Volk eine große Geldspende. Damit konnte man nicht nur die Massen in Begeisterung versetzen; und so begrüßten die Prätorianer denn auch Nero als neuen Imperator und informierten den Senat, der nur noch seine Zustimmung geben konnte.

Das Leichenbegängnis für Claudius wurde mit allem Pomp und Prunk – allerdings in auffälliger Hast – abgehalten. Agrippina nahm sich ihre Urgroßmutter Livia zum Vorbild und putzte sich ebenso wie diese, dem traurigen Anlaß keinesfalls angemessen, auffallend und herausfordernd auf. Sie zeigte nun offiziell dem römischen Volk, das zur öffentlichen Verbrennung der Leiche gepilgert war, daß sie neben ihrem Sohn weiterhin die erste Rolle im Staate zu spielen beabsichtigte. Man nahm alles beinahe gleichmütig hin. Wahrscheinlich fiel es auch nicht allzu vielen auf, daß das Testament des verstorbenen Kaisers erst gar nicht verlesen wurde, wie es sonst allgemein der Brauch gewesen war. Der verblichene Claudius wurde zum Gott erhoben, und seine Witwe bekam den Titel einer Eigenpriesterin des neuen Gottes.

Agrippina wähnte sich am Höhepunkt ihrer Macht. Ihr Sohn würde ihre Marionette bleiben, und alle, die sich ihr irgendwie in den Weg stellten oder die es wagten, an ihrem Lebensstil und ihrem Herrschaftsanspruch Kritik zu üben, würden entweder durch gedungene Mörder unschädlich gemacht oder zum Selbstmord gezwungen werden, wie dies auch bei Claudius' treuem Diener und Freund Narcissus der Fall war. Sie berauschte sich an ihrer Macht; was sie aber dabei außer acht ließ, war, daß Nero durchaus nicht vorhatte, am Gängelband seiner Mutter zu bleiben. Wenn er auch die moralischen Vorschriften seiner beiden Lehrer Seneca und Burrus meist nicht akzeptieren wollte, so gab es doch Augenblicke, wo der junge Imperator an Ermahnungen und Ratschläge der beiden dachte und sie auch beherzigte. Vielleicht hätte aus Nero noch ein halbwegs brauchbarer Kaiser werden können, hätte sich nicht immer wieder seine innere Zügellosigkeit Bahn gebrochen. Dann gab er sich hemmungslos seinen Gelüsten hin, zog nachts durch die Straßen, verprügelte arglose Menschen, die ihm in die Nähe kamen, freilich immer von irgendwelchen Helfershelfern umgeben und geschützt. Die wehrlosen Opfer mußten froh sein, wenn sie mit blauen Flecken davonkamen. Seine Verworfenheit erreichte den Höhepunkt, als er sich eines Tages in Tierfelle einnähen ließ, um dann auf allen Vieren an Männer und Frauen heranzukriechen, die man nackt an Pfähle gebunden hatte. Gierig biß er die Unglücklichen wie ein Wolf in die Geschlechtsteile oder verging sich an ihnen.

All dies schien seine machtlüsterne Mutter entweder nicht zu wissen oder geflissentlich zu übersehen. Nero allerdings registrierte sehr wohl, wie sehr Agrippina daran interessiert war, ihn in seinem Herrschaftsanspruch zu beschränken. Um keinen Verdacht aufkommen zu lassen, er wolle sie entmachten, überhäufte er seine Mutter anfänglich mit allen nur erdenklichen Ehren. Er verlieh Agrippina offiziell den Titel »optima mater« (beste Mutter), und auf seine Veranlassung wurde ihr vom Senat das Recht zugesprochen, sich bei offiziellen Auftritten von zwei Liktoren begleiten zu lassen. Das alles aber war Agrippina noch nicht genug. Sie wollte weiterhin ihren Platz neben dem Kaiser einnehmen können, sie wollte über alles, was im Staat vor sich ging, augenblicklich informiert sein, ja, sie wollte Zeuge dessen sein, was im Senat beschlossen wurde. Und da sie als Frau, auch als Augusta, nicht an den offiziellen Sitzungen teilnehmen konnte, verfügte sie, daß der Senat im Kaiserpalast tagen sollte. Hier konnte sie, hinter einem Vorhang verborgen, mit anhören, worüber man diskutierte.

Allmählich wurde die Mutter für den jungen Nero zu einer wahren Last. Und je mehr sie sich in die Politik einmischte, desto weniger hielt es der Kaiser für der Mühe wert, seine Gefühle der herrischen und herrschenden Mutter gegenüber zu verbergen. Durch Agrippinas Verhalten wurde er allmählich der Lächerlichkeit preisgegeben. Als eines Tages armenische Gesandte den neuen Imperator sprechen wollten und um Audienz bei Nero baten, war es Agrippina, die auf den Kaiserthron zuschritt, um sich dort niederzulassen. Nero war genauso wie alle Anwesenden starr vor Entsetzen; hilfesuchend blickte er in die Runde. Gerade noch rechtzeitig, knapp bevor Agrippina den Thron erreichte, flüsterte ihm Seneca zu, doch auf die Mutter zuzugehen, als wolle er, der Kaiser, sie zu ihrem Platz geleiten.

All diese Vorkommnisse bestärkten Nero in der Absicht, die Mutter nicht nur zu entmachten, sondern möglichst bald aus dem Weg zu räumen. Aber er hatte nicht mit dem feinen Instinkt Agrippinas gerechnet. Sie und er waren aus dem gleichen Holz geschnitzt, und nach ihrer Vorstellung konnte Nero gar nicht anders handeln. Es kam nur darauf an, wer dem anderen zuvorkommen würde.

Je mehr der eigene Sohn sich ihr entfremdete, desto mehr kümmerte sich Agrippina nun plötzlich um Britannicus, den sie selbst um sein Erbe gebracht hatte. Nero wußte, daß sein Stiefbruder durch den Einfluß, den seine raffinierte Mutter plötzlich auf den Jüngling ausübte, für ihn zu einer nicht zu unterschätzenden Gefahr werden konnte. Er durfte unter keinen Umständen dulden, daß Agrippina dem Britannicus zur Macht verhelfen würde. Und so wurden wieder einmal die Giftmischer bemüht. Der Koch bekam den Auftrag, die Lieblingsspeise des Britannicus zu kochen, die von einem Sklaven siedendheiß auf den Tisch gestellt wurde. Der Vorkoster probierte das Gericht und verbrannte sich Zunge und Gaumen. Unmöglich konnte der junge Mann so heiß essen! Den übrigen Gästen verteilte man die Speisen auf die Teller, wo alles gemächlich auskühlen konnte; der Kaisersohn aber sollte möglichst bald sein Essen erhalten. Der Vorkoster nahm die Platte mit den Speisen schnell vom Tisch und eilte in die Küche, wo man eilends das in kaltem Wasser angerührte, vorbereitete Gift unter das Essen mischte.

Es wirkte nicht sofort. Zuerst wurde Britannicus leichenblaß, dann begann er zu erbrechen. Auf die besorgten Blicke der Gäste hin meinte Nero bloß gelassen, daß dies nur einer der üblichen epileptischen Anfälle des Bruders sei, man könne also beruhigt weiteressen. Und während die anderen sich das Essen schmecken ließen, sank Britannicus tot in die Kissen.

Eine wichtige Schachfigur, der Turm im Spiel um die Macht, hatte das Feld verlassen, und Agrippina mußte sich um eine Dame umsehen, mit der sie noch einmal ihre Position stärken konnte. Ihr Auge fiel auf die untadelige Gemahlin ihres Sohnes, auf Octavia, die ganz gegen ihren Willen gezwungen worden war, Neros Frau zu werden. Es war in Rom ein offenes Geheimnis, daß Octavia an der Seite des wüsten jungen Mannes äußerst unglücklich war. Octavia versuchte Nero aus dem Wege zu gehen, wo immer sie konnte, um nicht seinen Perversionen ausgesetzt zu werden. Es hatte ihm anfangs satanisches Vergnügen bereitet, das wohlerzogene Mädchen zu allerlei Abartigkeiten zu zwingen. Aber mit der Zeit war ihm dieser Spaß langweilig geworden, und er sah sich nach anderen Objekten um.

Nichts entging dem wachsamen Auge der Mutter, auch nicht die Suche ihres Sohnes nach neuen Gelüsten, denen auch sie niemals abgeneigt gewesen war. Agrippina war jetzt Ende dreißig, wenn auch nach römischer Vorstellungen nicht mehr in der Blüte ihrer Jahre, so doch noch ungewöhnlich reizvoll und attraktiv. Warum sollte sie, Agrippina, der bisher kaum ein Mann widerstanden hatte, nicht auch den eigenen Sohn verführen können? Über das Bett würde sie Nero wieder völlig in ihre Hand bekommen.

Ob es ihr wirklich gelungen ist, Nero zum Inzest zu verleiten, darüber gehen die Meinungen der Chronisten auseinander. Wenn Agrippina wirklich ihren eigenen Sohn zum Geliebten gemacht hat, dann hatte diese abnorme Beziehung jedenfalls eine äußerst kurze Dauer und bewirkte wahrscheinlich das Gegenteil von dem, was sich Agrippina erhofft hatte. Denn Nero suchte immer neue Abenteuer und fand diese auch sehr bald bei der Frau seines Freundes Otho, bei Poppäa, einer stadtbekannten Schönheit. Der Funke zwischen dem jungen Kaiser und der von Ehrgeiz zerfressenen Frau sprang blitzartig über. Weder Nero noch Poppäa fühlten irgendwelche Skrupel, wenn sie in aller Öffentlichkeit ihr Verhältnis zur Schau stellten; mochte Otho, dem schon einmal ein Kaiser – Caligula – eine Frau weggenommen hatte, zähneknirschend die Augen schließen. Agrippina zeigte sich empört und plötzlich um den Ruf ihrer Schwiegertochter Octavia äußerst besorgt. Obwohl sie diese Ehe eingefädelt hatte, die zum Unglück Octavias geworden war, trat sie nun als Verteidigerin der verschmähten Ehefrau auf. Damit wurde sie für Nero nur noch unerträglicher, hatte er es sich doch schon lange angewöhnt, vor den Moralpredigten und Vorhaltungen, die ihm auch Seneca machte, die Ohren gründlich zu verschließen. Aber Agrippina konnte er nicht aus dem Weg gehen, er konnte sie höchstens aus dem Weg räumen, und wenn er Ruhe haben wollte, mußte die Mutter möglichst bald für immer schweigen.

Schritt für Schritt verlor Agrippina ihre Vormachtstellung. Zuerst legte man ihr unmißverständlich nahe, daß sie aus dem Kaiserpalast ausziehen müsse, dann verschwand beinahe über Nacht ihr Bildnis von den Münzen. Die Ehrenwachen wurden abgezogen, die Sklaven und Freigelassenen, die in ihren Diensten standen, wurden streng auf ihre Kaisertreue überprüft. Agrippina konnte keinen Schritt mehr tun, der nicht überwacht wurde, kein Wort mehr sprechen, das nicht dem Sohn sofort zu Ohren kam. Über alles, was sie plante und unternahm, wurde Nero sofort in Kenntnis gesetzt. Sein Überwachungssystem funktionierte lückenlos.

Aber der Kaiser wußte genau, daß er trotzdem ständig auf der Hut vor der Mutter sein mußte. Und er war sich auch durchaus im klaren darüber, daß ein Mordanschlag auf Agrippina ohne Panne funktionieren mußte. Durch Gift war die Mutter nicht umzubringen. Da sie sich allzuoft selbst dieser Methode bedient hatte, um unliebsame Personen aus dem Weg zu räumen, hatte sie sich in weiser Voraussicht ganz langsam und vorsichtig an alle möglichen Giftarten gewöhnt. Beinahe täglich nahm sie in den Speisen winzige Dosen giftiger Substanzen zu sich, ohne Reaktionen zu verspüren. Das war ihrem Sohn natürlich bekannt. Er mußte sich etwas anderes, Raffinierteres einfallen lassen.

Sein ehemaliger Erzieher Anicetus kam Nero zu Hilfe. Wahrscheinlich war er mit den Sorgen und Nöten seines früheren Zöglings längst vertraut, sonst hätte der zum Befehlshaber der römischen Flotte am Kap Misenum erhobene Anicetus wohl kaum auf die Idee kommen können, dem Kaiser einen so ausgefallenen Rat zu geben. Nero sollte die Mutter zu einer Schifffahrt einladen, wenn er selbst anläßlich des alljährlichen Festes der Göttin Minerva in Baiae weilte. Dann sollte nach den Vorstellungen des Anicetus das Schicksal seinen Lauf nehmen, denn »nichts lasse so vielen Zufälligkeiten Raum als das Meer. Und wenn Agrippina durch Schiffbruch umgekommen, wer würde so unbillig sein, einem Verbrechen zuzuschreiben, was Wind und Wogen verschuldet?« Nichtsahnend nahm Agrippina die Einladung an. Freundlich plaudernd und fürsorglich geleitete Nero die Mutter auf das Schiff, entschuldigte sich aber dann im letzten Moment, daß er selbst die Rundfahrt durch die Bucht nicht mitmachen könne, da wichtige Aufgaben an Land seiner warteten.

Sternenklar war die helle Mondnacht, kein Lüftchen regte sich, das Meer lag wie ein dunkler Spiegel, als das Schiff in See stach. An die Reling gelehnt, genossen die Reisenden den wunderschönen Anblick der weiten Bucht mit dem silbrig glänzenden Wasser; man unterhielt sich fröhlich und genoß die Erfrischungen, die von Sklaven gereicht wurden. Plötzlich gab es einen ohrenbetäubenden Krach. Das Dach der Kabine, in der sich Agrippina mit ihrer Vertrauten Acerronia aufhielt, stürzte ein; Holz und Blei, die das Dach beschwert hatten, begruben unter sich alle, die nicht rechtzeitig gewarnt waren. Agrippina aber hatte Glück im Unglück: ein stabiles Ruhesofa hatte den Anprall abgefangen. Sie und ihre Freundin schleppten sich durch die Trümmer ins Freie. Froh, dem Tod entronnen zu sein, sahen die beiden Frauen mit schreckensweiten Augen, wie Rudersklaven versuchten, das Schiff zum Kentern zu bringen. Die Mutter des Kaisers und ihre Vertraute wurden dabei ins Meer gestürzt. Acerronia schrie, was ihre Lungen hergaben, um Hilfe; man möge doch sie, die Mutter des Kaisers, retten. Die Täuschung aber, von der sie gehofft hatte, sie würde ihre Rettung sein, wurde ihr zum Verhängnis. Die Ruderer hatten einen anderen Auftrag: Mit Stangen und Ruderblättern begannen sie auf die kreischende Frau einzuschlagen, bis sie kein Lebenszeichen mehr von sich gab. Agrippina aber war es gelungen, sich der Kleider zu entledigen, und obwohl sie an der Schulter blutete, schwamm sie bis zu einem Boot, das sie zum Ufer brachte.

Nach diesem mißglückten Anschlag auf ihr Leben war sich Agrippina bewußt, daß ihre Tage gezählt waren und daß ihr eigener Sohn von nun an nicht ruhen würde, bis ein weiteres Attentat von Erfolg gekrönt war. Sie konnte gar nicht genug auf der Hut sein, um seinen Häschern zu entgehen. Deshalb sandte sie – mit dem Anschein der größten Freundlichkeit und Mutterliebe – einen Boten zum Kaiser, der ihm offiziell mitteilen sollte, daß sie soeben mit Hilfe der Götter einem verwerflichen Anschlag entgangen sei. Vielleicht brachte Agrippina die Götter ins Spiel, um Nero, dessen abergläubische Seele sie nur zu gut kannte, doch noch von einem nächsten Schritt abzuhalten. Nero aber ließ den Boten Agrippinas in Fesseln legen und ging nun aufs Ganze. Er schickte seinen Vertrauten Anicetus mit zweien seiner Leute in das Landhaus, in dem sich die Mutter aufhielt. Schon drohte es im Volk bekannt zu werden, welches Unglück die Mutter des Kaisers gerade noch glücklich überstanden hatte; zu gefährlich war es, darauf zu warten, wie man in Rom auf diesen Vorfall reagieren würde.

Die Mörder waren schneller als alle Gerüchte. Mitten in der Nacht drangen sie in das von treuen Sklaven bewachte Haus ein und rissen Agrippina unsanft aus dem Schlaf. Als die Frau die Schergen ihres Sohnes vor sich sah, riß sie sich die Kleider vom Leib und bot den Mördern ihre nackte Brust mit den Worten dar: »Trefft den Leib, der einst Nero getragen hat.« Aber auch diese Worte hielten Anicetus nicht davon ab, wie im Blutrausch mit dem Schwert auf die wehrlose Frau einzuhauen. Auch die anderen fielen über sie her. Es dauerte lange, bis Agrippina den letzten Atemzug getan hatte.

Durch den Tumult aufgeschreckt, eilten Diener und Sklaven herbei, die schreckerstarrt an der Tür stehenblieben und die Vorgänge mit ansahen. Keiner wagte den Mördern in den Arm zu fallen. Als man endlich von der blutüberströmten Toten abgelassen hatte, wuschen die Sklaven die unzähligen Wunden und betteten Agrippina auf seidene Kissen. Nero, der sich, erregt von dem blutrünstigen Spektakel, hinter einem Vorhang verborgen im Hintergrund aufgehalten hatte, eilte, als alles vorüber war, wie zufällig herbei. Zynisch bemerkte er, als er die tote Agrippina nackt auf dem Boden liegen sah: »Ich habe gar nicht gewußt, daß ich eine so schöne Mutter besaß.«

Zerschunden, mit Wunden bedeckt, lag sie da, die Urenkelin des großen Augustus, Tochter des unvergeßlichen Helden Germanicus, Nichte des düsteren Tiberius, Schwester des irrsinnigen Caligula, Gemahlin des redlichen Claudius und Mutter des Unholds Nero, eine Frau, deren Verderbtheit kaum zu übertreffen gewesen war, die es aber durch innere Kraft, Skrupellosigkeit und Raffinesse wie durch Klugheit verstanden hatte, als einzige Frau in der Geschichte Roms offiziell den Kaisertitel zu erhalten. Sie hatte die regierenden Männer ihrer Zeit in den Schatten gestellt. Wären nicht die Mittel, derer sie sich bediente, um an die Macht zu kommen, so verwerflich gewesen, sie hätte nicht nur eine starke, sondern auch eine große Frau der Antike genannt werden können.

Die »häßliche Gräfin« von Tirol

MARGARETE MAULTASCH, JOHANN HEINRICH VON LUXEMBURG UND LUDWIG VON BRANDENBURG

Lärmend und polternd zog der Troß Herzog Heinrichs in Innsbruck ein. Man war guter Dinge, lachte und scherzte, denn hier, in der Stadt am Inn, war gut ausruhen. Es war anstrengend, im Gefolge Heinrichs von Kärnten seinen Dienst tun zu müssen. Nicht, daß der Herr gefahrvolle Kriegszüge unternahm, die Leib und Leben kosten konnten, nein: Es war einfach ermüdend, Tag und Nacht für den immer fröhlichen und vitalen Mann da sein zu müssen, mit ihm zu tafeln, wenn ihn der Sinn nach einem opulenten Mahl überkam, mit ihm zu zechen, wenn ihm der Mund zu trocken war, und ihn jeden Abend zu den Kemenaten der Damen zu begleiten, wenn ihn die Fleischeslust übermannte.

Heinrich, Graf von Tirol und Herzog von Kärnten, war ein beliebter Mann in seinen Ländern, vom Arlberg bis an die Adria, in Kärnten wie in Tirol. Man schätzte seine Fröhlichkeit und Leutseligkeit, und man tuschelte augenzwinkernd von seiner Schar »natürlicher« (unehelicher) Kinder, die überall sichtbares Zeugnis davon ablegten, daß Heinrich in allen Teilen des Landes stets ein willkommener Gast gewesen war. Dazu war er großzügig und freigebig; gerne und oft ließ er sich dazu hinreißen, für ein besonders gefühlvoll vorgetragenes Gedicht oder für ein ungewöhnlich köstliches Mahl mehr Geld aus der Tasche zu ziehen, als er eigentlich eingesteckt hatte. Dabei konnte es durchaus vorkommen, daß er den Überblick über seine Finanzen völlig verlor. In seiner Arglosigkeit machte er sich wenig Gedanken darüber, woher er eigentlich die Mittel nehmen sollte, die er für seine aufwendige Hofhaltung benötigte. So unterschrieb er einen Schuldschein nach dem anderen und erkannte nicht, daß es genügend Geschäftemacher auch unter den Tiroler Adeligen gab, die sehr genau Buch führten und registrierten, wo und wann sie Heinrich ausgeholfen hatten. Was blieb dem Herzog dann übrig, als heute diesen Besitz und morgen jenen zu verschleudern, um wenigstens notdürftig seine Kassen wieder aufzufüllen?

Längst schon hatte Heinrich alle politischen Ambitionen aufgegeben, die ihn in seiner Jugendzeit so sehr beschäftigt hatten. Denn bald nach dem Tod seines Vaters Meinhard II. von Tirol und Kärnten hatte Heinrich hochfliegende Pläne geschmiedet. Er wollte, da er mit seinem Bruder Otto gemeinsam, zur »gesamten Hand«, die ererbten Länder regieren sollte, für sich selbst eine eigenständige Machtposition schaffen und bemühte sich daher nach dem Tod des letzten Přemysliden Wenzel III. 1306 um die böhmische Königskrone. Allerdings hatte er dabei nicht mit der Überempfindlichkeit der Habsburger gerechnet, die nun einmal selber Interesse an Böhmen und Mähren hatten und ihren Erbanspruch gleichsam bis auf die Schlacht bei Dürnkrut und Jedenspeigen im Jahre 1278 zurückverfolgten, in der ihr Ahnherr Rudolf I. König Ottokar II. von Böhmen besiegt hatte. Außerdem reizte Albrecht den Weisen von Habsburg auch Heinrichs Stammland Kärnten immer mehr. Und während Heinrich, nichts Böses ahnend, im Norden weilte und ein Fest nach dem anderen feierte, fielen die Habsburger in Kärnten ein; Heinrich mußte um sein Erbe zittern.

Das böhmische Abenteuer stand unter einem denkbar schlechten Stern. Die einheimischen Adeligen hatten schon die Ankunft Heinrichs mit scheelen Augen betrachtet. Was wollte der Kärntner eigentlich hier in diesem Lande? Ihnen genügten schon die Luxemburger, die sich wie die Laus im Pelz allmählich, dafür aber um so fester eingenistet hatten. Nur äußerst widerwillig ließ man sich herbei, den jungen Heinrich doch noch zum böhmischen König zu krönen. Heinrich imponierte den Adeligen wohl durch seine absichtlich zur Schau gestellte Großzügigkeit und durch seine Versprechungen; dazu ließ er das Geld in Strömen fließen und deutete damit an, daß die Großen des Landes mit immer neuen Zuwendungen rechnen könnten. Allzu schnell aber hatten sich all diese Maßnahmen erschöpft, die ihm Sympathien bringen sollten. Kaum war Heinrich gekrönt, da schlug die Stimmung merklich um, und er spürte, daß es für ihn hoch an der Zeit war, dem Land eiligst den Rücken zu kehren, wollte er nicht in arge Bedrängnis kommen. So schnell er gekommen war, so schnell verließ Heinrich Böhmen; kaum drei Jahre dauerte seine Herrschaft. Nichts war ihm von dieser Unternehmung geblieben, außer dem Königstitel, den er ein Leben lang führen durfte und von dem er wahrscheinlich gegen Ende seines Lebens selbst nicht mehr so genau wußte, wie er dazu gekommen war.

Heinrich hatte in Böhmen wohl nur einen leeren Titel erworben, weder Länder noch Macht, aber das störte ihn wenig. Er hatte genug. Die Gebiete seines Herrschaftsbereichs zählten zu den begehrtesten in ganz Europa. Vor allem Tirol war die Schlüsselstelle auf dem Weg in den Süden, nach Italien. Hier mußte jeder durchziehen, der politisch, religiös, aber auch wirtschaftlich eine Verbindung in den Mittelmeerraum suchte. Heinrich war sich der Bedeutung seines Landes voll bewußt, und er sah auch, daß alle drei Herrscherfamilien, die in Mitteleuropa Rang und Namen hatten – die Wittelsbacher, die Luxemburger und die Habsburger –, ein unverhohlen begehrliches Auge auf Tirol geworfen hatten. Er hatte keinen legitimen Sohn gezeugt, sondern nur zwei Töchter – Möglichkeiten über Möglichkeiten für die gierigen Wittelsbacher, die machthungrigen Luxemburger und für die ehrgeizigen Habsburger! König Heinrich würde für seine Töchter zwei Schwiegersöhne benötigen, und wer die eigentliche Erbtochter Margarete erwählte, würde die begehrten Länder erheiraten!

Einzig und allein dieser Gedanke an die Zukunft konnte die Fröhlichkeit Heinrichs trüben. Warum war es ihm nicht vergönnt, mit seiner angetrauten zweiten Gemahlin Adelheid von Braunschweig einen Sohn zu haben, nachdem schon seine erste Ehe mit Anna von Böhmen mit Kindern nicht gesegnet gewesen war! Aber die Braunschweigerin hatte ihm nur zwei Töchter geschenkt, Margarete und Adelheid, bevor sie die Augen für immer schloß. Heinrich liebte alle seine Kinder, natürlich auch die beiden Mädchen; das Herz aber wurde ihm schwer, wenn er Adelheid betrachtete, denn schon in früher Kindheit mußte der Vater erkennen, daß das Mädchen schwer behindert war und sich niemals zu einer normalen jungen Frau entwickeln würde. Heinrich ließ Adelheid in ein Kloster an den Chiemsee bringen, wo die Nonnen in ihrer Gottesfürchtigkeit das Mädchen vor den Unbilden der Welt abschirmten. Margarete, die jüngere, aber nahm Heinrich auf seinen vielen Reisen mit. Er kümmerte sich um ihr körperliches, aber auch um ihr geistiges Wohl. Allerdings schweiften seine Gedanken sehr oft in andere Gefilde, so daß es mit einer ausgewogenen Erziehung des jungen Mädchens nicht allzu weit her war. Viel zu sprunghaft und unstet war der Vater, und auch seine dritte Frau Beatrix brachte weder Ruhe noch Ordnung in das unruhige Familienleben. Ursprünglich hatte ihm sein Nachfolger in Böhmen, der zwielichtige, aber von Heinrich über alle Maßen bewunderte König Johann, seine schöne Schwester Maria als Gemahlin angeboten; was Heinrich allerdings nicht wußte, war, daß die begehrenswerte junge Luxemburgerin nicht im Traum daran dachte, den abgetakelten Casanova aus Tirol zu heiraten. Sie widersetzte sich den Plänen ihres Bruders, die wohl auch nicht allzu ernst gemeint gewesen waren, und reichte ihre zarte Hand dem König von Frankreich fürs Leben. Und so mußte Heinrich froh sein, daß die leicht verblühte Beatrix von Savoyen seinen Antrag annahm und gen Osten zog, um mit Heinrich vor den Altar zu treten. Für ihn war es unendlich wichtig, wieder eine Ehefrau im Haus und im Bett zu haben, denn er hatte die Hoffnung auf einen legitimen Sohn noch nicht aufgegeben. Beatrix war sich über ihre Pflichten vollkommen im klaren und kannte die Beweggründe, warum Heinrich sie geheiratet hatte. Sie sollte und wollte ihm den ersehnten Erben bringen. Beinahe hysterisch horchte sie jeden Tag in sich hinein, flehte den Himmel auf Knien an, sie doch mit einem Knaben zu segnen, aber je mehr sie daran dachte, desto fruchtloser wurden Heinrichs Bemühungen. Schon sehr bald nach der Hochzeit begann Beatrix mehr und mehr zu verwelken, ihre spärlichen Reize, die sie mühselig hervorgekehrt hatte, um den verwöhnten Herzog wenigstens vorübergehend zu locken und an sich zu fesseln, vergingen, und schmerzlich erkannte Beatrix sehr bald, wo der hohe Gemahl sein eigentliches Vergnügen suchte und seine Manneskraft vergeudete. Ihr Gemüt verdüsterte sich, sie verfiel in dumpfe Melancholie, aus der sich Depressionen entwickelten. Nur drei Jahre lebte sie an der Seite König Heinrichs, bis sie der Tod 1331 hinwegraffte.

Beatrix hätte Heinrich nicht nur einen Sohn bringen sollen, sondern auch eine reiche Mitgift. Und hatte schon die knöcherne Frau den Lebemann nicht gereizt, so doch der Gedanke an das gleißende Gold. Endlich würde er seinen gewaltigen Schuldenberg abtragen und ein sorgenfreies Leben führen können! Die Mitgift allerdings ließ auf sich warten, und schließlich stellte sich heraus, daß Heinrich vergeblich gehofft hatte.

Nichts, aber auch gar nichts hatte sich durch Beatrix geändert. Nur das heitere Naturell Heinrichs verhinderte, daß er in dieser Situation seinen allzeit frohen Mut verlor. War ihm schon kein ehelicher Sohn vergönnt, so hatte er doch seine Tochter Margarete, die er über die Maßen liebte. Und er zeigte dem Kind seine Gefühle, er riß Margarete mit, die in ihrem Wesen so gar nichts von ihrem fröhlichen, leichtlebigen Vater geerbt hatte.

Das ernste, grüblerische Mädchen führte das Leben eines Kindes seiner Zeit, ein Leben im 14. Jahrhundert, das sich grundlegend von allem unterschied, was wir heute als kindgemäß ansehen. Margarete kannte keine Geborgenheit in der Familie, auch wenn sich der Vater liebevoll um sie kümmerte. Von klein auf wurde sie auf den vielen Reisen ihres Vaters in der glühenden Hitze des Sommers oder in den eisigen Winternächten mitgeschleppt, bei Wind und Wetter, bei Schnee und Kälte saß sie zusammengekauert in einer Ecke des Wagens, später dann auf schnaubenden Pferden, um mit ihrem Vater von Burg zu Burg zu ziehen.

König Heinrich war ein unruhiger, unsteter Mensch, es hielt ihn nirgends lange. Weilte er einige Tage zu Gast auf einem Schloß, konnte es ihm plötzlich mitten in der Nacht einfallen, weiterzuziehen. Dann wurde in Windeseile zum Aufbruch geblasen, und obwohl seine Leute ihren König kannten, waren sie trotzdem oft nicht darauf vorbereitet, die gastliche Stätte so schnell verlassen zu müssen. Alle fürchteten diese spontanen, aus einer Laune des Augenblicks geborenen Anordnungen. Dann rissen Glocken die Diener aus dem Schlaf, das Kind Margarete wurde unsanft aufgeweckt, und in größter Eile wurde alles für den Aufbruch vorbereitet. Gespenstisch lodernde Fackeln erhellten die Nacht und warfen irrlichternde Schatten an die Wände, so daß man in ihrem unruhigen Licht über Kisten und Kasten stolperte. Schwere Truhen wurden herbeigeschleppt, in die eiligst Kleider und Bettzeug gestopft wurden, schweres gußeisernes Hausgerät klapperte über den Hof, wurde in Wagen verladen, die Vorräte stapelten sich, dazu die Weinfässer, die bei der Abreise des Herrschers auf keinen Fall vergessen werden durften. Das Tafelgeschirr und die schweren silbernen Kerzenleuchter legte man vorsichtig in eigens dafür bestimmte Kisten und verfrachtete alles mit großer Sorgfalt auf die Pferde, damit nichts beschädigt wurde. Dann machte man dem Herzog Meldung, der schon ungeduldig auf und ab schritt, daß alles zum Abmarsch bereit sei.

Margarete war von ihren Dienerinnen in dicke Pelze gehüllt worden, aber trotzdem klapperte sie vor Müdigkeit und Kälte mit den Zähnen. Mit verschlafenen Augen wartete sie mitten unter der lärmenden Dienerschar auf ihren Vater. König Heinrich hob das

Kind mit leichter Hand auf sein Pferd, gab dem Tier die Sporen, und los ging die wilde Jagd, irgendwohin, niemand kannte das Ziel.

Natürlich durften auf solchen Reisen auch die jeweiligen Herzensdamen nicht fehlen. Nachdem Heinrich 1331 zum dritten Mal Witwer geworden war, hatte er jede Zurückhaltung aufgegeben. Er schenkte seine Huld und seinen fleischigen Körper so mancher Edelfrau, die sich von ihm beglücken ließ, ab und zu aber auch einer drallen, frischen Bäuerin oder einer hübschen Kaufmannsfrau. Er schien sich damit abgefunden zu haben, daß kein Sohn sein Erbe antreten würde, sondern seine Tochter Margarete, an die alle seine Eigengüter und »Weiberlehen« nach seinem Tode fallen würden. Er hatte nur eine Sorge, die ihn über alle Maßen beschäftigte: Er mußte beizeiten für sie einen Ehemann finden. Wenn Heinrich, von der Liebe und vom Wein ermüdet, in den Kissen lag und manchmal nicht einschlafen konnte, zogen vor seinem inneren Auge alle in Frage kommenden Prinzen Europas vorbei. Bei einem Namen blieb er immer wieder hängen. Sein ehemaliger Rivale Johann, der nun in Böhmen als König regierte, der inzwischen Heinrichs großes Vorbild und, wie er glaubte, sein Freund geworden war, hatte mehrere Söhne, von denen einer sicherlich einen passablen Schwiegersohn abgeben würde. Die Idee gefiel Heinrich mehr und mehr. So bald wie möglich wollte er sie mit Johann besprechen.

König Johann, ein mit allen Wassern gewaschener Diplomat, zeigte sich anfänglich eher zurückhaltend, obwohl ihm das Angebot Heinrichs überaus gelegen kam. Auf friedlichem Wege würde er also die so begehrten Alpenübergänge nach Italien endlich in die Hand bekommen, das vielumworbene Tirol würde von einem Luxemburger regiert werden, und die Habsburger und Wittelsbacher würden die geprellten Verlierer in diesem mitteleuropäischen Pokerspiel sein!

Johann von Böhmen war eine der undurchsichtigsten Gestalten des ausgehenden Mittelalters, ein Lebemann, wie er im Buch stand, innerlich zerrissen, ohne festes politisches Konzept, immer auf der Suche nach Neuem, ein König in einem Land, das ihn eigentlich gar nicht haben wollte. Er war eine glänzende Erscheinung, groß, stark, sein wallendes Haar und sein Bart waren nach der neuesten Mode gestutzt, er trug kostbare, ja erlesene Kleidung von einer Eleganz, wie man sie nur am französischen Hof finden konnte. Überall war er der Mittelpunkt der Gesellschaft, seinem Charme und Witz erlagen die schönen Damen halb Europas. Viele Monate des Jahres verbrachte er außer Landes, auf Reisen, die ihn immer wieder in die Stadt seiner Träume, nach Paris, führten, wo er sich ganz dem Luxus des Lebens und den Freuden abwechslungsreicher Liebe hingab.

Der gutgläubige Heinrich war nicht der Mann, der diesen zwielichtigen Grandseigneur auf dem Königsthron hätte durchschauen können. Er ahnte nicht, daß die ausgestreckte Hand nicht ihm als Freund, sondern lediglich seinen Ländern galt. Und obwohl man sich schon lange darüber geeinigt hatte, wie sich die zukünftigen Machtverhältnisse gestalten würden, stand für Johann doch eines fest: Einer seiner Söhne mußte der Herr von Tirol werden.

Argwöhnisch schauten die Rivalen über die Grenzen und verfolgten alle Schritte Heinrichs ganz genau. Für die Wittelsbacher, die immerhin den Kaiser des Reiches stellten, und für die Habsburger, deren Erbanspruch allgegenwärtig war, war König Johann von Böhmen ein Parvenü, ein Emporkömmling, dem alles zuzutrauen war.

Und sie sollten mit ihren Vermutungen recht behalten. Johann führte einen meisterhaften Schachzug: er ließ seinen erst fünfjährigen Sohn Johann Heinrich aufs Pferd setzen und beauftragte böhmische Adelige, mit dem zarten Knaben nach Tirol zu reiten und ihn mit großem Gepränge Heinrich vorzustellen. Daneben ließ er geschickt einfließen, daß es für ihn, den von Heinrich so bewunderten König, eine Ehre wäre, wenn sein Sohn als zukünftiger Gemahl Margaretes aufgenommen würde.

Johann Heinrich war keine glückliche Kindheit beschert gewesen. In seinem Elternhaus herrschten Zwietracht, Haß und Zank statt Liebe und Verständnis. Johanns Frau Elisabeth von Böhmen war eine kraftvolle, dynamische Frau, die nach Macht und Ansehen strebte und bei ihrem wetterwendischen Gemahl, den es nirgends lange hielt, natürlich auf kein Verständnis stieß. Elisabeth stammte aus dem alten Haus der Přemysliden, dessen letzter Herrscher Wenzel III. 1306 in Olmütz heimtückisch ermordet worden war. Elisabeth kannte die Sitten und Gebräuche des Landes nur zu gut und versuchte immer wieder, mit den böhmischen und mährischen Adeligen ins Gespräch zu kommen. Diese aber hatten keinerlei Interesse, mit der Gattin des Luxemburgers, eines Landesfremden, Beziehungen aufzunehmen. So mußte Elisabeth tatenlos zusehen, wie überall im ganzen weiten Land Unruhen aufflackerten. Und ihr Mann, der König, wandte sich von ihr ab und suchte ihre politischen Ambitionen zu hintertreiben. Ihn reizten nicht ihre tiefgründigen Gespräche über die böhmische und mährische Politik, ihn faszinierten eher die Reize der jungen, sinnlichen Witwe Wenzels, die ebenfalls Elisabeth hieß und nun mit den Mitteln der Frau versuchte, König Johann zu betören und für sich zu erobern. Für die Königswitwe war es nicht schwer, den leicht entflammbaren Johann der Rivalin zu entziehen. Die Ehefrau quittierte die ständigen Abenteuer ihres Mannes mit Wut und Empörung, und natürlich wurden auch die Kinder, die sie Johann pflichtgetreu geboren hatte, Zeugen vieler Zornesausbrüche. Höhepunkt der Streitigkeiten zwischen den Eheleuten war die Verdächtigung König Johanns, daß seine Gemahlin zusammen mit ihrem Sohn Wenzel – der später als Karl IV. das Reich regieren sollte – einen Anschlag gegen sein Leben geplant hätte. Wutschnaubend verbannte Johann Elisabeth auf das düstere Schloß Melnik in Böhmen. Hier lebte Elisabeth einige Jahre in fast völliger Abgeschiedenheit; allerdings muß sich König Johann wohl vorübergehend mit seiner Gemahlin ausgesöhnt haben, denn am 12. Februar 1322 schenkte sie wieder einem Sohn das Leben. Drei Monate nach der Geburt begab man sich von Melnik auf die beschwerliche Reise nach Prag, um hier das Kind taufen zu lassen. Der Vater hatte auf seinem Namen Johann bestanden, zu Ehren des toten Großvaters fügte man noch den Namen Heinrich hinzu. Der Vater glänzte auch bei den Tauffeierlichkeiten durch Abwesenheit; erst im Juli konnte er seinen zweitgeborenen Sohn besichtigen, dessen Geburt für ihn wahrscheinlich nur eine dynastische Beruhigung darstellte. Menschliche, väterliche Gefühle dürften König Johann fremd gewesen sein. Auch die Mutter beschäftigte sich nicht besonders intensiv mit ihren Kindern. Sie setzte alles daran, um aus dem unruhigen Böhmen, wo sie so viel Ungemach erlitten hatte, herauszukommen und fand einen günstigen Augenblick, als ihre Tochter nach Landshut ziehen sollte, um Herzog Heinrich von Niederbayern zu heiraten. Elisabeth begleitete ihre Tochter und blieb einige Jahre in Cham an der böhmischen Grenze, wo sie endlich Ruhe und inneren Frieden fand. Ihren Sohn Johann Heinrich hatte sie zu Hause gelassen; schießlich war es ein Wagnis, ein Kind mit auf die ungewisse Reise zu nehmen. Sie übergab das Kind ohne große Skrupel einem Erzieher, verpflichtete etliche Diener, die für das leibliche Wohlergehen des Knaben zu sorgen hatten, dann nahm sie von ihm Abschied, um erst wieder im Jahre 1325 nach Hause zurückzukehren.

Vielleicht waren es diese trüben elternlosen Jahre, die Johann Heinrich prägten. Wie ein Waisenkind wuchs er auf, von stumpfen Bediensten umgeben, ohne Zärtlichkeit und Liebe. Den Vater lernte er kaum kennen, an die Mutter hatte er nur eine vage Erinnerung. Und als sie sich endlich entschloß, nach Böhmen zurückzukehren, verfiel sie immer mehr in Melancholie und Resignation. Elisabeth empfand ihr Leben als gescheitert und machte dafür Gott und die Welt, aber vor allem ihren unsteten Gemahl verantwortlich. Heftige Gefühlsausbrüche, Weinkrämpfe und Anklagen mußte das Kind miterleben, ohne die Hintergründe für das erschreckende Verhalten der Mutter zu verstehen. Zwei Jahre lebte Johann Heinrich an der Seite dieser exzentrischen Frau, die sich, je älter sie wurde, immer mehr nach dem wahren Leben, nach einer glücklichen Zukunft nach dem Tode sehnte.

Als Johann Heinrich beschlossen hatte, das Kind nach Tirol bringen zu lassen, gab es den letzten heftigen Kampf der beiden Ehegatten, denn Elisabeth hatte zwar keine besondere Beziehung zu ihrem Sohn, aber der verhaßte Ehemann sollte ihn auch nicht haben. Zwischen Vater und Mutter stand ein fünfjähriges Kind, das nicht wußte, wie ihm geschah, es hörte die Mutter schreien und sah, wie sie sich die Haare raufte, während der Vater zynisch lächelnd danebenstand, weil er wußte, daß er den Kampf um den Sohn gewinnen würde.

Im Herbst 1327 langten die böhmischen Adeligen mit dem übermüdeten, verängstigten Kind bei Heinrich von Tirol ein. Margarete, selbst erst neun Jahre alt, traf zum erstenmal mit dem Knaben zusammen, der ihr Gemahl werden sollte. Nicht mit jener natürlichen Unbefangenheit, die Kindern zu eigen ist, sondern wie zwei dressierte Wesen, mit eingelernten Sätzen, die aus der Feder von Erwachsenen stammten, begrüßten sie einander. Johann Heinrich und Margarete blieben Fremde, die man getrennt voneinander aufzog, ihn als zukünftigen Gemahl, sie als Herrscherin über Tirol.

Margarete verstand natürlich kein Wort von dem, was Johann schüchtern herausstammelte. Er sollte zunächst die Sprache seiner neuen Heimat kennenlernen, und dazu wäre es nötig gewesen, gute Lehrer zu beschäftigen. Aber bei Heinrich war das Geld knapp, und für solche Dinge wie Erziehung schien es zu schade.

Der Knabe zeigte auch keine besondere Lust zum Lernen. Viel lieber trieb er sich in den Wäldern herum, und sobald er Pfeil und Bogen halbwegs halten konnte, ging er auf die Jagd. Wahrscheinlich lebte er einige Zeit in Innsbruck, während Margarete in Meran weilte.

Schon nach drei Jahren drängte König Johann darauf, daß die Eheschließung zwischen den Kindern vollzogen werden sollte. Er kam selbst nach Tirol, um den Feierlichkeiten beizuwohnen. Braut und Bräutigam standen sich nach wie vor fremd gegenüber, nichts konnte die Kinder verbinden, auch nicht dieses Sakrament, durch das sie beide für ein Leben zusammengegeben werden sollten, bis daß der Tod sie schied. Niemand fragte nach den Gefühlen des jungen Mädchens, niemand nach dem Wollen Johann Heinrichs. Was kümmerte sich König Johann von Böhmen darum, ob sein knapp neunjähriger Sohn in Tirol leben wollte, ob er hier glücklich werden konnte, wo er die Sprache der Menschen kaum verstand, wo ihm die hohen, schneebedeckten Gipfel Angst einjagten, wo ihm vieles so völlig fremd war?

Margarete mit ihren zwölf Jahren betrachtete die Eheschließung wahrscheinlich schon mit viel wacheren Augen: sie war ja in ihrer vertrauten Umgebung, wo sie rund um sich bekannte Gesichter sah.

Im stillen mag sie sich gefragt haben, was sie mit ihrem kindlichen Bräutigam eigentlich anfangen sollte. Sie hatten einander in den drei Jahren nicht oft gesehen, und keiner von beiden hatte den Wunsch oder das Bedürfnis nach engerem Kontakt gehabt. Es schien, als wäre Margarete in ihrer zurückhaltenden Art Johann Heinrich regelrecht zuwider. Natürlich war es nicht verwunderlich, daß das ältere Mädchen ganz andere Interessen hatte als der Knabe, und gerade in jener Zeit, da beide miteinander verheiratet wurden, verschärften sich diese ausgeprägten Interessenunterschiede noch mehr; so sehr, daß Margarete den Bräutigam regelrecht floh. Sie kreidete es Johann Heinrich besonders an, daß er sich nicht einmal bemühte, in halbwegs verständlichen Worten zu sprechen, sondern es vorzog, irgendeinen böhmischen Dialekt zu gebrauchen. Natürlich war sie sich auch bewußt, daß das Tirolerische nicht unbedingt einfach zu erlernen war – eine einheitliche deutsche Sprache kannte man zu dieser Zeit noch nicht, und jeder sprach, wie er es in der Familie von Kindheit an gelernt hatte. Diese beiden so völlig verschiedenen Kinder standen nun, weil es die Väter so wollten, am 18. September 1330, aufgeputzt und herausstaffiert wie zwei kleine Erwachsene, vor dem Traualtar und gaben sich vor Gott und den Menschen das Jawort, ein Versprechen, dessen tiefen Sinn sie noch gar nicht verstehen konnten. Und die in vielen Angelegenheiten so strenge Kirche erhob natürlich keinen Einspruch, daß ein christliches Sakrament für politische Zwecke mißbraucht wurde.

Kaum war die feierliche Zeremonie in der Kirche beendet, als man sich an die überreich gedeckte Tafel setzte, die Väter der Brautleute nebeneinander in bester Laune, die beiden Kinder in steifer Zurückhaltung, ja, beinahe feindselig einander gegenüber. Musikanten spielten auf, Diener brachten riesige silberne Platten und Schüsseln, bis an den Rand gefüllt mit köstlichen Fleischspeisen, mit Fisch und Geflügel, aber auch mit süßen Leckereien und köstlichen Früchten. Obwohl die Kassen Heinrichs wieder einmal bedenklich leer gewesen waren, hielt er es für eine persönliche Ehrensache, die Hochzeit seiner einzigen heiratsfähigen Tochter, der Erbin Tirols, standesgemäß und prunkvoll zu gestalten.

Auf ein Beilager der jungen Eheleute in aller Öffentlichkeit wollte man verzichten. Wahrscheinlich hätte sich der neunjährige Knabe auch gefragt, was er mit Margarete unter der seidenen Bettdecke hätte tun sollen, die das große Lager bedeckte. So mußten sich die lüsternen Hochzeitsgäste, die um ein frivoles Schauspiel gebracht worden waren, damit abfinden, daß das Beilager irgendwann einmal, wenn der richtige Zeitpunkt gekommen war – allerdings nicht mehr vor den Augen der Schaulustigen –, nachgeholt werden würde.

Margarete und Johann Heinrich waren nun offiziell Mann und Frau. Sie hätten ein gemeinsames Leben führen sollen, aber keiner von beiden dachte daran, am allerwenigsten Margarete, der der bleiche böhmische Knabe immer unangenehmer wurde. Sie war ein intelligentes Mädchen und wollte sich auf die Regierungsgeschäfte vorbereiten, die bald ihre Sache sein würden. Denn der Gesundheitszustand Heinrichs von Tirol verschlechterte sich in beängstigender Weise von Monat zu Monat; trotzdem hatte er nicht die leiseste Absicht, seinen ungesunden Lebenswandel zu ändern. Im Gegenteil, er aß weiterhin viel zu üppig und schüttete zu den überfetten Speisen Unmengen Tiroler Weines in sich hinein. Ein Leben lang hatte er den Freuden des Alltags gefrönt, warum sollte er jetzt im Alter plötzlich seine Gewohnheiten radikal ändern?

König Johann von Böhmen hatte zwar gleich nach der Hochzeit Tirol verlassen – er wollte den Tiroler Adel, der kritisch die politischen Vorgänge im Land beobachtete, nicht allzu mißtrauisch machen –, aber sein scharfes Auge war wachsam. Es würde noch einige Zeit ins Land gehen, bis Johann Heinrich so weit war, selbständig Politik im Sinne der Luxemburger zu machen. In der Zwischenzeit aber mußte in Tirol eine Übergangslösung gefunden werden, damit nicht etwa die Wittelsbacher oder gar die Habsburger ihre Hände nach dem Land im Gebirge ausstreckten. Kaiser Ludwig von Bayern hatte ein besonderes Interesse an den Alpenübergängen, und Albrecht der Weise aus dem Hause Habsburg trachtete danach, sein Gebiet zu vervollständigen und die Lücke zwischen den habsburgischen Gebieten im Osten und den Stammlanden im Westen endgültig zu schließen. Er, Johann, mußte darauf achten, daß das Land, das durch diese Heirat endlich in seinen Machtbereich gekommen war, auch ihm und seinem Haus erhalten bliebe.

Er selber konnte nicht in Tirol bleiben, das wäre allzu auffällig gewesen. Aber wozu hatte er Söhne? Der ältere Bruder Johanns sollte für den Minderjährigen die politischen Fäden ziehen.

Am 2. April 1335 trat das Ereignis ein, auf das König Johann von Böhmen schon so lange gewartet hatte. König Heinrich wurde von Übelkeit befallen, die zu einer starken körperlichen Schwäche führte. Es ging mit ihm zu Ende. In größter Eile wurde ein Priester herbeigerufen, der dem Sterbenden die Letzte Ölung spendete; versehen mit den Tröstungen der Religion, schloß Heinrich von Tirol und Kärnten die Augen für immer. Zurück blieben eine mißgestaltete Tochter in einem Kloster im Chiemgau und Margarete, die Erbin aller Länder, die Heinrich besessen hatte. In verschiedenen Verträgen waren andere Erbansprüche, die die Nichten Heinrichs seinerzeit erhoben hatten, für null und nichtig erklärt worden. Margarete war Alleinerbin und beinahe über Nacht die reichste Frau in Mitteleuropa geworden.

Der junge Gemahl Margaretes war im Laufe der Jahre zu einem hochaufgeschossenen Jüngling herangewachsen, der seine Altersgenossen beinahe um Haupteslänge überragte. Die Entwicklung seiner geistigen Fähigkeiten allerdings konnte mit seinem körperlichen Wachstum nicht Schritt halten. Überall war man von seinem einfältigen, kindischen Wesen überrascht. Alle geistigen Anstrengungen, jede Disziplin waren ihm zuwider, wurde ihm etwas ab-

81

verlangt, dann zeigte er sich äußerst mürrisch und unwillig; ja, alles schien ihm zuviel zu sein, was von ihm gefordert wurde. Von Margarete nahm er überhaupt keine Notiz, und wenn es gar nicht anders ging und beide gemeinsam etwas unternehmen mußten, zeigte er sich von solcher Unfreundlichkeit, daß die Tiroler Adeligen, die nach dem Tode des Vaters als Margaretes Berater fungierten, entsetzt den Kopf schüttelten. Mitleidig betrachteten die treuen Räte Volkmar von Burgstall und Heinrich von Rottenburg das junge Mädchen, das mit einem solch ungehobelten Rüpel sein Leben verbringen sollte. Schließlich kamen die beiden Männer zu dem Schluß, daß das junge Paar eine gemeinsame Reise durch das Land Tirol unternehmen sollte. Vielleicht würde die solcherart erzwungene Gemeinsamkeit Wunder wirken, würde die Barrieren, mit denen sich beide umgaben, etwas abgebauet werden.

Zunächst galt es, Margarete für diesen Plan zu gewinnen. Auch dies hatten sich Volkmar von Burgstall und Heinrich von Rottenburg leichter vorgestellt, als es war, denn sie schien ganz und gar nicht daran interessiert, mit dem unangenehmen Jüngling durch die Gegend zu ziehen. Aber nach langem Hin und Her ließ sie sich schließlich von ihren Beratern doch davon überzeugen, daß sie einen Versuch unternehmen sollte. Schließlich ging es nicht nur um ihr eigenes Schicksal; auch die Länder hatten ein Anrecht auf einen Erben. Und wie die Lage sich augenblicklich abzeichnete, war Margarete meilenweit davon entfernt, jemals Mutter zu werden. Offiziell wurde Johann Heinrich mitgeteilt, daß es politisch notwendig sei, sich in allen Städten Tirols vorzustellen; gleichzeitig machte sich Margarete erbötig, nachdem sie ihren Stolz überwunden hatte, ihrem angetrauten Gemahl die Schönheiten des Landes zu zeigen, an denen er bis jetzt desinteressiert vorübergeritten war.

Burgherren und Ritter diesseits und jenseits des Brenners wurden von der Reise der beiden in Kenntnis gesetzt, und bereitwillig öffneten sich die Tore, wo immer sie hinkamen. Aber hatte man sie auch gerne aufgenommen, so war man doch froh, wenn sie wieder weiterzogen. Johann Heinrich wußte solche Gastfreundschaft nicht zu schätzen, kritisierte alles und jedes und führte, obwohl er nichts zu sagen hatte, das große Wort. Kaum hatte man eine Burg hinter sich gelassen, da zog Johann Heinrich in unverschämter Weise über die Gastgeber her. Er gab sich nicht die geringste Mühe, sich aufgeschlossen zu zeigen, es lag ihm weder etwas an

Margarete noch am Land. Das einzige, das ihn erfreute, vermißte er auf der Reise: Er konnte nicht einen Tag mit seinen Kumpanen auf die Jagd gehen und durch die Wälder streifen, er konnte sich nicht vulgär und ungehobelt geben, er durfte nicht unflätig fluchen und über Gott und die Welt wettern. Nicht Margarete zuliebe hielt er sich zurück und wahrte wenigstens in der Öffentlichkeit den Schein; nein, er wollte den Leuten zeigen, wer hier der Herr war und vor wem man sich zu verneigen hatte.

Tage und Wochen vergingen, und Margarete war immer noch mit ihrem jungen Ehemann unterwegs, aber je länger sie mit Johann Heinrich, meist auf engstem Raum, beisammen war, desto mehr wurde er ihr zuwider, ja, geradezu ekelhaft. Anfänglich hatte sie ihm gegenüber noch ein fröhliches Gesicht gezeigt, aber allmählich legte auch sie die freundliche Maske ab. Unvorstellbar, die Tage und vor allem die Nächte mit ihm verbringen zu müssen! Denn über eines war sich Margarete klar: Man hatte sie beide auch auf die Reise geschickt, damit endlich die Ehe vollzogen würde. Aus dem Knaben Johann Heinrich war längst ein junger Mann geworden, dessen Liebesabenteuer in Tirol allgemein die Runde machten. Er hatte sich bei verschiedenen Damen durchaus als Mann bewährt. Wäre er ihr nicht so von Grund auf zuwider gewesen, hätte Margarete gekränkt sein müssen, daß Johann Heinrich sie verschmähte und nicht den leisesten Versuch unternahm, sie endlich zu seiner Frau zu machen, wie dies alle Welt von ihm erwartete.

Dabei wurde er zu diesem Schritt von vielen Seiten gedrängt: Sein Vater machte ihm Vorhaltungen wegen der nicht vollzogenen Ehe, und sein Bruder Karl schien buchstäblich darauf zu bestehen, daß Margarete endlich mit einem Erben gesegnet werde, denn nur dann würde das Haus der Luxemburger tatsächlich in Tirol felsenfest verankert sein.

Aber Johann Heinrich dachte nicht daran, ein normales Eheleben mit der ungeliebten Margarete aufzunehmen. Man weiß bis heute nicht genau, was ihn dazu bewog, ob er seine Frau abstoßend fand oder ob er ihr gegenüber im Laufe der Jahre einen Komplex entwickelt hatte, der ihn unfähig machte, mit ihr intime Beziehungen zu haben. Die Chronisten hüllen sich über diese Tatsache in Schweigen, ebenso über das Äußere der jungen Frau. Lediglich der Beiname »Maultasch« ist allgemein bekannt. Nichts lag näher, als aus diesem Namen Schlüsse auf das Gesicht Margaretes zu ziehen, und es gibt nicht wenige Geschichtsschreiber – allerdings aus späterer Zeit –, die behaupten, daß Margarete einen zu großen und verunstalteten Mund gehabt hätte. Im Sprachgebrauch ihrer Zeit allerdings war der Name nicht üblich. Vielleicht haben die Luxemburger, Karl und Johann Heinrich, viel später, als Margarete sich von ihrem ersten Mann getrennt hatte, in ihrer Wut diesen beleidigenden Beinamen aufgebracht, um Margarete zu treffen.

Wie sie wirklich ausgesehen haben mag, kann man nur aufgrund eines Siegels, auf dem sie als ältere Frau abgebildet ist, vermuten. Wahrscheinlich war sie weder hübsch noch häßlich, eben ein Durchschnittsgesicht, wie es sie zu allen Zeiten gegeben hat. Johann Heinrich aber verabscheute seine Frau, und er zeigte ihr dies auch bei jeder passenden und unpassenden Gelegenheit. Er wollte sie erniedrigen und beleidigen, und vielleicht glaubte er, daß er ihr am meisten Schmach bereiten könnte, wenn er sie als Frau verschmähte.

Aber er hatte die Rechnung ohne Margarete gemacht. Zwar dauerte es einige Zeit, bis sie bereit war, in aller Öffentlichkeit über die intimen Probleme zu sprechen, die sie beschäftigten. Sicherlich war es nicht leicht für eine unbedarfte junge Frau, zugeben zu müssen, daß sie auf ihren Ehemann keinen Reiz ausübte. Aber je mehr Zeit ins Land zog, desto klarer erkannte Margarete, daß nicht sie von Johann Heinrich blamiert worden war; hingegen konnte sie ihn dort am stärksten treffen, wo jeder Mann besonders empfindlich war. Und so begann man in den Schlössern und Burgen Tirols, aber auch in den Städten darüber zu flüstern, daß der böhmische Gemahl Margaretes nicht in der Lage sei, die Ehe zu vollziehen; er müsse ein körperliches Gebrechen haben, ja, er sei impotent! Nur so sei es zu erklären, daß Margarete immer noch keinem Kind, keinem Erben Tirols, das Leben geschenkt habe. Denn seit der Kinderhochzeit waren immerhin schon zehn Jahre ins Land gegangen, und der achtzehnjährige Johann Heinrich stand längst im zeugungsfähigen Alter.

Bald kursierten in Tirol wahre Schauermärchen über das Verhalten Johann Heinrichs, und Margarete war die heimliche Drahtzieherin all dieser Redereien. Die Ehe der beiden wurde zum Tagesgespräch, und die Gräfin verstand es vorzüglich, heimlich und doch für alle Öffentlichkeit bestimmt, die Stimmung gegen den ungeliebten Mann aufzustacheln.

Schon längst war es Tagesgespräch, daß Margarete hinlänglich genug von ihrem Gatten hatte, der sie körperlich und geistig quälte.

Selbst die Chronisten berichten, daß Johann Heinrich Margarete grausam behandelte, sie kratzte, biß und schlug.

Die Atmosphäre auf Schloß Tirol war mehr als eisig, man sprach nur dann noch miteinander, wenn es sich gar nicht mehr vermeiden ließ, und auch die Anwesenheit von Johann Heinrichs Bruder Karl, der für den politisch uninteressierten jungen Mann die Regierungsgeschäfte führte, änderte nichts an der gänzlich verfahrenen Situation. So wie in den letzten Jahren konnte es auch politisch in Tirol nicht weitergehen.

Margarete hatte mit Schrecken erkannt, daß die beiden luxemburgischen Brüder drauf und dran waren, ihr die Macht und damit das Land Tirol zu entreißen. Seit langem bestimmte Karl die Politik. Anfänglich hatter er sich noch mit Margarete abgesprochen, aber allmählich wurde die Erbin Tirols immer mehr übergangen. Und um den luxemburgischen Einfluß noch mehr zu stärken, hatte Karl – obwohl er, sein Vater und auch Johann Heinrich den Tirolern vertraglich zugesichert hatten, keine luxemburgischen Beamten im Land zu etablieren – begonnen, die wichtigsten Positionen mit seinen Leuten zu besetzen. So ernannte Karl Nikolaus von Brünn, von dem er wußte, daß er ihm mit Haut und Haar ergeben war, zum Bischof von Brixen und besetzte damit einen der wichtigsten kirchlichen Posten mit einem Mann, der unter allen Umständen die Politik der Luxemburger durchzusetzen bereit war. Wenn Karl aus Tirol abwesend war, trat Nikolaus als Stellvertreter auf und beeinflußte den jungen Johann Heinrich. Und da dieser in politischen Dingen völlig hilflos war, unterschrieb er jede Urkunde und jedes Urteil, so wie es der Bischof für richtig hielt. Schließlich war es so weit gekommen, daß Johann Heinrich keinen Schritt mehr unternahm, den Nikolaus ihm nicht geraten hatte.

Der Tiroler Adel sah mit scheelen Augen nach Brixen, und man erkannte nur allzu gut, daß die Luxemburger dabei waren, alle, nicht nur Margarete, auszuschließen, die vorher im Land das Sagen gehabt hatten. Es war ein gefährliches Spiel, das hier betrieben wurde; die oberitalienischen Städte wurden in die ununterbrochenen Streitigkeiten hineingezogen, auch die, mit denen Margarete in gutem Einvernehmen gestanden war. Dazu kam, daß die Grafen von Görz und die Habsburger keine Freunde der Luxemburger waren und auch von dieser Seite Unfrieden und kriegerische Auseinandersetzungen drohten.

Gestützt vom unzufriedenen Tiroler Adel, nahm Margarete nun

die Zügel fest in die Hand. Aber bevor sie einen endgültigen Entschluß faßte, wollte sie sich mit dem Kaiser absprechen, mit Ludwig IV. aus dem Hause Wittelsbach. Er war ein welterfahrener Mann, der weder Tod noch Teufel und am allerwenigsten die Strafen der Kirche fürchtete. Obwohl er mit dem Papst die ernstesten Händel gehabt hatte und sogar gebannt worden war, hatte er es verstanden, dennoch als Kaiser anerkannt zu werden und sich gegen den Luxemburger und den Habsburger durchzusetzen.

Wer als erster den Gedanken aussprach, Margarete solle sich von dem Luxemburger trennen, ist nicht überliefert. Vielleicht war es zunächst nur eine kurze Andeutung, eine kleine Frage, die im Raum stand, bis man allmählich aufmerksam zu werden begann. Die Ehe war ja noch nicht vollzogen worden – also bestand sie nur auf dem Papier. Dadurch ergab sich vielleicht eine Chance, die auch die strenge Kirche anerkennen mußte, denn letztlich konnten die unbarmherzigen Kirchengesetze nur dann gelten, wenn die Ehe in all den erforderlichen Punkten, den Vollzug mit eingeschlossen, erfüllt worden war.

Margarete gefiel dieser Plan immer mehr, und in dieser Idee trafen sich ihre Gedanken und Vorstellungen mit denen der Tiroler Adeligen. Heimlich kam man zusammen, und heimlich beriet man, was zu tun sei. Als Johann Heinrich mit seinem Bruder Karl eine Reise nach Ungarn und Polen unternahm, begann man die ersten Fäden zu den Wittelsbachern zu ziehen. Der Kaiser sollte von den Plänen Margaretes unterrichtet werden. Aber es scheint irgendwo eine undichte Stelle gegeben zu haben: Die Vertrauten Johann Heinrichs und Karls erfuhren von der bevorstehenden Empörung. Es war nicht allzu schwierig, die Verdächtigen ausfindig zu machen, man war sich einfach zu sicher gewesen. Einige Tiroler Adelige wurden gefangengenommen und auf die Sonnenburg gebracht. Man schreckte nicht davor zurück, den Halbbruder Margaretes in der Folter so lange hochnotpeinlich zu befragen, bis der grausam Gequälte die Zusammenhänge der Verschwörung verriet. Sofort brachen die luxemburgischen Brüder ihre Reise ab und kehrten eilends nach Tirol zurück.

Empört über das Verhalten seiner Gemahlin, hetzte Johann Heinrich den Bruder auf, eine starke böhmische Besatzung nach Schloß Tirol zu schicken, wo Margarete die meiste Zeit des Jahres verbrachte. Es wurde verfügt, daß sie das Schloß nicht zu verlassen habe und daß jeder ihrer Schritte genau überwacht werden solle –

eine Schmach, die sie kaum erträglich fand. Sie, die Herrin über Tirol, wurde auf ihrer eigenen Burg, in ihrem eigenen Land, von Fremdlingen gefangengesetzt!

Margarete tat zunächst so, als wolle sie sich den Anordnungen Johann Heinrichs widerstandslos fügen. Sie zog sich in ihre Gemächer zurück und gab der böhmischen Besatzung keinen Anlaß zu irgendeiner Klage. Allmählich gewöhnten sich alle an die Situation, die Wächter wurden weniger argwöhnisch, ja, die Diener und Dienerinnen, die man Margarete zu ihrem eigenen Komfort gelassen hatte, freundeten sich sogar mit den Böhmen an. Niemand kam auf die Idee, daß alles nur trügerische Ruhe war. Die Empörung Margaretes war keineswegs verflogen, und bald wußte sie, was sie tun wollte.

Auch der Kaiser, Ludwig der Bayer, hatte die Vorgänge in Tirol mit großer Mißbilligung, aber auch mit heimlicher Freude verfolgt. Er war nie ein Freund Johann Heinrichs gewesen, und seine Abneigung gegen den Jüngling hatte sich beinahe in Haß verwandelt, als der junge Luxemburger ihm den Weg über Tirol nach Italien verwehrt hatte. Vielleicht bot sich jetzt die Möglichkeit zur Rache.

Kaiser Ludwig hatte einen gleichnamigen Sohn aus seiner ersten Ehe mit Beatrix, der Herzogin von Glogau. Dieser Sohn, 1316 geboren, wurde schon 1324 zum Markgrafen von Brandenburg ernannt. Auch er war noch als Kind verheiratet worden; als seine Gemahlin, Margarethe von Dänemark, mit vierzehn Jahren starb, war Ludwig siebzehn Jahre alt. Sicherlich hatte der Vater Pläne, den jungen Mann sofort wieder zu verheiraten, auch Johann von Böhmen trat auf den Plan und bot dem Kaisersohn eine seiner Töchter an, aber Ludwig widmete sich mit ganzer Energie dem Aufbau und der Absicherung der Mark Brandenburg und stellte zunächst weitere Heiratspläne hintan.

Nun aber kam die Kunde aus Tirol, daß die verschmähte Margarete ihren Gatten vertreiben wolle und nach einem neuen Mann Ausschau halte. In aller Eile zitierte der Kaiser seinen Sohn nach München. Markgraf Ludwig, ein besonnener junger Mann, war allerdings zunächst nicht Feuer und Flamme, eine Frau zu heiraten, die die Gemahlin eines anderen war. Die Strafen der Kirche würden furchtbar sein, dessen war sich Ludwig gewiß. Ob nun die Ehe vollzogen war oder nicht, wie wollte man dies der Kirche wirklich beweisen? Aber der Vater ließ nicht locker und stellte dem Sohn vor Augen, wie vorteilhaft diese Partie für ihn sein würde. Man konnte Margarete keine abschlägige Antwort geben! Schließlich kehrten die Tiroler Abgesandten mit einer zustimmenden Antwort aus München heim.

Damit hatte Margarete freie Hand; jetzt konnte sie endlich das tun, worauf sie schon so lange gewartet hatte. Johann Heinrich hatte von den Vorgängen auf Schloß Tirol keine Ahnung, er war in Meran kaum anwesend, und wenn er schon einmal das Schloß betrat, in dem seine Frau von seinen böhmischen Soldaten gefangengehalten wurde, dann höchstens, um sich neue Waffen für die Jagd zu holen. Nach wie vor streifte er tagaus tagein mit gleichgesinnten Kumpanen durch die Wälder und merkte nicht, wie Tiroler Adelige, an ihrer Spitze Engelmar von Villanders und Volkmar von Burgstall, sich auffallend oft auf den Weg nach Kufstein machten, wo die letzten Verhandlungen mit dem Kaiser durchgeführt wurden. Auch der genaue Termin der Vertreibung des Luxemburgers wurde von den Verschwörern festgesetzt und mit Margarete im Detail abgesprochen. Die böhmische Besatzung auf Schloß Tirol, die längst achtlos geworden war, stellte kein großes Hindernis mehr dar.

Am Allerheiligen- oder Allerseelentag 1341 war es dann endlich soweit. Johann Heinrich verließ Schloß Tirol in aller Herrgottsfrühe, um wie beinahe jeden Tag auf die Jagd zu reiten. Kaum hatte er das Schloß verlassen, da fielen aus allen Winkeln und Verstecken Tiroler über die böhmische Besatzung her. Die Bewacher leisteten kaum Widerstand und ergriffen Hals über Kopf die Flucht, froh, mit dem Leben davongekommen zu sein.

Wie immer ritt Johann Heinrich am Abend mit seinen Leuten mit lautem Getöse über die Zugbrücke, klopfte polternd ans Tor und begehrte mit barscher Stimme Einlaß. Aber nichts rührte sich, niemand antwortete. Kein Laut war zu vernehmen. Was sollte dies bedeuten? Mit aller Gewalt begannen Johann und seine Leute an das Tor zu trommeln und schrien aus Leibeskräften, daß man öffnen solle. Es hatte zu regnen begonnen, eisiger Wind strich über die Zugbrücke. Endlich merkte Johann Heinrich, daß man nicht mehr gewillt war, ihn einzulassen, daß man ihn regelrecht ausgesperrt hatte. Was blieb ihm anderes übrig, als fluchend und schimpfend, Margarete mit allen Höllenschwüren bedenkend, dem Pferd die Sporen zu geben und abzuziehen? Er wollte sein Nachtquartier in der nächsten Burg beziehen; aber auch dort blieben die Tore verschlossen. Der Luxemburger und sein Gefolge mußten mitten in der Nacht bei Sturm und Regen weiterreiten. Und wo sie auch hinkamen, keiner war bereit, die frierenden und hungrigen Männer aufzunehmen. Schließlich verließen ihn seine Leute, als sie erkannten, daß man ihnen keine Unterkunft gewähren wollte. Allein zog Johann Heinrich weiter, durchnäßt, halb erfroren und hungrig wie ein Wolf. Endlich erbarmte sich Tägen von Villanders und gewährte ihm für drei Tage Quartier, damit sich Johann Heinrich kurz aufwärmen und sättigen konnte. Aber nach dieser Zeit erklärte ihm der Tiroler, daß auch er nicht weiter gewillt sei, den Luxemburger zu beherbergen.

Wie ein herrenloser Hund schlich der vertriebene Graf von Tirol, der Sohn König Johanns von Böhmen, durch das Land, das er durch eigene Schuld verloren hatte, und mußte froh sein, nicht wirklich von bissigen Hunden gehetzt zu werden. In seiner Not fiel ihm der Patriarch von Aquileia, Bertrand, ein, mit dem ihn und seinen Bruder ein beinahe freundschaftliches Verhältnis verbunden hatte. Vielleicht würde er hier eine Bleibe finden.

Natürlich war es dem Patriarchen nicht verborgen geblieben, was sich in Tirol zugetragen hatte. Mit größter Besorgnis erfuhr er, daß sich Margarete von Johann Heinrich trennen wollte, um Ludwig von Brandenburg zu heiraten. Bertrand wollte nichts unversucht lassen, um die Gräfin vor diesem schwerwiegenden Schritt zu warnen. Er schrieb an sie ausführliche Briefe, in denen er die Konsequenzen darlegte, die sie zu befürchten hatte. Als diese Vorhaltungen und Warnungen nichts nützten, und als er merkte, wie entschlossen Margarete war, fuhr er das schwerste Geschütz auf, das die Kirche gegen alle jene aufbot, die nicht willens waren, sich ihren Anordnungen zu fügen: Er drohte mit dem Kirchenbann.

Johann Heinrich war fünf Monate Gast des Patriarchen und trug in dieser Zeit sein gerüttelt Maß dazu bei, gegen seine abtrünnige Ehefrau Stimmung zu machen. Keine Schlechtigkeit gab es, die Johann Heinrich Margarete nicht in die Schuhe schob. In seiner Verblendung hatte er die Hoffnung auf Tirol immer noch nicht aufgegeben, unrealistisch, wie er immer gewesen war, konnte er nicht erkennen, wie die Dinge wirklich standen. Deshalb vermeinte er auch jetzt noch Freunde im Land zu haben, Leute, die ihm geschmeichelt hatten, so lange er etwas zu sagen hatte. An diese wandte er sich jetzt in seiner Notlage um Hilfe. Aber wahrscheinlich riefen seine Bittschriften in den Burgen höchstens Hohngelächter hervor, denn kein Tiroler Adeliger war je ein besonderer Freund Johann Heinrichs gewesen, und nun, da sein Stern gesunken war, wollte ihn keiner mehr sehen.

Nach fünf Monaten resignierte der Luxemburger; es blieb ihm nichts anderes übrig, als nach Hause zurückzukehren, ein junger Mensch von achtzehn Jahren, auf der ganzen Linie gescheitert, ein Ehemann ohne Frau, ein Fürst ohne Land, ein Jüngling, der aus dem Erlebten lernen konnte.

Margarete erklärte nun offiziell ihre Ehe mit dem Luxemburger für null und nichtig. Sie war endlich frei, das zu tun, was sie wollte. Zunächst übernahm sie sämtliche Regierungsgeschäfte in Tirol. Lange, allzu lange hatte es gedauert, bis sie in ihrem Land Alleinherrscherin sein konnte. In ihre Freude über das Erreichte mischte sich allerdings ein bitterer Wermutstropfen: Noch hatte sich die Kirche nicht offiziell zu ihrem Tun geäußert. Wie würde sich der Papst verhalten? Das war die Frage, die Margarete Tag und Nacht beschäftigte. Papst Benedikt XII., der in seinem Exil in Avignon residierte, hatte die ganze Sache längst durch eifrige Zuträger erfahren, die dem Heiligen Vater begeistert das Verhalten Margaretes schilderten und die Tirolerin als männernärrisches Weib hinstellten. Die Berichte der frommen Männer waren voller Unwahrheiten und Verleumdungen, und hätte sich der Papst objektiv informieren wollen, so hätte er all den Berichten nicht den geringsten Glauben schenken dürfen. Aber Benedikt wollte es sich auf keinen Fall mit den Luxemburgern verderben – wer konnte wissen, welche Karriere der junge Karl noch vor sich hatte? Und so reagierte er, wie man es in Tirol befürchtet hatte: Er wies durch einen Gesandten den Patriarchen von Aquileia an, die Sache zu verfolgen, und drohte Margarete an, sie mit dem Kirchenbann zu belegen, sollte sie tatsächlich ihre Absicht wahrmachen und Ludwig von Brandenburg heiraten. Natürlich würde dann auch der neue Gemahl dieser gefürchteten Kirchenstrafe verfallen.

Die Androhung des Kirchenbanns war damals ein probates Mittel, um jeden Menschen zur Raison zu bringen, bedeutete der Bann doch Ausschluß aus der christlichen Kirche, also Exkommunikation. Der Gebannte war wie ein Heide vom Empfang der Sakramente ausgeschlossen, er und seine Kinder lebten ohne den Segen der heiligen Kirche, für ihn und seine Familie gab es weder Taufe noch Bußsakrament, und auch am Sterbebett stand kein Priester, der dem Todgeweihten die Tröstungen der heiligen Kirche verabreichte. Bis über den Tod hinaus reichten die schrecklichen Folgen des Banns: Kein Priester durfte den Toten bestatten, wie ein Hund sollte er eingescharrt werden.

Wären die Zeitverhältnisse andere gewesen, so wären diese Folgen des Banns bloß Sache des einzelnen, des Betroffenen gewesen. Aber im ausgehenden Mittelalter, wo die Kirche sich in alle Lebensbereiche einmischte, war der Bann für jeden Herrscher eine Katastrophe. Die Päpste bedienten sich unnachgiebig dieser Strafe, um die deutschen Kaiser und Fürsten ganz in ihre Macht zu bekommen. Oft wurden sogar ganze Gebiete mit dem sogenannten Interdikt belegt. Sämtliche geistlichen Handlungen waren dann im Land des Gebannten untersagt, und die Bevölkerung wurde dadurch ebenfalls in Mitleidenschaft gezogen. Die Gefahr war groß, daß das Volk gegen den Herrscher aufstand. Wer wollte schon als echter Christ vor verschlossenen Kirchentoren stehen und nicht mehr die Möglichkeit haben, von seinen Sünden gereinigt zu werden? Ewige Höllenstrafen würden drohen, wurde man als Sünder ohne Bußsakrament und ohne Letzte Ölung in die Ewigkeit abberufen. Meist krochen die Bestraften über kurz oder lang zu Kreuze, und die Päpste triumphierten über die weltlichen Herrscher.

Auch Kaiser Ludwig war beim Papst in Ungnade gefallen, denn er hatte es gewagt, gegen den Willen von Johannes XXII. die Regierungsgeschäfte zu übernehmen. Die Strafe folgte auf dem Fuße. In vielen anderen Situationen hätte der Kaiser wahrscheinlich einen Ausgleich mit dem Papst gesucht, aber diesmal war er sich seiner Rechtsansprüche absolut sicher, und sein Gefühl wurde dadurch gestärkt, daß die deutschen Fürsten hinter ihm standen. So konnte er dem Papst die Stirn bieten und so tun, als sei nichts gewesen, als gäbe es weder einen Papst noch den Bann. Auch sein Sohn Ludwig von Brandenburg hatte schon in seiner frühen Jugend die Kontroversen seines Vaters mit der Kirche miterlebt; für ihn bedeutete daher die Vorstellung, gebannt zu werden, nicht mehr allzu viel. Zu oft hatten die Päpste von dieser einst gefürchteten Waffe Gebrauch gemacht, als daß sie noch besonders wirksam gewesen wäre.

So wenig sich die Großen im Lande aber um die Strafen des Papstes kümmern mochten, so abergläubisch verfolgte das Volk die Angelegenheit. Gott und seine Heiligen konnten nie und nimmer dulden, daß ein Herrscher aus der Kirche ausgeschlossen war; schließlich galt der Kaiser als Wahrer des christlichen Glaubens im

Reich. Wie sollte er das aber sein, wenn er nicht mit der Einwilligung und dem Segen der Kirche herrschte?

Markgraf Ludwig von Brandenburg wußte, daß er eine schwere persönliche Entscheidung traf, als er endlich einwilligte, Margarete zu heiraten, die Frau eines anderen, deren Ehe noch nicht geschieden war! In den Augen der Kirche und vieler anderer war sie immer noch die Gemahlin Johann Heinrichs, auch wenn dieser schon längst in Böhmen weilte. »Du sollst nicht begehren deines Nächsten Weib«, so lautete eines der ältesten Gebote der Menschheit. Ludwig von Brandenburg machte es sich sicherlich nicht leicht mit seiner Entscheidung. Er wußte, daß er im Sinne der Kirche ein Ehebrecher war, ein Frevler. Aber auch auf Margarete würde ein düsterer Schatten fallen; sie würde als Metze, als Hure verdammt werden.

Der Patriarch von Aquileia wollte sich nun im Auftrag des Papstes genauer informieren und lud die Bischöfe des Landes vor, um Auskunft über die Situation auf Schloß Tirol zu bekommen. Aber man entschuldigte sich mit tausend fadenscheinigen Ausreden, als wolle man Zeit gewinnen, um Ausflüchte zu suchen und sich nicht in aller Öffentlichkeit gegen die Landesherrin stellen zu müssen. Die Bischöfe wußten nicht so recht, wie sie sich verhalten sollten und wollten abwarten, wie sich die Lage wirklich entwickelte. Es schien ihnen nicht ratsam, von vornherein in Opposition zu gehen und sich der Meinung des Papstes und des Patriarchen anzuschließen. Man konnte nie wissen, was der tatkräftige junge Markgraf zusammen mit einer erstarkten Margarete gegen die Kirchenfürsten unternehmen würde.

Für den Adel Tirols aber gab es kein Zaudern. Es galt keine Zeit zu verlieren; jetzt, da Margarete noch allein regierte, traten alle, die sich einen Gewinn oder Vorteil erhofften, auf den Plan. Man gab der Gräfin nur allzu deutlich zu verstehen, daß es nur mit Hilfe der Adeligen für sie möglich gewesen sei, den ungeliebten Luxemburger zu vertreiben. Diese Unterstützung, die immerhin mit einem gewissen Risiko verbunden gewesen sei, müsse Margarete schon klingende Münze wert sein. Tag für Tag wurden die Herren auf Schloß Tirol vorstellig und trugen ihre Forderungen vor. Margarete blieb nichts anderes übrig, als die Geldtruhen zu öffnen und gute Miene zum bösen Spiel zu machen. Wo aber das Geld nicht reichte, da wurden Landsitze und Burgen verpfändet, die dadurch für lange Zeit den Besitzer wechselten. Um aber ganz auf Nummer sicher zu gehen, ließen sich die Adeligen ihre überraschenden Erwerbungen vom Kaiser mit Brief und Siegel bestätigen. Aber auch Ludwig von Brandenburg wollte sich schon vor seiner Eheschließung die Sympathien der Tiroler Adeligen sichern und erließ deshalb – mit Blick auf die Zukunft –, noch ohne eigentlich dazu bevollmächtigt zu sein, am 28. Januar 1342 den Tiroler Freiheitsbrief, der vor allem die Vorrechte des Adels bestätigte.

In München wurden einstweilen Vorbereitungen für die bevorstehende Hochzeit getroffen. Kaiser Ludwig hatte von kirchlicher Seite Erkundigungen eingezogen; dort war man geteilter Ansicht. Einige sahen kein Hindernis für den Kaisersohn, da die Ehe mit Johann Heinrich ja nicht vollzogen worden sei, andere wiederum erklärten, daß eine Verheiratung Ludwigs mit Margarete Ehebruch beziehungsweise Bigamie bedeuten würde. Für Ludwig allerdings genügte es, daß er Bischöfe fand, die sich bereit erklärten, mit ihm und seinem Sohn über die Alpen nach Meran zu ziehen, um ihnen das feierliche Geleit zu geben und gleichzeitig die Trauung vorzunehmen.

Der Zug des kaiserlichen Gefolges mit dem Bräutigam und dem Kaiser erregte überall Aufsehen. Kaiser Ludwig hatte alles an Pracht und Pomp aufgeboten, was in seiner Macht stand, war es doch die Hochzeit der wittelsbachischen Länder mit Tirol, die nun gefeiert werden sollte. Lang war die Einladungsliste, die Ludwig der Bayer an Freunde und Bekannte ausgesandt hatte, und viele hatten zugesagt, dem Kaiser und seinem Sohn und auch Margarete die Ehre ihrer Anwesenheit zu geben. Herzog Heinrich von Niederbayern war einer der ersten, die sich entschlossen hatten, mit nach Südtirol zu ziehen, obwohl er mit einer Schwester des verschmähten Johann Heinrich verheiratet war; die Herzöge Hermann und Konrad von Teck ritten in dem glänzenden Gefolge, ebenso der Bischof von Freising, Heinrich von Stein. Nach reiflicher Überlegung der Für und Wider war er zu dem Schluß gekommen, daß die erste Ehe Margaretes mit Johann Heinrich von Böhmen als nicht gültig, da nicht vollzogen anzusehen sei, und hatte versprochen, Margarete mit dem Kaisersohn zu trauen und beiden den Segen der Kirche zu geben. Auch der Bischof von Regensburg, Ulrich von Schöneck, wollte als Gast des Kaisers nicht fehlen und hatte sich rechtzeitig in München eingefunden. Mit prachtvollen Pferden waren der Bischof von Augsburg und der Graf von Württemberg eingetroffen, und schließlich stießen noch die Grafen von Görz, von Werdenberg und Katzenellenbogen zu dem farbenprächtigen Hochzeitszug. Selbst oberitalienische Fürsten hatten den beschwerlichen Weg über die Alpen auf sich genommen, um dem Kaisersohn ein würdiges Geleit auf seiner Brautfahrt zu geben.

Die Reise nach Meran dauerte lange, da die Festlichkeiten in Tölz, Mittenwald, in Innsbruck, Matrei und Sterzing, überall wo man durchzog, kein Ende nahmen. Dazu kam, daß das rauhe Winterwetter immer wieder längere Aufenthalte nötig machte. Hatte man den festen Plan, am nächsten Tag bis zu einem bestimmten Ort zu kommen, so konnte es sein, daß Schneestürme und Eisregen die Wege und Pfade über die Berge unpassierbar machten, daß Lawinen von den Steilwänden herabdonnerten und man unverrichteter Dinge umkehren mußte. Schließlich machte ein schreckliches Unglück am Jaufenpaß der fröhlichen Stimmung ein Ende. Schon hatte man die gefährlichsten und schwierigsten Wegstücke hinter sich gebracht, als plötzlich das Pferd des Bischofs von Freising strauchelte und stürzte. Dabei wurde der Kirchenfürst vom Pferd geschleudert und fiel in den gähnenden Abgrund. Alle waren vor Schreck erstarrt. War dies nicht als ein Fingerzeig des Himmels, als eine Warnung Gottes anzusehen? Der Bischof hätte Ludwig und Margarete trauen sollen! War dies nicht mehr als ein böses Omen, war das nicht schon die Strafe des Himmels für die Freveltat, zu der er sich bereit erklärt hatte? So mancher aus dem Gefolge des Kaisers, der bis jetzt frohgemut mitgezogen war, fand irgendeine Entschuldigung oder Ausrede, warum er auf der Stelle umkehren mußte; manch einer wollte plötzlich daheim nach dem Rechten sehen. Klein und bescheiden nahm sich das Häuflein mit den getreuesten Anhängern des Kaisers aus, das bald darauf in Meran an die Tore des Schlosses pochte. Aber nun war es Ludwig von Brandenburg, der zur Eile trieb. Er konnte es nicht brauchen, daß das Volk in aller Öffentlichkeit zu diskutieren anfing. Er wollte die Sache hinter sich bringen.

Am 8. Februar 1342 ritt das kaiserliche Gefolge auf Schloß Tirol ein, wo Margarete ihren zukünftigen Gemahl erwartete. Ein Hindernis war noch zu überwinden: Es erwies sich als äußerst schwierig, nach dem überraschenden Tod des Bischofs von Freising einen anderen Geistlichen zu finden, der die Ehe einsegnen wollte. Der Bischof von Augsburg hatte rundheraus erklärt, daß er unter den gegebenen Umständen nicht daran denke, die Trauung vorzunehmen; zu eindeutig seien die Zeichen des Himmels. Aber wahrscheinlich überredete Ludwig den Bischof von Regensburg, Heinrich, dem seine Dienste mit einem Gnadenbrief des Kaisers am Tage der Hochzeit gedankt wurden.

Am Faschingssonntag, am 10. Februar des Jahres 1342, nahm der Hochzeitszug von Schloß Tirol seinen Weg zum Kelleramt in Meran, wo die Trauung schnell und eher nüchtern vollzogen wurde. Das öffentliche Beilager allerdings hatte man für Schloß Tirol bestimmt. In jenen Tagen war es dem Brautpaar nicht vergönnt, sich nach den anstrengenden Feierlichkeiten des Hochzeitstages diskret zurückzuziehen, um sich dann in trauter Zweisamkeit den ehelichen Freuden hinzugeben. Das Volk forderte von seinen Herrschenden den intimsten Tribut. In aller Öffentlichkeit mußten Margarete und ihr angetrauter Mann das große Bett besteigen, das vor dem Schloß Tirol aufgebaut worden war. Ludwig von Brandenburg zeigte sich als ganzer Mann, und unter dem Jubel der Bevölkerung und vor den Augen des Kaisers und der Höflinge wurde das vollzogen, worauf Margarete jahrelang vergeblich gehofft hatte.

Ludwig von Brandenburg hatte eine tatkräftige Frau geheiratet, mit ihr aber auch die politischen Probleme ihres Landes. Schon am Tag nach der Hochzeit wurden er und seine Frau offiziell vom Kaiser mit den Ländern Margaretes belehnt. Damit wurde aller Welt kundgetan, daß beide rechtmäßige Herrscher in Tirol seien. Damit aber waren die Tage des Friedens und der Feierlichkeiten gezählt, denn an den Grenzen lauerten schon die Feinde. Sie suchten jeden Vorwand, um nach Avignon zu ziehen und dort beim Papst gegen Margarete und Ludwig zu hetzen, allen voran Karl von Luxemburg, der ehemalige Schwager der Gräfin. Er konnte den Verlust Tirols nicht verwinden und suchte daher jede Gelegenheit, um sie persönlich zu verunglimpfen. Karl wurde nicht müde, seine Leute überall im Lande, auch in Tirol, herumzuschicken, Schmeichler und Einflüsterer, die da eine pikante Geschichte von der »Jungfrau Margarete« hinter vorgehaltener Hand flüsterten, dort unter dem Siegel der Verschwiegenheit von einer wilden Orgie wissen wollten, die des Nachts auf Schloß Tirol stattgefunden habe. Und gar bald glaubte so mancher biedere Tiroler die Erzählungen von der männermordenden, männertollen Maultasch, die in ihrem sexuellen Wahn nicht genug bekommen konnte. Der arme erste Ehemann habe die ausgefallenen Wünsche seiner exzentrischen Frau nicht befriedigen können, und dafür sei er wie ein Hund vertrieben worden. Karl war ein geschickter Taktiker, der die Naivität und die Phantasie des Volkes hervorragend einkalkuliert hatte. Auch der neue Papst Klemens VI., ein Gegner der Wittelsbacher, hörte interessiert die Berichte Karls, den er von Jugend auf kannte. Diesem gottlosen Treiben in Tirol mußte ein Ende gemacht werden, Margarete und auch ihr unrechtmäßiger Ehemann sollten die ganze Strafe der Kirche zu fühlen bekommen. In der Karwoche des Jahres 1343, am 12. April, wurde im Land Tirol die Bannbulle veröffentlicht. Auch Kaiser Ludwig verfiel neuerlich dem Kirchenbann, denn er hatte Margarete in ihrem Unterfangen unterstützt, die erste Ehe für ungültig zu erklären, und hatte dazu beigetragen, daß sein Sohn die Frau eines anderen ehelichte. Die Herrscher von Tirol waren durch diesen Akt des Papstes öffentlich aus der Kirche ausgeschlossen. Der Segen des Himmels konnte auf dieser Ehe nicht ruhen und auch nicht auf ihrem Handeln. Wie sollte es weitergehen?

Das Volk von Tirol war aufs äußerste beunruhigt. Wollte man schon nicht an die Schauermärchen glauben, die über den Lebenswandel Margaretes erzählt wurden, so war die Kirchenstrafe doch eine Tatsache, die durch himmlische Zeichen bestätigt zu werden schien. Unwetter brachen über das Land herein, die Flüsse traten über die Ufer und rissen Häuser, Mensch und Tier mit in die schmutzigen Wassermassen, aus denen es kein Entrinnen gab. Muren begruben Häuser und Felder unter sich, Lawinen donnerten zu Tal, der Sommer brachte glühende Hitze, und die Sonne versengte die Saat, so daß man nicht mehr wußte, wovon man im Winter leben sollte. Und nicht genug des Unheils: Heuschreckenschwärme verfinsterten die Sonne, ließen sich auf Wiesen und Felder nieder und fraßen ganze Landstriche kahl. War das nicht der Fluch des Himmels, der auf Margarete und ihrem »falschen« Mann lastete?

Alle Bemühungen des Herrscherpaares, dem Land zu helfen, die Städte besserzustellen, nützten nichts. Unglückliche Zufälle machten vieles zunichte, was Margarete und Ludwig von Brandenburg zum Wohle des Landes begonnen hatten. Und dann erscholl der furchtbare Ruf, daß der Schwarze Tod, die Pest, im Land war. In panischer Angst versuchten die Menschen zu fliehen, und als sie erkannten, daß es keine Chance gegen diese schreckliche Heimsuchung gab, da suchte man nach Schuldigen. Und da man es nicht

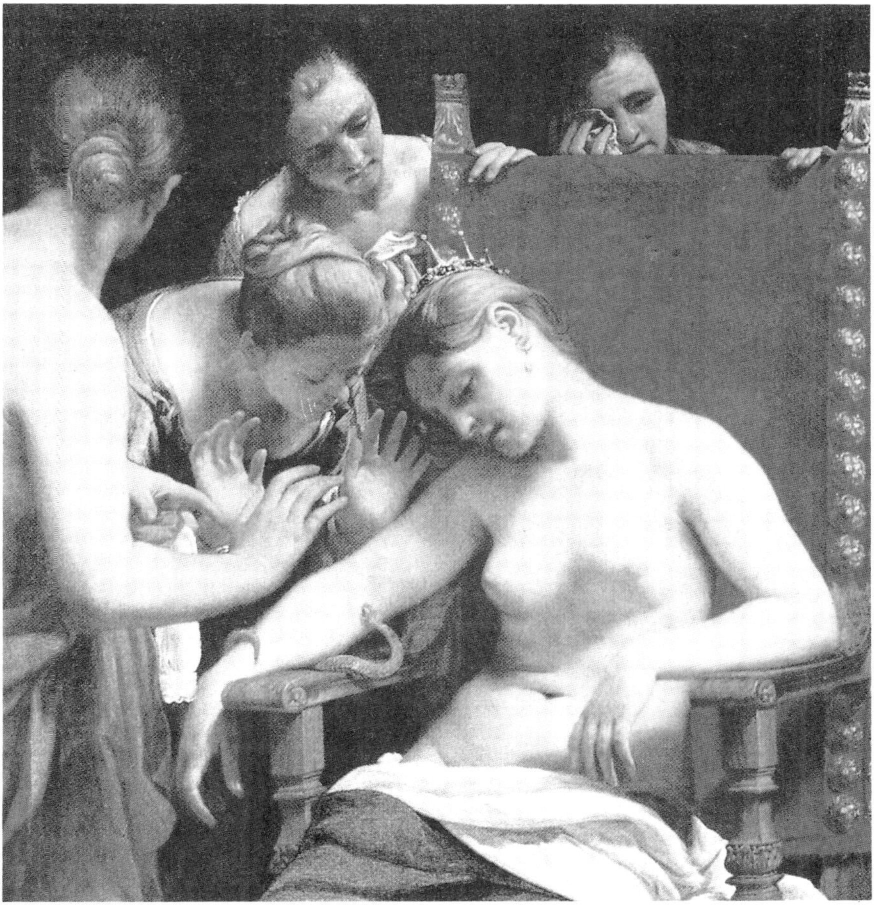

Kleopatras Tod.
Gemälde von Guido Cagnacci,
17. Jahrhundert

Marc Anton.
Römische Porträtbüste

Nero.
Römische Porträtbüste

Agrippina sucht ihren Sohn Nero zu verführen.
Stich des 18. Jahrhunderts nach einer antiken Gemme

Ludwig von Brandenburg.
Stich des 17. Jahrhunderts

Margarete Maultasch.
Stich des 17. Jahrhunderts

REX. ✱ FERDINANDVS V. CATHOLICVS HISPANIARVM SECILIÆ NEAPOLIS etc

Obyt anno 1515.

Ferdinandus de V. toegenaemt den Catolycken
Coninck van Hispanien. Sicilien Napels etc.

N. de Clerck exc.

Ferdinand von Aragon.
Niederländischer Stich des 17. Jahrhunderts

Isabella von Kastilien.
Gemälde von Bartolomé Bermejo, 1493

Christoph Kolumbus nimmt Abschied
von Isabella und Ferdinand.
Stich aus der „Historia Americae",
Frankfurt 1634

wagte, den Grafen und die Gräfin persönlich anzuklagen, sah man sich nach anderen Opfern um. Es konnten nur die Juden sein, die jetzt plötzlich überall im Lande lebten, die von Margarete und Ludwig geduldet, ja unterstützt worden waren. Man rottete sich zusammen und stürmte die Häuser der Unglücklichen, erschlug sie, wo man ihrer habhaft werden konnte, ohne Mitleid, Männer, Frauen und Kinder. Im Süden standen einige oberitalienische Städte auf Seiten Karls, die Görzer machten im Osten gegen Ludwig mobil, und es war geradezu ein Wunder, daß der Habsburger Albrecht, der mit Recht den Beinamen »der Weise« trug, sich nicht auch noch dazu verleiten ließ, in Tirol mit Waffengewalt seinen Anspruch geltend zu machen.

Lange wartete Karl von Luxemburg auf einen günstigen Augenblick, in dem er mit einem gewaltigen Heer gegen Ludwig, gegen Margarete, gegen den Kaiser und gegen Tirol ziehen wollte. Der Tag der Abrechnung würde kommen. Durch seine Spitzel fand er heraus, wann Ludwig von Brandenburg gerade außer Landes war. Nun war die Zeit gekommen, mit der schutzlosen Margarete die offene Rechnung zu begleichen. Seine Böhmen, aber auch andere Sympathisanten rückten schwerbewaffnet unter seiner Führung das Etschtal herauf, über Meran bis vor die Burg Tirol. Die Tore wurden verbarrikadiert, nachdem die Bevölkerung mit Kind und Kegel aus den umliegenden Dörfern in die Burg geflüchtet war. Man kannte die Grausamkeit der Böhmen, die nicht davor zurückschreckten, jedes Haus, jede armselige Hütte in Flammen aufgehen zu lassen, nur um die entsetzte Bevölkerung in die Knie zu zwingen. Jeder, der eine Waffe halten konnte, einen Spieß, eine Lanze, einen Prügel oder einen Dreschflegel, wurde bewaffnet. Dann wartete man auf den Ansturm der Böhmen. Mit gewaltigem Getöse berannten sie die Verteidigungsanlagen, die Ludwig wohlweislich zum Teil verstärkt und teilweise neu errichtet hatte. Karl war ein geschickter Angreifer, er kannte die Regeln der Kriegführung und die Kunst der Belagerung. Das war Margarete klar, als sie wie ein Mann im Schloßhof stand und die Befehle an ihre Leute ausgab. Brennende Pfeile prasselten auf die Burg hernieder, aber es war immer ein Tiroler zur Stelle, der, oft unter Einsatz des eigenen Lebens, diese gefährlichen Geschosse von den Holzschindeln entfernte, um so den Brand der Burg zu verhindern. Das Schlachtenglück neigte sich anfänglich hin und her, bald waren die Angreifer überlegen, aber bald mußte Karl zähneknirschend erkennen, daß die Strategie, die Margarete anwendete, seine bei weitem übertraf. Schloß Tirol war eine nicht einnehmbare Festung. Diese Frau, Margarete, die in seinem Denken nur »die Maultasch« hieß, hatte ihn, Karl von Luxemburg, endgültig bezwungen. Der Tod hatte unter Karls Leuten riesige Beute gemacht. Sein Heer war gefährlich zusammengeschrumpft, denn viele, die mit dem Leben davongekommen waren, hatten rechtzeitig die Aussichtslosigkeit des Kampfes erkannt und waren im Dunkel der Nacht geflohen. Karl blieb nichts anderes übrig, er mußte schließlich das Zeichen zum Rückzug geben, wollte er sich nicht selbst weiter der Gefahr, im Kampf getötet zu werden, aussetzen. Die große Siegerin in diesem entscheidenden Kampf in Tirol, um Tirol, den sie ohne Hilfe ihres Mannes und seiner geschulten Truppen zu ihren Gunsten hatte entscheiden können, hieß Margarete.

Die unruhigen Zeiten für Tirol waren damit noch lange nicht vorüber. Immer wieder sah sich Ludwig gezwungen, sich nach allen Seiten zu verteidigen, obwohl Karl mit der Zeit versöhnlicher gestimmt wurde. Man hatte ihn zum König erwählt; bald darauf starb Kaiser Ludwig in der Nähe von Fürstenfeldbruck bei München bei einer Treibjagd, und Karl konnte die Nachfolge im Reich antreten und später als Kaiser Karl IV. als einer der bedeutendsten Herrscher vor allem für Böhmen in die Geschichte eingehen. Diese Rolle brachte natürlich mit sich, daß er sich nicht länger um kleinere Territorien kümmern konnte, daß er sich auf die großen Aufgaben und Ziele, die er sich gesetzt hatte, konzentrieren mußte. Außerdem willigte sein verschmähter Bruder, der in Mähren als Regent eingesetzt war und mittlerweile auch wieder Frau und sogar Kinder hatte, in eine Aussöhnung mit Margarete und Ludwig ein. Ebenso wie Albrecht der Weise verwendete er sich persönlich beim Papst für die Gebannten. Der Kirchenfürst zeigte sich aber noch über Jahre hinweg unversöhnlich. Erst Papst Innozenz VI. erklärte sich bereit, nachdem der Sohn und Nachfolger Albrechts, sein ältester Sohn Rudolf, alle Hebel in Bewegung gesetzt hatte, die leidige Angelegenheit aus der Welt zu schaffen und den Bann aufzuheben. Dazu war es aber nötig, daß Margarete offiziell zuerst einmal von Ludwig geschieden werden mußte. Dies geschah am 1. September 1359. Am nächsten Tag erfolgte in München die öffentliche feierliche Lossprechung Margaretes und Ludwigs vom Bann. Und für den nächsten Tag war die Erklärung der Dispens für Margarete und Ludwig vorgesehen, die beide wegen ihrer in den Augen der Kirche zu nahen Verwandtschaft benötigten. Dann erst konnten sie offiziell wieder heiraten. So hatte sich nach den vielen Jahren der Zwistigkeiten endlich der Frieden mit der Kirche und dem Papst eingestellt.

Margarete und Ludwig wußten, wem sie letztlich diese Aussöhnung zu verdanken hatten. Die Habsburger hatten ihnen gegenüber immer eine gewisse freundschaftliche, wenn auch distanzierte Haltung eingenommen und bewußt keine eindeutige Position bezogen. Zu gefährlich war es in dieser Zeit, sich einer Gruppierung anzuschließen; aber hier hatten sie dem Grafen von Tirol mehr als einen Freundschaftsdienst geleistet. Schon vorher war man in verwandtschaftliche Verbindung miteinander getreten: Ludwig und Margarete hatten ihren einzigen Sohn Meinhard mit der Tochter Albrechts des Weisen, Margarete, verheiratet. Durch diese Eheschließung hatte sich eine eigentümliche Familiensituation ergeben: Der älteste Sohn Albrechts, Rudolf, war mit der Tochter Karls IV., Katharina, verheiratet, so daß Meinhard von Tirol der Schwager Katharinas wurde. Die Familienbande zwischen den Wittelsbachern, den Habsburgern und den Luxemburgern, die alle das schöne Land Tirol begehrt hatten oder noch begehrten, waren mit einem Mal eng miteinander verschlungen. Und so sehr die Luxemburger um dieses Land gekämpft hatten: die lachenden Sieger waren letztlich die abwartenden Habsburger.

Margarete hatte mit Ludwig von Brandenburg zwei Töchter und eben jenen Sohn Meinhard, der von Kindesbeinen an eher schwächlich war. Er hatte nichts vom starken Charakter seiner Mutter und von der durchschlagskräftigen Art des Vaters geerbt. Als Kind immer kränklich und wahrscheinlich als einziger Erbe eher verhätschelt, ließ er sich von allen möglichen Leuten beeinflussen, die nur ihr eigenes Interesse im Auge hatten. Wie es oft vorkommt, waren die Eltern mehr oder weniger machtlos, wenn es darum ging, dem Sohn die richtigen Freunde vorzuschlagen. Meinhard wollte selbst seine Entscheidungen treffen, und die fielen nicht so aus, wie die Eltern sich dies vorgestellt hatten.

Ludwig von Brandenburg mußte nach dem Tod seines Vaters die Regierungsgeschäfte auch in Bayern übernehmen und hielt sich daher monatelang in seiner Residenz in München auf. Hierhin zog es auch den jungen Meinhard mit Macht; für ihn bedeutete München die große Welt, luxuriös, prachtvoll, weltoffen. Es hielt ihn nichts in dem Land in den Bergen, das von seiner Mutter mit starker Hand regiert wurde, er wollte sich den Wind um die Nase wehen lassen, er wollte das Reich kennenlernen, wie ein reicher Mann leben und sich nicht bescheiden, wie dies seine Mutter von ihm forderte. Seine Schwestern waren schon als kleine Kinder gestorben, und so ruhte Margaretes Hoffnung auf diesem einzigen Sohn, aus dem sie einen brauchbaren Herrscher und Nachfolger machen wollte. Aber Meinhard entfloh dem Einfluß der Mutter, es war ihm lästig, bevormundet und angeleitet zu werden.

In München erkannte man bald, wie beeinflußbar Meinhard war. Falsche Freunde scharten sich um ihn, die nur auf ihren eigenen Vorteil hofften. Margarete mußte mit Schrecken erkennen, wie ihr Sohn ihr und Ludwig allmählich entglitt und zu einem gedankenlosen Lebemann wurde.

Schlaflose Nächte bereitete Margarete diese bittere Erkenntnis. Wie würde es nach ihrem Tod in Tirol weitergehen? Wie würde sich die Zukunft dieses Landes, ihres Landes, unter einer Herrschaft Meinhards gestalten?

Der Herbst des Jahres 1361 brachte für die Gräfin von Tirol einen schweren Schicksalsschlag. Ludwig von Brandenburg war gerade mit großem Gefolge auf einem Ritt von Tirol nach München. Wahrscheinlich hatte er sich bei dieser Reise zu sehr verausgabt, vielleicht waren die Tagesetappen zu anstrengend gewesen: Plötzlich wankte Ludwig im Sattel und fiel taumelnd vom Pferd. Man fing ihn gerade noch rechtzeitig auf, aber das Gefolge mußte entsetzt erkennen, daß der Markgraf verloren war. In Zorneding, in der Nähe von München, hauchte Ludwig von Brandenburg sein Leben aus.

Erst Tage später erfuhr Margarete vom Ableben ihres Gemahls. In ihrem Schmerz konnte sie nicht glauben, daß Ludwig eines natürlichen Todes, wahrscheinlich an einem Herzschlag, gestorben war. Für sie war der Gedanke naheliegend, daß er einem Giftanschlag zum Opfer gefallen sei, da Ludwig strotzend vor Gesundheit und im besten Mannesalter von ihr Abschied genommen hatte.

Nun war nur noch der Sohn übrig. Aber auch die Tage für den jungen Meinhard waren gezählt. Als Erbe seines Vaters hätte er über große Gebiete zu herrschen gehabt, eine Aufgabe, der er nie und nimmer gewachsen gewesen wäre. Früh verbraucht, folgte er schon am 13. Januar 1363 seinem Vater ins Grab.

Alles, was Margarete und Ludwig in den jahrelangen Kämpfen zu erhalten versucht hatten, war nun für die Gräfin zur Last geworden. In tiefer Trauer und Depression mußte sie erkennen, daß ihr Land in andere Hände übergehen würde, daß keiner aus ihrem Blut dieses heißumkämpfte Land mehr würde regieren können. Schon lange, noch zu Lebzeiten ihres Sohnes, hatte sie sich mit dem Gedanken getragen, Tirol in die Hände der Habsburger zu legen. Die kluge und ausgleichende Politik, die Albrecht jahrelang betrieben hatte, und der Einsatz sowohl Albrechts als auch Rudolfs für sie und ihren Mann beim Papst bewogen wahrscheinlich Margarete dazu, die Habsburger in ihrem Testament als Erben einzusetzen. Freilich war der junge, heißköpfige Rudolf IV. (später wurde er der »Stifter« genannt) ein anderer Herrscher als sein besonnener Vater, aber er zeigte auch schon bald staatsmännisches Talent, vor allem als ehrgeiziger Konkurrent seines Schwiegervaters Kaiser Karls IV.

Kaum hatte Rudolf IV. von den Absichten Margaretes Näheres erfahren, da umwarb er die Herrin Tirols mit seinem ganzen Charme. Er ritt selbst ins Gebirge, um mit Margarete Verhandlungen zu führen. Für die müde, alternde Frau, die ohne Mann und ohne Erben in ihrem Land saß, eröffneten sich durch sein Angebot neue Perspektiven. Sie würde mit Rudolf nach Wien ziehen und dort einen ruhigen, ihrer einstigen Stellung angemessenen Lebensabend verbringen können. Es sollte Margarete in der Stadt der Habsburger an nichts fehlen, dafür wollte Rudolf persönlich sorgen.

Als alte Frau verließ Margarete Maultasch, die Herrin Tirols, das Land, das ihre Heimat gewesen war und für dessen Wohlergehen sie ein Leben lang gekämpft hatte. Sie verließ Tirol, an dem ihr ganzes Herz hing, und zog nach Osten, in eine fremde Welt: stark, tränenlos, wie sie es immer gehalten hatte.

»La prima gentildonna del mondo« –
Freundin von Königen und Päpsten

ISABELLA D'ESTE UND FRANCESCO GONZAGA

Der milde, sonnige Mai des Jahres 1474 neigte sich dem Ende zu, als endlich das langersehnte Ereignis eintrat, auf das man in Ferrara seit Wochen gewartet hatte: Würden die Kirchenglocken einen Sohn Herzog Ercoles I. begrüßen, oder würden bloß wenige Schläge verkünden, daß seine Gemahlin Eleonora von Aragon einem Mädchen das Leben geschenkt hatte? Das Kind sollte in eine Welt geboren werden, die sich im Wandel befand. Alles hatte sich in den letzten Jahrzehnten verändert, neue Einsichten hatten den Geist der Menschen geprägt. Fernab von den Lehren der Kirche erkannte man nun im Rückblick auf die Antike, daß das irdische Leben, das Glück auf dieser Welt, zumindest greifbar war, während die versprochene jenseitige Seligkeit doch etwas höchst Unsicheres sei. Mit diesem neuen Geist kam ein völlig neues Lebensgefühl, und die reichen italienischen Fürsten überboten einander in der prachtvollen Ausgestaltung von Festen, Theateraufführungen und Turnieren. Man liebte das Leben und die Schönheit – und die Frauen, die durch ihre Anmut, aber auch durch ihren Geist die neue Zeit zu verkörpern schienen.

Die Tochter, die schließlich nach Stunden das Licht der Welt erblickte, war für Herzog Ercole und seine Gemahlin also keine Enttäuschung, im Gegenteil, man war dem Himmel dankbar, daß endlich wieder ein legitimes Kind im Hause der Este geboren war. Voll des Glücks schrieb Eleonora an eine gute Freundin:

»Im Gedanken an die Liebe und Wertschätzung, welche Uns beide verbinden, möchte ich EW. Herrlichkeit geziemenderweise von der Gnade Mitteilung machen, die mir Gott durch eine Niederkunft erwiesen. Wir zeigen Euch somit an, daß die Güte Gottes Uns letzten Dienstag um die zweite Stunde ein hübsches kleines Mädchen beschert hat und daß wir uns nach der Geburt wohl und in gutem Zustand befinden…«

Die Eltern wählten für das Mädchen den klangvollen Namen Isabella, und man hätte für das Kind keinen besseren finden können. Denn »isa« bedeutet »gleich« und »bella« schön: »gleichschön« sollte das Mädchen wirklich ein Leben lang sein.

Isabella wurde wie ihre ein Jahr jüngere Schwester und ihr Bruder Alfonso, der einige Jahre später zur Welt kam, in das Haus Este hineingeboren, in eine der ältesten und traditionsreichsten Familien Oberitaliens. Die Este leiteten sich bis auf die Zeit Karls des Großen zurück, als ein Weggefährte Karls, Bonifatius I., mit dem Kaiser aus dem rauhen Frankenland nach dem sonnigen Süden gezogen war und beschlossen hatte, sich in der Gegend von Ferrara für immer niederzulassen. Freilich war das Schicksal der Familie nicht immer gnädig gewesen; es war schwierig, sich in den politischen Wirren der Jahrhunderte aus den großen Machtverstrickungen herauszuhalten, damit nicht Kriege erbarmungslos zerstörten, was in Generationen mühsam aufgebaut worden war.

Ferrara war besonders gefährdet, denn die Stadt war reich; nicht nur die Venezianer, auch die Päpste warfen immer wieder ein lüsternes Auge auf die Stadt in Oberitalien und ihr Umland. Um allen Bedrohungen widerstehen zu können, wurde Ferrara zu einer mächtigen Festung ausgebaut. Schon der äußere Anblick der Stadt sollte den Feinden zu erkennen geben, daß es sinnlos sei, das herrliche Wasserschloß, das mitten in der Festung für die Herrscherfamilie erbaut worden war, erobern zu wollen. Außerdem war bekannt, daß die Familie Este seit Generationen immer bestrebt war, die neuesten Errungenschaften auf dem Gebiet der Waffentechnik anzukaufen.

So ausgerüstet, glaubte Herzog Ercole beruhigt in die Zukunft blicken zu können. Er hatte 1471 von seinem Bruder Borso den blühenden Stadtstaat übernommen und von ihm nicht nur die Macht geerbt, sondern auch den Herzogstitel, den Kaiser Friedrich III. Borso für die beiden Besitzungen in der Emilia 1452 verliehen hatte. Es war Borso geglückt, auch Papst Paul II. für sich einzunehmen, so daß der Kirchenfürst nicht zögerte, ihm den Herzogstitel auch für Ferrara zu verleihen.

Drei Brüder regierten damals nacheinander in Ferrara; alle drei, Lionello, Borso und Ercole, waren von dem weit über die Grenzen der Stadt hinaus berühmten Humanisten Guarino da Verona erzogen worden. Von ihm lernten sie, daß der Mensch sich nicht nur auf gegenwärtige Dinge konzentrieren sollte, daß die Kenntnis und das Verständnis der Antike grundlegend für alle Lebensbereiche sei, daß die Erkenntnisse der Philosophen ebenso zur allmählichen Vervollkommnung des Lebens beitrügen wie der offene Sinn für alles Schöne. Kunst und Wissenschaft sollten sich verbinden, nur dann könne sich der Mensch über sich selbst hinaus entwickeln.

Bei Lionello fielen die Lehren Guarinos auf fruchtbaren Boden. Er studierte nicht nur begierig die Schriften der antiken Dichter, er wurde selbst noch als Herrscher in Ferrara zum Gelehrten. In seiner ausgeglichenen Art versuchte er die Idee des Gleichmaßes, des friedlichen Nebeneinander in die Tat umzusetzen, und bald erkannte man auch in den anderen italienischen Staaten seine Rolle als Friedensvermittler an. Dabei zeigte er sich keineswegs als weltfern, er hatte in seiner Jugendzeit das Kriegshandwerk von Grund auf gelernt und war mit allen wichtigen Waffen und Strategien vertraut. Die Wissenschaftler seiner Zeit ließ er aufhorchen, als er herausfand, daß die angeblichen Briefe des Apostels Paulus an den berühmten Philosophen Seneca nichts anderes als eine plumpe Fälschung darstellten.

Lionello war keine lange Zeit auf dem Thron vergönnt. Neun Jahre konnte er die Geschicke Ferraras lenken, und diese Zeit nützte er so gründlich, als hätte er geahnt, daß ihm kein langes Leben bevorstand. Schon ein Jahr nach seinem Regierungsantritt 1442 schritt er zur Neuorganisation der Universität von Ferrara, die seit ihrer Gründung etwa fünfzig Jahre zuvor ein trauriges Dasein führte. Die Professoren waren schlecht bezahlt, die Räumlichkeiten schäbig, und es war kein Wunder, daß alle Studenten, die es sich leisten konnten, die hohen Schulen von Bologna und Padua vorzogen. Lionello stellte der Universität zunächst großzügig Mittel zur Verfügung, dann berief er bekannte Leute nach Ferrara, und bald verbreitete sich die Kunde in ganz Oberitalien, daß in Ferrara besser als anderswo zu studieren sei.

Wahrscheinlich hatte Lionello noch viele Pläne für die Zukunft, als ihn der Tod überraschend hinwegraffte. Sein Bruder Borso übernahm die Regierungsgeschäfte, die er wohlgeordnet vorfand. Er war ein friedliebender Mensch wie seine Brüder, allerdings verfügte er bei weitem nicht über die hohe Intelligenz des Älteren. Dafür gab Borso sich den Freuden des Lebens hin, feierte glanzvolle Feste und erholte sich auf zahlreichen Jagden. Auch sein Tod kam völlig unerwartet und machte Ercole, den dritten Bruder, zum Herzog von Ferrara.

Auch dieser war den Künsten und Wissenschaften zugetan, er berief bedeutende Künstler an seinen Hof, er bewunderte die Maler und konnte stundenlang den Bildhauern zusehen, wenn sie ihre Skulpturen fertigten, er lauschte den Melodien, die die Musiker ihren Instrumenten entlockten und hörte den Dichtern zu, wenn sie ihre Werke vortrugen. In ihrem Kreise fühlte sich Ercole wohl, hier konnte er ganz Mensch sein und sich seinen Neigungen hingeben. Künstler waren stets hochwillkommene Gäste, und der Herzog unterstützte sie mit offener Hand. Wißbegierig und lerneifrig, wie Ercole ein Leben lang war, weilte er lange und oft in den Räumen der Universität, betrachte die riesigen, reichverzierten Folianten, die das Wissen aus früheren Jahrhunderten aufbewahrten, und blätterte in den Handschriften der Mönche, die in jahrelanger Kleinarbeit Blatt für Blatt kunstvoll bemalt hatten. Ercole beherrschte die lateinische Sprache fließend in Wort und Schrift, und es war ihm ein besonderer Genuß, die Dichtungen und Schriften der Antike im Original zu lesen und zu verstehen.

Wenn es seine politischen Geschäfte erlaubten, verbrachte der Herzog mehrere Stunden des Tages in den Bibliotheken. Seine Gemahlin zeigte viel Verständnis für die kulturellen Interessen und Vorlieben ihres Mannes. Eleonora war eine hochgebildete Frau, die außer den lateinischen Schriften vor allem Dichtungen ihrer aragonesischen Heimat bevorzugte, aber gerne auch französische Romanzen und abenteuerliche Ritterromane las. In dieser Ehe zwischen der aragonesischen Prinzessin, deren Vater das Königreich Neapel regierte, und dem Herzog aus dem Hause Este hatten sich zwei hochgebildete, kultivierte Menschen gefunden. Die Kinder dieser Eltern hatten ein vielversprechendes Erbe mit in die Wiege gelegt bekommen. Hervorragende Lehrer und Erzieher sollten die Talente Isabellas und Beatrices fördern und zur Blüte führen.

Aber nicht nur gemeinsame Interessen verbanden Ercole mit Eleonora. Ihre Ehe war von Anfang an harmonisch, die beiden, die von den Eltern verheiratet worden waren, verstanden und liebten einander.

Als im Jahre 1476 der lang ersehnte Thronfolger geboren wurde, schien das Glück des Herzogs von Ferrara den Höhepunkt erreicht zu haben. Und so schien es wie ein Blitz aus heiterem Himmel, als ihn plötzlich ein schweres Unglück traf:

Der Herzog hatte sich schon längere Zeit nicht sehr wohl gefühlt,

aber seine Unpäßlichkeit dem heißen, schwülen Wetter zuge-
schrieben. Schließlich aber wurde er so schwach und matt, daß er
sich zu Bett begeben mußte. Kurze Zeit später stellte sich hohes
Fieber ein, und Ercole verlor die Besinnung. Ratlos standen die
Ärzte um das Bett des Kranken; Man ließ ihn zur Ader, setzte
Schröpfköpfe an, um die »schlechten Körpersäfte« abzuleiten,
dann machte man ihm eiskalte und kurz darauf siedendheiße Um-
schläge. Aber trotz aller Experimente verfiel der Kranke von Stunde zu Stunde. In seinem Fieberwahn nahm er seine Umgebung
schon lange nicht mehr wahr, er erkannte niemanden mehr, auch
Eleonora nicht, die nächtelang an seinem Lager wachte. In ihrer
Verzweiflung verließ sie kaum das Bett des Todkranken und betete zu allen Heiligen des Himmels um Hilfe und Erbarmen. Als
aber alles nichts half, gelobte sie, zwei feierliche Prozessionen abhalten zu lassen. Und der Himmel schien mit ihr ein Einsehen zu
haben: Kurz nach dem Gelübde begann das Fieber zu sinken, der
Kranke kam wieder zu Bewußtsein und fühlte sich von Tag zu Tag
besser. Die Kinder, Isabella und ihre um ein Jahr jüngere Schwester Beatrice, durften den Vater kurz besuchen. Sie brachten ihm
selbstgepflückte Blumensträuße mit und erfreuten ihn mit kleinen
Liedern, die ihnen ihr Musikmeister beigebracht hatte.
Die Genesung machte gute Fortschritte. Eleonora verbrachte so
viel Zeit wie möglich bei ihrem Gatten und überredete ihn schließlich, als er wieder bei Kräften war, Ferrara in den heißen Sommer-
tagen zu verlassen und mit ihr und den Kindern auf Schloß Belriguardo zu fahren. Inmitten der herrlichen Landschaft, in der reinen Luft, die am Abend wunderbar kühl wurde, sollte sich Ercole
erholen.
Der Herzog konnte den Bitten seiner besorgten Frau nicht widerstehen, und obwohl er geradezu begierig war, sich wieder um die
Belange seiner Stadt und seiner Untertanen zu kümmern, willigte
er schließlich ein, daß die Familie mit dem Hofstaat für ein paar
Wochen aufs Land zog. Eleonora hatte noch einige wichtige Dinge in Ferrara zu erledigen, deshalb beschloß man, daß Ercole vor-
ausfahren sollte, während die Herzogin mit den beiden Mädchen und dem Säugling Alfonso erst einige Tage später nachfolgen
sollte.
Der Herzog konnte nicht ahnen, daß sein Halbbruder Nicolò, der
einer Liaison seines Vaters entstammte, schon wochenlang fieberhaft den Augenblick seiner Abreise herbeigesehnt hatte. Kaum

waren die Wagen Ercoles aus den Stadttoren gerollt, da rief Nicolò seine Männer auf die in einem nahen Hafen liegenden Schiffe, welche die Verschwörer nach Ferrara bringen sollten. Die Wächter der Stadt dachten an nichts Arges, als sie die schwerbeladenen Schiffe passieren ließen; sie glaubten an Händler, die ihre Waren, unter Strohballen verborgen, zum Verkauf anbieten wollten. Aber im Stroh hatten sich sechshundert gut ausgerüstete Soldaten versteckt. Sie warteten auf das verabredete Zeichen, das Nicolò zum Sturm auf die Stadt geben wollte. Nicolò wollte die Bevölkerung von Ferrara gegen Ercole aufwiegeln, und er hatte fest damit gerechnet, daß er die Einwohner samt und sonders auf seine Seite würde ziehen können. Aber die verschreckten Leute der Stadt wollten von Aufruhr und Kampf nichts wissen, sie verbarrikadierten sich in ihren Häusern, kein Mensch zeigte sich in den Straßen, den Nicolò hätte ansprechen können. Nur von den Kirchtürmen läuteten die Glocken Sturm.

Als Nicolò erkannte, daß seine Aktion zu scheitern drohte, versuchte er sich der Familie seines Bruders zu bemächtigen. Und wahrscheinlich wäre die Situation für die Mutter mit den Kindern sehr gefährlich geworden, wäre nicht der jüngere Bruder Ercoles so geistesgegenwärtig gewesen, seine Schwägerin mit den kleinen Kindern über einen Geheimgang zum stark befestigten Castel Vecchio und damit in Sicherheit zu bringen.

Schon bald mußte Nicolò erkennen, daß sein Plan nicht aufging, daß der Aufstand gescheitert war, bevor es zu größerem Blutvergießen gekommen war. Hals über Kopf flohen die Männer aus der Stadt und waren froh, mit dem Leben davongekommen zu sein. Nicolò selbst überließ sich der Gnade seines Bruders. Ercole aber kannte keine Milde gegenüber dem Abtrünnigen. Er ließ kurzen Prozeß machen, und das Gericht, das auf das Urteil des Herzogs hörte, verurteilte den Familienbastard auf der Stelle zum Tode.

Die Kinder waren zu klein, als daß sie die bedrohlichen Vorgänge hätten bewußt registrieren können. Für sie war es vielleicht bloß ein spannendes Abenteuer, in Decken gehüllt durch finstere Gänge getragen zu werden. Bald hatten sie diese aufregenden Ereignisse vergessen.

Isabella und ihre Schwester Beatrice waren aufgeweckte und lernwillige Kinder, denen es nichts ausmachte, stundenlang zu sitzen und dem berühmten Battista Guarino zuzuhören, der ihnen die Schönheiten der lateinischen Sprache in blumigen Bildern vor

Augen führte. Besonders Isabella konnte sich in die antike Welt wie in ein Wunderland zurückversetzen und lauschte mit offenem Munde den Erzählungen des Lehrers. Mit zehn Jahren las sie schon Vergil, und bald gab es keine römischen Dichter und Schriftsteller mehr, über deren Werke das junge Mädchen nicht Bescheid wußte. Wenn aber der Lehrer des Französischen den Raum betrat, verzog sie unwillig das Gesicht und zeigte ihre Abneigung dieser Sprache gegenüber ganz deutlich. Auch in späteren Jahren, als sie aus vielerlei Gründen gezwungen war, mit Gesandten und Botschaftern Französisch zu parlieren, merkte man ihr an, daß diese Sprache ihr nicht besonders lag.

Das musikalische Talent und die Liebe zur Musik hatten die Kinder von der Mutter geerbt. Abende lang musizierten die beiden Mädchen mit Leonora bei Kerzenschein, Isabella und Beatrice saßen gemeinsam am Clavichord, die Mutter spielte auf der Harfe. Oft gesellte sich Ercole zu seinen »drei Frauen« und lauschte den Tönen, die seine kleinen Töchter den Instrumenten entlockten.

Isabella zeigte schon sehr früh eine natürliche Begabung für alle Arten graziöser Bewegung, vor allem aber großes Geschick für den Tanz. Der Vater ließ einen weithin bekannten Tanzmeister aus Urbino kommen, der Isabella und ihrer Schwester nicht nur die modischen Tanzschritte beibringen, sondern auch die Bewegungen der Mädchen verfeinern, ja vervollkommnen sollte. Die beiden Kinder lernten, sich graziös zu setzen, anmutig aufzustehen und herrschaftlich zu schreiten. Isabella gingen die Anweisungen des Tanzmeisters in Fleisch und Blut über; ein Leben lang war sie berühmt für ihre ausgeprägte Grazie, die sie auch im fortgeschrittenen Alter nicht verlor.

Obwohl beide Mädchen eine beinahe sorgenfreie Kinderzeit erleben konnten, war ihnen doch schon sehr bald bewußt, daß sie auch Pflichten hatten, die andere Kinder nicht übernehmen mußten. Sie waren Töchter eines Herzogs, und die Eltern achteten streng darauf, daß Isabella und Beatrice und später auch der Bruder Alfonso bei allen Empfängen und Veranstaltungen, auf denen man ausländische Gäste begrüßen konnte, mit dabei waren. Von klein auf sollten sie an das Repräsentieren gewöhnt werden, sie sollten wissen, wie man sich in hoher und höchster Gesellschaft zu bewegen hatte, welche Gespräche man führen sollte und wie man Gäste behandelte. Wichtig war es außerdem, von Jugend auf die Fürsten und Diplomaten Europas kennenzulernen. Nur so, glaubten Ercole und Eleonora, würde es ihren Töchtern einmal möglich sein, sich bei jeder Gelegenheit ungezwungen, aber höflich und liebenswürdig benehmen zu können.

Für die zwei Mädchen war es nicht schwer, die vielfältigen Anforderungen ihrer Eltern zu erfüllen. Beiden machte das Lernen Spaß, und sie wußten, daß nach der harten Arbeit frohe Feste folgen würden.

Abwechslungsreich und bunt war das Leben der Familie Este. Die Sommermonate verbrachte man auf dem Landschloß Belriguardo mit seinen herrlichen Gärten, die kühl und schattig in der glühenden Hitze des Sommers waren. Vor allem der Vater fühlte sich hier wohl, denn die Gesundheit Ercoles war immer noch labil; nach der schweren Krankheit von 1476 durfte er sich nicht mehr allzu viele körperliche Anstrengungen zumuten.

Die Abreise nach Belriguardo brachte immer große Aufregungen mit sich. Die Mädchen planten schon Tage vor der Abfahrt, was sie alles mitnehmen wollten. Für Isabella ergaben sich dabei große Probleme, denn sie liebte von klein auf schöne, teure Kleider, und sie konnte sich kaum entscheiden, was in die großen Reisekörbe gepackt werden sollte. Stundenlang mußte ihr die Mutter erklären, daß es doch im Sommer viel angenehmer und bequemer sei, auf die überreichen Samt- und Seidenkleider zu verzichten. Denn wenn man auch in Ferrara die üppigen, großzügigen Feste liebte, so gab man sich auf Belriguardo ganz dem Landleben hin. Lachend und lärmend tobten dann die Kinder durch die hohen, luftig-kühlen Räume des Schlosses, und die strengen Erzieherinnen mußten gelegentlich ein Auge zudrücken. Rund um das Schloß dehnten sich üppige Wiesen und Felder, ein herrlicher Spielplatz für die Fürstenkinder. Sie waren im Wald ebenso zu Hause wie in den Ställen; Isabella und Beatrice kannten vor den Pferden keine Scheu und ritten schon bald wie kleine Amazonen über Stock und Stein. War man in Belfiore, einem anderen Landschloß, direkt am Po gelegen, dann ergab sich Isabella einer neuen Leidenschaft: Sobald sie eine Angel in die Hand bekam, war sie vom Wasser nicht mehr wegzubekommen. Stundenlang saß sie am großen Fluß und wartete, bis ein Fisch anbiß, den sie dann mit großer Geschicklichkeit an Land zog.

Für damalige Verhältnisse waren die Eltern den Kindern gegenüber sehr großzügig; sie erlaubten ihnen beinahe alles, wenn sie es nur richtig lernten. Zwar verzog so mancher verwundert das

Gesicht, wenn er Isabella nur sparsam bekleidet den Fluten des Po entsteigen sah, denn es war für ein junges Mädchen eben trotz aller Weltoffenheit und der neuentdeckten Freude am Körper nicht gerade schicklich, baden und schwimmen zu gehen. Dieses Vergnügen ließ sich aber Isabella auch in späterer Zeit nicht nehmen, und auch als sie schon längst Markgräfin von Mantua mit allen Rechten und Pflichten war, liebte sie es besonders, ein erfrischendes Bad in den Wassern des Mincio zu nehmen.

Bald wurde es Zeit, sich auf dem italienischen, aber auch auf dem europäischen Heiratsmarkt nach geeigneten Ehepartnern für die beiden Mädchen umzusehen.

Eleonara hatte sich schon im Jahre 1477 zu ihren Eltern nach Neapel aufgemacht, um mit dem Vater die Heiratspläne ihrer Töchter zu besprechen. Dabei kam die Rede auch auf den jungen Erbprinzen von Mantua. Die Markgrafschaft Mantua erstreckte sich über weite Teile Oberitaliens bis an den Gardasee, und es war allgemein bekannt, daß der Markgraf aus dem Hause Gonzaga für seinen minderjährigen Sohn Francesco ein Frau suchte, die körperlich gesund und wohlgestaltet war. Aus der anfänglichen Idee wurde ein konkreter Plan, und man begann Kontakte aufzunehmen. Es dauerte natürlich geraume Zeit, bis man zu gezielten Abmachungen kommen konnte, denn immerhin war Isabella im Jahre 1480, als man in direkte Verhandlungen zwischen Mantua und Ferrara eintrat, gerade erst sechs Jahre alt. Auch Francesco, der vorgesehene Bräutigam, war mit seinen vierzehn Jahren noch nicht im heiratsfähigen Alter.

Für Ercole von Ferrara bedeutete eine Verbindung zu den Gonzagas eine nicht zu unterschätzende Stärkung seiner politischen Position in Oberitalien. Denn in den letzten Jahren war Ferrara kaum zur Ruhe gekommen. Venedig, mit dem man jahrzehntelang verbündet gewesen war, hatte sich schon nach der neapolitanischen Heirat Ercoles von Ferrara abgewendet – die Serenissima hatte schlechte Beziehungen zum Hause Aragon. Völlig überraschend, bei Nacht und Nebel, überfielen die Venezianer Ferrara; Ercole konnte nichts zur Verteidigung der Stadt beitragen, denn er lag wieder schwerkrank darnieder. Die Situation war äußerst gespannt für den Herzog und seine Familie, da ergriff Eleonora die Initiative, schickte die Kinder mit einigen Getreuen auf einem Geheimweg nach Modena und begann zu verhandeln. Die junge Frau stand vor riesigen, schier unlösbaren Problemen, denn auch die

Bürger von Ferrara unterstützten den Herzog nicht mehr bedingungslos. Man murrte über zu hohe Steuerbelastungen, die Lebenshaltungskosten waren in den letzten Monaten in die Höhe geschnellt, und an allen Ecken und Enden machte sich Unzufriedenheit mit Ercole breit. Als aber die Venezianer vor den Toren standen, da besann man sich doch auf die Treue zum angestammten Fürsten. Wußte man denn, wie man unter der Herrschaft Venedigs leben würde? Eleonora mußte daher nicht allzu viel Diplomatie aufwenden, um die Bürger der Stadt zum Widerstand gegen die Angreifer aufzustacheln. Aber es dauerte noch zwei Jahre, bis sich Venedig bereit erklärte, endlich einem Frieden zuzustimmen. Allerdings mußte Herzog Ercole auf die Gebietsforderungen der Serenissima eingehen und einen Landstrich nordöstlich des Po abtreten.

Nun endlich konnten die Heiratsverhandlungen mit Mantua in aller Ruhe begonnen werden. Der alte Markgraf Federico I. Gonzaga war seit längerer Zeit kränklich, und es stand zu befürchten, daß er nicht mehr lange am Leben sein würde. Botschafter reisten hin und her, Depeschen wurden gewechselt und schließlich bat ein persönlicher Abgesandter des jungen Markgrafen, bei Eleonora und ihrer Tochter vorgelassen zu werden. Er überreichte Isabella ein prachtvolles Verlobungsgeschenk, eine goldene Kette, dicht mit Edelsteinen besetzt. Der Botschafter aus Mantua war ein gern gesehener Gast des Herzogspaares und wurde nicht müde, Ercole und seiner Gemahlin zu huldigen. In Anwesenheit des ganzen Hofes wurde in einem feierlichen Akt der Vertrag über die zukünftige Eheschließung Isabella d'Estes mit Francesco Gonzaga unterzeichnet.

Isabella brannte vor Neugierde, ihren zukünftigen Gemahl auch leibhaftig kennenzulernen, hatte sie doch von ihren Lehrern viel über das Haus Gonzaga gehört. Sie hatte aber auch gelernt, daß das Geschlecht der Este bei weitem älter war als die Gonzagas, die ihre Familie nicht auf Zeitgenossen Karls des Großen zurückführen konnten. Freilich wollte es das Schicksal, daß dieses junge Adelsgeschlecht noch vor den Estes in den Reichsfürstenstand erhoben worden war. Giovanni (Gian) Francesco I. war es gelungen, die Gunst Kaiser Sigismunds zu erwerben; nach der Krönung in Rom belohnte der Kaiser besonders verdienstvolle Männer und ernannte 1432 Gian Francesco Gonzaga zum Markgrafen.

Der Kaiser hatte keinen Unwürdigen ausgezeichnet. Weit über die

Stadtgrenzen von Mantua hinaus war bekannt, daß Gian Francesco Gonzaga ein Mann war, der ganz im Geiste des Humanismus
dachte und handelte. Er zog die besten Lehrer an seinen Hof, und
er hatte das große Glück, daß er für seine vier Söhne und seine
Tochter einen der bedeutendsten Pädagogen seiner Zeit, Vittorino
da Feltre, als Erzieher gewinnen konnte. Am Hofe und mit Unterstützung des großzügigen Markgrafen war es da Feltre möglich,
eine Prinzenschule zu errichten, in die auch die heranwachsenden
Söhne und Töchter befreundeter Fürsten aufgenommen wurden.
Es war eine strenge Schule, aber hier sollten die jungen Leute in die
Geisteswelt der Renaissance eingeführt werden; da Feltre wollte
ihnen das neue Weltbild eröffnen und sie zu Herrschern machen,
die zum Wohle ihrer Untertanen regierten.
Neben den Gonzaga-Söhnen fielen die Lehren da Feltres vor allem
bei Federico Montefeltre, dem späteren Herzog von Urbino, auf
fruchtbaren Boden. Er hatte gelernt, daß Disziplin und Strapazen
und die Beherrschung der ritterlichen Tugenden zur Charakterbil-
dung ebenso beitrugen wie das mühsame Erlernen von Mathema-
tik, Latein und Griechisch, die Beschäftigung mit der Malerei und
der Dichtkunst, und er beherzigte die Bemühungen da Feltres ein
Leben lang. In schwierigen Situationen dachten die ehemaligen
Zöglinge, die jahrelang in Mantua im »Haus der Fröhlichkeit«, wie
der Markgraf die Prinzenschule bezeichnete, verbracht hatten, an
ihren Lehrmeister und seine Lebensregeln, sie führten sich vor
Augen, daß da Feltre stets versucht hatte, die Tugenden eines
christlichen Gemüts mit der Klarheit und Schärfe des »heidni-
schen« Intellekts und dem ästhetischen Gefühl der Renaissance zu
verbinden.
In diesem Geiste lenkte der Sohn Gian Francescos, Ludovico, seit
1444 die Staatsgeschäfte von Mantua. Und es läßt sich vorstellen,
daß dieser hochgebildete und kunstsinnige Herrscher, der ein persönlicher Förderer und Freund der namhaftesten Künstler seiner
Zeit war, auch dem Sohn eine gute Ausbildung zuteil werden ließ.
Von Kindheit an konnte Federico hervorragenden Malern wie
Andrea Mantegna zusehen. Sein Vater nahm ihn mit, wenn er mit
dem genialen Baumeister Leon Battista Alberti über die Gestal-
tung des Kirchenraumes von San Sebastiano lange Gespräche
führte, wobei der Meister dem Markgrafen seine Ideen von der
Idealform eines Sakralraumes erläuterte. Sicherlich spielten der
Kunstsinn Federicos und das Gefühl, im Hause Este in Ferrara

seelenverwandte Menschen zu finden, eine Rolle, daß der Markgraf einer Verbindung beider Häuser positiv gegenüberstand. Heiratspolitik ging jahrhundertelang die seltsamsten Wege, meist standen machtpolitische Erwägungen im Vordergrund. Hier aber zeichnete sich auch ein entscheidender geistiger Hintergrund ab, der zu einer Vereinigung der beiden Häuser führen sollte. Die Eltern kannten sich gegenseitig, man achtete und man schätzte sich, und man konnte erkennen, daß hier zwei junge Leute zusammengegeben werden sollten, die von ihrer Bildung her zueinanderpassen würden.

Nachdem die Diplomaten ihr Werk vollendet hatten, war es an der Zeit, daß sich die zukünftigen Brautleute auch persönlich kennenlernen sollten. Es bedurfte langer und aufwendiger Vorbereitungen, bis Eleonora endlich soweit war, mit ihrer Tochter Isabella nach Mantua abreisen zu können. Für Isabella bedeutete es ein aufregendes Abenteuer, mit großem, prunkvollem Gefolge an der Hand der Mutter in Mantua einziehen zu können. Sie genoß es sichtlich, daß die Männer und Frauen, die an den Straßen standen, die Hüte schwenkten und ihr zujubelten, sie lächelte etwas verschämt zurück, und diese Schüchternheit ließ das schöne Kind nur noch reizender und liebenswürdiger erscheinen.

Markgraf Federico war entzückt von seiner jungen Schwiegertochter, er erkannte ihren wachen Geist und ihren damals schon ausgeprägten Schönheitssinn. Isabella, so hoffte er, würde vielleicht auch den etwas schwerfälligen Francesco dahin bringen, das Lebenswerk seines Vaters weiterzuführen und wie er ein großzügiger Mäzen der Künstler zu sein.

Als Isabella mit ihrer Mutter Abschied nahm, bat Francesco seinen Vater, seine kleine Braut begleiten zu dürfen. Francesco lernte nun auch seinen zukünftigen Schwiegervater kennen und verstand sich vom ersten Augenblick an sehr gut mit Ercole. Beide waren begeisterte Jäger, und wenn es die Zeit erlaubte, streiften sie stundenlang gemeinsam durch die Wälder. Bei diesen Ausritten hatte Ercole viel Gelegenheit, den jungen Mann gründlich zu beobachten, und er bemerkte, daß Francesco zwar nicht die hohen Geistesgaben seines Vaters geerbt hatte, daß er aber ein durchaus sympathischer junger Mann war, dem er seine Tochter bedenkenlos zur Frau geben konnte. Francesco sollte sich wie zu Hause fühlen, er sollte in die Fröhlichkeit der Feste, die ihm zu Ehren abgehalten wurden, eintauchen und sich ganz der Lebensfreude hingeben. Ein

Wermutstropfen allerdings fiel in die Festesfreude, da Isabella von Unpäßlichkeit befallen wurde und während der Zeit, die Francesco in Ferrara weilte, fast immer das Bett hüten mußte.

Aber Francescos Vater kränkelte, und so mußte sich der junge Mann, wenn auch schweren Herzens, bald entschließen, nach Hause zurückzukehren. Kaum aber hatte er Ferrara verlassen, da ereignete sich etwas, was den Frieden im Hause Este empfindlich zu stören drohte: Der regierende Fürst von Mailand, Ludovico Sforza, wegen seiner dunklen Hautfarbe »il Moro« genannt, schickte eine Gesandtschaft nach Ferrara, um bei Ercole um die Hand einer der Töchter zu werben. Das Heiratsangebot aus Mailand war überraschend und verlockend zugleich. Vielleicht hatten sich die Heiratspläne der älteren Tochter Ercoles noch nicht bis Mailand herumgesprochen, denn wie sich schnell herausstellen sollte, hatte Ludovico ein Auge auf eben dieses schöne Kind geworfen.

Wahrscheinlich gab es im Palast von Ferrara lange Debatten, in die sich auch schon sehr aktiv Isabella einschaltete, als ihr zu Ohren kam, daß der Herzog von Mailand als einer der reichsten Männer Italiens galt. Schon vom frühen Kindesalter an hatte sie ein ausgeprägtes Interesse an schönen und teuren Dingen, und die Versuchung war groß, dem Ansinnen des Sforza nachzugeben. Aber wie immer man es drehte und wendete, Isabella kam für den mächtigen Ludovico nicht mehr in Betracht, wollte man sich den jungen Markgrafen von Mantua nicht zum lebenslangen Feind machen.

Aber es gab ja noch Beatrice, ein Jahr jünger als Isabella, aber bei weitem nicht so anziehend wie ihre Schwester. Sie stand von klein auf in Isabellas Schatten, sie war zurückhaltend, ja, beinahe schüchtern, kein Wunder, denn wo immer die beiden Mädchen erschienen, hörte man Laute des Entzückens beim Anblick der zierlichen, goldblonden Isabella mit ihrer rosigen Haut und dem liebenswürdigen Lächeln. Mit verlegenem und fast traurigem Gesicht stand dann Beatrice daneben und fragte sich wohl, warum die Leute nicht auch sie reizend fanden, die sie die dunklen Augen und die schwarzen Haare ihrer aragonesischen Mutter geerbt hatte. Und je mehr man Isabella bewunderte, desto einsilbiger wurde ihre Schwester, so daß man wohl annehmen mußte, daß auch ihr Verstand lange nicht so rege und wach sei wie der ihrer Schwester. Bis jetzt waren die beiden Mädchen aber noch keine Rivalinnen gewesen. Beatrice hatte zwar Anteil an den Verlobungsvorbereitungen für ihre Schwester genommen, war aber vielleicht doch ein wenig froh darüber, daß Isabella irgendwann in den kommenden Jahren Ferrara verlassen und dann sie in den Mittelpunkt des Interesses rücken würde.

Als der Antrag Ludovicos in Ferrara eingehend erwogen worden war, kamen Ercole und seine Gemahlin zu dem Schluß, dem Herzog von Mailand die jüngere Tochter Beatrice als Gemahlin vorzuschlagen. Auch diese Hochzeit würde sich für die Este sehr günstig auswirken, war doch das Herzogtum Mailand einer der reichsten Stadtstaaten, Handel und Gewerbe blühten, und sowohl die Handwerksbetriebe als auch die Landwirtschaft warfen reichen Gewinn für den Herzog ab. So mancher Fürst in den Nachbarstaaten lauerte auf einen günstigen Augenblick, sich dieses überaus begehrenswerte Herzogtum einverleiben zu können. Frankreich spähte genauso lüstern nach Mailand wie der habsburgische Maximilian, der beinahe alles im Leben hatte, nur kein Geld.

Als die junge Beatrice von der Entscheidung ihrer Eltern erfuhr, daß nicht die schöne Schwester den reichen Herzog von Mailand ehelichen sollte, sondern sie, zeigte sie Isabella gegenüber plötzlich ein anderes Gesicht. War sie bis jetzt zurückhaltend gewesen und hatte sich von der Schwester bevormunden lassen, so verkündete sie nun jedem gegenüber, ob er es wissen wollte oder nicht, daß nicht Isabella eine wirklich reiche und bedeutende Heirat machen würde, sondern sie. *Sie* würde sich in Zukunft nur noch in Samt und Seide kleiden, *sie* würde sich die teuersten und erlesensten Speisen kredenzen lassen, und *sie* würde im Glanze der Schmuckstücke erstrahlen, die ihr der zukünftige Gemahl übersandt hatte. Isabella hörte diese Prahlereien der Schwester mit Eifersucht und Neid, und diese Gefühle sollten sich ihr Lebtag lang nicht mehr ändern, ja, sie hatte nur ein Ziel: Sie wollte Beatrice übertrumpfen, sie wollte die Schönere und Begehrenswertere in den Augen aller, aber auch vor allem für den eigenen Schwager Ludovico sein.

Aber es sollte noch viel Zeit ins Land gehen, bis beide Mädchen so weit waren, mit den auserwählten Männern den Bund fürs Leben zu schließen. Zwei traurige Ereignisse beeinflußten den Lauf der Dinge in den nächsten Jahren entscheidend: 1484 starben sowohl Federico Gonzaga als auch seine bayerische Gemahlin Margarete. Durch diesen Schicksalsschlag wurde Francesco, der jugendliche Bräutigam Isabellas, zum neuen Markgrafen von Mantua. Francesco hatte schon seit langem mit ängstlicher Sorge den Gesundheitszustand seines Vaters beobachtet, hatte aber immer noch gehofft, daß die Ärzte mit ihrer Kunst den Vater weiterhin am Leben erhalten würden. Nun stand der junge Mann plötzlich allein in der Welt. Und obwohl er von den besten Lehrern erzogen worden war, obwohl der Vater versucht hatte, ihn in die politischen Probleme Mantuas einzuweihen, kam er sich nun verlassen und ratlos vor. Sein Schwiegervater Ercole reiste nach Mantua, um Francesco mit tröstenden Worten, aber auch mit guten Ratschlägen zur Seite zu stehen. Francesco bewunderte die Lebensklugheit seines zukünftigen Schwiegervaters, er vertraute sich ihm ganz an und begann sich nun auch mit der Waffentechnik, dem Spezialgebiet Ercoles, zu beschäftigen.

Viele Tage und Wochen verbrachte Francesco wieder am Hof von Ferrara, wo er natürlich nicht nur den Ernst des Lebens kennenlernte, sondern auf großen Empfängen, die zu Ehren der Diplomaten und Gesandten aus halb Europa gegeben wurden, wichtigen Politikern begegnete, mit denen er in späteren Zeiten zu tun haben sollte. Aber all dies war für ihn nicht so bedeutend wie für Isabella, die schon damals begierig war, die Mächtigen ihrer Zeit persönlich kennenzulernen. Sie hatte trotz ihrer Jugend ein feines Gespür für die Kunst der Diplomatie, für die Taktik der Verhandlungen, die oft ausschlaggebend für das Wohl und Wehe eines Landes waren. Sie hörte die leisen Untertöne, das halbe Lachen, sie beobachtete und zog ihre Schlüsse. Francesco war ein Leben lang ein eher zu offener Mensch, der gerne polternd mit der Tür ins Haus fiel, aber dabei zwangsläufig auch sehr viel politisches Porzellan zerschlug. Denn im Grunde seines Herzens interessierte er sich herzlich wenig für politische Probleme. Er verbrachte seine Tage am liebsten in Gottes freier Natur, wo er entweder der Jagd frönte oder seine edlen, selbstgezüchteten Pferde zuritt.

Isabella hatte sich im Laufe der Jahre zu einem attraktiven Mädchen entwickelt, das Gelehrte und Dichter schwärmerisch in ihren Werken feierten. Über ihr feingeschnittenes Gesicht mit den hohen Brauen und den großen blauen Augen huschte oft ein bezauberndes Lächeln, das den Betrachter sich selbst vergessen ließ, wie der berühmte Trissino meinte. Er verglich die Farbe ihres Teints mit der Farbe von warmem Schnee. Von wunderbarem Maß war ihre mittelgroße Gestalt, weder zu groß noch zu klein, und ihr blondes Haar glänzte wie die Strahlen der Sonne. Der Mode der Zeit entsprechend, hielt ein feines golddurchwobenes Netz die

Strähnen locker zusammen. Die Gestalt war zierlich und zart, ihre Bewegungen waren von unwiderstehlicher Grazie. Das Ebenmaß ihres Körpers schien sich in ihrem Charakter auszudrücken, wenngleich sich so mancher Diplomat von ihrer äußeren Anmut bei schwierigen politischen Verhandlungen täuschen ließ. Sie konnte erstaunlich konsequent an eine Aufgabe herangehen, und sie wußte ganz genau, was sie wollte. Realistisch, wie sie war, ging sie zielsicher ihren Weg und erreichte auf diese Weise vieles, ja, beinahe alles, was sie sich vorgenommen hatte.

Vielleicht hätten die Dichter die Schönheit Isabellas nicht so gerühmt, hätte sie nicht noch erstaunliche geistige Fähigkeiten besessen, durch die sie die meisten Frauen ihrer Zeit in den Schatten stellte. Dabei verstand sie es meisterlich, ihre Klugheit mit Charme zu verbinden, so daß niemand das Gefühl haben mußte, daß sie mit ihrer hohen Bildung alle anderen übertrumpfen wollte. Die Tugend der Mäßigung beherrschte sie wie kaum eine andere, auch wenn es galt, intellektuelle Aufgaben zu lösen. Deshalb wurde sie für die Dichter und Künstler zur Idealfrau, zur Mäzenin und Herrscherin, wie sie der Geist der Renaissance geschaffen hatte.

Eine solche Frau führte nun der eher vierschrötige Francesco Gonzaga zum Altar. Er selbst hatte nicht die vielseitigen geistigen Interessen seiner Vorfahren geerbt, und er mußte an der Seite dieser hochgebildeten und geistig so wachen Frau zwangsläufig in den Hintergrund treten. Vielleicht aber war es auch das Desinteresse ihres Mannes an politischen und diplomatischen Problemen, das Isabella zu einer starken Herrscherin werden ließ.

Schon einige Zeit vor der Hochzeit hatte Francesco ein Generalkommando im venezianischen Heer übernommen. Das faszinierte ihn zwar, er brauchte aber vor allem auch Geld, denn er ahnte, daß die schöne Isabella in allen Dingen anspruchsvoll sein würde, und er hatte sich vorgenommen, seiner begehrenswerten Frau jeden Wunsch von den Augen abzulesen. Und dazu reichten die Geldmittel bei weitem nicht aus, die er von seinem Vater geerbt hatte. Die Venezianer suchten nach fähigen Heerführern, und es war bekannt, daß sie diesen gegenüber, waren sie erfolgreich, mit reichem Lohn nicht geizten.

Während der junge Markgraf vorübergehend außer Landes war, beschäftigten sich die Damen in Ferrara mit wahrem Feuereifer mit den Vorbereitungen für die Hochzeit. Isabella war ganz in ihrem Element, sie durfte an der Seite ihrer Mutter kostbarste

Stoffe, schmeichelnden Samt und knisternde Seide, schweren Bro-
kat und feinstes Leinen auswählen, aus denen geschickte Schneider
prachtvolle Roben fertigten, die dann in monatelanger Arbeit mit
Edelsteinen und kostbaren Perlen bestickt wurden. Die Hochzeit sollte im Februar, also noch mitten im Winter, stattfinden, in
einer Zeit des Jahres, wo man auch in Oberitalien mit tiefen Tem-
peraturen rechnen mußte. Daher kaufte man vorsorglich warme
Pelze, die von den bekanntesten Meistern des Kürschnerfaches
verarbeitet wurden. Der Brautvater verfolgte die Zusammenstel-
lung der Aussteuer mit äußerst gemischten Gefühlen. Ercole war
zeit seines Lebens ein sparsamer, beinahe geiziger Mensch, der
Geld nur dann lockermachte, wenn es sich unter gar keinen Umständen mehr vermeiden ließ. Er mußte nun, ob er wollte oder
nicht, tief in die Tasche greifen, um der schönen Tochter eine stan-
desgemäße Mitgift zukommen zu lassen. Obwohl die Aussteuer
ein halbes Vermögen verschlang – 30.000 Dukaten mußten aus den
Geldtruhen geholt werden –, war sie doch eher kärglich im Vergleich zur Aussteuer von Isabellas Mutter Eleonora: Der König
von Neapel hatte seiner Tochter damals 80.000 Dukaten mit nach
Ferrara gegeben.
Staunend liefen die Leute in der Stadt zusammen, um zuzusehen,
wie die Aussteuer der Braut auf die Schiffe verladen wurde. Man
konnte sich nicht sattsehen an den schön geschnitzten Möbeln und
an den kostbaren Truhen, in denen man Gold- und Silbergerät-
schaften vermutete, weil sie so schwer waren, daß mehrere starke
Männer sie aufheben mußten. Wahre Begeisterung erweckte die
goldene Wiege, an ihr entzündete sich die Phantasie des Volkes am
heftigsten, und man wünschte der schönen Tochter der Stadt viele
Söhne.
Der Abschied von Ferrara fiel Isabella nicht so schwer wie anderen adeligen Bräuten der damaligen Zeit. Sie kannte ihren Bräutigam Francesco gut, und auch Mantua war für sie schon zur vertrauten Stadt geworden. Das Schicksal hatte es mit ihr besser gemeint als mit jenen Unglücklichen, die von ihren Eltern schon als
Kleinkinder irgendeinem wildfremden Mann, der manchmal nicht
einmal mehr jung und meist auch nicht schön war, versprochen
worden waren. Kaum eine Braut bekam den zukünftigen Mann
auch nur ein einziges Mal zu Gesicht, lediglich geschönte Minia-
turen wurden ausgetauscht, auf denen auch der unansehnlichste
Mensch noch halbwegs attraktiv dargestellt wurde. Dazu kam, daß

sich die Brautleute manchmal kaum verständigen konnten, denn einer verstand die Sprache des anderen nicht. Unwissend wurden die jungen Mädchen in das Bett eines oftmals allzu gierigen Ehemannes gestoßen, einsam und verlassen waren die jungen Frauen in den Ländern ihrer Ehemänner, und es dauerte lange, bis sie sich an die neue Heimat gewöhnten.

Während sich die Stadt Mantua zur feierlichen Hochzeit des jungen Markgrafen rüstete, wurde in Ferrara die Trauung per procurationem in der Kapelle des Palazzo dei Diamanti gefeiert. Es war seit langem üblich, daß in der Heimatstadt der Braut zunächst ein Stellvertreter des Bräutigams die Braut zum Altar führte. Meist bestiegen die Braut und der Stellvertreter anschließend an die Trauungszeremonie ein großes Bett, das öffentlich aufgestellt worden war, beide schlüpften für einen Augenblick unter die Decke, wobei der Stellvertreter des Bräutigams das rechte Bein zu entblößen hatte. Dies alles dauerte ein paar Sekunden, dann verließen die beiden das Bett, und die Eheschließung war offiziell vollzogen.

Eine unüberschaubare Zahl an Gästen war in Ferrara eingetroffen. Unter den Klängen festlicher Musik zog die Prozession, voran das Herzogspaar mit Isabella, in den großen Saal ein. Der Schein Hunderter Kerzen brach sich im Gefunkel des kostbar geschliffenen Kristalls. Es war ein zauberhafter Anblick, und inmitten dieser Pracht saß die Schönste der Schönen und übertraf alle an Anmut und Glanz. Als sich das Fest dem Höhepunkt zuneigte und man genug geschmaust und getrunken hatte, öffneten sich erneut die schweren Türen, und Diener trugen zweihundert große Tabletts mit Zuckerzeug herein, wovon jedes einzelne Stück ein kleines Kunstwerk darstellte. Die Süßigkeiten waren in der herzoglichen Küche in wochenlanger Arbeit Stück für Stück kunstvoll gefertigt worden und waren als besondere Überraschung für die Braut gedacht.

Am nächsten Tag begab sich die Hochzeitsgesellschaft zur Anlegestelle am Po, um die fünfzig buntbeflaggten Schiffe zu besteigen, die hier schon tagelang vor Anker lagen. Stattlich war die Zahl der Ehrengäste, die allein aus Ferrara zur Hochzeit geladen waren. Für die Braut selbst, ihre Eltern und die Geschwister stand eine vergoldete Galeere bereit. So romantisch die Fahrt auf dem Po begann, so unangenehm wurde sie allerdings, als man in den Mincio einbog, an dessen Ufern Mantua liegt. Plötzlich war das ruhige Februarwetter umgeschlagen, Schneestürme trieben über das flache Land und wühlten das sonst ruhige Wasser des Flusses zu hohen Wellen auf, und die erfahrene Schiffsmannschaft hatte alle Mühe, das Kentern der Fahrzeuge zu verhindern. Erschöpft und halb erfroren erreichte die Hochzeitsgesellschaft am 15. Februar ihr Ziel.

Mantua präsentierte sich in vielfarbigem Festtagsschmuck, die Palazzi, aber auch die einfachen Bürgerhäuser waren bunt beflaggt und, soweit dies im ausgehenden Winter möglich war, mit Blumen geschmückt. Auf der Treppe des markgräflichen Palazzo wurde Isabella von einer Dame erwartet, der die junge Frau zeit ihres Lebens freundschaftlich verbunden sein sollte: Elisabetta von Urbino, die Schwester Francescos. Es war gegenseitige Sympathie auf den ersten Blick. Wahrscheinlich gab es keine Frau in Isabellas Leben, der sie innerlich so zugetan war wie ihrer Schwägerin. Elisabetta hatte keine Kinder mit dem Herzog von Urbino und konnte deshalb oft und für längere Zeit in Mantua weilen. Und Isabella fühlte sich in Gegenwart Elisabettas wohl, sie vergaß ihr Heimweh in dem trüben, nebeligen Mantua, wo im März und April kaum ein Sonnenstrahl durch die Wolken drang.

Isabella war eine strahlend schöne Braut, als sie langsamen Schrittes, in knisternde Seide gekleidet, anmutig durch die Kirche schritt. Aber auch der Bräutigam hatte sich prächtig herausstaffiert. Francesco trug ein auffallendes Gewand mit reichen Stickereien, unter denen am rechten Ärmel ein wertvoller Smaragd funkelte. Es war ein schönes junges Paar, das sich hier in der von Hunderten von Kerzen erhellten, blumenübersäten Kirche nach dem Segen des Priesters das Ja-Wort gab.

Acht Tage dauerten die Bälle und Bankette, die Feiern und Festlichkeiten; etwas so Prächtiges hatte die Stadt seit Menschengedenken nicht erlebt. Und an jeder Ecke, in allen Straßen feierte man mit und freute sich mit dem jungen Markgrafenpaar, das nun über die Stadt herrschen sollte.

Aber die Zeit der Freude ging viel zu schnell vorüber, die Tage des Rausches verflogen im Nu, und nur zu bald kam der Tag, da Isabella sich von Eltern und Geschwistern verabschieden mußte. Mit Tränen in den Augen sah die junge Frau, die Schiffe am Horizont verschwinden, und plötzlich überkam sie ein großes Gefühl der Einsamkeit in der fremden Stadt. Elisabetta, die sie zum Hafen begleitet hatte, fühlte ihren Schmerz und nahm sie liebevoll tröstend in die Arme, und auch Francesco bemühte sich, seiner jungen Frau über die Trennung von den Eltern hinwegzuhelfen. Alle kümmerten sich um Isabella, auch die Brüder Francescos, Sigismondo, der später die Kardinalswürde erlangen sollte, und der erst sechzehnjährige Giovanni waren Isabella mit offenem Herzen entgegengekommen.

So dauerte es nicht lange, bis sich Isabella in Mantua heimisch zu fühlen begann. Und sie merkte auch, daß große Aufgaben auf sie warteten. Kaum hatten sich die Türen hinter den letzten Gästen geschlossen, kaum war ihr frisch angetrauter Ehemann für ein paar Tage verreist, da begann sie schon mit ihren Verschönerungsarbeiten. Sie wollte den alten, düsteren Palast von Grund auf umgestalten, ließ Baumeister und Künstler kommen und befragte sie nach ihrer Meinung. Jeder Raum in dem finsteren Palazzo sollte durch Kunstwerke verschönert werden. Fresken sollten die Wände und Decken zieren, Tapisserien, kostbare Bilder und antike Statuen, die Isabella überall aufkaufte, wo sie die Gelegenheit hatte, sollten die weiten Zimmer schmücken. So wie ihre Eltern schon in Ferrara ihre Palazzi und Landsitze von Künstlern hatten gestalten lassen, so wollte Isabella auch ihr Domizil in Mantua ausstatten.

Die ersten Wochen und Monate ihrer Ehe vergingen für Isabella wie in einem schönen Traum. Was sie und Francesco erhofft hatten, war eingetreten: Aus der anfänglichen Sympathie war echte Zuneigung geworden, und daraus hatte sich eine leidenschaftliche Liebe entwickelt. Francesco liebte und begehrte seine schöne Frau, und Isabella war von der Vitalität und natürlichen Sinnlichkeit Francescos immer wieder aufs neue angezogen. Bisher hatte der junge Markgraf viele Stunden des Tages in seinen Ställen verbracht; Isabella zuliebe änderte er nun allmählich seine Gewohnheiten und saß mit ihr in den neu eingerichteten Räumen. Auch die ausführlichen Gespräche über Themen, die Isabella besonders am Herzen lagen, langweilten ihn nicht: Sie diskutierten über die verschiedenen Formen der Kunst, über Musik und Dichtung, etwas, wofür Francesco in früheren Zeiten kaum Interesse gehabt hatte. Anfangs hatte er nur Isabellas Anmut und Grazie, ihr goldenes Haar und ihre reizvolle Gestalt bewundert, jetzt aber erkannte er, welch wacher Geist in diesem schönen Kopf wohnte, und das zog ihn nur noch mehr in ihren Bann.

Aber die Stunden der vollkommenen Übereinstimmung gingen vorüber, die ersten Zeiten des gemeinsamen Glücks verflogen allzu rasch. Francesco mußte sich seinen Aufgaben in Mantua widmen, zu denen er Isabella nicht heranziehen wollte. Vielleicht erkannte er schon damals, daß diese Frau mit ihrem klaren Blick und ihrem scharfen Verstand zu einer Konkurrenz für ihn werden konnte, daß er fürchten mußte, von ihr in den Schatten gestellt zu werden. Schon bald nach dem Tod seines Vaters sah er sich gezwungen, die Rechtsprechung von Grund auf zu erneuern und zu modernisieren. Die überkommenen Traditionen paßten nicht mehr zur neuen Zeit. Die Gesetze mußten dem geänderten Geist angepaßt werden, aber auch ihre exakte Durchführung sollte durch eine Institution überwacht werden. Um all diese Reformen durchführen zu können, brauchte der Markgraf Geld, das er aus den Taschen der 128.000 Einwohner von Mantua zog. Bald stöhnte man in der Stadt über die vielen Steuererhöhungen, und die anfängliche Sympathie für das Markgrafenpaar schwand von Tag zu Tag mehr. Dabei konnte man nicht ahnen, wie maßlos Isabella in ihrem Lebensstil war. Sie schien sich kaum dafür zu interessieren, wie teuer und kostspielig all die Dinge waren, nach denen ihr Sinn stand, ob Kunstwerke wie Bilder und Plastiken, ob Kleidung und Schmuck. 30.000 Dukaten betrug ihr jährliches Budget, aber sie kam mit diesem Geld bei weitem nicht aus. Die Kleider und Hüte, die Schuhe und Pelze, die sich die Markgräfin Jahr für Jahr entwerfen und anfertigen ließ, kosteten Unsummen. Anfangs machte ihr junger Ehemann noch gute Miene zum bösen Spiel und zahlte die Schulden seiner Frau; als aber die Summen, die Isabella ausgegeben hatte, alljährlich immer höher wurden, weigerte sich Francesco, Geld aus seinen Privatschatullen locker zu machen. Isabella ließ das Verhalten ihres Mannes kühl; sie übernahm die bestellten Roben und zahlte ganz einfach nicht. Es machte ihr auch nichts aus, wenn die um ihr redlich verdientes Geld bangenden Handwerker immer wieder im Palast vorstellig wurden und in demütiger Haltung ihre Bitten um Bezahlung vortrugen. Mit dem ihr eigenen Charme vertröstete sie ihre Gläubiger von Monat zu Monat, und die Leute hatten keine andere Wahl, als sich zumindest in der nächsten Zeit zufriedenzugeben.

Aber es ging nicht nur den Schneidern und Putzmachern, den Schustern und Kürschnern so; selbst ein so berühmter Künstler wie der Hofmaler der Gonzagas, Andrea Mantegna, der schon bei Francescos Vater in hohem Ansehen gestanden war, hoffte vergebens auf finanzielle Unterstützung und auf einen materiell gesicherten Lebensabend im Dienste der jungen Markgräfin. Isabella bedachte ihn zwar immer noch mit Aufträgen – selbst als ein Porträt von ihr nicht zu ihrer Zufriedenheit ausgefallen war –, aber dies bedeutete für Mantegna noch lange nicht, daß er mit klingender Münze für seine künstlerischen Dienste belohnt wurde. Er darbte jahrelang in dürftigsten Verhältnissen, denn auch er konnte von der Ehre allein nun einmal nicht satt werden.

Einige Zeit war nach der Hochzeit Isabellas ins Land gegangen, da begann man in Mailand zum Fest des Jahres zu rüsten: Ludovico il Moro heiratete Beatrice d'Este. Der reichste Mann Oberitaliens reichte der Schwester Isabellas die Hand fürs Leben, nachdem er seine langjährige Geliebte Cecilia Gallerani knapp vor der Ankunft der jungen Braut in Mailand verheiratet hatte.

Ludovico war ein skrupelloser Machtmensch. Seinen Neffen Gian Galeazzo, der jahrelang krank darniederlag, hatte er um die Herrschaft geprellt. Gian und seine aus Neapel stammende Frau Isabella von Aragon hatten sich gegen die brutale Gewalt Ludovicos nicht wehren können, ja, Isabella wurde sogar nach dem Tod des unglücklichen Gatten von Ludovico gefangengesetzt. Ludovico il Moro setzte halb Europa in Bewegung, um seine Herrschaft zu legitimieren. Dabei gelang ihm ein politisches Meisterstück: Es war ihm zu Ohren gekommen, daß der verwitwete habsburgische Kaiser Maximilian, der seine geliebte erste Frau Maria von Burgund auf tragische Weise verloren hatte, sich mit dem Gedanken trug, wieder zu heiraten. Und Ludovico wußte auch, daß Maximilian nicht irgendeine Prinzessin zu ehelichen gedachte, sondern daß seine Zukünftige nur dann für ihn interessant war, wenn sie das nötige Geld mit in die Ehe brachte. Gian Galeazzos Schwester Bianca Maria war zwar schon mehrmals verlobt worden, zum Glück für Ludovico hatten sich aber alle Heiratspläne für die Nichte zerschlagen. Der um seine Anerkennung ringende Herzog von Mailand versprach Maximilian eine beinahe phantastische Mitgift von 300.000 Gulden. Einem solchen Angebot konnte der ewig verschuldete Kaiser wahrlich nicht widerstehen, obwohl er an der jungen Bianca Maria, die ihm zu diesem Reichtum verholfen hatten, nicht das geringste Interesse zeigte. In späterer Zeit bekannte Maximilian allerdings, daß seine zweite Frau nicht minder schön gewesen sei als seine unvergessene Maria von Burgund, aber ihr fehlten Charme, Geist und Anziehungskraft. Er brauchte in erster Linie Geld für seine Kriege gegen die Türken; die Frau, die ihm die nötigen Mittel dazu lieferte, ließ er unbeachtet links liegen, ja, er erschien erst nach Monaten in der Burg von Innsbruck, wo Bianca Maria nach der Trauung im Mailänder Dom lebte, um seine junge Frau in Augenschein zu nehmen. Ihr gegenüber zeigte er sich von beinahe brutaler Kälte; sie war ihm zu schlampig und ungebildet, zu redselig und kindisch. Das Geld, das sie mitgebracht hatte, war bald ausgegeben. Bianca Maria hatte selbst nicht viel davon gesehen, sie wußte manchmal nicht, wie sie die nötigen Mittel aufbringen sollte, um ihre Bediensteten zu bezahlen. Ihr Mann kümmerte sich wenig oder gar nicht um ihre Nöte, ihm war es völlig gleichgültig, wie und wo sie ihr Leben fristete. Aus dem blühenden Mädchen wurde eine früh verhärmte Frau, die schon mit 28 Jahren in Innsbruck, wo sie niemals glücklich gewesen war, kinderlos starb.

Der Tag der Hochzeit zwischen Ludovico und Beatrice d'Este in Mailand – die Eheschließung per procurationem hatte schon in Pavia stattgefunden – gestaltete sich zu einem großartigen Fest, bei dem allerdings der Bräutigam nur zu deutlich zu erkennen gab, wen er lieber an seiner Seite gesehen hätte. Allzu auffällig waren die Komplimente und versteckten Blicke, mit denen er seine schöne Schwägerin Isabella bedachte, die alles daran gesetzt hatte, ihre Schwester, die Braut, vor den Augen der Hochzeitsgäste auszustechen. Ihr Auftreten war wahrlich fürstlich, der kostbare Schmuck, der sie ein Vermögen gekostet hatte, paßte zu der eleganten Kleidung, jede Geste, jedes Lächeln war wohl überlegt und einstudiert, und doch wirkte alles natürlich und harmonisch. Isabella war sich voll und ganz ihrer unwiderstehlichen Wirkung bewußt, und Ludovico konnte sich an ihr kaum sattsehen.

Nach Mailand war nicht nur eine riesige Gästeschar aus halb Europa gekommen, hier trafen sich auch die berühmtesten Künstler ihrer Zeit, und Isabella benützte die einmalige Gelegenheit, um mit Leonardo da Vinci ins Gespräch zu kommen, der sie tief beeindruckte. Auch der Meister fühlte, daß er hier eine Frau vor sich hatte, die ihn als Maler nicht nur wegen ihres beinahe makellosen Äußeren reizte; in ihrem schönen Gesicht war noch etwas anderes zu finden, das sie weit über die Frauen stellte, die er bis jetzt gemalt hatte. Wenn er ihr Bild auf die Leinwand bannte, so mußte er mehr tun, als nur ihr Antlitz und ihren Körper zu malen; er mußte versuchen, ihre Aura, ihre Faszination, ihren Geist und ihre Ausstrahlung der Nachwelt zu übermitteln – eine Aufgabe, die er später meisterlich bewältigen sollte.

Abend für Abend gab es zu Ehren des Brautpaares und der Gäste neue Lustbarkeiten, und mit bitterem Neid erkannte die Markgräfin von Mantua, welch großartige Partie die Schwester gemacht hatte. Tagtäglich konnte sie mitansehen, wie Ludovico seine junge Frau mit Gold und Edelsteinen überhäufte. Fortuna schien ihr Füllhorn über die Schwester ausgegossen zu haben, denn schon ein Jahr später wurde dem Herzog von Mailand der ersehnte und erhoffte Thronerbe geboren.

Isabella selbst brachte als erstes Kind, zu ihrer grenzenlosen Enttäuschung, ein Mädchen zur Welt. Sie war sich absolut sicher gewesen, daß sie einem Sohn das Leben schenken würde, daß sie ihren Erstgeborenen in einer feierlichen Zeremonie in die goldene Wiege legen würde, die sie aus Ferrara mitgebracht hatte. Mit tränenverschleiertem Blick sah sie nun auf das schreiende Bündel und weigerte sich, es in die goldene Wiege zu leben. Zeit ihres Lebens hatte sie zu ihren drei Töchtern Eleonora, Ippolita und Livia ein denkbar schlechtes Verhältnis. Der ältesten Tochter gestattete sie noch – wahrscheinlich, weil sie es für politisch opportun hielt –, zu heiraten, aber für die beiden anderen Mädchen gab es weder Liebe noch Lebenslust, sie mußten, ob sie wollten oder nicht, den Schleier nehmen und ihr langes Leben – beide starben als betagte Äbtissinnen – hinter Klostermauern verbringen.

Isabellas ganze Liebe galt ausschließlich ihren Söhnen, von denen der älteste, Federico, ihr ganz besonderer Liebling war. Ihn umgab sie mit geradezu abgöttischer Liebe, die den »puttino«, wie sie Federico zärtlich bezeichnete, aber nicht daran hinderte, der Mutter so manche schlaflose Nacht zu bereiten.

Die erste große Leidenschaft zwischen Isabella und Francesco war rasch abgekühlt. Vielleicht war dem jungen Markgrafen, der seine Freiheit in der Natur über alles schätzte, seine Gemahlin mit ihren künstlerischen Ambitionen und ihrem Interesse an der internationalen Politik auf die Dauer doch zu strapaziös, vielleicht fühlte er sich, wenn er strategische Pläne für neue Kriegszüge ausarbeitete, von Isabella eingeengt und überwacht. Denn sie begann sich nun – zwar nicht von heute auf morgen, aber doch sehr konsequent – um die Politik von Mantua zu kümmern, und sie bemerkte all die Dinge, die sich an den einzelnen Höfen Oberitaliens abspielten. Jeder mißtraute jedem, und keiner wußte vom anderen, mit welcher Großmacht der Nachbar gerade sympathisierte oder im Augenblick verbündet war. Isabella erkannte die Bedrohung für die kleinen Staaten, denn sowohl der undurchsichtige König von Frankreich, Karl VIII., als auch der habsburgische Kaiser Maximilian, dazu noch der Papst, versuchten in Oberitalien Fuß zu fassen. Daß dabei die beinahe wehrlosen Kleinstaaten die Verlierer sein würden, war Isabella von vornherein klar.

Francesco Gonzaga war in dieser Zeit ein gefragter Condottiere in venezianischen Diensten. Dies war aber bei weitem keine garantierte Anstellung auf Lebenszeit, im Gegenteil, er kämpfte im Laufe seines Lebens für viele verschiedene Herren; der Krieg war sein Metier, er brachte ihm, wenn schon nicht Ruhm, so doch Geld. Isabella hingegen verabscheute kriegerische Auseinandersetzungen zutiefst. Das abwechslungsreiche Spiel auf dem diplomatischen Parkett hingegen war für sie von großem Reiz, und sie beherrschte seine Regeln mit unnachahmlicher Perfektion. Sie verstand es, die diplomatischen Fäden durch Jahrzehnte so zu ziehen, daß Mantua seine Selbständigkeit behalten konnte. Francesco wußte diese Gaben nicht recht zu würdigen und zeigte sich Isabella gegenüber von zunehmender Gleichgültigkeit; dafür erwies ihr der Schwager aus Mailand immer offener seine Sympathie und überhäufte Isabella als Zeichen seiner Bewunderung und Verehrung mit kostbaren Geschenken; ja, er ließ ihr sogar zwei afrikanische Löwen mit einem eigens für die Dressur ausgebildeten Tierpfleger schicken. Isabella nahm die Huldigung durch Ludovico scheinbar gelassen hin, denn sie war zwar eine schöne und begehrenswerte, aber doch auch ehrenwerte Frau, die ihren guten Ruf nicht durch galante Abenteuer aufs Spiel setzte.

Die politische Lage in Mailand gab keineswegs Anlaß zur Beruhigung. Ludovico il Moro hatte alle Hebel in Bewegung gesetzt, um seine Machtansprüche gegen seinen Neffen zu legalisieren. Er scheute vor dubiosen Bündnissen nicht zurück, er hasardierte und pokerte hoch. Hatte er sich die Sympathie Maximilians durch die Heirat mit seiner Nichte sichern wollen, so suchte er nun Kontakt mit dem jungen französischen König Karl VIII. Freilich brachte dieses Bündnis mit Frankreich so manche Gefahr mit sich, denn seit langem wußte man in diplomatischen Kreisen, daß Karl VIII. sein Hauptaugenmerk auf Neapel gerichtet hatte, ja, er behauptete ziemlich kühn, einen legitimen Anspruch auf dieses begehrte Königreich zu besitzen und rüstete zum Feldzug in den Süden. Die kleinen Herzogtümer und Markgrafschaften Oberitaliens konnten sich ausrechnen, was ein Krieg Frankreichs mit Neapel für sie bedeuten würde. Das französische Heer mußte durch ihre Gebiete ziehen, und die wilden Söldnerhaufen waren beileibe nicht gern gesehen.

Als hochwillkommener Gast hingegen zog der französische König in Mailand ein, gerade zu dem Zeitpunkt, als der rechtmäßige Herzog Gian Galeazzo endlich die Augen für immer geschlossen hatte. Nun konnte Ludovico endgültig aufatmen. Und auch die Heirat Bianca Maria Sforzas mit dem Habsburger Kaiser machte sich jetzt für Ludovico bezahlt, denn Maximilian ernannte ihn in einem Sendschreiben offiziell zum Herzog von Mailand.

Krieg lag in der Luft. Francesco Gonzaga verfolgte die Rüstungen der Franzosen mit äußerster Sorge. Auch wenn er sich unter allen Umständen aus den zu erwartenden Kampfhandlungen heraushalten wollte, stand er doch noch immer im Dienste der Republik Venedig, und er konnte nicht wissen, auf welche Seite sich der Doge schlagen würde. Isabella wiederum fühlte, daß sie ihre Sympathien für Karl VIII. nicht allzu deutlich zeigen durfte, denn argwöhnisch verfolgte Venedig jeden Schritt, den sie in dieser Richtung tat. Die Este galten nun einmal als franzosenfreundlich, und daß die Gonzaga durch ihre verwandtschaftlichen Beziehungen nach Ferrara keine allzu eigenständige Politik machen würden, beunruhigte den Dogen in Venedig.

Mit einem schlagkräftigen Heer zog Karl VIII. in Eilmärschen durch Oberitalien über Florenz und Rom direkt nach Neapel. Hier öffneten sich ihm die Stadttore, und er wurde, zu seiner eigenen Überraschung, begeistert wie ein Befreier begrüßt. Im Norden allerdings hatte sich die Situation für ihn grundlegend geändert. Die oberitalienischen Kleinstaaten waren aufs äußerste beunruhigt und suchten Hilfe beim Kaiser und in Spanien. Auch Venedig schloß sich dem neuen Bündnis, der Liga, gegen Frankreich an. Diese Situation konnte für Karl in Neapel äußerst brisant werden, bedeutete es doch für ihn, den Rückzug durch nunmehr feindliche Gegenden organisieren zu müssen. In großer Eile zog er mit seinem Heer über den Apennin und versuchte möglichst schnell, nach Frankreich durchzudringen. Er hatte aber nicht damit gerechnet, daß die Söldnertruppen der Liga schon Gewehr bei Fuß standen. 1495 trafen die beiden Heere bei Ferrara aufeinander. Francesco Gonzaga befehligte die venezianischen Söldner und ging seinen Leuten mit Wagemut und todesmutigem Einsatz voraus. Er war ein Haudegen vom alten Schlag, er kannte keine

Furcht, und wo immer am heftigsten gekämpft wurde, da sah man den Markgrafen von Mantua mitten im Getümmel. Was ihm allerdings mangelte, war der strategische Überblick, die Kunst der Kriegsführung. Und so war es wirklich nur einem Zufall zu verdanken, daß ausgerechnet ihm der französische König in die Falle ging und er Karl VIII. gefangennehmen konnte. Aber Francesco konnte sich nicht lange über diese bedeutende, wenn auch zufällige Heldentat freuen, denn in einem unbewachten Augenblick entkam die wichtige Beute wieder. Das bunt zusammengewürfelte Heer der Liga trug zwar offiziell den Sieg über die französischen Truppen davon, aber dieser Sieg hatte einen so hohen Blutzoll gefordert, daß man froh war, als es zu Verhandlungen mit Frankreich kam.

Es dauerte nicht lange, da waren die Sieger von gestern völlig uneins, und es war nur eine Frage der Zeit, daß man sich in die Haare geriet. Die Venezianer vor allem waren erzürnt über Francesco Gonzaga, der nicht in der Lage gewesen war, den prominenten Gefangenen so bewachen zu lassen, daß man ihn als Faustpfand hätte benützen können. Dazu hatten durch seine unüberlegte Strategie wahrscheinlich drei- bis viertausend Söldner ihr Leben lassen müssen, während die Franzosen nur ein paar hundert Gefallene zu beklagen hatten. Der ehemals hochgelobte Francesco Gonzaga galt nun plötzlich als Verräter an der Sache Venedigs. Besonders entrüstet war man über das Geheimbündnis, das zwischen Herzog Ercole d'Este, Ludovico il Moro und dem König von Frankreich geschlossen worden war. Daß Isabella an dieser neuen Koalition nicht unbeteiligt gewesen war, vermuteten alle, die sie und ihre politische Einflußnahme kannten. Denn wie anders war es sonst zu erklären, daß Karl VIII. der Markgräfin von Mantua plötzlich kostbarste Geschenke übersandte? Außerdem gab der französische König zu erkennen, daß er bemüht war, die guten Beziehungen zu den oberitalienischen Kleinstaaten wieder herzustellen.

Francesco war klar, daß es für ihn nicht ratsam sein würde, in nächster Zukunft im Dienste des Dogen sein Brot zu verdienen. Er wandte der Lagunenstadt den Rücken, bevor man ihm womöglich noch den Prozeß machte, und kehrte in seine Vaterstadt zurück. In der langen Zeit der Abwesenheit ihres Mannes, in der sie schalten und walten konnte, wie sie wollte, hatte Isabella Kontakt zu den bedeutendsten Künstlern ihrer Zeit aufgenommen. Viele rühmten sich, in ihrem Dienste stehen zu können, nur Leonardo und Bellini widerstanden ihrem Charme und ließen sich lange bitten, für sie zu arbeiten, war es doch nicht ganz einfach, ein Auftragswerk für Isabella zu schaffen. Sie hatte ganz bestimmte Vorstellungen, die sie verwirklicht wissen wollte. So konnte es nicht ausbleiben, daß sie mit dem einen oder anderen Künstler große Meinungsverschiedenheiten hatte, die darin gipfelten, daß sie die Bilder, die sie in Auftrag gegeben hatte, einfach nicht bezahlte. Mantegna konnte von dieser Taktik ein Lied singen, obwohl er trotzdem immer wieder für die Gonzagas malte. Nachdem Francesco nach Mantua zurückgekehrt war, übernahm Mantegna den schwierigen Auftrag, den Markgrafen in voller Rüstung, vor der Gottesmutter kniend, zu malen. Das Gemälde sollte den Titel »Madonna des Sieges« tragen.

Nicht lange blieb Francesco bei Weib und Kind in Mantua, denn die Venezianer hatten ihn bald wieder in Gnaden aufgenommen und ihr finanzielles Angebot an ihn erhöht. Er sollte jährlich im Frieden 50.000 Dukaten auf die Hand erhalten, im Krieg gar 60.000. Für Isabella eine verlockende Summe, sah sie doch schon im Geiste die schönen Dinge, die sie für das viele Geld erwerben wollte. Aber Francesco gedachte ihr nicht viel davon zu überlassen, im Gegenteil; er befand sich in Süditalien, wohin er im Auftrag Venedigs einen Kriegszug unternommen hatte, in so großen finanziellen Schwierigkeiten, daß er Isabella eindringlich bat, ihm Geld zu schicken. Ihre Kassen allerdings waren leer, und sie wußte selbst nicht, wie sie ihre Schulden, die sie landauf landab bei Schneidern und Künstlern hatte, tilgen sollte. Francesco machte ihr den Vorschlag, ihre Juwelen zu verpfänden, worauf ihm seine Frau einen Brief schickte, in dem sie ihm mitteilte, daß ihre Edelsteine und Perlen schon längst unter den Hammer gekommen und an ihre Gläubiger versetzt seien.

Francesco befand sich in einer üblen Lage, noch dazu, da ihm die Ärzte mitteilten, daß er sich bei irgendwelchen galanten Abenteuern die Franzosenkrankheit zugezogen hatte, die gefürchtete Syphilis, die durch das Heer Karls VIII. in Süditalien eingeschleppt worden war. Erleichtert atmete er auf, als er endlich nach Mantua zurückkehren durfte. Dies bedeutete allerdings beinahe die Entlassung aus venezianischen Diensten, denn die Gerüchte über eine heimliche Verbindung des Markgrafen von Mantua zu den Franzosen hatten sich von Monat zu Monat mehr verdichtet.

Die Stimmung in Mantua war also ohnehin bereits gedrückt, als im

Jahre 1497 eine Hiobsbotschaft eintraf: Die erst zweiundzwanzigjährige Schwester Isabellas, Beatrice, war nach einer Fehlgeburt verblutet. Und so sehr Isabella auch immer mit der Schwester in Konkurrenz gestanden war, so sehr trauerte sie nun um sie. Aber auch Ludovico il Moro, für den Beatrice ursprünglich bloß die zweite Wahl bedeutet hatte, beweinte seine junge Gemahlin in aufrichtigem Schmerz. Knapp bevor das Jahr 1497 sich dem Ende zuneigte, trafen schwarzgekleidete Boten aus Ferrara in Mantua ein: Auch die Gemahlin von Isabellas Bruder Alfonso war zu Grabe getragen woren, auch sie war an den Folgen einer Schwangerschaft gestorben. Ein Kind zu bekommen, das bedeutete in jener Zeit immer ein Spiel mit dem Leben. Selbst in den Häusern der Reichen, in denen alles im Überfluß vorhanden war, stand man hilflos am Bett der jungen Frauen, die entweder eine Fehlgeburt erlitten hatten oder unmittelbar nach der Entbindung starben. Isabella, die im Laufe ihres Lebens acht Kindern das Leben schenkte, bildete beinahe eine Ausnahme, da es ihr vergönnt war, ihren Mann zu überleben und 65 Jahre alt zu werden.

Es war kein gutes Jahr, dieses Jahr 1497, für Isabella und ihre Familie, aber auch für Mantua und Ferrara, für Florenz und Mailand. Die Elemente schienen sich gegen den Menschen verbündet zu haben, und Katastrophen aller Art wechselten einander ab. Machtlos standen die Menschen vor ausgedörrten Feldern, um gleich darauf durch reißende Fluten zu waten, die eine neue Sintflut anzukündigen schienen. Mangel herrschte, wo es früher Überfluß gegeben hatte, und der Hunger war in den Häusern der Bürger und Bauern ein gefürchteter Gast. Auch Isabella schränkte ihren gewohnten Luxus nun drastisch ein und versuchte, die Bevölkerung von Mantua in ihrem Elend wenigstens moralisch aufzubauen. Dies kostete sie freilich beinahe übermenschliche Überwindung, denn sie selbst fühlte sich gekränkt und aufs tiefste gedemütigt.

Ihr Gemahl hatte, nachdem er schmählich aus venezianischen Diensten entlassen worden war, schwarze Trauerkleidung angelegt, weil er über das Verhalten des Dogen mehr als beleidigt war. Mißmutig verbrachte er seine Tage und zeigte hemmungslos seine üble Laune. Dann aber begann er sich mehr und mehr für Isabellas Hofdamen zu interessieren. Und eine erkannte die Gunst der Stunde und machte dem Markgrafen nicht nur schöne Augen, sondern überdeutliche Avancen. Sie erweckte in dem von den ersten Anzeichen des Alters geplagten Francesco Frühlingsgefühle und stürzte ihn in eine Leidenschaft, die er bei seiner eigenen Frau niemals gekannt zu haben glaubte. Wie ein verliebter Jüngling gebärdete er sich in aller Öffentlichkeit, er verlor alle Zurückhaltung und dachte weder an die guten Sitten noch an seinen bis dahin untadeligen Ruf. Er erschien in der Stadt an der Seite seiner aufgeputzten Geliebten und gab Isabella zu verstehen, daß ihm diese junge Frau wesentlich mehr bedeutete als sie.

Es war nicht der erste Fehltritt, den Isabella bei Francesco hinnehmen mußte. Allmählich hatte sie sich an seine amourösen Abenteuer gewöhnt und reagierte nicht mit so grenzenloser Enttäuschung und Empörung wie beim ersten Mal, als sie dem ahnungslosen Mädchen, das sich der Markgraf als Geliebte auserkoren hatte, eigenhändig die Locken bis auf die Kopfhaut abgeschnitten hatte. Isabella vergalt auch nicht Gleiches mit Gleichem, obwohl es ihr an Gelegenheiten beileibe nicht gefehlt hätte. Zeit ihres Lebens sonnte sie sich in der begehrlichen Bewunderung der Männer; es gelang aber keinem ihrer Anbeter, ihre Sinnlichkeit zu erwecken. »La prima donna del mondo« war eine entrückte hohe Dame, die die Verehrung der Kavaliere aus vollem Herzen genoß und sie für sich und ihre politischen Zwecke meisterlich zu nutzen verstand. So zählte auch der Nachfolger Karls VIII. auf dem französischen Thron, Ludwig XII., zu ihren Anbetern.

Durch den Thronwechsel in Frankreich hatte sich die politische Landschaft in Europa wieder einmal grundlegend geändert. Der neue König verfolgte die Ziele Frankreichs in Italien mit großem Schwung und zäher Energie. Daß er dadurch zunächst mit Mailand in Konflikt kommen mußte, lag auf der Hand. Herzog Ludovico Sforza konnte gerade noch rechtzeitig Mailand mit einer Handvoll Getreuer verlassen und floh mit zwanzig Maultieren und acht Pferden, die seine wertvollsten Schätze auf ihren Rücken trugen, nach Brixen. Isabella aber, die die Situation vollständig zu überblicken glaubte, überlegte nicht lange, was zu tun sei. Sie reiste nach Mailand und veranstaltete für Ludwig XII. einen glänzenden Empfang im Palast ihrer verstorbenen Schwester. Es fiel ihr nicht schwer, den französischen König durch ihren sprühenden Charme in Bann zu schlagen. Der Weg nach Mittelitalien schien Ludwig durch Isabellas Einfluß auf wunderbare Weise geebnet. Er konnte freilich nicht ahnen, daß Isabella den Flüchtlingen aus Mailand, unter denen sich auch Leonardo da Vinci befand, in der Zwischenzeit großzügig Asyl in Mantua angeboten hatte.

Gerade noch rechtzeitig erfuhr sie durch ihre Agenten, daß der französische König seine Fäden auch zum berüchtigten Papst Alexander VI., einem Spanier, gesponnen hatte. Mit großem Interesse ließ sich Alexander die Absichten Frankreichs vortragen und merkte sehr bald, daß sie in allem seinen eigenen Intentionen entsprachen. Auch er wollte schon lange das Gebiet des Kirchenstaates auf Kosten der Kleinstaaten in Oberitalien vergrößern. Hier war reichlich Beute zu holen, und Cesare Borgia, der Sohn des Papstes, brannte darauf, die Herzogtümer von Urbino und Ferrara sowie die Markgrafschaft von Mantua anzugreifen und für den Kirchenstaat in Besitz zu nehmen.

Unheilverkündende Wolken zogen am politischen Horizont auf und verdüsterten ihn von Tag zu Tag mehr. Isabella fühlte die Gefahr, die sich rund um sie zusammenbraute, und schritt zur Tat. Durch Eilboten ließ sie Cesare eine Einladung nach Mantua überbringen, noch bevor er sich Urbinos bemächtigt hatte. In dem Schreiben ließ Isabella Cesare wissen, daß es für sie eine große Ehre wäre, wenn er die Patenschaft ihres nächsten Sohnes übernehmen wollte. Damit waren den Aggressionen Cesares einstweilen Grenzen gesetzt, denn auch ein Cesare Borgia konnte sich nicht vorstellen, die Markgrafschaft mit Gewalt zu erobern, wo sein zukünftiges Taufkind das Licht der Welt erblicken sollte. Zunächst also war die größte Gefahr von Mantua abgewendet, und Isabella konnte sich in Ruhe überlegen, wie sich das Verhältnis zu den gefährlichen Borgias weiter entwickeln würde.

Im Jahr 1502 trafen Boten aus Rom in Ferrara ein, die Herzog Ercole eine überraschende Nachricht Alexanders VI. übermittelten. Der Papst ließ offiziell anfragen, ob der verwitwete Alfonso d'Este bereit sei, seine Hand der Tochter Alexanders VI., Lucrezia, zu reichen. Diese Werbung wurde zunächst mit gemischten Gefühlen aufgenommen. Immerhin war die skandalumwitterte Lucrezia Borgia schon zweimal verheiratet gewesen, und ihre Ehemänner waren auf geheimnisvolle Weise, wahrscheinlich auch durch das Zutun Cesares, ums Leben gekommen. Aber es wäre für Herzog Ercole und für seinen Sohn unmöglich gewesen, dieses Angebot kurzerhand auszuschlagen. Einen solchen Affront hätte der Papst Ercole nie verziehen, ja, wahrscheinlich mit Waffengewalt beantwortet. Am allerwenigsten beglückt allerdings war Isabella, daß ihr Bruder ausgerechnet die in halb Europa berüchtigte und von den Männern heiß begehrte Papsttochter ehelichen sollte. Sie hatte viele Gründe, sich gegen diese Heirat auszusprechen, aber die Kunst der Verstellung hatte sie im Laufe ihrer politischen Karriere mittlerweile meisterlich gelernt, und so setzte sie wohl oder übel eine freundliche Maske auf, als die schöne Schwägerin über Urbino ihren Einzug in Ferrara hielt.

Nicht nur Lucrezia selbst blendete durch ihre ebenmäßige Schönheit alle Zeitgenossen, auch ihre Mitgift versetzte ganz Ferrara in ungläubiges Erstaunen. Der Papst wollte aller Welt zeigen, wie eine Borgiatochter ausgestattet wurde. Gold- und silbergefüllte Truhen, die so schwer waren, daß mehrere kräftige Männer sie tragen mußten, wurden vor den Augen der überraschten Bevölkerung in Ferrara abgeladen, kostbarstes blinkendes Tafelgerät, unzählige Ballen feiner Seide und weichen Samtes, teure Gemälde und wertvoller Schmuck zählten ebenso zum Heiratsgut wie reich geschnitzte Möbel und Tapisserien. Als die Vermählung Alfonsos mit Lucrezia Borgia am 2. Februar 1502 in Ferrara stattfand, da stand der Braut ein junger Mann gegenüber, der sich bei ihrem Anblick Hals über Kopf in sie verliebte. Alfonso dachte nicht mehr an die skeptischen Überlegungen, an die Vorbehalte, die ihn noch bedrückt hatten, als Lucrezia schon nach Norden zog, um ihm das Ja-Wort zu geben. Er sah nur ihren makellosen Teint, die prachtvollen tiefblauen Augen, das Haar, das in der Sonne wie gesponnenes Gold schimmerte, die ebenmäßige, verlockende Gestalt, die der Sitte der Zeit entsprechend verführerisch sparsam bekleidet war, und er verfiel seiner jungen Frau mit Leib und Seele.

Das Verhältnis Isabellas und Lucrezias in den nächsten Jahren war zwiespältig. Einerseits zeigte man sich höflich und liebenswürdig, andererseits fehlte aber die innere Herzlichkeit, die Isabella ihrer Schwägerin Elisabetta von Urbino entgegenbrachte. Wahrscheinlich konnte Isabella doch nicht ganz ihre Eifersucht und ihren Neid unterdrücken, wenn sie daran dachte, wie reich und umschwärmt die Schwägerin war. Denn was niemand für möglich gehalten hatte: Lucrezia Borgia wurde an der Seite ihres dritten Gemahls, der sie bis zu ihrem Tode anbetete, eine beinahe ehrbare Frau, die sich allerdings die Bewunderung berühmter Zeitgenossen gerne gefallen ließ. Ob Francesco Gonzaga, Isabellas Ehemann, es nur bei einer platonischen Verehrung der schönen Schwägerin beließ, ist sehr zu bezweifeln. Denn in den Zeiten, als Alfonso in Frankreich und England weilte, vertrieb ihr der Markgraf nur allzu gern die Langeweile.

Die Zeiten hatten sich etwas beruhigt. Papst Alexander VI., der immer wieder für Aufregung gesorgt hatte, war gestorben. Seinen Tod hatte man in Rom mit einem Freudenfest begangen; man hatte genug von den Borgias und ihren Machtgelüsten. Auch Cesares Stern war gesunken; aus Rom vertrieben, floh der Condottiere unerkannt über Neapel nach Nordspanien, wo er sich in Sicherheit wähnte. Durch seine Flucht wurde endlich seine Herrschaft im kleinen Herzogtum Urbino beendet, das Cesare brutal annektiert hatte. Endlich konnte Elisabetta nach Hause zurückkehren und die berühmtesten Meister ihrer Zeit an den Hof von Urbino holen. So konnte man Raffael in seiner Geburtsstadt spazieren sehen oder den Huldigungen Pietro Bembos für Lucrezia Borgia und Isabella d'Este lauschen; Baldassare Castiglione genoß hier ebenso Verehrung und Anerkennung wie der berühmte Pietro Aretino.

Ein neuer Papst hatte den verwaisten Stuhl Petri bestiegen, ein Mann mit zwei Gesichtern, ein Machtmensch, Haudegen und heldenhafter Kämpfer, aber auch ein Mann, der die Kunst über alles liebte und nicht davor zurückschreckte, die Künstler, die in seinen Diensten standen, mit Gewalt zu ihren Werken zu zwingen. Julius II. mischte sich intensiv in die europäische Machtpolitik ein; er war ein gefährlicher Verbündeter, aber ein noch gefährlicherer Feind.

Zunächst aber konnte Isabella aufatmen. Sie war fest davon überzeugt, sich mit Julius II. arrangieren zu können. Das gemeinsame Interesse an der Kunst würde sie mit dem neuen Papst verbinden. Sie wollte versuchen, das gute Verhältnis womöglich durch verwandtschaftliche Bande zu vertiefen. Diese Idee fand bei Julius II. begeisterte Aufnahme. Er hatte einen Neffen, den er besonders liebte, und da das Herzogspaar von Urbino nach wie vor kinderlos war und auch keine Nachkommen mehr zu erwarten waren, begann Julius II. vorsichtige diplomatische Verhandlungen, wahrscheinlich im geheimen von Isabella unterstützt, um seinem Neffen Francesco della Rovere in naher Zukunft die Herrschaft von Urbino zu sichern. Gleichzeitig ließ er in Mantua bei Isabella durchblicken, daß er ihre schöne Tochter Eleonora für die geeignete und willkommene Frau für seinen Neffen halte.

Isabella unterstützte natürlich den Plan des Papstes bei ihrer Schwägerin Elisabetta, und die Tante Eleonoras war glücklich bei dem Gedanken, daß ihre wertvollen Kunstsammlungen und die erlesene, berühmte Bibliothek auf diese Weise in der Familie bleiben sollten.

Die Stimmung im Gonzagapalast in Mantua allerdings schien freudigen Hochzeitsvorbereitungen nicht gerade förderlich. Francesco war ohne Beschäftigung und hielt sich immer noch in seiner Heimatstadt auf. In alle wichtigen Entscheidungen, die Isabella nach langen Überlegungen getroffen hatte, mischte er sich spontan, dafür aber unwissend ein, und so konnte es nicht ausbleiben, daß Isabella den Tag herbeisehnte, an dem ihr Mann endlich wieder irgendeinen Auftrag als Heerführer bekommen würde. Man lebte mehr oder weniger nebeneinander her, aber trotz der gegenseitigen Entfremdung brachte Isabella in den nächsten Jahren noch drei Kinder zur Welt, zwei Söhne und eine Tochter. Wahrscheinlich hatte Francesco längst seine Geliebte aufgegeben, was ihn allerdings nicht daran hinderte, sich immer wieder in galante Abenteuer zu stürzen. Isabella erregte sich kaum noch über die Untreue ihres Mannes; was sie viel mehr an ihm störte, ja beinahe empörte, war, daß er ihr in der Politik nicht endlich freie Hand ließ. Warum erkannte er nicht, nach so vielen Jahren, daß die politische Stabilität Mantuas einzig und allein ihr Verdienst war?

Julius II., der über die Situation an den oberitalienischen Höfen durch seine Botschafter bis ins Detail informiert war, hatte längst bemerkt, wie es um die Ehe von Isabella und Francesco stand, und machte Francesco das Angebot, als Heerführer die päpstlichen Truppen zu befehligen; aber auch eine Gesandtschaft aus Florenz unter Nicolò Machiavelli fragte an, ob Francesco bereit sei, unter den Fahnen der Stadt in den Krieg zu ziehen. Und ganz plötzlich zeigte auch Venedig wieder Interesse an seinem ehemaligen Condottiere und schickte einen verlockenden Vertrag. Francesco fiel die Wahl schwer. Aber ein weiteres Versprechen des Papstes gab schließlich den Ausschlag: Julius II. erklärte sich bereit, dem Bruder Francescos, Sigismondo, endlich die lang erstrebte Kardinalswürde zu verleihen. Durch diesen geschickten Schachzug waren natürlich dem Markgrafen die Hände gebunden, und er trat in päpstliche Dienste.

Kaum war Francesco in Rom, als der Papst unverzüglich mit den Vorbereitungen für seinen Eroberungszug in den Norden begann. Über sein päpstliches Gewand legte er eigenhändig die Rüstung an und zog an der Spitze seiner Truppen in Richtung Bologna. Isabella, die wegen einer komplizierten Schwangerschaft das Bett hüten mußte, hörte mit sehr gemischten Gefühlen von den Eroberungsplänen Julius' II. Sie fürchtete, daß die Einnahme von Bologna sicherlich nicht die letzte Station des kriegerischen Papstes sein würde. Aber sie war augenblicklich außer Gefecht gesetzt und mußte sich vor allem um ihr eigenes Wohlergehen, um ihre strapazierte Gesundheit kümmern, wollte sie nicht das Schicksal so vieler Frauen ihrer Zeit erleiden und im Kindbett sterben.

Untätig ans Bett gefesselt, erfuhr sie auch vom Tod ihres Hofmalers Andrea Mantegna, der ihr treu seine Dienste zur Verfügung gestellt und den sie doch so schmählich behandelt hatte. Kaum war Mantegna beigesetzt, berief Isabella Lorenzo Costa nach Mantua, eine Wahl, die sich allerdings als nicht sehr glücklich herausstellen sollte.

Nachdem der dritte Sohn Ferrante 1507 das Licht der Welt erblickt hatte, warf sich Isabella wieder mit großem Elan und neuem Mut in das politische Spiel. Es galt, Mantua in jeder Richtung abzusichern, denn man wußte nie, wie sich die europäischen Konstellationen in naher Zukunft verändern würden. Ein Bündnis des Papstes mit der Liga von Cambrai stand bevor, welcher der französische König ebenso angehörte wie Spanien, England und der habsburgische Kaiser. Denn die Augen des Papstes waren gierig auf Venedig gerichtet, er benötigte dringend Geld, um seine Pläne für den riesigen Petersdom verwirklichen zu können. Julius verkündete bei jeder Gelegenheit und überall, er wolle aus Venedig wieder das kleine Fischerdorf machen, das es einst gewesen war.

Für Isabella war es eine große Beruhigung, daß der französische König Ludwig XII. ihr eine Einladung nach Mailand schickte, wo er im Palast ihres ehemaligen Schwagers, Ludovico Sforza, der schon seit Jahren in den Gelassen der Burg von Loches schmachtete, glanzvolle Feste gab. Ludwig XII. konnte sich nicht genug darin tun, die immer noch schöne Markgräfin von Mantua galant mit Ehrungen zu überhäufen und sie als Mittelpunkt der höfischen Gesellschaft zu behandeln. Isabella war hingerissen von der charmanten Art des Königs und sah der Zukunft, die zunächst sehr unfreundlich ausgesehen hatte, hoffnungsvoll entgegen. Aber diesmal hatte sie ihr sonst untrüglicher Instinkt getäuscht. Sie konnte es nicht verhindern, daß auch Mantua mit in den Krieg um Venedig hineingezogen wurde. Französische Truppen durchzogen das Gebiet, plünderten und brandschatzten nach Herzenslust, ohne daß ihnen jemand Einhalt gebieten konnte. Francesco hatte sich schon lange nicht mehr in Mantua aufgehalten, und so lag die volle Verantwortung auf den Schultern Isabellas und sie gab sich alle

Mühe, die Schäden, die die französischen Truppen im Lande angerichtet hatten, gutzumachen. Doch da verbreitete sich die Kunde, daß Markgraf Francesco in venezianische Gefangenschaft geraten sei. Das wäre noch nicht das Schlimmste gewesen, wären nicht die Umstände der Gefangenschaft allzu schmählich gewesen: Nicht auf dem Schlachtfeld war der Heerführer in die Hände der Feinde geraten, in seinem Zelt war er von den Venezianern überrascht und abgeführt worden. Man kann sich den Triumph des Dogen vorstellen, als ihm berichtet wurde, welch interessante Beute man gemacht hatte. Aus dieser Gefangennahme wollte man das größtmögliche Kapital schlagen.

In Mantua machte sich Unzufriedenheit breit. Wie sollte man den Gonzagas noch Vertrauen schenken, wenn sich der Markgraf wie ein Feigling ergeben hatte! Isabella fühlte den Unmut und das Mißtrauen im Volk; sie durfte keine Zeit verlieren, sie mußte sofort handeln. So ließ sie sich ihre kostbarsten Roben bringen und wählte das schönste Kleid aus, das sie finden konnte. Dann befahl sie, daß der neunjährige Federico in samtene Gewänder gekleidet würde, denn mit ihm gemeinsam wollte sie sich dem Volke zeigen. Hoch zu Roß ritt sie durch die Straßen von Mantua, an ihrer Seite »il puttino«, ihr schöner Sohn. Und es dauerte nicht lange, da hörte man die ersten Hochrufe für die Landesmutter, die allmählich zu lautem Jubel anschwollen. Isabella hatte die innenpolitische Krise auf ihre Weise gemeistert, man verehrte sie mehr als je zuvor und vermißte den schwachen Markgrafen in keiner Weise.

Und trotzdem war die Gefangenschaft Francescos für Isabella keine Lösung. Irgendwie mußte ihr Gemahl die Freiheit wieder erlangen, sonst war ihr Ansehen an den europäischen Höfen verloren. Die Markgräfin wandte sich an den französischen König Ludwig XII. und bat ihn um Vermittlerdienste. Aber Ludwig hatte augenblicklich andere Sorgen; die Kriegszüge in Oberitalien waren ihm über den Kopf gewachsen, und er wollte den Waffengängen ein Ende machen. Bedauernd ließ er Isabella mitteilen, daß er ihr gerne »Berater« zu Verfügung stellen wolle, sonst seien ihm aber die Hände gebunden. In ihrer Not erinnerte sich Isabella, daß sie eigentlich mit dem habsburgischen Kaiser Maximilian durch ihre verstorbene Schwester verwandt war. Immerhin war die zweite Gemahlin Maximilians, Bianca Maria Sforza, die Schwägerin ihrer Schwester Beatrice gewesen. Vielleicht konnte der Kaiser bei den Venezianern intervenieren. Aber auch Maximilian schlug sich mit ganz anderen Problemen herum, die seine volle diplomatische Aufmerksamkeit in Anspruch nahmen. Er schloß sich der Meinung des französischen Königs an, der meinte, Isabella solle ihren ältesten Sohn Federico als Geisel nach Frankreich schicken, dann würden die Venezianer ihrem Gemahl die Freiheit wiedergeben. Für Isabella war dies ein unerhörter Vorschlag, und ihre Empörung steigerte sich zur Wut, als sie hörte, daß ihr Mann, der leibliche Vater des Jünglings, dieser Idee zugestimmt hatte. Für sie kam so etwas niemals in Betracht.

Die Situation wurde allmählich für Isabella persönlich unerträglich, aber auch für die Stadt Mantua geradezu peinlich. Es blieb Isabella nichts anderes übrig, als sich an den Papst zu wenden. Sie hatte diesen Schritt lange überlegt, denn sie kannte den Jähzorn Julius' II. und hatte durch ihre Agenten vernommen, wie wütend der Papst über Francesco Gonzaga und dessen Verhalten gewesen war. Isabella schlug nun vor, daß ihre Tochter Leonora Francesco della Rovere sofort heiraten sollte. Die beiden sollten so lange in Rom bleiben, bis sie als Regenten in Urbino eingesetzt werden würden. Durch diese schnelle Hochzeit versprach sich Isabella Unterstützung durch den Papst. Außerdem würde ihre älteste Tochter endlich aus dem Hause sein. Der Abschied fiel beiden nicht schwer, sie schieden voneinander in heftigem Streit, denn Isabella zeigt sich äußerst knauserig, ja fast geizig, als es um die Mitgift ging. Zu guter Letzt erklärte sich Julius II. schließlich bereit, den jungen Federico als Geisel in Rom zu akzeptieren und sich bei den Venezianern für die Freilassung Francescos einzusetzen.

Ludwig XII. war nach den langen Jahren des Kampfes kriegsmüde geworden und hatte wider Erwarten den Abzug seiner Truppen aus Oberitalien beschlossen, und dies bedeutete, daß das Herzogtum Mailand wieder zur freien Verfügung stand. Für Isabella begann eine Zeit des regen diplomatischen Gesprächs und der ununterbrochenen Verhandlungen. Sie setzte alles daran, daß der älteste Sohn ihrer verstorbenen Schwester Beatrice, der mit seinem Bruder in Innsbruck aufgewachsen war, die Herrschaft über Mailand erlangen sollte. War sie selbst in jüngeren Jahren bei allen Zusammenkünften mit einflußreichen und wichtigen Diplomaten begehrter Mittelpunkt gewesen, hatte sie jahrelang ihre eigenen Reize verlockend eingesetzt, ohne freilich irgend etwas zu gewähren, so baute sie mit zunehmendem Alter nun auf die Verführungskünste ihrer schönen Hofdamen, die auch die hohe Geistlichkeit zu immer neuen Sinnesfreuden verlockten. Die Gottesmänner zeigten sich aufgeschlossen, und der mächtige Bischof von Gurk, Matthäus Lang, erwies sich als ein besonders heftig umschwärmter und umbuhlter Verhandlungsteilnehmer, denn er galt als wichtigster und einflußreichster Berater Kaiser Maximilians.

Als Francesco Gonzaga von den neuen diplomatischen Schachzügen seiner Frau erfuhr, zeigte er, der es mit der ehelichen Treue und mit der Moral zeit seines Lebens nie so genau genommen hatte, sich entsetzt und empört. Er spielte sich als Moralapostel auf, warf seiner Frau unverschämte Kuppelei vor und versuchte die Bevölkerung von Mantua gegen Isabella aufzuhetzen. Aber bevor die Verleumdungen ihres Mannes in Mantua noch Früchte tragen konnten, lud Isabella die ehemals kriegführenden Parteien in die Stadt am Mincio ein, um eine Nachkriegsordnung zu diskutieren. Natürlich wurde wieder alles an Verführungskünsten und Festesglanz aufgeboten, was Mantua zu bieten hatte, um auch die Sinne der hohen Herrschaften nicht zu kurz kommen zu lassen. Raubten die schönen Hofdamen Isabellas den Kavalieren nachts auch den dringend benötigten Schlaf, so wurden die Herren während des Tages doch nicht müde, ihre begehrlichen Augen auf die vielumschwärmte Markgräfin von Mantua zu werfen, die alle nicht nur durch ihr hinreißendes Äußeres, sondern auch durch Geist und Witz bezauberte. Und jeder war sich bewußt, daß hier die »grande dame« Italiens Hof hielt, eine neue Frau ohne Alter, die allein durch ihre Ausstrahlung all die anwesenden Fürsten und Diplomaten zu beherrschen verstand.

Mitten in den Verhandlungen traf die Nachricht vom Tod des Papstes ein. Der Nachfolger des strengen, militanten Julius kam aus dem Haus der machtvollen Medici und nannte sich Leo X. Auch er war ein Kunstkenner und Kunstliebhaber wie sein Vorgänger. Es dauerte nicht lange, und Isabella hatte in Papst Leo X. einen neuen Bewunderer gefunden – eine günstige Fügung des Schicksals, denn die Dinge hatten sich inzwischen so entwickelt, daß die Markgräfin gezwungen war, in Rom Zuflucht zu suchen.

Denn am Hof von Mantua hatten sich Dinge ereignet, die niemand für möglich gehalten hätte, obzwar sich in den letzten Monaten das Verhältnis der Ehegatten bis an die Grenzen des Erträglichen verschlechtert hatte. Francesco, an den Folgen seiner fortschreitenden Syphilis leidend, begann seine Frau, die ihm so sehr überlegen war, zu hassen. Die Krankheit schränkte sein Denkvermögen so weit ein, daß er daran ging, mit einigen Mantovaner Bürgern, mit denen Isabella irgendwann einmal Streit gehabt hatte, ein Komplott gegen seine eigene Frau zu schmieden. Als Isabella von dem heimlichen Treiben erfuhr, war sie zutiefst empört und kehrte Mantua den Rücken, der Stadt, für die sie so viel getan hatte. Wahrscheinlich hatte Francesco einen derartigen Schritt seiner Gemahlin nicht erwartet, denn kaum war Isabella in Rom, und kaum hatte er davon Nachricht erhalten, wie sehr sie in Künstlerkreisen und vom Papst hofiert wurde, da schrieb er einen Brief nach dem anderen an seine Frau, sie solle unverzüglich zu ihm und nach Mantua zurückkehren. Isabella aber hatte ganz andere Absichten. Sie wollte einmal in ihrem Leben ungestört mit den großen Malern der Zeit, mit Michelangelo und Raffael, die in Rom ihre großen Werke geschaffen hatten, Umgang pflegen, sie wollte ihnen beim Malen zuschauen, obwohl sie es auch jetzt nicht lassen konnte, immer wieder den Künstlern ihre Ideen und Vorstellungen einzureden. Endlich hatte sie Muße, vor der berühmten Laokoon-Gruppe zu stehen und dieses wiederentdeckte Kunstwerk der Antike zu studieren. Statt nach Hause zurückzukehren, zog es sie weiter in den Süden, in die Stadt ihrer Großeltern, nach Neapel. Zu Weihnachten kehrte sie nach Rom zurück, um dieses große Fest der Christenheit in der ewigen Stadt zu erleben. Der Papst beschenkte sie großzügig mit tausend Dukaten, denn er wollte auch im Karneval nicht auf ihre Anwesenheit verzichten.

In den schönen Stunden, die Isabella mit Leo X. verbrachte, bei ihren ausführlichen Gesprächen über die Kunst und bei den prachtvollen Banketten, die der Papst ihr zu Ehren gab, konnte sie freilich nicht ahnen, daß Leo X. zwei Gesichter hatte. Hinter der freundlichen Maske verbarg sich hartes Streben nach Machterweiterung auf allen Gebieten. Er war ein gefährlicher Mann, schwer zu durchschauen, und es schien so, als würde sich Isabella zum ersten Mal in ihrem Leben in einem Menschen täuschen. Die Stadt Urbino war es, die dem Medici-Papst in die Augen stach. Als die päpstlichen Truppen das wehrlose Herzogtum überrannten, flüchteten Elisabetta, die junge Eleonora und deren kleiner Sohn Hals über Kopf nach Mantua, wo Isabella inzwischen wieder eingetroffen war.

Wieder einmal wußte man in den oberitalienischen Kleinstaaten nicht, wie es weitergehen sollte. Ganz überraschend war der französische König Ludwig XII. an einer Magenblutung gestorben, und sein junger, dynamischer Nachfolger Franz I. begann nicht lange nach seiner Krönung mit neuen kriegerischen Unternehmungen. Schon von weitem konnte man das Waffengeklirr aus Frankreich vernehmen, und das verhieß für die Zukunft nichts Gutes. Italien würde wieder einmal der Kriegsschauplatz Europas sein.

Bald zeigte Franz I. von Frankreich auch sein wahres Gesicht und erschien mit einem starken Heer in Oberitalien. Aus seiner ersten Schlacht bei Marignano ging der französische König als strahlender Sieger hervor. Damit war das Schicksal von Mailand und Isabellas Neffen Massimo aufs neue besiegelt, denn der Sohn Ludovico il Moros konnte nicht verhindern, daß Franz I. mit großem Gefolge in den Palast der Sforza einzog.

Es war ein diplomatisches Meisterstück Isabellas, auch zu diesem König von Frankreich in kürzester Zeit das beste Einvernehmen herzustellen. Auf eine Einladung des Königs, nach Mailand zu kommen, schickte sie – klug in die Zukunft denkend – ihren charmanten und schönen »puttino«, den liebsten ihrer Söhne, nach Mailand, wo Franz I. tatsächlich an dem jungen Federico so großen Gefallen fand, daß er ihn zu sich nach Paris einlud.

Schon lange hatte sich Isabella den Kopf darüber zerbrochen, welches Mädchen für ihren ältesten Sohn die geeignete Braut sein sollte. Denn es war abzusehen, daß ihr Gemahl Francesco, dessen Krankheit sich ständig verschlimmerte, nicht mehr lange in der Lage sein würde, die Regierungsgeschäfte zu führen, die er seiner Frau so plötzlich und zur Gänze entrissen hatten. Die erst achtjährige Maria Palaeologa, die Erbtochter von Monferrato, war es, die Isabella für ihren Sohn ausersehen hatte. Eine Heirat zwischen dem Erbprinzen von Mantua und der späteren Erbtochter von Monferrato würde das Herrschaftsgebiet von Mantua erheblich vergrößern. Außerdem erkannte Isabella mit dem ihr eigenen Scharfsinn die strategische und politische Bedeutung dieses Gebietes.

Es war alles schön ausgedacht, was Isabella geplant hatte, aber kaum hatte ihr Gatte Francesco Gonzaga am 29. März 1519 die Augen für immer geschlossen, da zeigte ihr Sohn mit großer Heftigkeit seinen eigenen Willen. Obwohl Isabella von Francesco noch auf dem Totenbett, an dem sich die beiden Ehegatten ausgesöhnt hatten, als vorübergehende Regentin bestimmt worden war, wollte Federico sofort die politischen Geschicke in Mantua bestimmen – und das in einer Zeit, in der keiner genau wußte, mit wem er sich verbünden sollte. 1519 war auch der alte Kaiser Maximilian in Wels in Oberösterreich gestorben, eine Legende auf dem Kaiserthron, und in Wiener Neustadt zu Grabe getragen worden. Sein Nachfolger, sein Enkel Karl, konnte erst mit Hilfe der riesigen Bestechungssummen, die die reichen Fugger in Augsburg den Kurfürsten übersandt hatten, gegen seinen Kontrahenten Franz I. von Frankreich zum deutschen König gewählt werden. Die Situation für Isabella und Federico war einigermaßen prekär, denn immerhin war Federico mit dem Franzosenkönig befreundet. Aber es wäre äußerst unklug gewesen, sich gegen den jungen Habsburger zu stellen, der schließlich die Kaiserkrone tragen sollte. Man konnte aber, ohne besonders prophetisch begabt zu sein, schon jetzt erkennen, daß es in nächster Zukunft zu einer gewaltigen Auseinandersetzung zwischen dem Reich und Frankreich kommen würde, und man mußte kein Hellseher sein, um zu erraten, daß diese Kontroversen wieder auf italienischem Boden ausgetragen werden würden. Und so traten zunächst die Spannungen zwischen Mutter und Sohn in den Hintergrund.

Wie seine Mutter war auch Federico ein großer Kunstliebhaber, und Isabella vernahm mit Freude, daß der große Meister Tizian in Mantua eintreffen werde – allerdings nicht, um sie, sondern um Federicos Geliebte Isabella Boschetta zu porträtieren. Isabella fühlte schmerzlich, daß hier am Hofe von Mantua kein Platz mehr für sie war. So sehr sie auch bemüht gewesen war, ihren Sohn zu einem edelmütigen Mann zu erziehen, die dubiosen Einflüsse im Vatikan und am Hof in Paris waren für den wetterwendischen jungen Mann zu gefährlich gewesen. Zwar wollte Isabella nun Mantua verlassen, aber trotzdem versuchte sie noch, für ihre Söhne die bestmöglichen Positionen zu erreichen. Federico sollte Generalkapitän der päpstlichen Truppen werden, ihr mittlerer Sohn Ercole den Kardinalshut empfangen und ihr Jüngster Ferrante in spanischen Diensten Lorbeeren erringen. Isabella weihte ihren treuen Berater und Begleiter, den Schriftsteller Baldassare Castiglione, der durch sein Buch »Il cortigiano« (»Der Höfling«) nicht nur in seiner Heimat für Aufsehen gesorgt hatte, in ihre Zukunftspläne ein, und beide zusammen erreichten schließlich nach zahlreichen Schwierigkeiten, daß die Söhne tatsächlich in diese Stellungen berufen wurden.

Es war nicht leicht für Isabella, ihre schützende Hand über ihre

Söhne zu halten. Zu unüberlegt und spontan handelten sie; vor allem Federico, über dessen Tun und Lassen Isabella auch in Rom, wohin sie mit ihren Hofdamen gezogen war, durch ihre Spitzel Bescheid wußte, war nicht leicht aus der Ferne zu leiten. Zeitweise spielte er ein gefährliches Spiel, da er als Generalkapitän der päpstlichen Truppen in einem Geheimdokument erklärt hatte, auch gegen den Kaiser zu kämpfen. Daß dies für Mantua unabsehbare, verheerende Folgen haben mußte, erkannte Isabella mit klarem Blick. Schon war es zu Auseinandersetzungen zwischen Franz I. und dem jungen Karl gekommen. Der König von Frankreich hatte die Schlacht in der Nähe von Pavia verloren, und es war ihm nicht gelungen, mit seinen verbleibenden Truppen das Weite zu suchen. Er war in die Gefangenschaft des Habsburgers geraten und mußte große Zugeständnisse an Karl machen. Aber kaum hatte Franz die Ketten seiner Gefangenschaft abgeschüttelt und atmete die Luft der Freiheit, als er seine Zusicherungen für null und nichtig erklärte. Daß dieses Verhalten den Keim zu neuen Kriegen legte, wußte man nicht nur in Oberitalien. Und nun hatte sich Federico so undiplomatisch gegen den Kaiser gestellt! Isabella ließ unverzüglich Castiglione kommen, und tatsächlich gelang es diesem mit Hilfe hoher Bestechungssummen, an das Geheimdokument heranzukommen, das Isabella umgehend in Flammen aufgehen ließ.

Obwohl Isabella in die Jahre gekommen war, konnte sie sich doch nicht zur Ruhe setzen und einen friedlichen Abend ihres ereignisreichen Lebens genießen. Sie war nicht dazu geboren, sich aufs Altenteil zurückzuziehen, im Gegenteil, es standen ihr noch große Aufregungen bevor.

Nach ihrer großen Enttäuschung in Mantua war sie nach Rom gezogen, um hier Papst Clemens, wieder einem Mediceer, ihre Aufwartung zu machen. Hier, in der ewigen Stadt, wollte sie die nächste Zeit verbringen – und geriet dadurch in höchste Gefahr. Denn Karl V. war mit einem gewaltigen Landsknechtsheer unter der Führung des protestantischen Haudegens Georg von Frundsberg in Italien eingefallen, da Franz I. hinterrücks versucht hatte, die italienischen Fürsten gegen den Habsburger aufzuwiegeln. Es waren keine feinen Leute, die im Heer des Söldnerführers kämpften: zusammengewürfelte Truppen aus allen Teilen Europas. Die Soldaten hatten nur ein Ziel: möglichst viel durch Plünderungen an sich zu reißen, denn sie bezogen keine festen Einkünfte, keinen garantierten Sold. Jeder sollte sich auf eigene Faust die Taschen füllen. Als »sacco di Roma« ging die schreckliche Eroberung der ewigen Stadt durch die Truppen Karls V. im Mai 1527 in die Geschichte ein. Es war ein Massaker schlimmster Sorte. Die altehrwürdige Stadt mit ihren unersetzbaren Kunstschätzen ging in Flammen auf, wehrlose Menschen wurden zu Hunderten abgeschlachtet.

Isabella erlebte die schrecklichen Tage und Wochen mit ihren Hofdamen im Palazzo Colonna, wo weitere dreitausend Römerinnen und Römer Zuflucht gesucht hatten. Isabella hatte die Katastrophe herannahen sehen und hatte vorausschauend alle Vorkehrungen für eine Belagerung getroffen. Aber als die kaiserlichen Söldner zum Sturm auf den Palazzo ansetzten, da kam ihr in höchster Not ein Zufall zu Hilfe: Sie konnte Philibert von Oranien, den Befehlshaber der Kaiserlichen, durch Handzeichen auf ihre verzweifelte Lage aufmerksam machen, und Philibert ließ Wachposten vor dem Palast aufstellen. Wenig später traf auch Isabellas jüngster Sohn Ferrante ein, dem es gelang, die beutegierigen Söldner durch die gewaltige Summe von 60.000 Dukaten zu besänftigen. Aber Isabella konnte unmöglich länger in der Stadt bleiben, wollte sie nicht Gefahr laufen, schließlich doch noch ein Opfer der Unruhen zu werden. Auf abenteuerliche Weise gelang ihr mit den mutigsten ihrer Damen unter dem Schutz von bestochenen Söldnern die Flucht.

Sie zog zurück nach Norden, nach Hause, nach Mantua. Beim Anblick des schrecklich verwüsteten Landes, der verbrannten Erde, der sinnlos ermordeten Menschen und des getöteten Viehs, bei dem Gedanken an die zerstörten Kunstwerke zog sich ihr Herz zusammen. Als sich aber die Tore von Mantua für sie öffneten, als sie den Jubel des Volkes vernahm, und als ihr die Söhne festlich gekleidet entgegenritten, da wußte Isabella, daß ihr Platz nach wie vor in dieser Stadt war, für die sie sich ein Leben lang verantwortlich gefühlt hatte. Freilich war alles ganz anders als früher, Armut und Not blickten aus den größtenteils zerstörten Häusern, und Isabella öffnete wieder einmal ihre Schmuckschatullen, um ihre Pretiosen diesmal nicht für Seidenkleider oder andere Luxusgüter zu verpfänden, sondern um dem Volk von Mantua unter die Arme zu greifen.

Noch war ihr keine Ruhe gegönnt. Federico hielt nach wie vor an seiner Geliebten fest und weigerte sich hartnäckig, die ihm von der Mutter zugedachte Braut zu heiraten. Schließlich aber konnte Isabella den Sohn doch so weit bringen, daß er endlich einwilligte, Maria Palaeologa zur Frau zu nehmen und damit einmal auch Markgraf von Monferrato zu werden. Doch er zögerte lange mit der Hochzeit, und die junge Braut verstarb indes unerwartet. Nach langem Zureden durch seine Mutter stimmte er schließlich zu, Marias jüngere Schwester zur Frau zu nehmen.

Karl V. hatte durch seine Diplomaten ein Treffen mit dem Papst auf italienischem Boden arrangiert, und obwohl Clemens VII. über das Vorgehen der kaiserlichen Truppen und die Zerstörung Roms zutiefst empört gewesen war, wagte er es doch nicht, diese Zusammenkunft mit dem Habsburger abzulehnen. Im Jahre 1530 trafen die beiden mächtigen Männer einander in Bologna. Es waren keine Gespräche nur für einen Tag, die hier stattfanden; mehrere Monate weilten sowohl der Papst als auch Karl in dieser oberitalienischen Stadt, in der schließlich die Zeremonien für die Kaiserkrönung stattfinden sollten.

Dieses gewaltige Fest sollte für Isabella zum Höhepunkt in ihrem politisch abwechslungsreichen Leben werden. Boten Karls hatten ihr eine persönliche Einladung überbracht, in der Karl die Hoffnung äußerte, die »prima gentildonna d'Italia« kennenzulernen. Im Palazzo Manzola, wo sie Quartier genommen hatte, umgaben sie Philosophen und Dichter, Schriftsteller und Maler, aber auch Diplomaten aus halb Europa und Staatsmänner aus allen Ländern. Karl V. war hingerissen vom Charme und der natürlichen Schönheit dieser Frau, aber auch von ihrem Geist und ihrer politischen Intuition. Isabella erreichte von ihm alles, was sie sich zum Ziel gesetzt hatte: Francesco II. Sforza, der Sohn ihrer verstorbenen Schwester Beatrice, wurde Herzog von Mailand, ihr eigener Sohn bekam den Herzogstitel zugesprochen, und der Papst mußte sich verpflichten, für die entstandenen Verwüstungen in Mantua eine hohe Entschädigung zu zahlen.

Als Karl am 22. Februar 1530 um Mitternacht in der Kathedrale San Petronio feierlich durch den Papst zum Kaiser gekrönt wurde, war Isabella von der Einfachheit und dem Ernst des jungen Monarchen beeindruckt, ja beinahe gerührt. Dies war der Mann, der über ein Weltreich regieren sollte, in dem die Sonne nicht unterging, der mächtigste Mann auf Erden. Und ausgerechnet dieser Mann hatte sie, Isabella, auserwählt, als eine der edelsten Frauen ebenso wie ihre schöne Tochter Leonora beim anschließenden Festbankett den Tanz zu eröffnen.

Isabella verließ Bologna nicht, ohne den jungen Kaiser zu einem Besuch nach Mantua einzuladen, und zu ihrer übergroßen Freude nahm Karl die Einladung an. Schon am 25. März zog er mit seinem Gefolge in Mantua ein und verweilte ganze vier Wochen als hochwillkommener Gast im Palazzo ducale. Isabella bereitete dem Kaiser des Heiligen Römischen Reiches unvergeßliche Tage und Wochen in Mantua, festliche Bankette wechselten mit Jagden, die besten Theatergruppen Oberitaliens spielten die neuesten Stücke der Dichter, und auch Isabella selbst musizierte so manches Mal auf der Harfe, um den Kaiser zu unterhalten. Es schien, als habe Mantua in dem Habsburger einen Freund gewonnen, und Isabella, deren Tage sich dem Ende zuneigten, konnte beruhigt der Zukunft ihrer Kinder und ihrer Stadt entgegensehen.

Bald nach der Geburt ihres ersten Enkelkindes Francesco starb Isabella d'Este, Markgräfin von Mantua, im Februar 1539. Sie hatte alle Ziele, die sie sich gesteckt hatte, erreicht: Sie war von Dichtern und Schriftstellern verehrt und als »erste Frau Italiens« gepriesen worden, Maler wie Tizian und Mantegna hatten sie durch ihre Kunst verewigt, sie war die bewunderte Freundin von Königen und Kaisern gewesen, und sie hatte selbst halsstarrige Päpste zu bezaubern vermocht. Sie war der Inbegriff einer neuen Frau, einer Frau, die dazu ausersehen war, den Weg in die Zukunft zu zeigen.

Die Mutter Spaniens

ISABELLA VON KASTILIEN UND FERDINAND VON ARAGON

Müde, vor Langeweile gähnend, schleppte sich der Wächter an der Stadtmauer von Burgo de Osma entlang. Er hatte seinen Dienst, der sich hinziehen sollte, bis die Sonne aufging, gerade erst angetreten und wußte, nichts, aber auch gar nichts würde sich in den nächsten Stunden ereignen. Die Stadttore waren fest geschlossen, und kein Fremder würde es wagen, mitten in der Nacht Einlaß zu begehren. Die Gegend war unsicher, Diebsgesindel und Mordbuben schlichen im Schutz der Dunkelheit übers Land, und wer nicht rechtzeitig vor Anbruch des Abends die sicheren Stadtmauern erreichte, der mußte um sein Leben bangen. Einzig in den Städten konnte man hoffen, nicht wie auf offener Straße meuchlings überfallen und ausgeraubt zu werden, hier lebte man noch etwas ruhiger als auf dem flachen Land. Und es gab keine Institution, keinen, dem es möglich gewesen wäre, die Sicherheit der Bevölkerung zu garantieren. Jeder im weiten Kastilien, der Macht in Händen hatte, war nur auf seinen eigenen Vorteil bedacht. König Enrique IV. war zur Marionette seiner Günstlinge geworden, er lebte sein eigenes nutzloses Leben und kümmerte sich weder um Sitte noch Moral. Nicht einmal fähige Mitarbeiter konnte er um sich scharen, die an seiner Statt und in seinem Namen für Recht und Ordnung gesorgt hätten.
Katastrophal hatten sich Politik und Günstlingswirtschaft in den letzten Jahrzehnten für das Land ausgewirkt, hoffnungslos vegetierte die Bevölkerung dahin, und genauso hoffnungslos war die Situation in den Städten.
Der Wächter am Stadttor stöhnte vor sich hin. Der leere Magen erinnerte ihn daran, daß in Küche und Keller nichts Eßbares zu finden war, daß Hunger und Krankheit sich als tägliche ungebetene Gäste an den Tischen der Bürger breitgemacht hatten. Nur eine Handvoll Reicher schöpfte aus dem vollen. Wann würde endlich

jemand kommen, der dem Mißstand und der Mißwirtschaft ein Ende setzte? So konnte es nicht mehr lange weitergehen.

Resigniert zog der Mann seine zerlumpten Kleider enger um sich; es begann kühl zu werden, immerhin war es schon Oktober. Er setzte sich auf einen Stein, stützte den Kopf in die Hände und sinnierte vor sich hin. Plötzlich hörte er ein Geräusch am Tor, das ihn aufspringen ließ. Wer wollte jetzt noch in die Stadt? Er spähte durch die Luke in der schweren Eichentür und sah zerlumptes Volk vor sich: einen dunkelhäutigen Eseltreiber, in Fetzen gekleidet, mit seinen Spießgesellen. »Pack, verfluchtes, schert euch zum Teufel!« schrie der Wächter wütend. Er öffnete das Tor einen Spalt breit, hob einen Stein auf und schleuderte ihn mit voller Wucht in Richtung der Fremden.

Der Wächter hatte Glück; der Stein flog um Haaresbreite am Kopf des braungebrannten jungen Mannes vorbei. Die Geschichte Spaniens hätte sich vermutlich ganz anders entwickelt, wäre hier in Burgo de Osma Ferdinand von Aragon – denn kein anderer war der zerlumpte Bursche – von einem Stadtwächter erschlagen worden.

Der junge Königssohn aus Aragon mußte seine ganze Überredungskunst aufbieten, um den diensteifrigen Wächter davon zu überzeugen, wer er eigentlich war. Zu gekonnt war sein Inkognito, zu perfekt seine Maske. Als Eseltreiber war er wochenlang übers Land gezogen, über dornige, steinige Pfade geklettert, die glühende Sonne hatte sein Gesicht verbrannt und die Kehle ausgetrocknet. Dabei mußte er stets auf der Hut sein, um nicht von Spähern und Spionen König Enriques erkannt zu werden.

Ferdinand hatte einige treue Begleiter in seinen Plan eingeweiht, und seine Freunde hatten sich, ohne lang zu überlegen, bereit erklärt, ihn auf seinem gefährlichen Weg nach Kastilien zu begleiten. Es war freilich nicht ganz einfach gewesen, bis sie sich daran gewöhnt hatten, daß der junge Prinz ihnen in den primitiven Schenken, die sie als Nachtquartier aufsuchten und in denen sie auf rohen Holzpritschen lagerten, von Läusen und Wanzen geplagt, ganz nach Sitte der Eseltreiber aufwartete und sie wie ein echter Stallbursch bewirtete und bediente. Niemand hatte Verdacht geschöpft, und so war es möglich gewesen, den langen, beschwerlichen Weg hierher unbehelligt hinter sich zu bringen.

Mit Freuden hatte Ferdinand die weithin sichtbaren Zinnen von Burgo de Osma in der Abendsonne erblickt. In diese Stadt konnte er beruhigt einziehen, hier war er in Sicherheit, denn der Graf von Treviño war eingeweiht. Und nun diese unfreundliche, lebensgefährliche Begrüßung durch den pflichteifrigen Wächter! Es dauerte lange, bis der einfache Mann am Tor die komplizierten Zusammenhänge begreifen konnte. Dieser schmutzige Eseltreiber sollte der Prinz von Aragon sein, auf den die Thronfolgerin von Kastilien, Isabella, sehnsüchtigst wartete? Er verstand die Welt nicht mehr. Kopfschüttelnd öffnete er langsam und zögernd die Stadttore; aber als der Graf, den man eilends herbeigeholt hatte, vor Ferdinand auf die Knie fiel und ihm die Hand küßte, wurde dem Armen erst bewußt, was er beinahe angerichtet hätte. Gott sei Dank war alles noch einmal gut gegangen, und Ferdinand konnte jetzt, zwar immer noch im Dunkel der Nacht, aber wie ein wirklicher Prinz, hoch zu Roß mit großem Gefolge weiterziehen. Am 9. Oktober in den späten Abendstunden öffnete sich das Stadttor von Valladolid für Ferdinand von Aragon, den sehnlichst erwarteten Bräutigam Isabellas von Kastilien.

Nur eine Handvoll guter Freunde wußte, daß die Prinzessin sich diesen glutäugigen jungen Mann zum Gemahl auserwählt hatte. Nicht er hatte sich um die Hand Isabellas bemüht, sie, ein junges Mädchen, hatte einen Heiratsantrag an ihn geschickt. Er war ihre letzte Hoffnung auf Rettung in einer verzweifelten Situation. Nur mit großer Mühe und unter Lebensgefahr war es Isabellas Vertrauten gelungen, bis nach Aragon durchzudringen und dem Prinzen ihren Antrag persönlich zu überbringen. Als sich Ferdinand von seiner ersten Überraschung über dieses unerwartete Angebot erholt hatte, ließ er Isabella wissen, daß er natürlich beglückt, aber zur Zeit aus Aragon nicht leicht abkömmlich sei. Sein Vater Johann II. sei erblindet, und so müsse er sich um die Geschicke des Landes kümmern. Aber sobald er eine geeignete Möglichkeit sähe, würde er keinen Moment zögern und auf der Stelle und auf dem schnellsten Wege nach Kastilien eilen.

Der Prinz von Aragon wußte wenig über Isabella; nur so viel, daß sie mit unendlicher Mühe und großem Geschick versucht hatte, sich am Hof ihres Stiefbruders zu behaupten, um nicht in den Strudel der Intrigen und Lasterhaftigkeit hineingezogen zu werden. Zwar waren Berichte über die ununterbrochenen Querelen und Kämpfe am kastilischen Hof ab und zu bis an die Ohren Ferdinands gedrungen, und er hatte registriert, daß der völlig unfähige Sohn König Juans II. aus erster Ehe, Enrique IV., sich über alle

Regeln der Konvention und Moral hinweggesetzt hatte. Er trat Sitte und Anstand mit Füßen und teilte mit seinen verschiedenen Günstlingen, die zugleich seine Liebhaber waren, nicht nur das königliche Bett, sondern auch die eigene Frau. Daß diese Männer außer auf den labilen König auch noch auf die Politik einen unheilvollen Einfluß nahmen, wußte man in Aragon genauso wie im übrigen Europa. Enrique hatte Juana, eine Schwester des portugiesischen Königs, geheiratet, es aber nach dem öffentlichen Beilager verabsäumt, der schaulustigen Menge das Leintuch zur Begutachtung zu zeigen. Diese Tatsache gab Anlaß zu den wildesten Spekulationen, vor allem, da es ruchbar geworden war, welch ausschweifendes Leben die junge Frau schon vor der Eheschließung geführt hatte. Auch jetzt als Königin zeigte sie nicht den kleinsten Funken von Schamgefühl und umgab sich mit Vorliebe mit einer Schar obszön bekleideter Kammerfrauen. Juana hatte nur Augen für den jungen und schönen Beltrán de la Cueva, von dem sie wußte, daß er der bevorzugte Liebhaber ihres Mannes war. Und Beltrán wußte die Gunst der Stunde zu nützen. Er war vielfältig veranlagt und suchte sein Vergnügen dort, wo es sich ihm gerade bot, aber niemals, ohne an den Liebeslohn zu denken, der ihm versprochen worden war.

Als Folge solch intensiver Bemühungen bei Tag und bei Nacht brachte Juana eine Tochter zur Welt. Kaum hatte das Mädchen seinen ersten Schrei getan, als im ganzen Land Überlegungen angestellt wurden, wer wohl der leibliche, der wirkliche Vater des Königskindes sein sollte. Es wagte zwar niemand laut auszusprechen, aber kein Mensch zweifelte an der Vaterschaft des schönen Beltrán, weshalb das Kind, das auf den Namen Juana getauft worden war, von Lästerzungen noch den Beinamen Beltraneja erhielt.

Ein Leben lang sollte dieses Mädchen ein Spielball der kastilischen Politik bleiben, hin- und hergestoßen zwischen kaum akzeptablen Heiratskandidaten und düsteren Klostermauern, einmal erklärte Königin, dann wieder Nonne, heute mit der Krone auf dem Haupt, morgen schon demütig vom Schleier verhüllt – je nachdem, wie König Enrique, ihr offizieller Vater, die politische Lage gerade einschätzte. Obwohl Juana nie heiraten sollte und zu keiner Zeit irgendeine Machtfunktion besaß, bezeichnete sie sich selbst in den wenigen Urkunden, die sie unterzeichnete, als »La reine«, die Königin.

Es grenzte an ein wahres Wunder, daß die junge Isabella, als sie nach den ersten entbehrungsreichen Kindheitsjahren zusammen mit ihrem Bruder Alfonso an den Hof Enriques kam, sich ihre Sittsamkeit bewahrte. Sie war unmittelbar nach dem Tod ihres Vaters, König Juans II., mit ihrer Mutter und dem Bruder bei Nacht und Nebel vom Hof vertrieben worden. Die Mutter war in tiefe Melancholie verfallen, und materielle Not und Unsicherheit taten ein übriges, um sie in ihrem Wesen völlig zu zerstören. Sie hatte nicht die Kraft, mit den Widrigkeiten des Lebens fertig zu werden, sie machte nicht einmal den Versuch, sich zu behaupten und ihr Erbteil, das testamentarisch festgelegt worden war, von ihrem Stiefsohn Enrique einzufordern. Tatenlos fügte sie sich in ihr Schicksal und setzte so natürlich auch ihre beiden Kinder schwierigen Situationen aus, die Alfonso und Isabella allein meistern mußten, ohne Rückhalt und Hilfe.

Die Labilität der Mutter mag Isabella später noch oft mit Schrecken vor Augen gestanden sein, als sie an ihrer eigenen Tochter Juana ähnliche Eigenschaften feststellen mußte. Dieses Erbe sollte sich verhängnisvoll auswirken, freilich erst in der nächsten Generation. Denn sowohl Isabella als auch Alfonso waren aus anderem Holz geschnitzt. Sie nahmen ihr Schicksal selbst in die Hand, obwohl sie nicht an einer kriegerischen Auseinandersetzung mit ihrem Stiefbruder interessiert waren. Friedlich sollte die Frage der Erbfolge geregelt werden, denn für beide, für Isabella wie für Alfonso, war der Krieg das schrecklichste Übel, das dem Land Kastilien zustoßen konnte. Beide wußten, daß Enrique viel zu machtlos war, um selbst Entscheidungen weitreichender Art zu treffen, daß alles, was der König plante und erließ, aus den Köpfen des Marqués von Villena, Juan Pacheco, und des Erzbischofs von Toledo, Alonso Carrillo, kam. Beiden Männern war Enrique beinahe hörig, und im ganzen Lande war längst bekannt, wie man sich bei den beiden Eminenzen Liebkind machen mußte.

Je mehr Kastilien in Korruption und Anarchie verfiel, je mehr der König zur belächelten Figur wurde, je mehr der Hof zu einem Lasterpfuhl herabsank, je unverschämter die Geistlichkeit hurte und die Klöster zu Freudenhäusern verkamen, desto lauter machten sich die Stimmen bemerkbar, die darauf hinwiesen, daß ja noch zwei Königskinder im Lande wären, rein und unverdorben, die vielleicht die Rettung des Landes vom totalen Untergang bringen könnten. Und was anfangs dünn und matt geklungen hatte, wurde allmählich lauter und bestimmter und fand offene Ohren bei allen ehrlichen Leuten. Man machte gegen den König mobil und heftete sich das Bild des jungen Alfonso öffentlich auf die Fahnen. Enrique stand dieser Situation ratlos gegenüber; er mußte zu den Waffen greifen und führte Krieg gegen ein halbes Kind, gegen einen dreizehnjährigen Knaben, der nichts hatte außer die vitale Kraft und die beneidenswerte Unbescholtenheit seiner Jugend. Der Kampf endete unentschieden; Enrique hatte sein Gesicht zwar verloren, aber mit List und Tücke gelang es ihm, sich weiterhin als König zu behaupten. Ob er allerdings bei dem überraschenden Tod Alfonsos kurz darauf selbst seine Hand im Spiel hatte, oder ob er nur raffinierte Helfershelfer hatte, ist nie geklärt worden. Alfonso starb nach dem Genuß einer Forelle, und niemand konnte ihm helfen; Isabella hatte ihre einzige Stütze verloren, den einzigen Freund, dem sie wahrhaft vertrauen konnte. Nun stand sie allein inmitten eines Heeres von Feinden, die nur darauf warteten, daß sie um Gnade bitten mußte.

Wahrscheinlich war durch den Tod Alfonsos eine große Last von den Schultern Enriques gefallen, denn Isabella erschien ihm wesentlich weniger gefährlich als der verstorbene Bruder. Ihr gegenüber zeigte er nun plötzlich ein anderes Gesicht. Er lud sie nach Los Toros des Guisinando zu einer offiziellen Begegnung und empfing sie mit königlichem Prunk. Staunend sahen die Hofschranzen und Günstlinge, wie Enrique Arm in Arm mit seiner Stiefschwester in den Gärten lustwandelte und sie vor aller Ohren als seine geliebte Schwester bezeichnete. Isabella wußte nicht, wie ihr geschah, vor allem, als ihr der König ohne alle Umschweife anbot, sie als seine Nachfolgerin anzuerkennen. Es schien, als hätten sich alle Probleme durch eine Fügung Gottes, an dessen Güte und Allgewalt das im Kloster erzogene junge Mädchen uneingeschränkt glaubte, über Nacht gelöst.

Trotz aller zur Schau gestellten Freude konnte Isabella aber das Gefühl nicht loswerden, daß die überraschende Aussöhnung mit ihrem Stiefbruder trügerisch war. Sie wußte, daß schwierige Zeiten auf sie zukommen würden, daß aber auch zu großes Mißtrauen ihre Hoffnungen zunichte machen und sie wieder in die Rolle der Opponentin, der Feindin Enriques, bringen würde. Es war nötig, auf der Hut zu sein und Augen und Ohren offenzuhalten. Denn noch war für sie die zukunftsentscheidende Frage nicht zu ihrer Zufriedenheit geklärt: Wer sollte sie zum Altar führen? Viele Heiratskandidaten hatten sich bei Enrique um die Hand der Prinzessin bemüht; nicht von der Schönheit und dem untadeligen Wesen Isabellas waren sie hingerissen, sondern einzig und allein von der Aussicht, die Erbin Kastiliens als Frau heimzuführen. Man hatte Isabella noch als Kind dem um dreißig Jahre älteren Prinzen von Navarra, Carlos von Viana, versprochen, etwas, was durchaus den Usancen der Zeit entsprach. Der Himmel aber hatte ein Einsehen mit dem frommen Mädchen, denn schon bald nach den Absprachen am kastilischen Hof starb der Bräutigam an Lungenschwindsucht. War der Erbe Navarras – schon gezeichnet von seiner schweren Krankheit – ein spindeldürrer Mann gewesen, so war der nächste Heiratskandidat, Alfonso von Portugal, stiernackig, fettfingrig, kurzbeinig und dickbäuchig. Nicht nur in seiner Heimat, sondern weit über die Grenzen Portugals hinaus war er ein vielbeachteter Mann, der trotz seiner trägen Fettleibigkeit in Afrika große militärische Erfolge erzielt hatte und daher den Beinamen »El Africano« als Ehrentitel trug. War der Portugiese auch unter den Waffen ein erfolgreicher Held, so war er doch alles andere als ein Adonis, und Isabella lief wohl ein Schauer über den Rücken bei der Vorstellung, das eheliche Bett mit diesem Koloß teilen zu müssen. Sie suchte nach allen möglichen Ausflüchten, die sie vor einer Hochzeit mit Alfonso bewahren konnten. Findig, wie sie war, erklärte sie, daß sie ohne Zustimmung des hohen Reichsadels niemals Alfonso zum Manne nehmen könne. Und diese Zustimmung würde sie schon zu verhindern wissen, das stand für sie fest.

Der nächste Bräutigam, der es sich in den Kopf gesetzt hatte, die kastilische Prinzessin zu freien, kam überraschenderweise aus den Reihen der Geistlichkeit. Der Mann, der Isabel ewige Treue schwören wollte, wußte wahrscheinlich nicht einmal vom Hörensagen, was dies bedeutete, Pedro Girón, der verkommene Bruder des bis ins Mark schlechten Villeña, war Großmeister von Calatrava, war ein im ganzen Land bekannter Wüstling, der vor keiner noch so widerlichen Untat zurückschreckte. Enrique selbst wandte sich unverzüglich an den Papst, um Girón von den geistlichen Ämtern dispensieren zu lassen. Im allgemeinen bedeutete der geistliche Stand kein absolutes Ehehindernis, denn genauso, wie man in einen Orden eintreten konnte, genauso leicht erhielt man die Erlaubnis, ihn wieder zu verlassen. Der Großmeister eines Ritterordens allerdings war anderen, komplizierteren Gesetzen unterworfen, und nur der Heilige Vater war ermächtigt, seine Dispens auszusprechen.

Obwohl Girón noch keine zustimmende Antwort des Papstes erhalten hatte, machte er sich auf den Weg, um Isabella nötigenfalls auch mit brutaler Gewalt zu zwingen, ihm das Ja-Wort zu geben. Ihre Freundin Beatriz, die sie schon von frühester Jugend an begleitet hatte, trug angeblich bereits in aller Heimlichkeit einen scharf geschliffenen Dolch bei sich, mit dem sie Don Pedro eigenhändig die Kehle durchschneiden wollte, sollte er tatsächlich sein Vorhaben wahrmachen. Der Himmel aber, den Isabella Tag und Nacht auf Knien und unter heißen Tränen anflehte, er möge sie vor dem schauerlichen Wüstling bewahren, zeigte sich wieder einmal gnädig. Als Don Pedro in einem Schloß in der Nähe von Jaen Rast machte, verdunkelte ganz plötzlich ein Zug von Störchen den Abendhimmel. Die Vögel kreisten laut schnarrend um das Schloß, und was man zunächst als interessante Abwechslung wahrgenommen hatte, wurde allmählich zur seltsamen Beunruhigung. Die Störche stießen noch letzte schrille Schreie aus, bevor sie, so schnell, wie sie gekommen waren, nach Norden, in die Richtung, wohin Don Pedro seinen Weg nehmen mußte, abzogen.

Es war tatsächlich ein böses Omen; die Vögel hatten Pedro Girón den Tod angekündigt. Er starb innerhalb von drei Tagen elendiglich an Halsbräune (Diphtherie), einer Erkrankung, gegen die die Heilkundigen noch kein Kraut gefunden hatten.

Während der vielen endlosen Stunden des Zitterns und Wartens war es Isabel klar geworden, daß für sie nur ein Mann in Frage kam, den sie sich selbst aussuchen würde und an dessen Seite sie ihr zukünftiges Leben verbringen wollte. Die Zeit zum Handeln war reif, denn kaum hatte Don Pedro die Augen für immer geschlossen, da tauchte auf Veranlassung des Stiefbruders ein neuer Brautwerber auf: der Bruder des französischen Königs Ludwig XI., der Herzog von Berry. Enrique war seit geraumer Zeit mit dem französischen König in bestem Kontakt, und eine Heirat seiner Stiefschwester sollte diese Beziehung noch vertiefen. Geflissentlich erinnerte er sich nicht mehr daran, daß er im Vertrag von Los Toros sogar schriftlich bestätigt hatte, Isabella zu keiner Heirat zwingen zu wollen, zu der sie nicht ihre Zustimmung gegeben hatte.

Isabella war nun achtzehn Jahre alt, ein kräftiges, stämmiges Mädchen, etwas mehr als mittelgroß, mit heller, zarter Haut – auch zu jener Zeit in Kastilien eine Seltenheit –, seltsam geschnittenen, mandelförmigen blaugrünen Augen, in denen sich all ihre Willenskraft und Energie, ihr wacher Geist, aber auch ihr tiefer Glaube spiegelten. Einfach und bescheiden hatte sie ihre Kindheit und Jugend verbracht, ihr bisheriges Leben kannte weder Luxus noch Überfluß. Aber kurz nachdem sie sich mit Enrique offiziell ausgesöhnt hatte, fühlte Isabella mit sicherem politischem Instinkt, daß jetzt der richtige Zeitpunkt gekommen sei, sich auch nach außen hin als Kronprinzessin zu präsentieren. Sie ließ die geschicktesten Schneider und die berühmtesten Hutmacher des Landes kommen und gab ihnen den Auftrag, sie in allem, was modisch war, eingehend zu beraten. Man maß ihr kostbare, mit unzähligen Edelsteinen besetzte Roben an, zu denen sie gold- und silberbestickte Hauben trug, so wie sich die elegante Welt von damals nicht nur in Kastilien kleidete. Mit zusammengebissenen Zähnen quälte sie sich in die schmalen, langen Schnabelschuhe, in denen ihr Gang eher einem vorsichtigen Balancieren glich als dem sicheren Tritt eines jungen Mädchens.

Isabellas äußere Verwandlung hatte auch bei Hof eine Umkehr mit sich gebracht: Nicht mehr die eher fragwürdige Tochter Enriques, Juana, stand im Mittelpunkt der großen Gesellschaft; jetzt waren alle Augen gespannt auf Isabella gerichtet. Und sie wußte genau, was sie wollte. Mit einer bewundernswert hartnäckigen, manchmal allerdings auch fatalen Konsequenz verfolgte sie ihre Ziele. Durch nichts und niemanden ließ sie sich von ihren Vorstellungen abbringen. In den langen Jahren des inneren Kampfes am Hofe ihres Stiefbruders hatte sie gelernt, daß nur zähe Energie und ein unbeugsamer Wille zum Erfolg führen konnten. Wenn sie vorübergehend auch das Dasein einer schönen Puppe am Königshof führte, so war dies nur ein Zwischenspiel, eine Phase der Sammlung, der geballten Konzentration auf all das, was sie in der Zukunft durchsetzen wollte.

Sie war ein Mädchen, das vom Schicksal mit vielen Talenten ausgestattet war, die schon in früher Jugend geweckt wurden und die sie wie kaum einen anderen Herrscher oder eine andere Herrscherin befähigten, eine Epoche in der Geschichte zu bestimmen. Ihr Vater, König Juan II., war ein Philosoph auf dem Königsthron gewesen, ein Mann, der sich viel lieber in seiner umfangreichen Bibliothek aufhielt oder zu einem Instrument griff, als politische Ideen zu entwickeln. Er war es sicherlich, von dem Isabella die Fähigkeit zum konsequenten, weitgespannten Denken geerbt hatte, so daß sie in kürzester Zeit komplizierteste Zusammenhänge aller Art folgerichtig beurteilen konnte. Obwohl die portugiesische Mutter beinahe ein ganzes Leben lang ein armseliges Dasein führen muß- te, hatte sie doch dafür gesorgt, daß ihre einzige Tochter eine her- vorragende Ausbildung in einer Klosterschule erhielt. Isabellas Geist wurde in den langen Stunden des Lesens geweckt, in den kühlen, dunklen Räumen des Klosters Santa Ana in Avila lernte sie die Schönheiten der spanischen, aber auch der antiken Literatur kennen, mit ihrer Freundin Beatriz de Bobadilla führte sie lange Gespräche über Gott, die christliche Religion und die weite, unbe- kannte Welt. Konnte sich das junge Mädchen auch vollständig in ein Buch vertiefen, so bedeutete dies doch nicht, daß es dem Leben abgewandt seine Kindheit und Jugend verbracht hätte. Denn ob- wohl es im 15. Jahrhundert keineswegs allgemein üblich war, lern- te Isabella reiten und galoppierte wie ein Bauernbursch über Fel- der und Fluren, so daß mancher Landmann sich erschreckt be- kreuzigte, wenn er sie mit wehender rotblonder Mähne über Grä- ben und Zäune dahersprengen sah. Ihre Reitkunst kam Isabella in ferner Zukunft noch sehr oft zustatten, ja, so manches politische Ziel hätte sie ohne ihre weiten, anstrengenden Ritte kreuz und quer durch das Land gar nicht erreichen können.

Kam Isabella dann müde und abgehetzt nach einem langen Ausritt nach Hause zurück, konnte man sie schon nach kurzer Zeit, sitt- sam und mädchenhaft gekleidet, zur Kirche gehen sehen, wo sie mit ihrer vollklingenden warmen Stimme im Chor sang. Nicht ei- ne Prinzessin stand hier inmitten der Mädchen und Frauen aus dem Dorf; Isabella war eine der ihren, und so wie alle anderen auch legte sie überall mit Hand an und scheute nicht davor zurück, auch die Ärmsten der Armen und die unheilbar Kranken zu besu- chen, um ihnen zu helfen oder um sie durch tröstende Worte auf- zumuntern.

Brach der Abend herein, war für Isabella der Tag noch lange nicht zu Ende. Vieles wartete darauf, noch erledigt zu werden. Sie näh- te, webte und stickte selbst und mit großer Kunstfertigkeit. Es war eine Tätigkeit, die Isabella ein Leben lang liebte; auch als sie längst schon gekrönte Königin von Kastilien war, als sie von einer Stadt zur anderen eilte, um nach dem Rechten zu sehen, als sie ihre Kin- der geboren und den Staat geordnet hatte, setzte sie sich in den späten Abendstunden hin und flickte eigenhändig das Wams ihres königlichen Gemahls. Es war für sie ein Liebesdienst an Ferdi- nand, ebenso wie eine Entspannung, die ihr Freude bereitete.

In den wirren Jahren ihrer Jugendzeit am Hofe ihres Stiefbruders hatte sie Zeit und Muße, über die Zukunft Kastiliens nachzudenken und sich über die augenblickliche politische Situation ein klares Bild zu machen. Und sie erkannte sehr bald, daß sie, sollte sie tatsächlich Königin von Kastilien werden, alles daransetzen wollte, die beiden Königreiche Kastilien und Aragon, die einander seit Menschengedenken beinahe feindselig gegenüberstanden, zu einem einzigen Königreich Spanien zu vereinigen. Daneben hatte sie die felsenfeste Absicht, den Staat in seinen Grundfesten zu verändern.

In so mancher schlaflosen Nacht hatte sich Isabella ihre Ziele für die Zukunft festgelegt, aber sie hatte auch klar erkannt, daß sie dies alles, was zunächst noch wie eine Utopie wirkte, nicht allein durchsetzen konnte. Sie brauchte einen Mann an ihrer Seite, der sie verstehen und daher in allem unterstützen, aber nicht blockieren durfte. Er sollte zielstrebig, aber nicht zu ehrgeizig sein, tapfer, aber nicht herrschsüchtig, klug, aber nicht weise, unternehmungslustig, aber nicht tollkühn, kurz, ein Mann wie es Ferdinand von Aragon war, dazu noch jung, stark und leidenschaftlich!

Als Enrique durch seine Spione von den Heiratsabsichten Isabellas erfuhr, schäumte er vor Wut und ließ seine Schwester wie eine Rebellin von seinen berüchtigten maurischen Häschern verfolgen. Die Situation, in der sie sich befand, war riskant, ja lebensgefährlich. Wie konnte sie sicher sein, daß nicht unter ihren Dienern einer war, der sich den Judaslohn verdienen wollte und sie um ein paar lumpige Silberlinge an ihre Feinde auslieferte? Von Tag zu Tag wuchs Enriques Haß auf die Stiefschwester, vor allem, da schon die Kinder in den Straßen und Gassen des ganzen Landes Spottlieder auf die Ehekandidaten herausplärrten, die der König für Isabella ausgewählt hatte. Konnte man gegen aufmüpfige Erwachsene mit Lanzen und Spießen vorgehen, so war man den Kindern machtlos ausgeliefert. Immer lauter wurden die Gesänge von dem schönen, jugendlichen Bräutigam aus Aragon, der die blonde Prinzessin doch endlich zum Altar führen sollte.

Isabella hatte sich vor dem Zorn des Bruders nach Valladolid geflüchtet, wo sie sich halbwegs sicher fühlen konnte. Hier wartete sie wochenlang ungeduldig auf den ersehnten Bräutigam aus Aragon. Als aber der Mann ihrer Träume endlich eintraf, lag sie friedlich schlummernd im warmen Bett. Sie konnte freilich nicht ahnen, daß Ferdinand ausgerechnet mitten in tiefster Nacht an die Stadttore klopfen würde.

Ferdinand aber wollte nicht bis zum Morgen warten; er wollte das Mädchen sehen, für das er so viele Mühen und Gefahren auf sich genommen hatte. So schlug er die Einladung des Erzbischofs von Toledo, eines treuen Freundes Isabellas ab, der den Prinzen schlaftrunken, aber dennoch herzlich willkommen hieß und dem hohen Gast in seinem Haus Nachtquartier anbot, und verlangte, auf der Stelle zu Isabella gebracht zu werden. Diener eilten mit der freudigen Botschaft zu ihrem Haus, damit die Prinzessin ihren künftigen Gemahl wenigstens in halbwegs bekleidetem Zustand willkommen heißen konnte. Und Ferdinand ließ nicht mehr lange auf sich warten: Groß, schlank und sehr männlich mit seinen siebzehn Jahren trat er vor Isabella hin; aber bevor er sich noch verneigen konnte, rief Gutierre de Cárdenas, ein Vertrauter Isabellas, entzückt vor allen Anwesenden aus: »Ese es, ese es« – »er ist es, er ist es«. In seiner Aufregung verschluckte er die »E«-Laute, so daß man nur die zischenden »S« hörte. Später trug das Geschlecht der Cárdenas in Erinnerung an diese denkwürdige Nacht die doppelten »S« in seinem Wappen.

Isabella und Ferdinand, aber auch die anderen Anwesenden brachen in schallendes Gelächter aus, und der Bann war gebrochen. Nicht mehr förmlich steif, sondern fröhlich lachend standen sie einander gegenüber, Isabella betrachtete Ferdinand aus ihren klaren Augen eher ungeniert, während der Prinz das Mädchen nicht direkt musterte, sondern es verstand, aus den Augenwinkeln heraus zu sehen, was es zu sehen gab. Und es war eine wunderbare Fügung des Schicksals, daß einer den anderen sympathisch, anziehend und vor allem begehrenswert fand. In den kurzen Stunden, die sie miteinander sprachen, lachten und scherzten, begann ein Flirt, in den sich merklich zunehmend sexuelle Spannung mischte. In Ferdinands feurigen schwarzen Augen lag geheimnisvolle Glut, die Isabella beinahe erschreckte; sie kannte dieses Gefühl des sinnlichen Begehrens nicht, sie hatte sich im Sumpf des königlichen Hofes ihre Unberührtheit bewahrt, indem sie sich mit einem Panzer der Unnahbarkeit umgeben hatte. Jetzt aber überraschte sie die Anziehungskraft, die von Ferdinands hochgewachsenem, kräftigem Körper ausging. Ein Funke war auf sie übergesprungen und hatte ein Feuer in ihr entfacht, das nur er löschen konnte. Und er war der richtige Mann dafür, denn er war Frauen gegenüber kein unbeschriebenes Blatt. Obwohl er erst siebzehn Lenze zählte, hatte er in Saragossa eine Mätresse zurückgelassen und zwei »natürliche« Kinder. Ihm waren die Geheimnisse der Liebe in vielerlei Varianten vertraut, und er gab ungeniert und unverhohlen zu erkennen, daß ihm diese Seite des Lebens besonderen Genuß bereitete. Heißes Blut rollte in den Adern des Prinzen und machte es ihm schwer, den schönen, raffinierten und oftmals sehr willigen weiblichen Wesen zu widerstehen. Auch in späterer Zeit änderte sich Ferdinand in dieser Hinsicht übrigens wenig. Er suchte zwar nicht um jeden Preis die galanten Abenteuer, konnte aber dann und wann den verlockenden Versuchungen nicht widerstehen, die zweimal nicht ohne Folgen blieben – beide Töchter wurden auf den Namen Maria getauft und waren fürs Klosterleben bestimmt. Ferdinands streng moralischer Gemahlin blieben die Ausflüge vom Ehebett nicht verborgen, aber Isabella kannte das stürmische Naturell ihres Mannes und versuchte immer wieder, seine amourösen Beziehungen so weit wie möglich zu tolerieren oder einfach zu übersehen.

Die Begegnung der achzehnjährigen kastilischen Königstochter mit dem siebzehnjährigen Prinzen von Aragon war aber trotz aller Sympathie keine Romanze. In diesem Stück, das zu einem bedeutenden europäischen Schauspiel werden sollte, spielte die Realität die wichtigste Rolle. Beide Hauptpersonen waren sich bewußt, was auf sie zukommen würde, wenn sie einander die Hand fürs Leben reichten.

Das Gespräch, das die beiden miteinander mitten in der Nacht geführt hatten, das so entscheidend für ihr späteres Leben, für die Länder Kastilien und Aragon, aber auch für Granada, ja, für die Entwicklung der europäischen Geschichte sein sollte, fand in heiterer, zwangloser Atmosphäre statt. Schließlich kamen Ferdinand und Isabella überein, daß die Hochzeit so bald wie möglich stattfinden sollte. Jeder Tag, den man verlor, war ein Tag zuviel; schon konnten die Häscher Enriques vor den Toren lauern.

Die brisante Frage der Finanzen umging man einstweilen diskret; die Geldtruhen des Landes Aragon waren wieder einmal bedenklich leer. Selbst die prachtvolle Rubinkette, von der die Mär ging, daß sie schon König Salomon getragen hatte, das Brautgeschenk, das Ferdinand an Isabella hatte übersenden lassen, konnte nicht über die Geldknappheit hinwegtäuschen, denn sie war kurz zuvor unter großen Entbehrungen aus dem Pfandhaus ausgelöst worden. Aber nach Geld und Gut fragte Isabella in diesen Stunden nicht. Viel wichtiger war eine andere ernste Angelegenheit, die zum Fallstrick für ihrer beider Glück hätte werden können. Sie hatten gemeinsame Vorfahren und waren im dritten Grad verwandt. Nur der Papst konnte dieses Ehehindernis aufheben. Die Zeit drängte, und Rom war weit. Monate konnten vergehen, ehe die Dispens des Heiligen Vaters in Kastilien entreffen würde. Wie eine glückliche Fügung des Himmels mußte deshalb den Brautleuten die päpstliche Bulle vorkommen, die der Erzbischof von Toledo plötzlich aus der Tasche zog. Die Urkunde war von Papst Pius II. unterzeichnet und tat ausdrücklich aller Welt kund, daß es Ferdinand ohne jegliche Einschränkung erlaubt sei, ein ihm bis zum vierten Grad verwandtes Mädchen zu ehelichen. Wahrscheinlich glaubten nicht einmal die beiden jungen Leute im Grunde ihres Herzens an die Echtheit dieser Urkunde, aber das Dekret kam gerade im richtigen Moment. Nun war der Weg frei zum Altar und zum Ehebett!

Der 18. Oktober des Jahres 1469 war ein milder, sonniger Spätsommertag. Es war keine große Fürstenhochzeit in Valladolid, die nun stattfand und darauf hindeutete, daß die bedeutendste Frau, die jemals auf der Iberischen Halbinsel gelebt hatte, ihrem auserwählten Bräutigam das Ja-Wort gab. Still und unauffällig fand die Hochzeit des Jahrhunderts im privaten Haus eines gewissen Juan de Vivero statt, keine Fürsten und Könige waren als Gäste geladen, und auch die Großen Kastiliens und Aragons hatten es vorgezogen, ihre Stellvertreter zu schicken. Die Zeiten waren unsicher, und keiner konnte es sich leisten, aufs falsche Pferd zu setzen. Man wußte schließlich nicht, wie sich die politische Zukunft entwickeln würde. Lediglich der Admiral von Kastilien, der Großvater des Bräutigams, ließ es sich nicht nehmen, der Trauung beizuwohnen. Die Bevölkerung von Valladolid allerdings feierte begeistert das Brautpaar, als es hoch zu Roß durch die festlich geschmückten Straßen ritt. Nachdem die päpstliche Bulle verlesen worden war, legte der Erzbischof die Hände Isabellas und Ferdinands ineinander und segnete das junge Paar.

Als die Nacht hereinbrach, fand das traditionelle Beilager der Frischvermählten in aller Öffentlichkeit statt. Dem alten Gesetz mußte entsprochen werden, wie peinlich dies für Isabella auch war. Vor den lüsternen Blicken eines greisen Notars und verschiedener anderer hoher Würdenträger, die als Zeugen beim Vollzug der Ehe fungierten, nahm der Prinz von Aragon die kastilische Thronfolgerin in Besitz und machte sie damit endgültig und offiziell zu seiner Frau. Und um alle herkömmlichen Spielregeln genau einzuhalten, zeigte Ferdinand nach vollbrachter Tat der gaffenden Menge das blutbefleckte Leintuch.

Hatte sich auch Isabella als Frau ihrem Mann hingegeben, so vergaß sie doch schon damals nicht, als sie noch meilenweit von wirklicher Macht entfernt war, die politischen Rechte und Pflichten ihres Ehemannes in Kastilien genauestens schriftlich festzulegen. Dabei zeigte es sich, daß Ferdinand keine wie immer gearteten Machtbefugnisse besaß und ganz im Schatten seiner Frau stand. Was er von dieser ihm zugedachten Rolle als Prinzgemahl hielt, gab er nicht preis, er hüllte sich in geheimnisvolles Schweigen, wie so oft in seinem Leben, wenn er wichtige Entscheidungen mit einem hintergründigen Lächeln quittierte. Nur sehr selten zeigte er Emotionen oder Gefühlsregungen. Vielleicht dachte er, die Zeit würde für ihn arbeiten und Isabellas Tatendrang bremsen. Aber er hatte sich in seiner zielstrebigen Gemahlin geirrt, die in den kommenden Jahren alles einforderte, was ihr Ferdinand zugesagt hatte. Sie wich nicht einen Schritt zurück, ihr Blick war auf eine gesamtspanische Zukunft gerichtet.

Viel aber stand diesem Plan noch im Wege. Die Einigung Kastiliens mit Aragon, der Traum, den Isabella durch ihre Heirat verwirklichen wollte, bestand zunächst nur auf dem Papier, denn ihr Stiefbruder, der König von Kastilien, zeigte sich über das Verhalten der Schwester aufs tiefste erbost. Alle bisherigen Abmachungen sollten null und nichtig sein. Er setzte Isabella als Thronfolgerin öffentlich ab und erklärte seine umstrittene Tochter Juana zu seiner Nachfolgerin. Enrique unternahm alles, um die unbotmäßige Schwester vor aller Welt anzuprangern: Er zieh sie öffentlich der Rebellion, und die päpstliche Bulle, die die Eheschließung ermöglicht hatte, wurde als Fälschung entlarvt. Schließlich erklärte er die Ehe aus eigener Machtvollkommenheit für ungültig. Isabella und Ferdinand aber waren außer Reichweite der königlichen Gewalt und klug genug, sich nicht zu unüberlegten Handlungen hinreißen zu lassen.

So lebten die beiden eher wie unscheinbare Privatpersonen, konnten sich, da sie einstweilen keine großen Aufgaben zu erfüllen hatten, näher kennenlernen und fanden in den ersten Ehejahren ein gemeinsames persönliches Glück, das vielen Königskindern nicht beschieden war. Allerdings wußten sie ganz genau, daß diese Ruhe, in der sie ihre Tage verbrachten, äußerst trügerisch war, denn Enrique war, auch nachdem schon Monate ins Land gezogen waren, keineswegs gewillt, die versöhnlichen Briefe mit den Bitten um Vergebung und den Ersuchen um eine Audienz auch nur zu beantworten. Isabella hingegen fragte sich, ob sie nicht selbst Anspruch auf die Herrschaft erheben sollte. Am 1. März 1471 erschien ein Rundschreiben, ein Flugblatt, das an alle Männer und Frauen Kastiliens gerichtet war und das die Situation Isabellas der Öffentlichkeit kundtun sollte: »Ich befinde mich in der gleichen Lage wie die hl. Susanna. Alles, was ich tue, ist der Kritik ausgesetzt. Wenn ich schweige, schade ich meiner Sache; wenn ich rede, muß ich die Ehre meines Bruders, des Königs, angreifen; das eine und das andere ist mir verhaßt.«

Allmählich wurde die Sache Isabellas zu einer Angelegenheit allgemeinen politischen Interesses. Die Bevölkerung von Nordkastilien begann sich auf die Seite der jungen Prinzessin zu schlagen, und immer mehr Städte entschlossen sich, ihr Votum für Isabella abzugeben. Die Lage für den König wurde von Woche zu Woche kritischer. In dieser Situation kam der wohlüberlegte Rat von Ferdinands Vater, Gespräche mit der einflußreichen Familie der Mendozas zu führen, gerade recht. Viel hatte diese Familie erreicht in ihrem Ehrgeiz, lediglich der Kardinalshut fehlte noch zu ihrem Ansehen; und es kam Juan von Aragon und seinem Sohn Ferdinand sehr gelegen, daß der Legat von Papst Sixtus IV. ein Spanier war, Rodrigo Borgia, der aus Valencia, also aus Aragon stammte. (Noch konnte niemand ahnen, daß dieser elegante junge Weltmann, den der Papst als seinen Vertreter in seine alte Heimat geschickt hatte, einmal der berühmt-berüchtigte Papst Alexander VI. werden sollte.) Als er von der Ankunft des päpstlichen Legaten erfuhr, ergriff Ferdinand sofort die Gelegenheit, ritt selbst nach Valencia und überredete wortreich Rodrigo, die Kardinalswürde an die Familie Mendoza zu übertragen. Was immer aber den Ausschlag für deren Sinneswandel gegeben haben mag; sie stellten sich nun hinter Isabella und ihre Ziele und hielten ihr ein Leben lang die Treue.

Auch unter den Adeligen begann es nun zu gären. Dabei war es bei weitem nicht so, daß man sich von Isabella eine positive Neuordnung des Staates erwartete; eher erhofften sich die kastilischen Granden noch weitere Pfründen und Rechte. Alle dachten bei sich, daß es ein leichtes sein würde, die junge Frau wie Wachs in den Händen zu kneten. Sie hatte schließlich kaum politische Erfahrung und sollte für alle Zeiten von der Gunst des Adels abhängig bleiben. Der Mann an ihrer Seite zählte wenig, und so sahen viele Glücksritter ihre Stunde für gekommen, ihr Mäntelchen nach dem, wie sie glaubten, milden Frühlingswind zu hängen und sich für Isabella zu entscheiden.

Ob Isabella dieses Spiel von Anfang an durchschaute, ist nicht sicher. Aber sie zeigte sehr bald ihr wahres Gesicht, und so mancher rieb sich erstaunt die Augen, als er klar zu sehen begann, mit welcher Zielstrebigkeit sich die junge Frau aller Welt präsentierte.

Isabella aber suchte zunächst immer noch die Aussöhnung mit dem Bruder. Sie konnte sich bei aller Ablehnung, die ihr Enrique durch Jahre hindurch entgegengebracht hatte, nicht vorstellen, daß sein Herz nicht irgendwie erweicht werden könnte. Und als kein Mittel zum Ziel führte, als er nach wie vor jede Begegnung mit ihr aufs schärfste ablehnte, griff sie zur List und überrumpelte ihn ganz einfach. Sie hatte erfahren, daß er sich allein in Segovia befand. Kurz entschlossen setzte sie sich aufs Pferd und ritt, nur von einigen Freunden begleitet, in die Stadt. Enrique mußte, ob er wollte oder nicht, seine Stiefschwester empfangen.

Die Überraschung war perfekt und von Anfang an gelungen. Vielleicht war Enrique doch im Innersten froh darüber, daß die Schwester den ersten und entscheidenden Schritt unternommen hatte; er begrüßte sie jedenfalls herzlich und zeigte sich von der freundlichsten Seite: Er erließ eine Amnestie und schloß auch Ferdinand mit ein. Isabella aber wollte, daß die Aussöhnung endgültig sein sollte. Daher war es eine äußerst sensible Angelegenheit, dem König zur rechten Zeit, im richtigen Moment und am geeigneten Ort ihren Gemahl zu präsentieren. Ratgeber des Königs hatten Ferdinand folgenden Rat gegeben:

»Wenn der König mit seinen Freunden und Musikanten beschäftigt ist, muß man ihn in Ruhe lassen und nicht versuchen, über ernsthafte Dinge mit ihm zu reden. Wenn er fertig ist, soll man ihm einen Imbiß aus Frischkäse, Käse aus Buitrago, Beignets, Blätterteig und ähnlichem Gebäck anbieten, dann ist er wohlwollend gestimmt…« Und die Gunst einer solchen Stunde nützte Ferdinand.

So gingen die Tage in schönster Harmonie dahin, und niemand hätte annehmen können, daß sich hier Menschen gegenübersaßen, die bis jetzt in Streit und Hader miteinander gelebt hatten. Über all den Annehmlichkeiten, die der König seinen Gästen bot, vergaß man aber nicht die Hauptsache: Die Frage der Nachfolge mußte geklärt und, wenn möglich, endgültig geregelt werden. Enriques Gesundheitszustand war nicht mehr der beste und verschlimmerte sich von Tag zu Tag. Das Essen bereitete ihm Qualen, und er fühlte sich täglich schwächer werden. Aber er wollte um keinen Preis sein Gesicht verlieren. Schließlich kam ihm die Idee, eine Kommission von neutralen Personen einzusetzen, die die endgültige Entscheidung über die Thronfolge treffen sollte. Aber bevor er seinen Plan noch ankündigen und wieder verwerfen konnte, machte ihm das Schicksal einen Strich durch seine Rechnung. In der Nacht vom 11. zum 12. Dezember 1474 schloß Enrique in Madrid die Augen für immer. Kaum hatte der König sein Leben ausgehaucht, als sich Boten aufs Pferd schwangen und in Eilmärschen nach Segovia ritten, um Isabella vom Ableben ihres Stiefbruders zu unterrichten. Sie handelte rasch, ordnete eine kurze Totenmesse für den verstorbenen König an und ließ sich dann, ohne Zeit zu verlieren, schon am 13. Dezember 1474 in Segovia zur Königin von Kastilien ausrufen. Laut und klar sprach sie den Eid nach, der sie verpflichtete, die Gesetze Kastiliens zu respektieren und mit all den ihr zur Verfügung stehenden Mitteln durchzusetzen. Dann ritt sie zurück zum Alcázar, ihr voran der ihr treu ergebene Cardenas, der Mühe hatte, das Schwert der Justiz mit der Spitze nach unten zu halten, während er hoch zu Roß saß. Durch dieses Symbol sollte allen kundgetan werden, daß die junge Königin gewillt sei, mit dem Schwert alles Unrecht und alle Übergriffe zu ahnden. Noch niemals hatte eine Frau sich dieses Zeichens bemächtigt, noch niemals hatte ein Frau es gewagt, derartige Macht zu demonstrieren.

Niemand fragte bei dieser festlichen Zeremonie nach dem Gemahl Isabellas, nach Ferdinand. Vielleicht war es gar nicht aufgefallen, daß er nicht anwesend war. Wie hätte sich die Königin auch verhalten, wäre ihr Mann an ihrer Seite gewesen?

Es vergingen mehrere Tage, ehe Ferdinand von den weitreichenden politischen Ereignissen in Segovia in Kenntnis gesetzt wurde. Seine Reaktion war vorauszusehen gewesen: Er war wütend. Aber Ferdinand gab sich nicht seinem Zorn hin, sondern wandte sich umgehend an einen Juristen, der ihn aufklären sollte, ob das Vorgehen seiner Frau rechtlich vertretbar sei. Und dabei erfuhr er, daß er durchaus berechtigt sei, den Titel eines Königs von Kastilien zu führen, auf den er vor der Heirat allerdings offiziell verzichtet hatte. Ferdinand wollte Herr im Haus sein und konnte sich nicht vorstellen, jetzt, wo aus den gedanklichen Spielereien allmählich Ernst zu werden schien, sich seiner Gemahlin, der Königin, unterordnen zu müssen. Er war aber nicht der Mann, der mit der Faust auf den Tisch schlug, um seine Frau zum Gehorsam zu zwingen. Seine Absichten wollte er auf ganz andere Art und Weise durchsetzen. Er kannte das leidenschaftliche Wesen seiner jungen Frau und wußte, wie sie die gemeinsamen Stunden in trauter Zweisamkeit genoß. Wenn er seinen ehelichen Pflichten, so oft er dazu in der Lage war, nachkam, dann würde Isabella in schöner Regelmäßigkeit in gesegneten Umständen sein, und in diesem Zustand würde sie den Staatsgeschäften wohl weniger Aufmerksamkeit schenken. Er würde es sein – wenigstens vorübergehend –, der die Politik in Kastilien bestimmte. Und war Isabella längere Zeit mit ihren Schwangerschaften beschäftigt, so würde sie allmählich den Überblick im Staat verlieren und zu einer reinen Repräsentationsfigur werden. So war für ihn der Weg zur Macht in Kastilien frei. Ferdinand hatte allerdings nicht mit der eisernen Energie und der robusten Gesundheit seiner Frau gerechnet. Selbst wenn er sich im Bett bis zur Erschöpfung verausgabte, so verstrich doch so manches Jahr, in dem Isabella kein Kind erwartete. Aber auch die Schwangerschaften konnten sie nicht davon abhalten, sich mitten ins wildeste Kampfgetümmel zu stürzen. Sie scheute nicht die härtesten Strapazen endloser Ritte in glühender Hitze oder klirrender Kälte, stunden-, ja tagelang saß sie unermüdlich im Sattel und zog einen eisernen Brustpanzer über ihren sich mehr und mehr rundenden Leib.

Nachdem Ferdinand in Segovia eingetroffen war, gelang es Isabella, ihn zu besänftigen, indem sie ihm vor Augen führte, daß ihre so eilige Krönung zur Königin von Kastilien eine absolute Notwendigkeit dargestellt hatte, wollte man nicht Gefahr laufen, daß die angebliche Tochter Enriques, Juana, von ihren Anhängern zur Königin gekrönt würde. Diese Argumentation leuchtete Ferdinand ein. Der Friede im Königshaus war wieder eingekehrt.

Die beinahe überhastete Krönung Isabellas hatte die politische Situation im Lande noch lange nicht geklärt. Ein Konflikt konnte nicht ausbleiben. Alfonso von Portugal meldete sich laut und unüberhörbar: Von kastilischen Feinden Isabellas aufgestachelt, ließ er sich trotz seines fortgeschrittenen Alters zu einem kühnen Plan hinreißen. Er übersandte Isabella ein Schreiben, in dem er ihr mitteilte, daß er die rechtmäßige Königin von Kastilien, Juana, baldmöglichst zu ehelichen gedenke und somit in Hinkunft den Titel eines Königs von Kastilien führen werde. Wollte Isabella nicht schon am Beginn ihrer politischen Laufbahn alles verlieren, so mußte sie, ob sie wollte oder nicht, den Fehdehandschuh aufheben, den ihr Alfonso hingeworfen hatte. Alles konnte sie zu diesem Zeitpunkt brauchen, nur keinen Krieg; aber mit Schrecken erkannten sie und Ferdinand, daß es keine andere Wahl gab, daß in diesem unausweichlichen Kampf die Waffen sprechen würden. Die beiden hatten weder Geld noch Güter, die sie verpfänden konnten, um ein schlagkräftiges Heer aufzustellen. Ihre Geldsäckel waren noch immer gähnend leer. Dagegen war Portugal ein wohlhabendes, blühendes Land, das es sich leisten konnte, bis auf die Zähne gerüstet zu sein.

Isabella und Ferdinand beratschlagten lange, wie sie es bewerkstelligen wollten, wenigstens für den Anfang Leute anzuheuern, die auf ihrer Seite kämpften. Beide zogen von Ort zu Ort, mischten sich unters Volk und sprachen mit Handwerkern und Bauern, denen sie die schlimme Lage, in die sie der König von Portugal gebracht hatte, vor Augen führten. Nach einiger Zeit hatten sie einen bunten Haufen von Glücksrittern und Taugenichtsen zusammengebracht, auf den allerdings wenig Verlaß war. Nach den ersten Schlappen, die Alfonso Ferdinand zugefügt und nachdem sich der zusammengewürfelte Haufen wieder zerstreut hatte, kam Isabella auf die eigentlich gotteslästerliche Idee, den wertvollen Kirchenschatz zu verpfänden, freilich mit dem Versprechen, nach gewonnenem Krieg alles wieder bis zum letzten Kelch gewissenhaft auszulösen. Die Kirchenfürsten, die hinter der Königin standen, erkannten ihre prekäre Lage und erteilten schon im vorhinein die Generalabsolution für diesen unerhörten Frevel, der aus der Not heraus geboren worden war. Die gold- und silberverzierten Sakralgeräte – zur Ehre Gottes von Künstlerhand gefertigt – als blinkendes Pfand im Hintergrund, ermöglichten es Ferdinand endlich, ein wohlorganisiertes Heer aufzustellen. Am 1. März 1476 kam es zur einzigen und entscheidenden Schlacht bei Toro, einem blutigen Gemetzel, bei dem nicht weniger als zehntausend Mann ihr Leben ließen. Bauern und Taglöhner, Adelige und Kirchenfürsten, wie Kardinal Mendoza und der Erzbischof von Toledo, Carrillo, wateten Seite an Seite im Blut der Sterbenden. Man kannte weder Schonung noch Erbarmen, und selbst die Priester verweigerten die Tröstungen der heiligen Religion vor dem letzten Schwertstreich, mit denen sie die Feinde ins Jenseits beförderten.

Wer die Schlacht von Toro wirklich gewann, war strittig; beide Heere beanspruchten den Sieg für sich. Während Alfonso völlig erschöpft in tiefen Schlaf fiel, sprengte ein Kurier nach Tordesillas, um dort der Königin vom Sieg ihres Mannes zu berichten. Isabella ließ alle Kirchenglocken läuten, fiel auf die Knie und dankte Gott dem Allmächtigen inbrünstig für seine Gnade und Güte. Dann schritt die Königin barfuß durch die Straßen der Stadt bis zur Kirche, um dort dem festlichen Tedeum beizuwohnen. Die größte Gefahr war einstweilen gebannt, und Isabella konnte sich nun wirklich Königin von Kastilien nennen.

Sie hatte sich in eine Aufgabe gestürzt, die beinahe überirdische Kräfte erforderte; sie war Herrscherin über ein Land, das sich als fast unregierbar erwies. In jedem kleinen Dorf, in jedem entlegenen Ort herrschten Willkür und Blutrache, der Freund konnte dem Freund nicht trauen, der Sohn verriet den Vater um einen Becher Wein. Zu lange waren Zucht und Ordnung, Recht und Gerechtigkeit mit Füßen getreten worden. Die Nonnenklöster glichen Lasterhöhlen, und vor den Geistlichen waren weder junge Mädchen noch biedere Ehefrauen sicher; sie galten als die berüchtigsten Vergewaltiger im ganzen Lande. Die größten Lumpen und das ärgste Pack machten sich in den Städten breit, belästigten die Bevölkerung, die wehrlos zusehen mußte, wie der brave Mann selbst am hellichten Tag seines Lebens nicht mehr sicher war. Verbrechen an Leib und Leben wurden nicht mehr geahndet, es war nur wichtig, genügend Geld im Sack zu haben, dann konnte man sich ungeniert öffentlich mit dem Dolch in der Hand zeigen und mit seinen Untaten prahlen. Isabella war sich darüber im klaren, daß sie diese zum Himmel schreienden Zustände nicht über Nacht ändern konnte, aber sie wollte sofort nach Beendigung des Krieges an diese schwere Aufgabe herangehen.

In den langen Abendstunden hatte sie sich eingehend über die kastilische Geschichte unterrichten lassen. Dabei war sie auf eine besondere Form von Ordnungshütern gestoßen, auf die »Santas Hermandades«, die »Heiligen Bruderschaften«. Dieses System, das sich in früheren Zeiten bestens bewährt hatte, sollte wieder eingeführt werden. Durch diese unbestechlichen Männer wollte sie allmählich die Sicherheit der Bevölkerung im ganzen Land gewährleisten. Städte und Gemeinden, zu deren Wohl die Bruderschaften eingerichtet werden sollten, mußten diese Männer auch bezahlen. War ein Ort aber so arm, daß er sich diese Ausgabe nicht leisten konnte, dann wurde er verpflichtet, der Königin verantwortliche Männer zur Verfügung zu stellen. Eng an die Krone gebunden, erhielten die Hermandades im Laufe der Zeit immer mehr Macht; Schritt für Schritt übertrug ihnen Isabella die Rechtsprechung, die ausübende Gewalt, aber auch die Steuereintreibung.

So schnell Isabella auch die Sympathien vor allem des kleinen Mannes erworben hatte, politisch stand ihr doch immer noch die Tatsache im Wege, daß sie eine Frau war. Diese Hypothek konnte einzig und allein durch eindrucksvolle Taten beseitigt werden. Denn in den Köpfen der meisten kastilischen Männer war es unfaßbar, daß nun eine Frau an der Spitze des Staates stand. Sollten jahrhundertelange Traditionen mißachtet werden? Ferdinand, der Mann an der Seite der Königin, machte zwar nicht gerade den Eindruck eines Schwächlings, aber Isabella hatte im politischen Spiel die Hauptrolle übernommen und traf die großen Entscheidungen allein. Ohne Zögern und Zaudern hatte sie sich über die unabänderliche Tatsache hinweggesetzt, daß sie »nur« eine Frau war. An der Schwelle vom Mittelalter in eine neue Zeit gelang es Isabella scheinbar mit Leichtigkeit und allein durch die Kraft und Ausstrahlung ihrer Persönlichkeit, die Vorurteile, denen sie sich anfangs gegenübersah, gegenstandslos zu machen. Alle Teile der Bevölkerung, vom ärmsten Taglöhner bis hinauf zu den einflußreichen Adeligen, akzeptierten sie schon bald als Herrscherin.

Isabella war rastlos am Werk. Ihr Tagesablauf war von den frühen Morgenstunden bis in die tiefe Nacht mit Besprechungen und Beratungen und mit der Ausarbeitung von Plänen für die Zukunft ausgefüllt. Dazwischen empfing sie Abordnungen der Stände, der »Cortes«, Bittsteller, für deren Anliegen sie stets ein offenes Ohr hatte, ausländische Botschafter und Diplomaten. Sie gönnte sich keine Ruhe, auch als sie ihre Kinder erwartete; Isabella gebar vier Töchter und einen Sohn. Schwangerschaften und Geburten zählten für sie zu den natürlichen Abschnitten im Leben einer Frau, und daher dachte sie nicht daran, sich in dieser Zeit zu schonen. Hoch zu Roß sprengte sie mit Ferdinand von Stadt zu Stadt, nahm unglaubliche Strapazen in den glühend heißen spanischen Sommern in Kauf und blieb auch nicht am wärmenden Kamin, wenn die Schneestürme übers Land tobten. Daß sie bei diesem gefahrvollen Leben ab und zu eine Fehlgeburt erlitt, war die natürliche Folge. Aber auch dann gönnte sich keine Pause. Kaum war sie wieder zu Kräften gekommen – nicht nur der hohe Blutverlust, der mit jeder Fehlgeburt verbunden war, schwächte ihren Körper, die Ärzte verordneten zusätzlich noch zahlreiche Aderlässe –, zog sie über Berg und Tal weiter. Zu vielfältig und schwierig waren die Aufgaben, die zu erledigen waren. Nächtelang saß sie über Verträgen und Briefen, bis ihr die Augen zufielen. Meist führte sie vor großen Entscheidungen lange Gespräche mit Ferdinand, der sie aber nur dann wirklich beraten konnte, wenn er den finanziellen Vorteil einer Maßnahme witterte. Im Gegensatz zu seiner Frau interessierten ihn weder menschliche Probleme noch große Neuerungen in Kastilien. Wenn sich aber eine günstige Gelegenheit bot, die Staatssäckel aufzufüllen oder reichen Gewinn zu erzielen, war er stets ganz Ohr. Nicht staatsmännische Fähigkeiten zeichneten ihn aus, wohl aber hatte er ein feines Gespür und eine sichere Hand für Finanzfragen.

Ferdinand hatte in seiner Jugendzeit keine besondere Bildung genossen; man hatte sich um den Prinzen kaum gekümmert, da er als Thronfolger ohnedies nicht in Betracht kam, weil er aus der zweiten Ehe seines Vaters stammte. Das Schicksal, oder vielmehr die List seiner Mutter, wollte es anders. Aber auch Isabella war es in ihrer Jugend nicht vergönnt gewesen, sich mit den Grundzügen der Wissenschaft und Gelehrsamkeit auseinanderzusetzen. Im Gegensatz zu ihrem Mann aber bemühte sie sich, diese Wissenslücken so weit wie möglich zu schließen. Die hochgebildete Beatriz de Galindo weihte sie in die Geheimnisse der lateinischen Sprache und in die Schönheiten der antiken Literatur ein. Die Königin berief die berühmtesten Lehrer ihrer Zeit, wie Antonio und Alejandro Geraldinos oder Lucio Marineo, an ihren Hof, die ihre Kinder unterrichten sollten. Auch der wegen seiner hohen Bildung und seines umfassenden Einblicks in die Wissenschaften der Zeit gerühmte Diego de Deza trat in den Dienst Isabellas und avancierte schon nach kurzer Zeit zum Oberhofmeister des Thronfolgers Juan.

Unterschiedlich wie die Eltern waren auch die Kinder: Catalina (Katharina) von Aragon, die später an der Seite Heinrichs VIII. von England dahinwelkte, war der Mutter noch am ähnlichsten, während Isabel, die Älteste, den Eltern schon von Kindesbeinen an Sorgen bereitete. Ihr Schicksal war traurig; sie starb im Alter von achtzehn Jahren bei der Geburt ihres ersten Kindes. Ihre Schwester Maria heiratete schon nach kurzer Zeit den scheinbar untröstlichen Witwer, den König von Portugal Manuel, der allerdings an der Seite dieser bigotten jungen Frau seines Lebens nicht mehr froh werden konnte, da ihr größtes Vergnügen darin bestand, Ungläubige lichterloh brennen zu sehen. Jedes der Kinder lebte sein eigenes Leben, sie hatten sich wenig zu sagen, es fehlte ihnen das Gefühl der inneren Zusammengehörigkeit, einer wirklichen Beziehung zueinander. Erst viel später, als der Tod mit grausamer Unerbittlichkeit die Familie zerstört hatte und Isabella gramgebeugt hinter den Särgen von Kindern und Kindeskindern einherschreiten mußte, erkannte sie, welches Glück sie ihren Zielen und Plänen geopfert, was sie persönlich als Mutter versäumt hatte. Eine einzige Tochter, Juana, war ihr geblieben, und diese zeigte der Mutter unverhohlen ihre Abneigung. Isabella, die von so vielen im Lande verehrt wurde, war es nicht gelungen, die Herzen der eigenen Kinder zu gewinnen. Aber damit hatte sie sich nicht anders als viele fürstliche Mütter jener Zeit verhalten. Die Kinder wurden geboren und sofort Erziehern und Dienstboten übergeben. Daß ein Kind der Liebe und Wärme einer Familie bedurfte, darüber machte man sich damals keine Gedanken. Wichtig war einzig und allein der dynastische Gedanke. Söhne waren hochwillkommen, die Geburt von Töchtern nahm man hingegen eher gottergeben hin. Mädchen galten als Schachfiguren, die man in Europa hin- und herschieben konnte, bis man die günstigste Position für sie erreicht hatte.

Das Schicksal hatte Isabella und Ferdinand nur einen Sohn zugedacht, einen zarten, sensiblen Knaben. Mit großer Sorge verfolgten sie die Entwicklung Juans, der schon in früher Kindheit ganz als späterer Thronfolger erzogen wurde. Der Infant wurde mit einem eigenen Hofstaat umgeben, denn er sollte von Kindheit an repräsentieren und die Kunst des Regierens lernen. Wie ein kleiner Erwachsener saß er inmitten seiner Ratgeber und wirkte in seiner Rolle äußerst frühreif.

Die Töchter Isabella, Maria, Katharina und Johanna waren sowohl äußerlich als auch in ihren geistigen Anlagen grundverschieden. Alle vier erhielten eine hervorragende Ausbildung, lernten mehrere Sprachen und zählten sicherlich zu den gebildetsten Prinzessinnen Europas. Sie sollten schließlich – so war es Isabellas Absicht, der sich auch Ferdinand anschloß – glänzende Partien machen. Die Männer, die sie zum Altar führten, sollten sich glücklich schätzen, eine Tochter der katholischen Majestäten an ihrer Seite zu haben. So wuchsen sie heran, ohne daß Isabella und Ferdinand ihre Entwicklung wirklich kontrollieren konnten. Zu vielfältig waren ihre Aufgaben, zu sehr wurde vor allem die Königin in allen Landesteilen gebraucht. Aber sie verfolgte auch ihre Lebensziele mit harter Konsequenz, nicht nur mit Kreuz und Weihrauch, sondern brutal mit Schwert und Spieß. Das Kalifat von Granada, das über achthundert Jahre lang eine Zufluchtsstätte des Islam auf dem europäischen Festland gewesen war, erschien in den Augen Isabellas wie ein Geschwür im christlich-katholischen spanischen Leib. Sie fühlte sich vom Himmel dazu berufen, den entscheidenden Schnitt zu wagen. Bevor sie aber den Schritt über die Grenzen Kastiliens tun konnte, mußten die gewaltigen inneren Reformen beendet sein. In Toledo berief sie daher die Cortes ein, die Vertretung der kastilischen Stände, um mit ihnen die neue Sozialordnung zu beschließen. Zusammen mit Ferdinand übernahm sie den Vorsitz der hohen Versammlung, und in kurzer Zeit gelang es, gemeinsam eine Neuordnung für alle Bereiche des Lebens zu beschließen. Erstaunlicherweise erklärten sich alle Stände mit den Reformen einverstanden, obwohl keiner von den umfassenden Umwälzungen und beträchtlichen Opfern verschont blieb. Isabella machte auch vor den Pfründen des Adels nicht halt; der Staat Kastilien wurde von Grund auf neu organisiert, wobei Isabella immer mehr unumschränkte Macht in ihren Händen vereinigte; sie war zur ersten absoluten Herrscherin Europas geworden.

Aber auch Ferdinand hatte in Aragon ein System aufgebaut, das ihm alle Macht im Staate garantierte. Obwohl nach dem Tod von Ferdinands Vater 1479 Aragon in Personalunion mit Kastilien vereinigt wurde, besaß nach wie vor jedes Land seinen eigenen Herrscher. Und das war gut so, denn zu unterschiedlich waren die beiden Länder in allen Lebensbereichen. Kastilien war ein typisches Binnenland, während die Grenzen von Aragon im Osten durch das Mittelmeer gebildet wurden, und dieses Meer lag im Zentrum allen Denkens und Handelns für die Bevölkerung. Zwangsläufig beschäftigte sich Ferdinand vor allem mit dem Gedanken, wie er in anderen Ländern, jenseits des Mittelmeeres, Kolonien oder Besitzungen erwerben könnte. Seine Kontakte reichten deshalb über Frankreich nach Italien bis Sizilien.

Diese Überlegungen waren für Isabella wenig interessant; sie befaßte sich die meiste Zeit ihres Lebens mit der Innenpolitik, an der Ferdinand nicht den geringsten Anteil nahm. So kamen sie sich nicht ins Gehege, jeder machte Politik auf seine Weise. Der Erfolg war der einzige Maßstab ihrer Handlungen. Und hier übertraf Isabella den Gatten bei weitem. Sie hatte am Ende ihres Lebens alles erreicht, wovon sie einst geträumt hatte – freilich um einen fast zu hohen Einsatz.

Mit Ferdinand führte sie bis an ihr Lebensende eine durchaus harmonische Ehe. Im Laufe der Jahre hatte sich zwischen beiden eine besondere Form der Zweisamkeit entwickelt. Nach der Geburt der vierten Tochter Catalina gab Isabella ihrem Mann klipp und klar zu verstehen, daß sie ihre Rolle als kindergebärende Ehefrau als beendet ansähe. Die Leidenschaftlichkeit, mit der sie ihren Mann einst begehrt hatte, war einer anderen, stillen Form von Zuneigung gewichen. Sie liebte ihn immer noch aus ganzem Herzen, und stellte dies auch bei jeder Gelegenheit zur Schau. War der königliche Gemahl nicht in ihrer Nähe, so schlief sie nie allein, sondern ordnete an, daß die Infantinnen oder einige der Hofdamen in ihrem Schlafgemach zu nächtigen hatten. Alle Welt sollte wissen, daß sie ihrem Gatten Tag und Nacht treu ergeben war. So mancher galante Diplomat versuchte bei der Königin sein Glück, machte ihr schöne Augen, um seine Ziele über ihr Himmelbett zu erreichen; Isabella aber zeigte allen entrüstet die kalte Schulter.

Sie war nicht nur eine äußerst kluge Politikerin, sie hatte auch ein feines Gefühl dafür, wie sie Ferdinand als Mann behandeln mußte. Sie war dort Herrscherin, wo sie herrschen mußte, und sie war ganz Frau, wenn es darum ging, das persönliche Glück zu bewahren. Für ihr Privatleben blieb ihr allerdings wenig Zeit, die Tage waren, von kleinen Unterbrechungen abgesehen, bis in die späten Abendstunden von Arbeit ausgefüllt, so daß die Nächte kurz waren. Wenn sich andere in den gnadenlos heißen Sommermonaten in ihren angenehm kühlen Palästen erholten, saßen Isabella und Ferdinand meist in seidenen Zelten irgendwo auf einem steinigen Feld. Teppiche, die den Zeltboden bedeckten, und seidene Kissen sollten ein kleines bißchen Behaglichkeit und Komfort verbreiten, aber die drückende Hitze legte sich bleiern auf Geist und Körper, und auch die palmwedelschwingenden dunkelhäutigen Knaben vermochten nicht die ersehnte Kühle herbeizufächeln. Mit Sand in den Schuhen, das Gesicht von Staub bedeckt, so zogen die Königin von Kastilien und der König von Aragon jahrelang landauf, landab, Isabella oft bis an den Rand der Erschöpfung, aber immer guten Mutes voran. Ihren Knechten und Mägden, denen der Schweiß in Strömen von der Stirne perlte, kam es wie ein Wunder vor, wenn die Königin duftend wie eine Blume sich unters Volk mischte, adrett und sorgfältig gekleidet, das goldblonde Haar wohlgeordnet unter einer modischen Haube verborgen. Nicht die geringste Spur von Ermattung war ihr anzumerken, sie wirkte frisch und ausgeruht trotz aller fürchterlichen Strapazen. Und alle waren sich darin einig: Isabella war eine große Frau. In ganz Europa sprach man voller Respekt von der disziplinierten, vorbildlichen kastilischen Königin. Selbst die Franzosen, die den Spaniern gegenüber niemals besonders freundschaftlich gesinnt waren, konnten Isabella ihre Achtung nicht versagen.

Sie wäre wohl als eine große Königin und Landesmutter in die Geschichte eingegangen, hätte sie nicht Einflüsterer gehabt, deren unselige Vorstellungen bei ihr auf fruchtbaren Boden fielen. Die Königin war von frühester Jugend auf in streng katholischem Glauben erzogen worden und betrachtete alle, die einer anderen Religion angehörten, als verirrte Kreaturen, die man mit allen Mitteln in den Genuß der Gnade bringen mußte, welche die katholische Kirche ihren Schäflein verhieß. Vielleicht wäre die Bekehrung jener Andersgläubigen, die allenthalben auch auf der Iberischen Halbinsel lebten, im Laufe der Zeit und ganz allmählich vor sich gegangen, hätten nicht kompromißlose Asketen wie der Beichtvater Isabellas, Cisneros, mit ihrem fanatischen Glaubenseifer überall im Land die Flammen der Unduldsamkeit auflodern lassen. Düstere Schatten warfen die lodernden Scheiterhaufen auf Isabella, und sie verdunkeln ihr Andenken bis heute.

Im September 1480 unterzeichneten Isabella und Ferdinand in Sevilla eine Urkunde, durch die die päpstliche Bulle von Sixtus IV. in Kraft gesetzt wurde, wonach das »Heilige Offizium«, die Inquisition, in Spanien eingeführt wurde, ein geistliches Gericht, das alle »Ketzer« im Lande vor ihren Richter bringen sollte. Und was zunächst als reinigende Maßnahme gedacht war, überstieg alles, was krankhafte Gehirne sich ausdenken konnten. Religiöser Wahn paarte sich mit irrem Fanatismus.

Auf der Iberischen Halbinsel lebten im 15. Jahrhundert, wie überall in Europa, viele Tausende Juden. Sie waren geschickte Händler und hervorragende Kaufleute, die das Geld beinahe über Nacht zu vermehren verstanden, so daß auch die Herrscher oft auf ihre Ratschläge zurückgriffen, wenn ihre Geldkassetten leer gähnten. Und die jüdischen Finanziers standen den Königen gern zu Diensten und wurden gewöhnlich für ihre Hilfe fürstlich belohnt. Daß sie dem Glauben ihrer Väter mit unverminderter Inbrunst anhingen, war den Katholiken allerdings ein Dorn im Auge; zu eigenartig, zu fremdländisch und geheimnisvoll schienen ihre Riten. Man munkelte von abartigen Handlungen und Zeremonien, von Hostienschändungen und Ritualmorden an Kindern. Der Neid auf den Wohlstand und Reichtum der Juden bekräftigte noch die ausgestreuten Gerüchte, denn arm war der Großteil der kastilischen Bevölkerung.

Auch Isabella kamen alle möglichen Verleumdungen zu Ohren, vor allem über diejenigen Juden, die dem Glauben ihrer Väter abgeschworen und sich zum Christentum bekehrt hatten. Die Taufe verhinderte nicht, daß die »Conversos« oder »Marranos«, wie diese Konvertiten genannt wurden, weiterhin äußerst verdächtig waren. Man sagte ihnen nach, daß sie nur aus Gewinnsucht und Profitgier zum Christentum übergetreten wären und in aller Heimlichkeit ihre althergebrachten religiösen Traditionen weiter pflegten.

Über diese Conversos sollte nun das Heilige Offizium Klarheit schaffen. Man wollte sie hochnotpeinlich über ihren Lebenswandel befragen und natürlich ihre Einstellung zur neuen Religion durch geeignete Methoden erforschen.

Das Vorgehen der spanischen Inquisition machte europaweit Schule. Es schien, als hätten sich alle Sadisten des Landes vereint, um ihre abartigen Lüste durch die Leiden und Qualen Unschuldiger zu befriedigen. Und es gab niemanden, der es wagte, gegen das Vorgehen dieser Verbrecher, die sich das schützende Mäntelchen des Christentums umgehängt hatten, einzuschreiten. Mit der Verfolgung und Verhaftung der Conversos begann das Kesseltreiben, und mit der Vernichtung oder Vertreibung der Juden wurde das Werk der Inquisition beendet. Geld und Gut der Unglücklichen fielen dem Staat anheim, und auch Ferdinand, der sich bei der Einführung des geistlichen Gerichtes in Aragon von seiner Frau hatte inspirieren lassen, verschloß die Augen vor den Greueltaten und hielt dafür lieber beide Hände weit auf, wenn es darum ging, Geld und Gold zu scheffeln.

Isabella war stark im christlichen Glauben und hart in seiner Durchsetzung. Sie kannte kein Mitleid und kein Erbarmen mit den verleumderisch Angeschuldigten, die nach unendlichen Peinigungen schließlich zum Richtplatz, zum Scheiterhaufen, geführt wurden. Das Anzünden der Holzstöße wurde zum öffentlichen

Spektakel, an dem man sich weidete wie an einem Stierkampf. Zeigte der bedauernswerte Delinquent Reue über das, was er nicht getan hatte, dann wurde er vor dem Anzünden des Holzstoßes gnädig erdrosselt. Blieb er aber bei seiner Überzeugung, unschuldig zu sein, so wurde das Feuer auf kleiner Flamme gehalten, um ihn möglichst lang Qualen leiden zu lassen.

Isabella wohnte oft und nicht ungern diesen schrecklichen Schauspielen bei und empfand anscheinend keine menschliche Regung dabei. Gottes Gericht war mächtig und gerecht, so glaubte sie, die zum Tode Verurteilten würden auf diese Weise von ihrer Schuld befreit und könnten vielleicht sogar noch der göttlichen Gnade teilhaftig werden. Sollte dies kein Grund zu einem Fest, zur Freude sein?

Während all dieser Jahre hatte Isabella ein einziges Ziel: ein einheitliches Spanien, das sich auf einen einheitlichen Glauben stützen sollte. Mit ganzer Kraft und ungebrochener Energie verfolgte sie den Plan ein Leben lang. Nur so kann man auch den langwierigen, verlustreichen und äußerst blutigen Krieg gegen das Kalifat von Granada verstehen, eine Aktion, die sich über zehn Jahre erstreckte und in der Ferdinand an der Seite seiner Frau bis zur völligen Erschöpfung gegen die Mauren kämpfte. Die »Reconquista«, die Rückgewinnung des Kalifats von Granada, eines Landes, in dem Milch und Honig fließen sollten, wurde für Isabella beinahe zur fixen Idee, zum heiligen Krieg, zum Kreuzzug in Europa.

Viele Gründe gab es für die Königin, Granada erobern zu wollen, wobei natürlich wirtschaftliche Überlegungen eine Hauptrolle spielten. Aber wahrscheinlich hätten sich die katholischen Könige die Zähne an den schwerbefestigten Mauern des Kalifats ausgebissen, wäre es nicht in Granada zu internen Zerwürfnissen im Herrscherhaus gekommen, die Isabella und Ferdinand meisterhaft zu nützen wußten. Jeder Streit, jede Mißstimmung während des jahrelangen Kampfes wurde ihnen von ihren Spionen, die überall ihre Augen und Ohren offenhielten, hinterbracht. Die Könige wußten die Gunst der Stunde zu nutzen, so daß am 2. Januar 1492 endlich die Fahne des Kreuzes über der »Perle Andalusiens« gehißt werden konnte. Ein lebenslanger Wunschtraum der katholischen Herrscherin war in Erfüllung gegangen. Die Wirklichkeit aber übertraf alle Vorstellungen: Paradiesisch plätscherten die kühlen Brunnen der Alhambra im gleißenden Sonnenlicht und spendeten die ersehnte Kühle in den mit kostbaren Mosaiken ausgestatteten

175

Räumen. Weithin dehnte sich die fruchtbare Ebene, bis zu den schneebedeckten, schimmernden Gipfeln der Bergriesen. Tief gerührt und Gott im Himmel aus vollem Herzen dankend, fiel Isabella vor den Toren Granadas auf die Knie und pries den Schöpfer. In großer Eile hatte man an verschiedenen Gebäuden, vor allem aber auf den schlanken Minaretts der Moscheen schwere Kirchenglocken aufgezogen, die mit ihrem vollen Klang Kunde geben sollten vom glücklichen Sieg der Christen über die Heiden.

Isabella fühlte sich glücklich in Granada. So hatte sie sich auf ihren weiten, beschwerlichen Ritten und in den oft dürftigen Unterkünften eine echte Residenzstadt vorgestellt. Sie liebte diese Oase der schillernden Farben, der berauschenden Düfte und der verlockenden Klänge bis an ihr Lebensende und richtete es so ein, daß sie möglichst oft und für längere Zeit in der Alhambra zubringen konnte, während Ferdinand auf seinen Kriegszügen in Italien weilte.

Schon lange gingen die Interessen beider verschiedene Wege, obwohl sie immer noch durch ein Band der Sympathie miteinander verbunden waren. Aber sie waren sich im Laufe der Jahre fremd geworden in ihren geistigen Auffassungen. Isabella beschäftigten ganz andere Dinge als ihren Mann, der immer und überall danach trachtete, seinen Besitz zu vermehren und seinen Einfluß im Ausland zu vergrößern. Er setzte dabei nicht selten aufs falsche Pferd; seine Politik Frankreich gegenüber war ebenso undurchsichtig wie der Blick, den er bei entscheidenden Verhandlungen aufzusetzen pflegte. Niemand wußte Ferdinand genau einzuschätzen, er galt als schwer kalkulierbarer Verhandlungspartner. Wohl vermochte ihm diese Charaktereigenschaft viele Vorteile zu bringen, sie verhinderte aber auch, daß er echte Freunde fand. Mit steinernem Gesicht, ohne auch nur ein einziges Mal seine Miene zu verändern oder mit der Wimper zu zucken, konnte er sich lange Vorträge anhören. Hatte der Redner geendet, sagte er kein einziges Wort, weder der Zustimmung noch der Ablehnung, und vergeblich suchte man nach einer Regung der Freude oder Mißbilligung. Dabei rechnete er sich kühl selbst den kleinsten Nutzen aus, den er aus einer Sache ziehen konnte. Er kannte keine ideellen Ziele, und wären sie auch noch so verlockend gewesen. Ferdinand war ein beinharter Realist; was nicht schwarz auf weiß niedergeschrieben war, das interessierte ihn nicht.

So aufgeschlossen Isabella allem Neuen, Unbekannten gegenüber war, so zugeknöpft verhielt sich ihr Gemahl. Die Königin hatte sich vorgenommen, aus dem unwissenden, ungebildeten und unkultivierten kastilischen Volk Menschen zu formen, die sich ihrer Stellung in der Welt bewußt waren, die versuchen sollten, den Weg der Bildung nicht nur zu finden und zu gehen, sondern ihn auch auszubauen. Künstler von europäischem Ruf sollten dem Volk die Augen öffnen und ihm von der süßen Milch der Erkenntnis zu trinken geben – so weit dies mit der katholischen Lehre zu vereinbaren war. Philosophen und Dichter zogen ins Land und begannen Schulen zu gründen, reichlich unterstützt von der Königin. Ferdinand sah keinen Sinn in den großen Ausgaben seiner Frau; er selbst hielt nicht viel von Wissenschaft und Bildung, aber Isabella wußte, daß er ihr Werk nie verhindern würde, genauso, wie sie seine italienischen Kriegsabenteuer mit klingender Münze unterstützte.

Maler allerdings suchte man unter den ins Land gerufenen Künstlern vergebens: Zu freizügig erschien ihre Darstellung des menschlichen Körpers der Königin, zu unkeusch waren die Szenen, die die berühmten Meister der italienischen Renaissance auf die Leinwand bannten. Sie würden bloß zu sündiger Lust anregen, davon war Isabella überzeugt. Ihr Beichtvater, der fanatische Asket Ximenes de Cisneros, konnte nicht genug die Sünde anprangern, die von derlei Gemälden ihren Ausgang nahm. Die geifernden Worte des Cisneros fielen bei Isabella auf fruchtbaren Boden, und allmählich erschien auch ihr die Gnade des Himmels dann sicherer, wenn sie den Freuden der körperlichen Liebe endgültig entsagte und sich einem klösterlichen, abstinenten Leben zuwandte. Ferdinand, meist außer Landes, tröstete sich auf seine Weise. Aber er genoß die amourösen Abenteuer so diskret, daß er seine Gemahlin niemals kompromittierte.

Auch in der Umgestaltung Granadas zeigte sich Isabella nicht zimperlich. In den jahrelangen Belagerungen war viel Wertvolles zerstört worden, das wieder aufgebaut werden mußte. All dies kostete Unsummen, aber die Königin zerbrach sich über die Finanzierung alter und neuer Projekte wenig den Kopf. Auch in Granada gab es ja Tausende von sehr vermögenden Juden, die man im Dienste der alleinseligmachenden Religion schröpfen konnte. Auf Anordnung der katholischen Majestäten wurde den Juden mitgeteilt, daß sie sich entweder ehestens zum katholischen Glauben zu bekehren oder bis zum 31. Juli 1492 das Land zu verlassen hätten.

Wer sich zur Auswanderung entschloß, der durfte nicht einmal einen Bruchteil seines beweglichen Besitzes mitnehmen. Alles, was die Juden zurückgelassen hatten, fiel der Krone anheim, Unsummen flossen in die Staatskasse, auf denen eigentlich kein Segen liegen durfte. Rigoros und mit unbarmherziger Härte wurde Granada christlich, und die katholischen Könige wurden reich. Ihre absolute Macht auf der Iberischen Halbinsel festigte sich von Tag zu Tag. Noch aber war das Lebenswerk Isabellas nicht abgeschlossen. Eine Ruhmestat fehlte noch, die ewig mit ihrem Namen verknüpft sein sollte: die Entdeckung Amerikas.

Schon im Jahre 1486, mitten in den erbittertsten Kämpfen um das Kalifat Granada, war den katholischen Königen ein abenteuerlicher Seefahrer empfohlen worden, angeblich genuesischer Abstammung. Er hatte sein Glück zuvor beim König von Portugal versucht, dort allerdings eine Abfuhr erlitten. Nun stand Christoph Kolumbus vor Isabella und Ferdinand und trug beiden seine Bitte vor, wonach man ihm Schiffe zur Verfügung stellen sollte, mit denen er westwärts auf dem Seeweg nach Indien segeln wollte. Der Plan erschien bei näherer Erläuterung äußerst kühn, aber der Mann, der dieses Abenteuer wagen wollte, wußte, wovon er sprach. Und Isabella hatte viel übrig für neue Ideen und riskante Entdeckungsfahrten. Sie hörte Kolumbus zu, unterbrach seine Ausführungen selten mit interessierten Fragen, während Ferdinand beinahe teilnahmslos dasaß. Die Königin war ganz und gar nicht abgeneigt, Kolumbus zu unterstützen, wollte aber eine so wichtige, weitreichende Entscheidung nicht alleine treffen. Wozu hatte sie gelehrte Männer um sich? Die sollten das Für und Wider genau abwägen. Die katholischen Experten kamen nach intensiven Beratungen zu einem ablehnenden Urteil, das Kolumbus aber nicht mutlos werden ließ. Immer wieder suchte er, auch durch das aufmunternde Zureden zahlreicher Freunde in Spanien bestärkt, bei Isabella um Audienz an, um sie endlich doch umzustimmen. Isabella wäre wahrscheinlich längst bereit gewesen, ihm die Schiffe zur Verfügung zu stellen, wären seine persönlichen Forderungen nicht unermeßlich gewesen. So wollte er nicht nur Vizekönig über die neuen Länder werden, sondern verlangte und bekam schließlich auch in den »Capitulaciones von Santa Fé«, einer Charta, in der der Auftrag zu neuen Entdeckungen schriftlich niedergelegt war, zugesichert, daß er den Zehnten aller durch die Eroberungen erworbenen Güter als Privateigentum behalten durfte und zusätzlich noch ein Achtel aus dem Gewinn, den der Schiffsverkehr bringen sollte.

Mit dem Titel eines Admirals ausgestattet, stach Kolumbus schließlich doch noch in See, nachdem ihm bei einer neuerlichen Vorsprache in Granada beinahe wiederum ein Expertenkonsortium den Weg versperrt hätte. Kolumbus war schon deprimiert aus der Stadt geritten, als es sich Isabella von einem Moment auf den anderen plötzlich überlegte. Sie schickte dem Genueser einen Boten nach, der ihn zurückholen sollte, und eröffnete ihm völlig unverhofft, daß sie mit seinen Vorstellungen einverstanden sei und ihm die nötigen Mittel zur Verfügung stellen wolle. Dabei hatte Kolumbus bereits in Luis de Santangel einen gewaltigen Fürsprecher und Mäzen, der die Finanzierbarkeit des Unternehmens mit seinem gesamten Privatvermögen absicherte.

Isabella erkannte mit sicherem Instinkt, daß ein Erfolg des Kolumbus für sie, für Kastilien, für ganz Spanien, ja, für die gesamte Christenheit nur von Vorteil sein konnte. Glückte die Fahrt, und hatte der Seefahrer recht, so würde er viel Neues, Wertvolles mit nach Hause bringen. Dazu kam, daß man endlich beginnen konnte, den Ungläubigen auf der anderen Seite des Meeres die Botschaft Christi zu übermitteln. Wie unendlich würden ihre Verdienste für die Ewigkeit sein!

Ferdinand blieb bei den Aktionen seiner Frau im Hintergrund. Er hörte nur dann aufmerksam zu, wenn die Rede auf finanzielle Vorteile kam; alles andere interessierte ihn herzlich wenig, vor allem, da der Atlantik, das Meer im Westen, fern von seinem Einflußgebiet lag. Für ihn war einzig und allein das Mittelmeer von Bedeutung, hier fuhren die aragonesischen Schiffe nach Italien, mit dem man Handel trieb und politische Verbindungen hatte. Wahrscheinlich hätte Kolumbus niemals eine Chance für seine Entdeckung gehabt, hätte Ferdinand eine Entscheidung fällen sollen.

So konnte Isabella für alle Zeiten den Ruhm für sich in Anspruch nehmen, das Genie Kolumbus richtig und rechtzeitig erkannt zu haben. Für sie entdeckte Kolumbus die neue Welt, und mit ihrem Namen sind viele Inseln in der Karibik verbunden.

Isabella war auf dem Höhepunkt ihres politischen Erfolges angelangt, aber so sehr sie auf das, was sie für Spanien erreicht hatte, stolz sein konnte, so sorgenvoll sah sie in die Zukunft, wenn sie ihre Familie betrachtete. Es war ganz anders gekommen, als sie und

Ferdinand geplant hatten. Ihre Kinder hatten in die ersten Familien Europas eingeheiratet; lediglich mit Frankreich war keine verwandtschaftliche Verbindung zustande gekommen. Alles schien hervorragend geregelt zu sein, als wie ein Blitz aus heiterem Himmel ein schreckliches Unheil die Familie traf: Der Thronfolger und Erbe all dessen, was die Könige geschaffen hatten, Juan, starb einige Monate nach der Hochzeit mit der Kaisertochter Margarete. Gerüchte wollten wissen, daß der zarte, zierliche Prinz sich in den Armen seiner drallen flandrischen Frau zu Tode geliebt hatte.

Der Verlust des einzigen Sohnes traf die Eltern aus tiefstem Herzen. Alle Pläne, alle Ziele schienen mit einem Schlag gefährdet zu sein. Wer sollte nun Kastilien, Aragon und die neu erworbenen Gebiete erben? Auch der Sohn Juans, den Margarete nach endlosen Wehen zur Welt brachte, war tot. Tot lag auch eines Tages der kleine Sohn Marias von Portugal in der Wiege; er war nur wenige Monate alt geworden. Isabella und Ferdinand blickten düster in die Zukunft. Mit Entsetzen erkannten sie, daß jetzt die exzentrische Juana in der Erbfolge an nächster Stelle stand. Sie war nach Flandern gezogen, um den einzigen Sohn des Kaisers, den schönen Philipp, zu heiraten. Diesem attraktiven Mann war Juana vom ersten Augenblick an verfallen gewesen, er hatte ihre Sinne berauscht und ihr den Verstand geraubt. Mit rasender Eifersucht verfolgte die junge Frau Philipp auf Schritt und Tritt und konnte doch nicht verhindern, daß er sie bei jeder Gelegenheit mit billigen Weibern betrog. Philipp hatte bald erkannt, daß er in seiner Machtgier von seiner liebeshungrigen Frau alles zu erreichen vermochte, wenn er sie nur ausgiebig im Bett befriedigte. Schlau wie er war, sah er vor allem seine große Chance in Spanien, eine ungeahnte Möglichkeit, die sich ihm durch die Todesfälle im Hause seiner Schwiegereltern bot. Juana würde Kastilien mit all den reichen Nebenländern, aber wahrscheinlich auch Aragon mit Sizilien und Neapel erben. Er überwand seine Aversion den Schwiegereltern gegenüber und zog mit seiner Frau, die ihr viertes Kind erwartete, über die Pyrenäen, um alles zu seinem Vorteil zu regeln. Mit Schrecken erkannte Isabella den Machthunger in den Augen des unersättlichen Schwiegersohns. Sie war sicher, er würde ihr Lebenswerk zerstören, denn ihre Tochter würde wahrscheinlich niemals in der Lage sein, als Königin in Spanien zu regieren.

Von Sorgen um die Zukunft ihrer Länder Tag und Nacht gequält, wurde der Königin erst jetzt bewußt, wie schlecht ihr Gesundheitszustand geworden war. Die dauernden Strapazen hatten sie schnell altern lassen. Die Ärzte kamen und gingen und schüttelten ratlos den Kopf, als sie die erschöpfte Frau untersuchten. Ihre Leiden konnte niemand heilen. Isabella fühlte sich müde und ausgebrannt, vor allem nach den schrecklichen Auftritten mit Juana, und sie ahnte schmerzlich, daß sie diesem großen Kampf mit der Tochter und dem Schwiegersohn nicht mehr gewachsen sein würde. In einem ausführlichen Testament bestimmte sie Ferdinand zum Regenten in Kastilien, so lange, bis der älteste Sohn Juanas, Karl, zwanzig Jahre alt sein würde. Vielleicht würde der junge Habsburger die Integrität seines Großvaters, Kaiser Maximilians, geerbt haben, und dann würde auch in Spanien ein anderer politischer Wind wehen.

Dieser Gedanke beruhigte die todkranke Königin etwas, und auch Ferdinand raubte ihr diese Hoffnung nicht. Obwohl der König manchmal monatelang seine Frau nicht gesehen hatte, wich er jetzt, wo ihn Isabella so dringend brauchte, nicht mehr von ihrer Seite.

Im düsteren Herbst 1504 stand der Tod vor der Tür. So sehr sich auch die Ärzte bemühten, in letzter Minute noch ein Wundermittel zu finden, es gab doch keine Hoffnung mehr. Mit Gott und der Welt im reinen, schloß Isabella von Kastilien in den frühen Morgenstunden des 25. November die Augen für immer. Sie hatte verfügt, nicht einbalsamiert zu werden. In der schlichten braunen Kutte der Franziskaner wollte sie im Kloster des heiligen Franziskus in der Alhambra in ihrem geliebten Granada begraben werden. Einen letzten Wunsch allerdings hatte sie noch geäußert: »Sollte der König, mein geliebter Herr, bei seinem Tode einen anderen Ort zu seiner letzten Ruhestätte bestimmen, so wünsche und befehle ich, meinen Leichnam dorthin zu bringen und ihn an der Seite Seiner Königlichen Hoheit beizusetzen, damit die innige Gemeinschaft, derer wir uns auf Erden erfreuten und die wir durch Gottes Gnade auch für unsere Seelen erhoffen, durch die gemeinsame irdische Ruhestätte zum Ausdruck gebracht sei.«

Keines ihrer Kinder nahm an den Begräbnisfeierlichkeiten teil. Juana stritt sich in Flandern mit ihrem Gatten, Maria war in Portugal unabkömmlich, und Catalina welkte an der Seite des englischen Blaubarts Heinrichs VIII. dahin.

Der Tod Isabellas traf Ferdinand schwer. Er brauchte lange, bis er die neue Situation überblicken konnte. Jetzt war für ihn die Stunde gekommen, sich aus dem übermächtigen Schatten seiner Frau zu lösen. Undurchsichtig und kaum kalkulierbar, wie er ein Leben lang gewesen war, fing er auf seine alten Tage an, Politik ganz im großen Renaissancestil zu machen. Mit dem Tod seiner Frau war er ins politische Blickfeld Europas geraten, jetzt zog er die Augen aller auf sich. Ferdinand begann eine Aktivität, die alle überraschte und die seine verborgenen Leidenschaften zutage brachte. Er hatte noch einmal geheiratet; nicht aus übergroßer Liebe hatte er Germaine de Foix zur zweiten Frau genommen, nein, schlaue Überlegungen hatten den König zum Altar schreiten lassen. Gab es nicht eine Klausel der Cortes, daß Juana und Philipp nur dann die Thronfolge in Spanien antreten konnten, wenn Ferdinand keinen weiteren Nachfolger zeugte? Der König fühlte sich stark und vital genug, um noch einmal Kinder in die Welt zu setzen. Außerdem bot sich plötzlich die unverhoffte Chance, sich mit dem König von Frankreich nach den langen Jahren heftigsten Streits auszugleichen. Germaine de Foix war eine Nichte Ludwigs XI. Wenn auch beileibe keine Traumfrau – sie war häßlich und verkrüppelt –, so war sie doch jung und konnte noch jedes Jahr ein Kind zur Welt bringen.

Philipp der Schöne gebärdete sich wütend, als er von der Wiederverheiratung seines Schwiegervaters erfuhr. Würde ihm der alte Fuchs einen Strich durch die Rechnung machen? Ertrug er deshalb die Hysterie seiner Frau, um schließlich in Spanien doch noch den kürzeren zu ziehen? Aber so sehr er auch Juana wegen ihres Vaters beschimpfte, er konnte doch an der Heirat nichts mehr ändern. Es wäre ohnehin vergeblich gewesen, denn im September 1506 erlag Philipp nach einwöchiger Krankheit einem geheimnisvollen Fieber.

Der Vater spendete der gebrochenen Witwe Juana keinen Trost. So sehr sich Juana von Kindheit auf zum Vater hingezogen gefühlt hatte, so wenig Liebe hatte Ferdinand für diese seine Tochter übrig. Er versuchte alles, um sie zu entmachten, ihr das letzte Selbstvertrauen zu nehmen, und trieb sie immer tiefer in ihre beginnende geistige Umnachtung. Sein Vorteil ging ihm über alles. Er war im europäischen Konzert der Mächte auf einmal ein wichtiges Instrument geworden, und diese Position wollte er mit jedem Mittel, mit jedem noch so üblen Trick festigen und ausbauen. Und es ergaben sich für ihn überraschend viele nie geahnte Chancen. Sizilien gehörte schon lange zum Einflußgebiet von Aragon, und jetzt bot sich plötzlich Neapel an. Wer weiß, vielleicht konnte er noch seine Herrschaft auf den gesamten Mittelmeerraum ausdehnen! Ein Traum würde sich für ihn erfüllen! Diese Länder wollte er seinem Enkel Ferdinand, dem vierten Kind Juanas, das in Spanien das Licht der Welt erblickt hatte, hinterlassen.

Ferdinand war der Liebling des Großvaters, der einzige Mensch, dem der alternde König echte Liebe entgegenbrachte. Denn allmählich hatte er die Hoffnung auf einen eigenen Sohn aufgegeben. Das erste Kind Germaines, ein Knabe, hatte die ersten Stunden seines Daseins nicht überlebt. Die Mühen und Anstrengungen im Ehebett wurden für den alternden König allmählich zur Qual. Wenn er an seine reizlose Frau dachte, überfiel ihn ein leiser Schauder, und er stellte sich vor, wie Germaine wieder ihre Zaubertränke brauen würde, indem sie getrocknete Hoden von Bullen zerrieb und mit starkem Rotwein mischte, um ihm dieses ekelerregende Getränk einzuflößen. Aber die Kraft des Stieres wollte nicht über ihn kommen; er sehnte sich nur noch nach Ruhe. Seine Frau nahm auf seinen körperlichen Zustand keine Rücksicht, sie wollte unter allen Umständen wieder zu einem Kind kommen, verfolgte ihn auf Schritt und Tritt und warf ihn fast aufs Lager. Allmählich wurde der König zur Spottfigur, man flüsterte über ihn und sein Schicksal in den Tavernen, und lüstern heuchelte man Mitleid, wenn man hörte, wie er vor aller Augen und bei den unpassendsten Gelegenheiten von seiner Frau ins Bett gezerrt worden war.

Mit jedem Jahr, das ins Land zog, wurde Ferdinand mürrischer und unzugänglicher. Ruhelos zog er landauf, landab, immer auf der Suche. Wonach? Er wußte es selbst nicht mehr. Es hielt ihn an keinem Ort, und alles, womit er sich jahrzehntelang beschäftigt hatte, wurde ihm zur lästigen Qual. Er hatte keine Freunde und keinen, dem er wirklich vertrauen konnte. Auf einer Bärenjagd erlitt er im Jahr 1515 einen schweren Herzanfall, der ihm die Kräfte vollends raubte; im Januar 1516 schließlich schlug seine Todesstunde.

Bis zu seinem letzten Atemzug war Ferdinand in Angst und Sorge um die Nachfolge in Aragon und Kastilien. Er setzte alles daran, daß sein Enkel Ferdinand Isabellas und sein Land erben sollte, aber seine Berater stellten ihm vor Augen, daß diese Abmachung einen Bruderkrieg zwischen Karl und Ferdinand vom Zaune brechen konnte. Und das war das letzte, was der König wollte. So schloß er die Augen in Ungewißheit und konnte nicht ahnen, daß sich die Brüder einmal friedlich einigen würden.

Das Schicksal Isabellas und Ferdinands hatte sich erfüllt. Ihr letzter Wunsch hatte sie in Granada zusammengeführt; der Tod hatte einen Ausgleich geschaffen zwischen der starken Frau und dem geliebten Mann, der, so lange sie lebte, in ihrem Schatten gestanden war.

Die wahre Königin und ihr Vasall

MADAME DE POMPADOUR UND LUDWIG XV.

»Sie hat kein gutes Wetter, die Marquise!« Langsam trat der König ans Fenster. Mit steinernem Gesicht blickte er unverwandt in den strömenden Regen hinaus, hinunter auf den kahlen Park mit den schwarzen, nassen Bäumen, durch den Madame de Pompadour, seine langjährige Mätresse, ihren letzten Weg antreten würde. Beinahe zwanzig Jahre ihres Lebens hatten sie miteinander verbracht, und diese Zeit schien an Ludwig XV. fast spurlos vorbeigegangen zu sein. Nur ein leichter Hauch des Bedauerns hatte ihn gestreift, ein Anflug von Trauer ihn kurz beunruhigt, als man ihm den lang erwarteten Tod der Marquise mitgeteilt hatte.

Der König wandte sich jäh um. Ein neues Leben konnte endlich beginnen, er war wieder frei. Frei wofür? Für seine Langeweile, die ihm die Marquise bis zur Selbstaufopferung zu vertreiben versucht hatte, frei für seine zögernde Entschlußlosigkeit, aus der ihn die Pompadour mit starker Hand gerissen hatte, frei für neue, junge, schöne Frauen und ihre Liebeskunst, die er auch an der Seite der Mätresse »en titre« in vollen Zügen hatte genießen können... Frei für neue Taten, aber für welche? Die Marquise war ihm im Laufe der Zeit zu einer bedrückenden Last geworden, die er täglich aufs neue spürte, die er aber trotzdem brauchte. Er hatte es nicht bemerkt, wie Madame de Pompadour ihn ganz leise und beinahe unmerklich an sich gekettet hatte. Und das war bei einem wankelmütigen, durch alle möglichen Intrigen beeinflußbaren Menschen wie Ludwig XV. ein wahres Wunder. Die Marquise von Pompadour hatte alle Anfeindungen, alle Kabalen und Ränke, alle üblen Nachreden und Gerüchte, alle perfiden Verleumdungen schadlos überstanden. Sie war im Kampf um den König und damit im Ringen um die Macht als Siegerin hervorgegangen. Sie hatte das Zeug zu einer heimlichen Herrscherin, zu einer Politikerin von

europäischem Format, zu einer Kunstmäzenin, die eine ganze
Epoche prägte, aber auch zu einer intriganten, skrupellosen Aus-
beuterin, die das französische Volk an den Bettelstab gebracht hatte. Sie war ein Mensch von überragenden Tugenden und abgrundtiefen Lastern, eine Frau, die alle guten und schlechten Seiten der
menschlichen Natur verkörpern konnte.

Und dieser Frau hatte sich Ludwig XV., blind vor Besitzgier und
Leidenschaft, ausgeliefert, diesem Weib war er ahnungslos in die
Netze gegangen.

Beinahe über Nacht war Ludwig im zarten Alter von fünfzehn
Jahren verheiratet worden. Man hatte es überaus eilig, dem Uren-
kel des Sonnenkönigs das Ehejoch aufzubürden. Dabei erwies es
sich als kompliziert und schwierig, in Europa eine geeignete katholische Prinzessin ausfindig zu machen, die wenigstens einigermaßen im Alter zum zukünftigen König von Frankreich paßte. Es
gab zwar viele Töchter an den bedeutenden Höfen, die einen aber
waren noch viel zu jung, die anderen wieder überreif, so daß man
von ihnen keine Nachkommen mehr erwarten konnte. Nach langem Hin und Her blieb nur noch die unscheinbare Tochter des abgedankten Königs von Polen, Stanislaus Leszczinski, übrig. Der
zukünftige Schwiegervater hatte Land und Krone verloren und in
Frankreich um Exil gebeten. Grenzenlos muß die Enttäuschung
des schönen Jünglings Ludwig gewesen sein, der sich Maria Leszczinska wohl als glutvolle Polin vorgestellt hatte, als der Wagenschlag der prächtigen Kutsche geöffnet wurde und das ältliche,
temperamentlose und bigotte Mädchen herausstieg. Wer konnte es
dem jungen König übelnehmen, wenn er den reizvollen Pariserin-
nen und den anmutigen Damen aus ganz Frankreich nie widerstehen konnte? Die holde Weiblichkeit war es, die ihn aus seiner Langeweile, aus seiner Tristesse, reißen konnte, die seine Sehnsucht für
kurze Momente stillte. In den weißen Armen und an den prallen
Brüsten der willigen Mädchen vergaß der König seine Melancholie, seine Schwermut, die ihn ein Leben lang verfolgten; nur in den
seidenen Himmelbetten konnte er ganz Mensch sein, ein ganzer
Mann.

Sein Urgroßvater, der vielgepriesene und oft verfluchte Sonnenkönig, Ludwig XIV., hatte Generationen überdauert; er war gestorben, als Ludwig fünf Jahre alt war. Und der Knabe hatte den schon
in seinen Grundfesten morschen Thron von Frankreich geerbt,
ohne daß er natürlich in der Lage gewesen wäre, tatsächlich zu re-

gieren. Zwei Regenten übten die Herrschaft in den nächsten zehn Jahren aus: Philipp von Orléans, der hemmungslose Sohn Liselottes von der Pfalz, der das Land durch gewagte Spekulationen dem finanziellen Abgrund, ja, dem Staatsbankrott bedenklich nahe brachte. Sein Tod in den Armen einer Mätresse war das Ende eines ausschweifenden Lebenswandels, von dem man im damaligen, bestimmt nicht prüden Frankreich nur schamrot zu flüstern wagte. Die Mär von den riesigen Schalen aus blankem Silber, auf denen nackte Mädchen von einem zum anderen gereicht wurden, war nur eine von Dutzenden solcher Geschichten über den Regenten. Sein Nachfolger, Herzog Louis Henri de Bourbon, kümmerte sich dagegen vor allem um die möglichst rasche Absicherung des Throns für das Haus Bourbon. Die Krone durfte unter keinen Umständen an das verfeindete Haus Orléans fallen; darum wurde auch die Verlobung Ludwigs XV. mit der kindlichen spanischen Infantin von einem Tag auf den anderen gelöst. Die junge Braut wurde ohne viel Federlesens kurzerhand heimgeschickt. Daß der Vater des Mädchens, König Philipp V. – ebenfalls ein Bourbone – die Schmach, die man ihm und seiner Tochter angetan hatte, den Franzosen niemals vergessen würde, zeigte sich viele Jahre später.

In Paris war man über die neue Braut Maria Leszczinska entsetzt. Nie und nimmer würde dieses bigotte späte Mädchen, das noch dazu einige Jahre älter als Ludwig war, den bezaubernden jungen König fesseln können, niemals würde Maria neben ihm auf dem glänzenden französischen Thron gebührend repräsentieren können. Trotzdem wurde die Hochzeit sobald wie möglich gefeiert; der junge Ehemann sollte bald einen Sohn zeugen. Und diese Pflichten nahm er auch sehr ernst: In den nächsten zehn Jahren zeugte er in schöner Regelmäßigkeit und Beharrlichkeit zehn Kinder. Und obwohl er im Volksmund schon bald den Beinamen »der Vielgeliebte« erhielt, konnte man auch beim schlechtesten Willen dem König keine Eskapaden mit anderen Frauen nachsagen. Die Herzen flogen dem schönen jungen Mann mit den blauen Augen und dem ganz gegen die Sitte ungepuderten schwarzen Haar zu, und einstweilen setzte man noch große Hoffnungen auf ihn. Nur manchmal fühlte man mit leichtem Schrecken, daß er melancholisch war, daß er, obwohl körperlich kräftig und wohlgebaut, einen wehmütigen Ausdruck in den Augen hatte, der so gar nicht zu seiner Jugend passen wollte. Ludwig hatte wenig wirkliche Interessen. Sein Leben war von Kindheit an leer geblieben, es hatte nichts gegeben, mit dem er sich ernsthaft beschäftigt hatte, außer mit der Jagd. Aber diese Leidenschaft entwickelte seinen Charakter nicht gerade in die beste Richtung, denn er begnügte sich schon bald nicht mehr damit, das Wild auf weidmännische Art zu jagen und zu erlegen; er ging daran, gefangene Tiere auf grausame Art zu Tode zu quälen und sich an den Schmerzen der bedauernswerten Kreaturen zu weiden.

Auch nach seiner Krönung war Ludwig nicht der Mann, der sich aufraffen, der sich versierte Berater suchen konnte, der in der Lage gewesen wäre, wohlüberlegte Entscheidungen zu treffen. Er war kein Charakter wie Maria Theresia! Er blieb lieber in den seidenen Kissen liegen und ergötzte sich an seiner öden Langeweile.

Auch seine Familie, die neun Töchter und der Dauphin, konnte ihn nicht zu irgendwelchen Taten bewegen. Und seine Frau, die Königin, erkaltete in den Armen des unersättlichen, stürmischen Mannes mehr und mehr. Wahrscheinlich fürchtete sie die immer neuen und von Jahr zu Jahr gefährlicher werdenden Schwangerschaften. Bei seinen ausgeprägten sexuellen Neigungen aber konnte Ludwig alles andere eher brauchen als eine frigide Frau. Dieses offene Geheimnis war für die Intriganten am französischen Hof eine willkommene Chance. Denn das Bett war für den König der Hauptanziehungspunkt in der Öde seiner Tage.

Am Hof von Versailles begann man sich den Kopf darüber zu zerbrechen, wie man es wohl bewerkstelligen sollte, Ludwig eine Mätresse schmackhaft zu machen. Natürlich geschahen diese Überlegungen nicht aus uneigennütziger Menschenfreundlichkeit. Eine Clique intrigierte gegen die andere, jede wollte auf ihre Weise den labilen, unschlüssigen König mit Hilfe einer Geliebten aus dem eigenen Lager in die Hand bekommen, jede wollte die Macht am Hof erringen. Und so wetteiferte man, wem es wohl gelingen würde, den zunächst noch treuen, seiner Ehefrau ergebenen König in die Arme einer raffinierten Mätresse zu führen. Niemand, der bei Hofe Rang und Namen hatte, ließ es sich nehmen, an dem amüsanten Spiel teilzuhaben. Und was der greise Kardinal Fleury in einem Anflug von lüsterner Laune begonnen hatte, setzte der Herzog von Richelieu fort. Man versuchte dem König die Vorzüge der Gräfin de Mailly, der Tochter des Herzogs von Nesle, vor Augen zu führen, ihren Namen bei jeder Gelegenheit wie beiläufig zu erwähnen und anzügliche Bemerkungen zu machen, die das Interesse des Königs wecken sollten. Aber immer noch wollte Ludwig von einem außerehelichen Abenteuer nichts wissen, er hielt sich wie ein Kind die Ohren zu und verbot jedem nachdrücklich, ihn in Versuchung zu führen. Aber Fleury und Richelieu ließen nicht locker, und eines Tages schritten sie entschlossen zur Tat: Eine Kutsche brachte die schöne Gräfin heimlich ins Schloß, wo sie schon erwartet wurde. Über eine geheime Treppe gelangte sie unbemerkt in die Gemächer des Königs. Dort räkelte sie sich – ihrem Auftrag gemäß –, äußerst spärlich bekleidet, in verlockender Pose auf einem seidenen Kanapee, die Röcke hochgeschoben bis zu den spitzenbesetzten Strumpfbändern, die vollen Brüste unverhüllt. Als der ahnungslose König den Raum betrat, prallte er vor Schreck zurück. Aber sein Kammerdiener Bachelier, der hinter ihn getreten war, gab ihm einen leichten Stoß, so daß Ludwig direkt in die offenen, bereitwilligen Arme der Gräfin fiel. Was blieb ihm anderes übrig, als...

Mit der ersten Mätresse begann für Ludwig ein völlig neues Leben. Jetzt erst glaubte er zu wissen, was er in den zehn Jahren im Ehebett mit der langweiligen Polin versäumt hatte. Wie anders zeigte sich ihm jetzt die Liebe, wie viele Variationen des Genusses und der Lust waren ihm bisher verborgen geblieben! Das alles holte er jetzt im Übermaß nach. Fleury und Richelieu durchschauten den König ganz und gar, seine Trägheit, Planlosigkeit, seinen Mangel an Ehrgeiz und Entschlußkraft. Was sie aber nicht geahnt hatten, war, daß Ludwig immer wieder neue Abwechslungen suchen würde, daß die erste Mätresse, die sie ihm ins Bett gelegt hatten, sicherlich nicht die letzte sein würde. Hatten sie auch den König über die Gräfin Mailly in subtiler Weise beeinflußt, so war damit noch lange nicht gesagt, daß dies auch in Zukunft so sein würde. Bald würde der Tag kommen, an dem eine raffinierte, machtgierige, intrigante, aber auch intelligente Frau dem König das Zepter, das er so desinteressiert in Händen hielt, entreißen würde. Diese Frau mußte kommen, das wußten alle am Hof von Versailles, und alle fürchteten sich davor.

Eine stadtbekannte Wahrsagerin hatte der kleinen Jeanne-Antoinette Poisson im zarten Kindesalter die Zukunft prophezeit, und die ehrgeizige, schöne Mutter des Kindes war hochbeglückt gewesen über die phantastischen Aussichten für die Tochter. Nach einem langen Blick in die gläserne Kugel glitt über das Gesicht der Madame Lebon ein strahlendes Leuchten, und entzückt rief sie aus, daß Jeanne-Antoinette einmal ein Bissen für den König sein werde. Das war das höchste Glück für jedes Mädchen im damaligen Frankreich: im Bett des »vielgeliebten« Königs zu Reichtum und Ansehen zu kommen.

Im Hause Poisson hatte sich in den letzten Jahren viel ereignet. Jeanne-Antoinette kannte den Vater, einen Fleischer, der zum Heereslieferaten aufgestiegen war, nur aus den wenig schmeichelhaften Erzählungen der Mutter. Er hatte nicht nur betrogen und veruntreut, nein, er hatte sich auch an junge Mädchen herangemacht und sie brutal vergewaltigt. Die Polizei war Jean-Baptiste Poisson schon lange auf den Fersen, und der Metzger hatte Hals über Kopf Paris verlassen müssen, um dem Galgen zu entgehen. Daß der Ehemann verschwunden war, stimmte die lebenslustige Mutter, eine geborene de la Mothe, nicht allzu traurig, im Gegenteil: Jetzt erst konnte sie so richtig ihren Neigungen nachgehen, ihre Koketterie ausspielen und mit ihren Kavalieren lauschige Schäferstündchen genießen. Madame Poisson war weit und breit wegen ihrer Schönheit und ihres Charmes bekannt, man schätzte ihre Gesellschaft, vor allem, da sie sich zu vorgerückter Stunde nicht allzu prüde zeigte. Allerdings hatte als Liebhaber nur der eine Chance, der die richtige Anzahl von Goldmünzen auf ihrem Nachttisch – natürlich rein zufällig – vergaß.

Zwei sehr wohlhabende Männer machten schließlich das Rennen um die Gunst der schönen Verlassenen. Beide standen schon in reiferem Alter, hatten reichlich Lebenserfahrung gesammelt, und deshalb störte es sie nicht, daß Madame Poisson von einem Bett ins andere stieg. Als die reizende Tochter Jeanne-Antoinette am 29. Dezember 1721 das Licht der Welt erblickte, schmeichelte sich vor allem Lenormand de Turneheim, der Vater des schönen Kindes zu sein. Wahrscheinlich konnte selbst die Mutter den Namen des wahren Vaters nicht nennen, so schnell hatte sie ihre Liebhaber gewechselt. Offiziell allerdings galt der verschwundene Ehemann Jean-Baptiste Poisson ein Leben lang als der leibliche Vater der späteren Madame de Pompadour.

Das lebhafte Kind mit den seidigen braunen Locken erfreute nicht nur die stolze Mutter. Dem Blick ihrer großen dunkelgrauen Augen, in denen sich all seine Stimmungen und Gefühle ausdrückten, konnte vor allem der alternde Herr Lenormand nicht widerstehen; er dankte dem Himmel dafür, daß ihm auf seine alten Tage noch eine so reizende Tochter geschenkt worden war. Das Kind konnte von ihm alles haben, was das Herz begehrte, es brauchte ihn nur anzulächeln, und schon war es um ihn geschehen. Madame Poisson oder de la Mothe, wie sie sich schon bald wieder nannte, und der stolze Ziehvater waren sich schon bald darin einig, daß für die Tochter, der die Welt offenstehen sollte, die besten Lehrer gerade gut genug seien. Jeanne-Antoinette sollte sich in jeder noch so vornehmen Gesellschaft so bewegen können, als wäre sie in der gepflegten Atmosphäre eines Schlosses aufgewachsen. Man konnte ja nie wissen, wie das Schicksal spielen würde. Womöglich ging die Prophezeiung der Wahrsagerin doch eines Tages in Erfüllung, und Jeanne würde den König von Frankreich in ihren Bann ziehen. Dann mußte sie vor tausend neugierigen Augen bestehen, mußte nicht nur Charme und Anmut, sondern auch Bildung zeigen.

Die Lehrer des jungen Mädchens waren begeistert von seinen Talenten und Fähigkeiten, aber auch von dem Eifer, mit dem Jeanne alles aufnahm, was sie ihr an Wissen und Erkenntnissen darboten. Nach anstrengenden Stunden über den Büchern, die für sie schon bald die Welt bedeuten sollten, schritt das Mädchen leichtfüßig übers glatte Tanzparkett und übte die graziösen Schritte ein, die ihm der berühmte Tanzmeister Guibaudet vorzeigte. Auch hier entwickelte Jeanne außerordentliches Talent und bewegte ihren Körper so anmutig, daß alle, die sie beobachteten, in Verzückung gerieten. Die Musen selbst schienen Pate gestanden zu sein, als man Jeanne aus der Taufe hob. Wenn sie dann mit ihrer melodiösen Stimme heitere Lieder sang, und sich selbst auf der Laute begleitete, verstummten alle Gespräche. Jeanne war schon als Kind der vielbestaunte und bewunderte Mittelpunkt jeder Gesellschaft, und so mancher vergaß über ihren Darbietungen Raum und Zeit und betrachtete hingerissen ihr ernsthaftes, ausdrucksvolles Gesicht.

Die Kinderjahre verbrachte Jeanne sorglos und fröhlich zusammen mit ihrer Mutter und ihrem jüngeren Bruder im großen Haus des Herrn Lenormand von Turneheim, in gepflegter, geselliger Atmosphäre. Man lud sehr gerne Gäste ein und verbrachte so manchen Abend bei amüsanten Spielen, geistreichen Gesprächen oder auch nur bei exzellentem Essen, bei dem köstliche Weine natürlich nicht fehlen durften. Freunde und Bekannte gaben sich die Klinke in die Hand. Es war das unbeschwerte, abwechslungsreiche, amüsante Leben eines Mädchen aus reichem Hause, das alles besaß –

außer einem Adelsprädikat, das ihm den Weg in die erste Gesellschaft Frankreichs geebnet und die Tore zu den Palästen geöffnet hätte. Jeanne genoß die interessanten Diskussionen mit gebildeten Leuten, die als Gäste des Hauses geladen waren, und sprach mit Malern und Bildhauern über neue Möglichkeiten in der Kunst. Dann wieder wechselte man das Thema und verkleidete sich, um zur Freude aller ein amüsantes Theaterstück aus der Feder eines jungen Dichters aufzuführen. Und Jeanne ließ sich nicht lange bitten, selbst in der Hauptrolle aufzutreten.

Sie hatte noch nicht die Kinderschuhe abgestreift, als schon galante Kavaliere jeden Alters versprachen, ihr die Welt zu Füßen legen zu wollen. Nicht für ein flüchtiges Abenteuer machten sie dem schönen Mädchen den Hof; alle hatten nur die eine Absicht, sie als Braut zum Altar zu führen. Aber für den »Ziehvater« kam nur ein Mann in Betracht, den er reichlich mit Geld und Besitztümer ausstatten wollte, damit er für Jeanne als Mann wenigstens auf diese Weise attraktiv sein konnte: Sein einziger Neffe Charles-Guillaume Lenormand sollte nach seinem Willen die allseits begehrte Mademoiselle Poisson als Gemahlin heimführen.

Freilich war dieser Heiratskandidat nicht das, was man sich unter einem Traummann vorstellt. Nicht einmal mittelgroß, schmächtig, mit einem eher unansehnlichen Allerweltsgesicht, hätte er es vielleicht gar nicht gewagt, das schöne Mädchen zu freien. Die beiden jungen Leute kannten sich schon seit ewigen Zeiten, ihr Verhältnis zueinander war seit jeher freundschaftlich gewesen, Charles war für Jeanne ein willkommener Spielgefährte, in dessen Gesellschaft sie sich immer wohlgefühlt hatte. An eine Heirat allerdings hatte sie nie gedacht. Die Hälfte der Güter des Onkels – und die waren ausgedehnt und ertragreich – sollten Charles-Guillaume überschrieben werden, wenn sie ihr Ja-Wort gab. Jeanne wußte, sie würde an der Seite dieses Mannes eine reiche Frau sein, die ihr zukünftiges Leben nach Lust und Laune gestalten konnte. Wer fragte da schon nach Liebe?

Charles Guillaume war ein aufmerksamer und zärtlicher Ehemann, der alles versuchte, um die Liebe seiner jungen Frau zu gewinnen und ihre Leidenschaft zu entfachen. Er bemühte sich vergeblich, denn auch später im Bett des schönen, erfahrenen Königs von Frankreich geriet das kühle »Fischblut« Jeannes nicht in Wallung.

Obwohl die Ehe mit Charles-Guillaume nicht gerade abwechslungsreich war, spürte Jeanne doch jeden Tag aufs neue die wärmende Fürsorge, mit der sie von ihrem Ehemann verwöhnt wurde. Dabei konnte sie sich nach wie vor kaum vor den manchmal recht zudringlichen Anbetern retten, da sie nach der Geburt ihrer beiden Kinder eher noch attraktiver geworden war. Ihr Söhnchen war schon nach wenigen Monaten gestorben, und so galt ihre ganze Fürsorge ihrer kleinen Tochter Alexandrine, die sie wie einen Augapfel hütete. So sehr sich die Verehrer auch bemühten, sie zu einem Abenteuer zu verführen, so standhaft blieb Madame d'Etioles, wie sie nun hieß. Sie genoß die begehrlichen, feurigen Blicke; die zarten, flüchtigen wie zufälligen Berührungen reizten sie zwar, und sie verstand es, die leidenschaftliche Glut ihrer Kavaliere immer wieder aufs neue anzufachen. Aber keiner, auch nicht der Abbé Bernis, der seine kirchlichen Gelübde von einem Moment auf den anderen vergaß, wenn er in die schönen Augen Madame d'Etioles blickte, konnte ihre Sinne so reizen, daß sie sich in einer schwachen Stunde vergessen hätte. Und wenn die Anzüglichkeiten der Herren allzu deutlich zu werden versprachen, antwortete sie stets mit einem unergründlichen, schelmischen Lächeln, daß nur der König selbst für sie als Liebhaber in Betracht käme. Man lachte über diesen Scherz, und niemand ahnte, daß sich hinter dieser launigen Bemerkung eine felsenfeste Absicht verbarg.

Schloß Etioles, wo das junge Ehepaar den Sommer über wohnte, war schon bald weit und breit bekannt, nicht allein durch die attraktive, geistreiche Schloßherrin, sondern auch dadurch, daß Gelehrte, Dichter und Schriftsteller hier jederzeit willkommen waren. Männer, die später als Dichter Berühmtheit erlangen sollten, trugen in den geschmackvoll ausgestatteten Räumen ihre ersten Werke vor, man diskutierte und kritisierte, man regte an und schlug vor. Und so manche Gedanken wurden aufgegriffen und in Poesie umgesetzt. Der große Voltaire fühlte sich hier genauso heimisch wie Männer, die in der Kunst noch keinen Namen besaßen und die erst durch die Protektion der späteren Madame de Pompadour zu höchsten Ehren gelangen sollten. Maler und Kupferstecher stellten neue Farbkompositionen und Techniken vor – es waren die ersten Versuche und zaghaften Anfangsschritte, die später in der Kunst des Rokoko ihre Vollendung finden sollten.

Jeanne-Antoinette war von Jahr zu Jahr noch schöner und reizvoller geworden. Sie war eine echte Königin auf Schloß Etioles. Allmählich aber begann sie aus ihrer Traumwelt zu erwachen. Wann sollten die Worte der Wahrsagerin eigentlich für sie Wirklichkeit werden, wenn nicht in nächster Zukunft! Sie wollte nicht ein Leben lang die kleine Madame d'Etioles bleiben, sie wollte hinaus aus der Enge des Landschlosses, dorthin, wo sich die große Gesellschaft ein Stelldichein gab. Sie wollte im gleißenden Licht des Schlosses von Versailles an der Seite des Königs von Frankreich sitzen – als »Mätresse en titre«, als heimliche Herrscherin. Lag sie einmal in den Armen des Königs, dann stand die Welt für sie offen. Das war aber leichter gedacht als getan. Lange zerbrach sie sich den Kopf, wie sie zu Werke gehen sollte. Ihre Beziehungen zum Hof waren äußerst dürftig, sie würde von den untersten Hofschranzen abgewiesen werden, wenn sie versuchte, den König in Versailles unter irgendeinem Vorwand aufzusuchen. Irgendwie mußte es ihr gelingen, dem Vielumschwärmten aufzufallen! Aber dann war die Stunde gekommen, auf die Jeanne schon so lange gewartet hatte: Ihr Vetter Binet, der Kammerdiener des Königs, ließ ihr die Nachricht zukommen, daß Ludwig XV. im Wald von Sénart, in der Nähe von Schloß Etioles, zur Jagd unterwegs sei. Jeanne überlegte nicht lange, zog ihr elegantestes Jagdkleid an, holte ein prachtvolles Pferd aus dem Stall und sprengte in gestrecktem Galopp der Kutsche des Königs nach. Als sie Ludwig von weitem erblickte, hielt sie ihr Pferd kurz an, grüßte mit reizendem, vielversprechendem Lächeln und stob, so schnell sie gekommen war, wieder davon. Der verblüffte König wußte nicht, wie ihm geschehen war. Am nächsten Tag wiederholte sich das Schauspiel, denn Jeanne wußte genau, wann und wo der König zur Jagd fahren wollte. Und so fiel es ihr nicht schwer, immer wieder knapp an der Kutsche Ludwigs vorbeizureiten und dem allmählich neugierig werdenden Herrscher verheißungsvolle Blicke zuzuwerfen. Das Verhalten der schönen Unbekannten fiel auf, aber nicht nur der König nahm Notiz von ihr: Auch die regierende »Mätresse en titre«, die Gräfin Châteauroux, dritte Tochter des Herzogs von Nesle, witterte Gefahr. Selbst ein Blinder konnte ja bemerken, wie die schöne Fremde allmählich alle Register der Verführungskunst zu ziehen begann.

Zum Hofgespräch wurde Madame d'Etioles eines schönen Tages, als eine himmelblaue Kutsche unvermutet den Weg des Königs kreuzte. Die Fenster des Wagens waren halb verhängt, aber Ludwig konnte doch die unbekannte Dame erkennen, raffiniert in Blaßrosa gekleidet, mit einem hinreißenden Lächeln auf den schönen Zügen. Am nächsten Tag bot sich eine ähnliche Überraschung: Jetzt saß die Dame, in prächtiges Himmelblau gehüllt, in einer rosafarbenen Kalesche. Noch bevor Ludwig irgendwelche Anordnungen erteilen konnte, handelte die Gräfin Châteauroux: So konnte es nicht weitergehen! Sie ließ der raffinierten Dame in aller Deutlichkeit mitteilen, daß ihre Gegenwart unerwünscht sei, wenn der König sich anschicke, in irgendeiner Gegend zu jagen. Er wolle nicht belästigt werden.

Jeanne-Antoinette verstand die heimliche Drohung und wußte, daß es lebensgefährlich für sie sein konnte, sich den Argwohn der Mätresse zuzuziehen. Sie mußte ihre Taktik ändern, um ihr Ziel zu erreichen. Der Herrscher war auf sie aufmerksam geworden, der erste Schritt war gesetzt!

Als allgemein bekannt wurde, daß am 28. Februar 1745 anläßlich der Hochzeit des Dauphins Ludwig mit der Infantin Maria Theresia Antoinette von Spanien im Hôtel de Ville ein Maskenball stattfinden würde, zu dem alle Pariser, gleich welchen Standes, Zutritt haben sollten, wußte Jeanne, was sie tun wollte. Hier würde es ein leichtes sein, direkt an den König heranzukommen. Ludwig XV. hatte eine ausgesprochene Vorliebe für derlei volkstümliche Unterhaltungen. Hinter irgendeiner Maske versteckt, konnte er hier völlig ungezwungen nach den schönen Mädchen aus dem Volk Ausschau halten und war nicht an das steife Hofzeremoniell gebunden.

Madame d'Etioles hatte sich sorgfältig maskiert, und sie war sich sicher, daß das überaus geschmackvolle und sehr freizügige Kostüm die begehrlichen Blicke des Königs auf sich ziehen würde. Das Fest war schon in vollem Gange, als Jeanne, als Diana verkleidet, den Ballsaal betrat. Ein erstauntes Flüstern ging durch die Reihen der Tanzenden: Wer verbarg sich hinter dieser reizenden Maske? Auch der König war aufmerksam geworden, und seine bewundernden Blicke verfolgten Jeanne, als sie über das Tanzparkett glitt, wie zufällig ganz in seine Nähe.

Der »Vielgeliebte« war wie immer von einem Reigen der schönsten Damen umgeben, er verteilte huldvoll seine tiefen, vielsagenden Blicke und seine charmanten Komplimente. Aber wer war die schöne Unbekannte, die ihm solch lockende Blicke zuwarf? Von seinem Kammerdiener Binet hatte er erfahren, daß die kühne Reiterin und die geheimnisvolle Dame aus den bunten Kutschen sich auch auf dem Ball vergnügen wollte. Konnte es sein, daß sie jetzt vor ihm stand, sie, deren Bekanntschaft er so sehr herbeiwünschte? Die Gräfin Châteauroux war unerwartet gestorben, und der König sehnte sich nach einem neuen Abenteuer. Er fühlte sich einsamer denn je, aber Binet hatte ihm, bevor er Versailles verlassen hatte, versprochen, daß er sich an diesem Abend bestimmt nicht langweilen würde. Er kannte die Probleme seines Herrn, denn wie jeder Kammerdiener war auch er für Ludwig zugleich Vertrauter, Beichtvater und Freund. Er hatte reichlich Gelegenheit, mit seinem Herrn über die Frauen zu sprechen, und während er den König sorgfältig ankleidete, erzählte er ihm wie beiläufig von seiner schönen Cousine, der unbekannten Dame, die sich nichts sehnlicher wünschte, als die Bekanntschaft Ludwigs zu machen. Binet verstand es meisterlich, die Reize Jeannes zu schildern, ihren hinreißenden Charme und ihre künstlerischen Interessen. Allmählich fühlte der König, wie seine schlaffen Sinne belebt wurden von dem Gedanken, die schöne Madame Etioles in naher Zukunft persönlich kennenzulernen.

Neckisch umgirrte Jeanne den umschwärmten König, der keinen Schritt von ihrer Seite wich. Verführerisch schmiegte sie sich kurz an ihn und hauchte ihm einige Worte ins Ohr. Dann hob sie blitzschnell für einen Augenblick ihre Maske und war im nächsten Moment im dichten Gedränge verschwunden.

Das war das Spiel, das der König liebte. Plötzlich war er hellwach, alle Müdigkeit und Lethargie waren verschwunden, und er versuchte hinter der schönen Maske herzueilen, aber Jeanne war nirgends mehr zu finden. Mit einer graziösen Geste griff der König in seinen mit Gold und Edelsteinen kostbar bestickten Rock und zog ein reich mit Spitzen besetztes, parfümiertes Taschentuch heraus. Vor den Augen der Ballbesucher ließ er es langsam in die Richtung fallen, in der die schöne Maske verschwunden war. Ein überraschtes Gemurmel ging durch den Ballsaal, man steckte flüsternd die Köpfe zusammen, denn man kannte die Usancen des Herrschers und wußte, was diese königliche Geste zu bedeuten hatte: »Das Taschentuch des Sultans ist geworfen!« Der König hatte seine Absicht in aller Öffentlichkeit kundgetan. Eine neue Liaison kündigte sich an.

Aber qualvolle Wochen der Ungewißheit vergingen, die Madame d'Etioles der Verzweiflung nahebrachten. Der König ließ sich Zeit. Er hatte ihr weder eine Botschaft noch eine Einladung in seine Gemächer zukommen lassen. Konnte es sein, daß ihre ausgeklügelte Rechnung doch einen winzigen, aber um so schwerer wiegenden Fehler enthielt? Nach zahlreichen schlaflosen Nächten vertraute sie sich aufs neue ihrem Vetter an, der nichts Eiligeres zu tun hatte, als die Sehnsucht des Königs nach einem neuen Abenteuer weiter zu schüren. Ein paar scheinbar nebenbei hingeworfene Worte der Andeutung, ein paar flüchtige Bemerkungen genügten, um in Ludwig die Neugierde auf die schöne Unbekannte wieder zu entfachen. Zu sehr hatte ihn die kühne Reiterin, die raffinierte Dame in der Kutsche und die verführerische Göttin der Jagd auf dem spiegelnden Parkett in Hôtel de Ville gereizt. Trotzdem zögerte der König immer noch, bis er den Auftrag gab, Jeanne zu einem intimen Souper in seine Gemächer zu bitten. Binet ließ es sich nicht nehmen, der schönen Cousine die Einladung selbst zu überbringen. Das goldene Tor in eine glanzvolle Zukunft war weit aufgestoßen. Jetzt lag es einzig und allein an ihr, den weiteren Weg zielsicher zu betreten.

Wie immer bei solchen Gelegenheiten empfing Ludwig XV. Madame d'Etioles in seinen Privatgemächern. Die vielen Diener, die dem König jeden Wunsch von den Augen ablasen, wußten genau, wie sie sich an derlei Abenden zu verhalten hatten. Sie würden sich auf einen diskreten Wink des Königs hin augenblicklich unauffällig zurückziehen.

Aufgeregt und neugierig wie ein Jüngling lauschte Ludwig auf das Knirschen der Räder des Wagens, in dem Madame d'Etioles vorfuhr. Binet selbst wartete unten im Hof des Schlosses, um seine Cousine über eine Hintertreppe bis zu den Räumlichkeiten des Königs zu geleiten. Der Augenblick, von dem Jeanne jahrelang geträumt hatte, war gekommen. Leicht verwirrt und errötend versank sie in einem tiefen Hofknicks vor dem König, der ihr charmant die Hand reichte und ihr dadurch – ganz ein Kavalier – über die erste Verlegenheit hinweghalf. Nun stand sie also vor ihm, eine grazile junge Frau mit Augen, die ihn vom ersten Moment an in Bann schlugen, mit einem ebenmäßigen, schönen Gesicht und einem lockenden Mund. Sie war anders als die Frauen, die er bisher im Arm gehalten hatte, die alle mit ihren üppigen Reizen nicht geizten. Diese zerbrechliche, überschlanke Person strahlte etwas aus, das Ludwig nicht kannte und das ihn unsicher machte. Hier bot sich ihm nicht eine verführerische Kokotte an, die durch ihre Sinnlichkeit versprach, ihn als Mann zu faszinieren; von dieser Madame d'Etioles ging ein ganz anderes Flair aus. Ein Feuer funkelte in ihren dunkelgrauen Augen, das ihn anzog und zugleich erschreckte. Vielleicht erkannte Ludwig XV. schon bei dieser ersten Begegnung, vor der ersten Nacht, daß ihm hier eine Frau gegenüberstand, von der er nicht mehr loskommen sollte, so lange sie lebte, die ihn in Atem hielt, auch als sie ihn längst nicht mehr im Bett befriedigen konnte.

Einer Frau wie Jeanne-Antoinette war der Frauenkenner Ludwig noch niemals begegnet. Alle seine früheren Mätressen, unter denen die drei schönen Töchter des Herzogs von Nesle eine besondere Stellung eingenommen hatten, waren lediglich Frauen gewesen, die dem König angenehme und abwechslungsreiche Stunden im Bett bereitet hatten. Aber so intensiv diese Abenteuer ihn auch beschäftigt hatten, so schnell waren sie beendet. Erwartete die Mätresse ein Kind, so gab ihr Ludwig unmißverständlich zu verstehen, daß sie Versailles unverzüglich zu verlassen habe. Denn nichts war dem König mehr ein Greuel, als der Vater unehelicher Kinder zu sein. In dieser Hinsicht war er ganz anders als sein Urgroßvater, der Sonnenkönig, der seine zahlreiche Nachkommenschaft aus den verschiedenen Amouren bestens versorgt und mit Adelstiteln überhäuft hatte. Jede Dame hingegen, die Ludwig XV. lustvolle Stunden schenkte, wußte von Anfang an über ihr ferneres Schicksal Bescheid. Und da man keine anderen Mittel und Wege kannte, sich vor unerwünschten Kindern zu schützen, blühte das Geschäft der dubiosen Engelmacherinnen. Bei der legendären Kraft der königlichen Lenden kam es vor, daß die Damen öfter im Jahr Stammgäste in den obskuren Kammern waren, wo mit allerlei seltsamen Instrumenten die unerwünschten Folgen der langen Nächte beseitigt werden sollten. Auch Madame d'Etioles, die spätere Madame de Pompadour, schwächte ihre ohnedies angeschlagene Gesundheit mehr, als ihr zuträglich war, durch solch schmerzhafte und äußerst blutige Eingriffe.

Schon sehr früh am Abend waren in den intimen Gemächern des Königs die Kerzen in den schweren silbernen Leuchtern angezündet worden. Ihr flackerndes Licht brach sich in den geschliffenen Spiegeln und vervielfachte sich ins Hundertfache. Ludwig sah lächelnd in die geheimnisvollen Augen der schönen Fremden, suchte ihre Blicke zu ergründen und wußte doch, wie sich die nächsten Stunden gestalten würden. Die erlesenen Speisen, die livrierte Diener geräuschlos hereintrugen und auf den festlich geschmückten Tischen arrangierten, dufteten köstlich, aber Jeanne-

Antoinette war der Hals wie zugeschnürt. Sie nippte lediglich an ihrem Wein, während der König mit großem Appetit den Speisen zusprach. Für Madame d'Etioles war es das erste Abenteuer und, wie sie jetzt schon fühlen konnte, das letzte. Der König war ein faszinierend schöner Mann, und als er behutsam die erste Seidenschleife an Jeannes Mieder öffnete, als sie seine Lippen zart fordernd an ihrem Hals spürte, da geriet selbst ihr kühles »Fischblut« in Wallung, und sie fühlte glücklich, daß sie sich in den nächsten Stunden nicht überwinden mußte, die Geliebte des Königs von Frankreich zu werden.

Natürlich hatte der Ehemann keine Ahnung, wo sich seine Frau an diesem bedeutsamen Abend aufhielt. Ob Charles Guillaume jemals Verdacht schöpfte, daß seine schöne Frau sich im Bett eines Liebhabers vergnügen könnte, ist nicht bekannt. Vielleicht hätte er keine großen Szenen gemacht, hätte ihm ein gewöhnlicher Marquis Hörner aufgesetzt. Aber das, was er nun erleben mußte, erwies sich für ihn als Katastrophe. Denn der Geliebte seiner Frau war nun einmal kein gewöhnlicher Sterblicher, es war der König von Frankreich, der Jeanne-Antoinette höchstpersönlich beglückte, und da spielte natürlich der rechtmäßig angetraute Ehemann eine absolute Nebenrolle. Lenormand wurde wie aus heiterem Himmel unmißverständlich zu verstehen gegeben, daß er sich aufs Land zu begeben habe und dort für einige Zeit bleiben solle. Der Ärmste fiel aus allen Wolken, als ihn diese Nachricht erreichte. Er konnte die Welt nicht mehr verstehen und brach weinend und verzweifelt zusammen. Der Tod schien ihm der einzige Ausweg. Aber dann raffte er sich auf und versuchte Haltung und Fassung zu gewinnen. Wie ihm geheißen war, zog er aus Paris fort. Der König erwies sich als großzügig und unterstützte ihn mit Aufgaben und Ehren und versuchte so, ihm einen gewissen Trost zu bieten. Denn seine Frau würde er niemals mehr umarmen, das mußte er als Bedingung annehmen.

Dabei hatte sich Ludwig wider Erwarten mit einer endgültigen Entscheidung reichlich Zeit gelassen. Irgendwie fühlte er auch nach der ersten Nacht mit Madame d'Etioles eine seltsame Scheu vor ihr, die er nicht erklären konnte. Vielleicht erkannte er in seiner angeborenen Schwäche ihre dynamische Stärke, die ihn in den nächsten Jahren aus seiner gewohnten Bahn werfen sollte. Er fühlte den Sturm, der auf ihn zukommen würde, und schloß beinahe instinktiv die Fenster. Aber obwohl er ahnte, daß sich sein Leben von Grund auf verändern würde, wenn Madame d'Etioles ihren Einzug in Versailles hielt, konnte er dennoch seinem Schicksal nicht entgehen. Die Worte der Wahrsagerin, die ihm Jeanne mitten im Liebesrausch schlau ins Ohr geflüstert hatte, klangen jede Minute, jede Stunde in ihm nach.

Jeanne-Antoinette d'Etioles, geborene Poisson, eine Bürgerliche aus einer Familie ohne Reputation, eine Frau aus dem Volk, würde die neue Mätresse des Königs sein! Für die machtgierigen Höflinge von Versailles war die neue Favoritin ein Alptraum. Sie gehörte naturgemäß zu keiner der bekannten Cliquen, sie hatte keine Lobby hinter sich, und niemand konnte vorhersagen, welchen Einfluß sie auf den König haben würde. Sie war nicht einzuschätzen, sie war eine ungezinkte Karte im Spiel um die Macht bei Hofe.

Zunächst natürlich setzten auch die gefährlichsten Intriganten ihr Sonntagsgesicht auf. Sie wollten einige Zeit verstreichen lassen und sie studieren, um dann desto dichter ihre unsichtbaren Fäden zu ziehen. Nur der Herzog von Richelieu, der lange versucht hatte, dem König eine andere Mätresse zuzuführen, machte kein Hehl aus seiner abgrundtiefen Abneigung. Dabei waren der Herzog und Monsieur de Luxembourg die ersten Gäste, die zu einem gemeinsamen Souper am 22. April 1745 geladen waren. An diesem warmen, heiteren Frühlingstag beschloß der König, Madame d'Etioles endgültig zu seiner Mätresse »en titre« zu machen. Dies bedeutete daß sie in unmittelbarer Nähe des Königs wohnen und die Privatgemächer der ehemaligen Mätresse, der Madame de Mailly, beziehen würde.

Die neue Favoritin erregte in Frankreich ungeheures Aufsehen. Der Adel war empört und durch ihre Person beleidigt, aber auch das Volk war über die bürgerliche Geliebte wütend. Und diese Verachtung wurde noch subtil von Höflingen geschürt, die Schmählieder und Spottgedichte fabrizierten. So grölte der Pöbel in den schmutzigen Gassen von Paris schon bald folgendes Lied:

»Que je perde ma vertu,
Que ma faute soit publique,
Que mon mari soit cocu,
Que le peuple ma critique,
Eh! qu'est-ce que ça m'fait à moi?
Un certain honneur me pique,
Eh! qu'est-ce que ça m'fait à moi?
Je suis maîtresse du Roi.«

»Ob ich meine Tugend verliere, ob mein Fehltritt öffentlich wird, ob ich meinem Mann Hörner aufsetze, ob die Leute mich kritisieren, was kümmert mich all das? Eine bestimmte Ehre ist mir sicher, was kümmert mich all das? Ich bin des Königs Mätresse.« Aber so sehr man am glanzvollen Hof von Versailles über die neue Mätresse ein Gesicht schnitt, und so sehr sich das bettelarme Volk von Paris das Maul über die Favoritin zerriß, so glücklich waren die Künstler und Schriftsteller, die Dichter und Wissenschaftler über die Wahl des Königs. Endlich war eine aufgeschlossene Frau, die schon als gewöhnliche Madame d'Etioles die Künstler gefördert hatte, die Vertraute des Königs. Jetzt war der langersehnte Zeitpunkt gekommen, an dem Frankreich durch ihren Einfluß und ihr Mäzenatentum kulturell die erste Rolle in Europa spielen würde.

In großer Eile hatte man die Räumlichkeiten, die für die neue Herzdame des Königs bestimmt waren, nach ihren Vorstellungen eingerichtet. Scharen von Handwerkern arbeiteten nach den Plänen und Anweisungen, die sie von Jeanne persönlich erhielten. Der König staunte, als er die Gemächer betrat, die endlich in ihrem vollen Glanz erstrahlten. Ja, diese Frau hatte Geschmack und einen bewundernswerten Kunstsinn.

Ludwig XV. hatte sich lange den Kopf darüber zerbrochen, wie er seine neue Mätresse auszeichnen könnte. Schließlich überschrieb er ihr das Marquisat Pompadour und ernannte sie als Besitzerin der Güter zur »Madame de Pompadour«. Die neue Mätresse war hoffähig geworden; es fehlte nur noch die offizielle Vorstellung durch den König. Dieses Problem hatte Ludwig auf sich zukommen sehen, und er hatte den Termin, so lange es ging, hinausgezögert, da ihm die brüske Ablehnung der neuernannten Marquise durch seine Familie kein Geheimnis geblieben war. Vor allem sein einziger Sohn, der bigotte, unscheinbare Dauphin, gab wahre Haßtiraden von sich, wenn die Rede auf die Mätresse kam. Auch die Töchter waren von der Handlungsweise ihres Vaters schockiert und weigerten sich beharrlich, auch nur ein einziges Wort mit Madame de Pompadour zu wechseln. Nur die Königin selbst, Maria Leszczinska, verhielt sich zurückhaltend. Sie hatte ihr trauriges, demütigendes Schicksal heldenhaft auf sich genommen und sich einmal ihrem Ehemann gegenüber so geäußert: »Sire, ich habe einen König im Himmel, der mir die Kraft gibt, meine Schmerzen zu ertragen, und einen König auf Erden, dem

Maria Leszczinska sah sich zum Abwarten gezwungen. Sie verteufelte die neue Frau an Ludwigs Seite nicht von vornherein, obwohl sie in ihrer streng katholischen Moral die allgemeine Sittenlosigkeit aufs tiefste beklagte. Jeannes Vorgängerinnen in Ludwigs Bett hatten sich der verschmähten Königin gegenüber äußerst arrogant benommen und sie bei jeder Gelegenheit ihren Triumph spüren lassen. Nachdem der Königin Madame de Pompadour offiziell vorgestellt worden war, setzte die neue Mätresse auch wirklich alles daran, um die Sympathien Marias – so weit dies im Bereich des Möglichen war – zu erwerben. Sie erwies Maria die vorgeschriebenen Ehren, aber nicht wie die Damen vor ihr, herablassend triumphierend, sondern charmant devot.

Der König verfolgte das Verhältnis der beiden Frauen zueinander mit wachsendem Interesse. War es möglich, daß seine Frau, die jahrelang im Schatten seiner Mätressen dahingewelkt war, jetzt ab und zu ein heiteres Gesicht zeigte? Madame de Pompadour hatte das Wunder fertiggebracht, daß Ludwig XV. sich manchmal Maria Leszczinska gegenüber wie ein Kavalier verhielt. Denn nachdem er seine Gemächer streng von den ihren getrennt hatte, hatte er von seiner Ehefrau keinerlei Notiz mehr genommen, im Gegenteil, er hatte sich Maria gegenüber, die in ihrem Sanftmut alles ertrug, geradezu sadistisch benommen. Bei offiziellen Anlässen, zu denen die Königin geladen war, ließ er die Ärmste manchmal so lange stehen, bis sie einer Ohnmacht nahe war, während er gemütlich in seinem prunkvollen Lehnsessel lag. In Gegenwart des Königs von Frankreich durfte nämlich nur der sitzen, dem es ausdrücklich erlaubt oder der persönlich vom König dazu aufgefordert worden war. Nur zu verständlich, daß die Königin fast aus allen Wolken fiel, als Ludwig ihr nun bei einem Empfang einen Platz an seiner Seite bot. Bei Hofe begannen schon alle möglichen Gerüchte zu kursieren, besonders seit dem Tag, an dem der König seine Gemahlin an einem Spieltisch freundlich begrüßt und ihr viel Vergnügen gewünscht hatte.

Madame de Pompadour, die sich im Laufe der Jahre die Königin beinahe zur Freundin machte, war auf jeden einzelnen Menschen angewiesen, der ihr am intriganten Hof von Versailles Sympathien entgegenbrachte. Denn die Hofkamarilla warf, wo sie nur konnte, ihr Netz und ihre Fußangeln aus, in denen sich die neue Favoritin verstricken sollte. Zu jeder Tages- und Nachtzeit lagen hochbezahlte Spione auf der Lauer, die jede kleinste Entgleisung der »Madame Poisson« (über diesen Namen, der auf deutsch »Fisch« bedeutet, machte man sich gerne und oft lustig) lautstark verbreiteten. Wie Beckmesser drehten sie jedes Wort, das die Pompadour von sich gab, hin und her und gaben sie so der Lächerlichkeit preis. Denn obwohl Jeanne-Antoinette eine gute Erziehung genossen hatte, hatten ihre Lehrer doch nicht daran gedacht, daß sie auch bei Hofe würde bestehen müssen, und es konnte nicht ausbleiben, daß sie sich hin und wieder eine Blöße gab.

Der König bemerkte die Schwierigkeiten seiner neuen Favoritin nicht, er war blind vor Verliebtheit. Kein Tag verging ohne neue Überraschung, und es blieb ihm keine Zeit, in seine alte Trübseligkeit zu verfallen. Eines wußte er jedenfalls ganz genau: Er würde kaum eine Stunde lang mit politischen Problemen konfrontiert werden, die Staatsgeschäfte erledigten ganz andere Leute, die sich dafür interessierten und die ihn, den König, Gott sei Dank mit dieser zeitraubenden Beschäftigung verschonten. Dabei konnte er sich während seiner ganzen langen Regierungszeit nicht entschließen, einen Premierminister zu ernennen, da ihm dies zu gefährlich schien. Wie leicht konnte ihm die absolute Macht aus den Händen gleiten! Dabei bemerkte er nicht, daß er nur als Repräsentationsfigur, als eine Art Marionette an der Spitze Frankreichs stand. Ein von ihm erwählter Kanzler, der vor allem den Hofintriganten zu Gesicht stehen und zu Willen sein mußte, saß ebenso wie die Staatssekretäre im Staatsrat und hatte wie alle anderen Funktionäre, die natürlich nur aus den Reihen des Hochadels in ihre Positionen gekommen waren, mit viel Geld seine Ämter erkauft.

Madame de Pompadour lernte schnell. Es dauerte nicht lange, da wurde dem König das Gerücht zugetragen, daß seine neue Mätresse beginne, sich in das politische Geschehen einzumischen. Was für den König nicht wahr sein konnte, das glaubte er auch nicht, das tat er mit einer müden Handbewegung ab. Wann sollte die Marquise noch Zeit für die Politik finden, wo sie doch ununterbrochen damit beschäftigt war, ihm, dem König, zu Diensten zu sein und ihm täglich neue Abwechslungen zu bieten? Sie arrangierte für den königlichen Geliebten märchenhafte Feste um Mitternacht, wo im unwirklichen Licht des Mondes raffiniert bekleidete Mädchen tanzten und wie lebendig gewordene Feen aus einer Zauberwelt über den weichen Rasen der Parkanlagen schwebten. Ein anderes Mal wurden der verblüffte König und die Hofgesellschaft in ein intimes kleines Theater entführt, das die Marquise hatte heimlich erbauen lassen, um Ludwig mit neuen Werken der modernen französischen Dichter zu erfreuen. Sie selbst ließ es sich nicht nehmen, die Hauptrolle in den Stücken zu spielen und ihr komödiantisches Talent vor dem erlauchten Publikum unter Beweis zu stellen.

Am nächsten Tag zog eine fröhliche Jagdgesellschaft durch die Wälder rund um Versailles. Hatte man genug von der Jagd, dann lud der König zu einem zwanglosen Souper, bei dem er seine hungrigen Gäste manchmal mit selbst zubereiteten Speisen überraschte. Man gab sich ungezwungen, legte die kostbare Hofkleidung ab und versuchte, wie ein normaler Mensch zu sein.

Der Hof von Versailles war im Laufe der Zeit unüberschaubar geworden. Auch Ludwig empfand das Zeremoniell, das er von seinem Urgroßvater übernommen hatte, als drückend. Mit Freuden begrüßte er daher die Idee der Marquise, rund um Versailles kleine Lustschlösser erbauen zu lassen, wo man ohne großen Hofstaat das Leben in vollen Zügen genießen konnte.

Jetzt war Madame de Pompadour erst so richtig in ihrem Element. Sie engagierte die berühmtesten Künstler Frankreichs, Baumeister, Stukkateure, Maler und Bildhauer, die darin wetteiferten, ihre Ideen und Pläne der Marquise darzulegen. Die künstlerischen Auffassungen hatten sich verändert, das Überladene, Schwere, Goldstrotzende des Barock sollte einer neuen Leichtigkeit weichen. Die starken Farben Gold, Rot und Schwarz fanden keinen Platz mehr in den luftigen, hellen Räumen; zarte Farben unterstrichen die Freude am Leben und sollten die zierlichen Bauten in die Natur einbinden. Das »maskuline« Barockzeitalter hatte seinen Abschied bekommen, die neue Ära schien feminin und zart. Das Rokoko hielt seinen Einzug, und die Mäzenin dieser luftig-verspielten Kunst war keine andere als Madame de Pompadour.

Mit reichen Gaben wurden die Künstler unterstützt, die sie protegierte, sie konnten frei von allen Sorgen in komfortablen Häusern leben und sich ganz ihren Aufgaben widmen: Dichter wie Crebillon, Bernis, Duclos und Marmontel, Diderot und d'Alembert und natürlich der hochverehrte Voltaire, Maler wie Boucher, Vanloo, Oudry und Adam. Madame de Pompadour hatte sich und dem König eine eigene Welt geschaffen, die nur ihr und einigen wenigen Auserlesenen offenstand. Die Marquise führte lange Gespräche mit den Künstlern, und aus dem Zusammenklang der

Ideen entstand in nur wenigen Jahren ein Gesamtkunstwerk aus einer neuen, anmutigen Architektur, verfeinerter Malerei und ausgefeilter Handwerkskunst. Harmonisch fügte sich auch der private Lebensstil in dieses kunstvolle Bild. Ein Heer von Schneiderinnen stichelte Tag und Nacht an den überreichen Kleidern aus Samt, Seide und farbenfrohen Brokaten, mit Rüschen, kostbaren Spitzen und Schleifen verziert, zwischen denen Edelsteine ihr Feuer versprühten. Abgrundtief waren die Dekolletés an den eng geschnürten Korsagen und ließen manchmal die Brustwarzen der Trägerin nicht nur erahnen. Kostbar und prächtig kleidete sich auch der König. So empfing er eines Tages den türkischen Gesandten in einem leuchtend roten Samtrock, der über und über mit Diamanten bestickt war. Wieviel Geld dieses Prunkstück die französische Bevölkerung gekostet hatte, darüber wagte man nur zu flüstern, denn niemand durfte die Unsumme von 23 Millionen Franc offen nennen.

Natürlichkeit war nicht gefragt, auch nicht in der Haarmode. Die gepuderten Perücken der Herren, kunstvoll frisiert, beherrschten das Bild bei den Soupers und Diners, während die Damen das Haar zu dieser Zeit noch nicht allzu üppig gebauscht, wie es später Mode wurde, trugen. Wohlduftende Parfüms und feinster Puder wurden in großen Mengen an den Hof geliefert. Sie waren viel gefragt, denn dem Waschwasser stand man eher reserviert gegenüber. Der Sonnenkönig hatte sich bloß die Finger in einem goldenen Becken benetzt, um sich die Augen zu betupfen. Er kannte nicht das Buch über Anstand und Körperpflege, in dem empfohlen wurde, sich täglich das Gesicht mit einem leinenen Lappen abzureiben, um die Haut gründlich zu reinigen. Vor allem für die Damen wäre dies sicherlich wichtig gewesen, da sie sich die Wangen dick mit leuchtend grellem Rouge und Bleiweiß bestrichen, um frisch und blühend auszusehen. Die Wirkung ließ aber sehr zu wünschen übrig; Fürst Kaunitz, der Abgesandte Maria Theresias, berichtete voll Entsetzen über den grotesken Anblick, den nicht nur Madame de Pompadour, sondern auch die übrigen Damen am Hof von Versailles durch dieses übertriebene Schminken boten. Rasch verbreitete sich in Wien die Kunde, daß die vielumschwärmten Pariser Damen wie angemalte Gespenster aussähen.

Die Körperhygiene lag besonders im argen. Die »oberen Zehntausend« waren ausgesprochen wasserscheu und badeten kaum. In ganz Paris gab es zu Beginn des 18. Jahrhunderts lediglich zwei öffentliche Badeanstalten, deren Ruf freilich nicht der beste war. Hielt man etwas auf Anstand und Moral, so konnte man sich unmöglich in einem öffentlichen Bad zeigen. Daher schickten die vornehmen Leute, wenn sie einmal jährlich das Bedürfnis nach einem erfrischenden, reinigenden Bad hatten, ihre Diener, die eine Wanne in ihr Schloß oder in den Palast bringen sollten. Hatte man die Schmutzkrusten dann, stundenlang im Wasser liegend, aufgeweicht, wurde der große hölzerne Zuber wieder abtransportiert. Wenn besondere Festtage bevorstanden, pflegte man sich Ohren und Fingernägel reinigen zu lassen. Vielleicht hatte man die Chance, zur königlichen Tafel geladen zu sein, und da ging es freilich nicht an, mit schmutzigen Nägeln in die silbernen Schüsseln zu greifen.

Der Mode der Zeit entsprechend bevorzugte man bei Hofe weiße Strümpfe zu den seidenen Kniehosen. Die Füße steckten in schnallenbesetzten Schuhen in der Farbe der übrigen Kleidung, und jeder Kavalier wirkte durch die hohen Absätze größer. Dem Inhalt der kostbaren Schuhe mußte man sich allerdings mit Vorsicht nähern: Es war unüblich, sich die Füße zu waschen. Kapazitäten auf dem Gebiet der Hygiene wie die beiden Ärzte Bordeu brachten 1775 ein medizinisches Werk heraus, in dem vor übertriebenen und zu häufigen Waschungen gewarnt wurde, da die Reinlichkeit der Gesundheit in vielerlei Hinsicht schaden könne und vor allem dem Vergnügen abträglich sei. Welches Vergnügen gemeint war, ließen sie allerdings offen. Daß viele Krankheiten und Epidemien durch die mangelnde Hygiene übertragen wurden und sich in Windeseile im ganzen Land ausbreiten konnten, war daher nicht verwunderlich. Vernünftige Mediziner blieben Rufer in der Wüste, sie fanden für ihre Vorstellungen nur taube Ohren. Viel lieber konsultierte man dubiose Quacksalber und schlitzohrige Pillendreher, deren absurden Therapien man Glauben schenkte. Auch der König und Madame de Pompadour waren in dieser Hinsicht echte Kinder ihrer Zeit. Obwohl sie von unwahrscheinlichem Luxus umgeben waren, unterschied sich ihr privatestes Leben von dem des gemeinen Volkes höchstens darin, daß sie die teuersten, wohlriechendsten Parfüms flaconweise über sich schütten konnten, um ihren üblen Körpergeruch einigermaßen zu überdecken.

Mit der Gesundheit der Marquise de Pompadour stand es nicht zum besten. Wahrscheinlich hatte sie sich schon als Kind eine

Lungenkrankheit zugezogen, die nie richtig auskuriert worden war. Um wenigstens vorübergehend gesund und frisch zu erscheinen, obwohl sie immer öfter Blut spuckte, griff sie zu geheimnisvollen Mitteln, um nur halbwegs das immer wiederkehrende, schwächende Fieber einzudämmen. Denn alles konnte Ludwig XV. um sich ertragen, nur keine kranken Menschen. Er selbst war ein kerngesunder Mann, der nicht das leiseste Verständnis für irgendwelche körperlichen Unpäßlichkeiten aufbrachte. Für ihn bedeutete Kranksein eine Strafe Gottes, daher wollte er sich auch nicht mit Leuten umgeben, denen der Himmel im Augenblick offensichtlich nicht gewogen war.

Jeanne-Antoinette hatte eine schwere Last auf sich genommen, als sie es sich zum Ziel gesetzt hatte, den König von Frankreich für sich zu gewinnen. Denn mit dem Erobern allein war es nicht getan; sie hatte nicht die Absicht, nur vorübergehend das Bett mit dem König zu teilen wie so viele vor ihr. Ihr Ziel war, Ludwig über Jahre zu fesseln und dadurch die Macht über ihn zu besitzen. Die Marquise war eine Frau, die ihre Vorzüge und Nachteile genau kalkulierte. Als Geliebte und Bettgespielin des Königs waren ihre Möglichkeiten begrenzt. Ihre körperlichen Reize reichten bei weitem nicht mehr aus, den ungestümen, sinnlichen Mann zu befriedigen. So reizvoll sie für den König auch im ersten Jahr gewesen war und so sehr er sie begehrt hatte, so schnell ließ sein Interesse an ihrem Körper nach. Was Ludwig freilich nicht wußte, war, daß die Krankheit an ihren Kräften zehrte und daß sie sich manchmal nur mit äußerster Mühe aufrecht halten konnte. Ihr körperlicher Verfall erregte allgemeines Aufsehen. Freund und Feind beobachteten jede Veränderung in ihrem Gesicht, jede kleinste Falte wurde zum Hofklatsch, jedes Pfund, das sie an Gewicht verlor, ermutigte die große Schar ihrer Gegner. Madame de Pompadour hatte noch nicht die dreißig erreicht und wirkte doch welk und schlaff wie eine alte Frau.

Jeden Morgen stand sie stundenlang vor dem Spiegel und betrachtete ihr müdes, eingefallenes Gesicht, noch bevor Rouge und Puder die tiefen Furchen, die sich um Mund und Augen eingegraben hatten, überdeckten. Es mußte Mittel und Wege geben, den Verlust der Jugend aufzuhalten. Wozu mixten Kräuterweiber und Wunderheiler ihre Zaubertränke? Es konnte doch möglich sein, daß auch für sie ein Kraut gewachsen war, das sie vor dem allzu frühen Altern bewahren konnte. Suspekte Personen priesen ihr

Elixiere und Pasten an, die garantiert das jugendliche Aussehen zurückbringen würden. Ohne auf die Warnungen ihrer wenigen Freunde zu achten, probierte Jeanne alles aus, was ihr empfohlen worden war. Dabei mußte sie manchmal mit Entsetzen feststellen, daß die gereizte Haut auf die oft übelriechenden Cremes mit juckenden Ausschlägen und eitrigen Pusteln reagierte. Wie sehr Madame de Pompadour unter dem Verlust der Jugend litt, ging aus einem Brief an ihre Freundin und Vertraute, die Gräfin Baschi, hervor: »Ich halte an dem Satze fest, eine schöne Frau fürchtet nicht einmal den Tod so sehr wie den Verlust von Jugend und Schönheit. Wer das leugnet, der lügt, oder aber er besitzt nicht Verstand genug, um einzusehen, daß eine Frau mit dem Verlust der Jugend und ihrer Reize so ziemlich alles verloren hat.«

Mit jedem Jahr, das ins Land zog, wurde ihr Gesicht kantiger, die Wangen fielen ein, und die schönen Augen wirkten übergroß in den tiefen Höhlen. An den einst so bewunderten runden Schultern konnte man die Knochen deutlich erkennen, und neidisch betrachtete sie die üppigen jungen Mädchen mit den lockenden Lippen. Jede wartete nur auf den heimlichen Blick und die bekannte Handbewegung, um mit dem »Vielgeliebten« ins Schlafgemach eilen zu können. Die Marquise wußte nur zu genau, was der unersättliche König suchte und was er brauchte. Längst war sie in seinen Armen erstarrt, und sein nimmermüdes Begehren war ihr immer unangenehmer, beinahe ekelhaft geworden. Aber mit keinem Blick, mit keiner Geste und vor allem mit keinem Wort durfte sie ihre Gefühle verraten. Sie heuchelte Liebe und Leidenschaft, so gut sie konnte und so schwer ihr dies auch fiel. Aber es kam der Tag, an dem sie beinahe keinen Ausweg mehr wußte. Sie hatte alle Rezepte ausprobiert, alle Säfte und Elixiere brav getrunken, die ihre Liebeslust und Liebeskraft steigern sollten. Widerwillig hatte sie die übersüße, mit Vanille gewürzte Schokolade hinuntergewürgt, und schon beim Geruch des Selleriesaftes und beim Anblick der Trüffeln überfiel sie Brechreiz. Aber nichts hatte geholfen, sie vermochte die vielfältigen Wünsche des Königs im Bett nicht mehr zu erfüllen.

Für Ludwig war das Verhalten der Marquise keine Überraschung. Er hatte längst erkannt, daß er sich in ihr nicht die richtige Bettgefährtin ausgewählt hatte. Natürlich hätte es nur eines kleinen Wortes bedurft, eines einzigen Winkes, und Madame de Pompadour hätte ihren Platz in Versailles für immer geräumt. Aber das war nicht mehr so einfach. Der König hatte sich an die Marquise gewöhnt – auch an ihre Kälte und Uninteressiertheit in seinen Armen. Es war die Macht der Gewohnheit, die ihn an sie band. Dennoch war dem König eines Nachts die Geduld gerissen, als sie sich beim Liebesspiel so gar nicht erwärmen wollte. Kurzerhand war er aus dem Bett gestiegen, hatte seine seidene Bettdecke ergriffen und sich auf einem Sofa eine notdürftige Lagerstatt gemacht. Erschreckt hatte Madame de Pompadour das Handeln des Königs verfolgt und ließ sich auch nicht durch die Bemerkung Ludwigs beruhigen, daß es ihm in ihrem Bett einfach zu heiß sei.

Die Gefahr, ihre Stellung als Mätresse »en titre« in den nächsten Monaten zu verlieren, war für Jeanne riesengroß geworden. Darauf hatte man bei Hofe längst gewartet. Einer ihrer gefährlichsten Feinde, d'Argenson, hatte Morgenluft gewittert und wollte endlich das wahr machen, wovon er schon jahrelang geträumt hatte. Madame de Pompadour hatte sich lange bemüht, ihn auf ihre Seite zu ziehen, in ihren Bann zu schlagen, aber alle Versuche waren kläglich gescheitert. Als die Marquise merkte, daß sie bei ihm nichts ausrichten konnte, begann sie den Grafen beim König anzuschwärzen und zu verleumden, damit Ludwig ihm endlich den »Lettre de cachet« überreichen ließ. Dieser Siegelbrief des Herrschers bedeutete das Ende jeder Karriere und gesellschaftlichen Stellung und gewöhnlich die Inhaftierung in der berüchtigten Bastille. Daß dieses Gefängnis nicht besonders furchterregend war, wußte man in Paris und in ganz Frankreich selbstverständlich nicht. Die trutzigen Mauern erzeugten Angst und Schrecken, und nur diejenigen, die für kurze Zeit in die Bastille gewandert waren, konnten ihren Freunden unter Augenzwinkern berichten, daß es hier hinter verschlossenen Türen ganz fröhlich zugegangen war. Die Insassen konnten sich jeden Luxus leisten. So ließ der wegen der Quälereien seiner Frauen berüchtigte Marquis de Sade sich die kahlen Wände der Räumlichkeiten mit kostbaren Teppichen und Bildern ausschmücken, hielt sich Hunde und Katzen, schlief in seidener Bettwäsche, und er und seine Freunde, die ihn besuchen durften, delektierten sich an köstlichen Speisen und erlesenen Weinen.

Und trotzdem waren die »Lettres de cachet« gefürchtet. Denn der Abschied vom Hof bedeutete auch das Ende des reichlichen Geldregens, der nur in unmittelbarer Nähe des Königs niederging. Es war notwendig, sich bei Ludwig tagtäglich aufs neue in Erinnerung zu rufen, sich in sein Blickfeld zu drängen, denn nur dann bestand die Chance, von ihm bedacht zu werden. Daß nicht er die Entscheidungen fällte, war allerdings allgemein bekannt. Wer vom König etwas haben wollte, der mußte wohl oder übel der Mätresse zu Gesicht stehen. Längst hatte es sich Ludwig XV. angewöhnt, durch ein kurzes, uninteressiertes Kopfnicken die Beschlüsse der Marquise zu bestätigen. Madame de Pompadour dachte für ihn und handelte für ihn. Der König war glücklich, sich nie mehr den Kopf über Dinge zerbrechen zu müssen, die für sein eigenes Leben völlig unbedeutend waren.

Madame de Pompadour regierte also ganz nach eigenem Gutdünken, und nur drei Männer störten ihre Kreise empfindlich: d'Argenson, Maurepas sowie der Herzog von Richelieu. Alle drei hatten schon lange den unumschränkten Einfluß der Marquise auf den König erkannt und schluckten vieles hinunter, was ihnen so gar nicht behagte. Dabei zeigten sie der Mätresse gegenüber offen ihre Ablehnung, obwohl dies für sie ausgesprochen gefährlich war. Denn alles konnte die Marquise verzeihen, nur nicht das arrogante Verhalten dieser Adeligen, wenn sie sich, leicht spöttisch lächelnd, gleichsam herabließen, mit der kleinen Fleischerstochter Konversation zu machen. Sie zahlte mit barer Münze alle Beleidigungen heim und ließ keine Gelegenheit vorübergehen, um ihre Widersacher beim König anzuschwärzen. Ludwig XV. aber war viel zu sehr an deren Gesellschaft gewöhnt, als daß er sie vom Hofe verbannt hätte. Madame de Pompadour allerdings hatte ihre Mühlen angeworfen, und die mahlten langsam, aber desto feiner. Am wenigsten fürchtete der Herzog von Richelieu ihren Einfluß beim König. Er wiegte sich jahrelang in Sicherheit und provozierte die Marquise bei jeder Gelegenheit. So tanzte er einmal mit genagelten Schuhen, die er sich eigens für diesen Zweck hatte anfertigen lassen, über ihren Gemächern eine ganze Nacht lang, daß der Fußboden krachte und dröhnte, während sie von Fieber geschüttelt in ihren Kissen lag. Aber sie war nicht die Frau, die nur im geheimen ihre Fäden zog, sie stellte den Herzog auch persönlich zur Rede. So schrieb sie an ihn folgende Zeilen:

»Sie haben die Schwachheit, eifersüchtig auf die Macht einer Frau zu sein. Mit welchem Rechte, frage ich Sie? Sie halten sich für fähig, unter dem Namen des Königs zu regieren? Aber bloß *Sie* allein sind dieser Ansicht. Sie behaupten, mir überall auf Ihrem Wege als Hindernis zu begegnen. Und ich allein sei es, die Ihren großen Lauf durch mein beständiges Dazwischentreten aufhält. Legen Sie doch Ihre Hand, mein Herr – nicht auf Ihr Herz – aber auf Ihr Gewissen, und lernen Sie von einer Frau wahr und maßvoll urteilen! Ich gebe zu, daß ich einige Ansehen genieße, was ich jederzeit im Dienste derjenigen nützte, die mir würdig erschienen sind. Oftmals, das muß ich leider zugeben, habe ich mich getäuscht, indem ich kleinlich Ehrgeizige für verdienstvolle Menschen hielt. Sie sind nicht der einzige von dieser Gattung, die sich niedrigen Undankes gegen mich schuldig gemacht haben und alle Ehren und Würden, die sie der Güte und Schwäche anderer zu danken hatten, persönlichem Verdienste allein zuschrieben. Wäre ich so mächtig, wie Sie behaupten, hätte ich mich an Ihnen zu rächen vermocht für die Beleidigungen, die Sie mir zugefügt haben und noch immer fortfahren, mir zuzufügen."

Für die hochadelige Gesellschaft gab es mehr als genug Gründe, Madame de Pompadour abzulehnen. Der labile König hörte nur noch auf ihren Rat. Damit hatte sie unumschränkte Macht in Händen. Diese Frau bestimmte alles, auch die Politik Frankreichs. Ihr Einfluß auf die Bündnisse in Europa war nicht zu übersehen, wobei persönliche Sympathien und Antipathien eine entscheidende Rolle spielten. Nicht Traditionen und althergebrachte Feindschaften waren für sie von Bedeutung, sondern gute persönliche Kontakte oder abfällige Bemerkungen, die ihr hinterbracht worden waren. Von heute auf morgen war auf ihre Veranlassung hin das Bündnis mit Preußen aufgekündigt worden, das noch 1740 bestanden hatte. Französische Truppen waren damals gemeinsam mit dem beutegierigen Preußenkönig Friedrich II. gegen die junge, politisch unerfahrene Maria Theresia ins Feld gezogen, denn Frankreich war immer zur Stelle, wenn es gegen die Habsburger ging. Und wahrscheinlich hätte sich dieser Gegensatz noch lange fortgesetzt, wäre der preußische König nicht plump mit der Tür ins Haus gefallen. Er machte aus seinem Herzen niemals eine Mördergrube und ließ schon von weitem erkennen, daß er nun einmal kein Frauenfreund war. Der uncharmante preußische Haudegen konnte und wollte sich nicht in die Mentalität einer Frau hineinversetzen und ließ es sich nicht nehmen, hämische und beleidigende Äußerungen über die Damen zu machen, die in Europa entweder offiziell auf dem Thron saßen oder über das königliche Bett zu Macht und Ansehen gekommen waren. Alles aber konnte

Madame de Pompadour vertragen, nur keine anzüglich-boshaften Bemerkungen. Und als ihr von Voltaire, den sie als ihren Abgesandten zu Friedrich II. geschickt hatte und der dem König von Preußen ihre Grüße überbringen sollte, berichtet wurde, Friedrich habe geantwortet, er kenne keine Madame de Pompadour, da schwor sie sich, niemals in ihrem Leben dem König diese Beleidigung zu verzeihen. Sie wollte alles daran setzen, ihn zu strafen, ja, ihn so weit zu bringen, daß er zu ihren Füßen um Gnade flehen mußte.

Jahrhundertelang waren Frankreich und Österreich einander feindlich gegenübergestanden, seit den Tagen der burgundischen Heirat Maximilians I. Aber jetzt gelang es zwei Frauen, die ihrem Wesen und ihrer Herkunft nach völlig verschieden waren, die Versöhnung zu erreichen.

Nun, wo Preußen gegen Österreich und England gegen Frankreich in Übersee im Feld standen, reifte in Maria Theresia und ihrem Kanzler Kaunitz ein diplomatischer Plan: Jetzt war die Gelegenheit günstig, sich mit dem uralten Feind Frankreich auszusöhnen. Die Stunde schien günstig, Frankreich zu einem Wechsel der Bündnisse zu überreden. Kaunitz selbst reiste, mit vielen Vollmachten der Herrscherin ausgestattet, nach Paris.

Maria Theresia hatte den richtigen Mann ausgewählt. Kaunitz konnte bezaubernd sein, und Madame de Pompadour war von dem Charme des galanten Wiener Diplomaten, der ihren Einfluß auf den König mit einem Blick erfaßt hatte, von der ersten Begegnung an hingerissen. Kaunitz erkannte mit sicherem Instinkt, daß ihm hier eine ungewöhnliche Frau gegenüberstand, die nicht mit den allgemeinen Maßstäben der Mätressen zu messen war. Sie war kein auswechselbares Spielzeug des Königs; hier hatte er eine scharfsinnige, klar denkende Politikerin vor sich, die keine Nebenrolle zu spielen gewillt war. Mit ihr konnte man die Geschicke Europas verändern, und diese Chance wollte er unter allen Umständen zum Vorteil der Habsburger nützen. Aber er sah auch, daß die Position der Marquise noch lange nicht gefestigt war – man schrieb die ersten Jahre des fünften Jahrzehnts; sie benötigte Unterstützung. Und Maria Theresia war gewillt, ihr diese Hilfe zu leisten: Der Preis war ein Bündnis mit Frankreich.

Überraschenderweise trat in dieser Situation plötzlich Ludwig XV. auf den Plan. Er vermochte es sich einfach nicht vorzustellen, daß seine Truppen an der Seite des Erzfeindes kämpfen sollten. Je mehr sich aber der Krieg mit England in den Kolonien verschärfte, desto mehr gewannen die Vorstellungen der Marquise an Gewicht. Warum sollte er, Ludwig, sich eigentlich unnütz den Kopf darüber zerbrechen, auf welcher Seite Frankreich in Hinkunft stehen würde, auf welchem Schlachtfeld seine Soldaten fallen sollten? Der sture preußische König mit seinem spartanischen Lebensstil war ihm ohnedies noch nie sympathisch gewesen; allerdings fühlte er sich auch nicht unbedingt zu Maria Theresia hingezogen – sie war ewig in anderen Umständen, und das war etwas, was er bei einer Frau schon gar nicht leiden konnte. Aber wenn er seine Sympathien abwägen und über diese Angelegenheit überhaupt einen Gedanken verschwenden sollte, dann waren ihm die Österreicher doch noch lieber als die humorlosen, soldatischen Preußen.

Nachdem Fürst Kaunitz Maria Theresia hoffnungsvolle Nachrichten aus Frankreich überbracht hatte, schickte die Kaiserin den Grafen Staremberg mit einer Botschaft an den Hof von Versailles. Aber der König gewährte ihm zunächst keine Audienz. Allerdings schickte ihm die Marquise eine Einladung zu einer vertraulichen Unterredung, bei der auch Abbé Bernis, der in alles eingeweiht worden war, zugegen war. Der Abbé vertrat seit einiger Zeit die Interessen Frankreichs in Wien und kannte die österreichischen Verhältnisse sehr genau. Man beriet sich eingehend, und es schien nur noch eine Frage von wenigen Wochen zu sein, bis es der Marquise gelingen würde, den König zur Unterschrift unter den Bündnisvertrag mit den Habsburgern zu bewegen.

Aber beinahe hätte die Liebeslust des Königs den politischen Überlegungen einen Strich durch die Rechnung gemacht. Denn Ludwig war gerade zu dieser Zeit in eine neue Affäre verstrickt, und es sah ganz so aus, als sei die junge, schöne Marquise de Coislin drauf und dran, die Position als Mätresse »en titre« von Madame de Pompadour zu übernehmen. In diesem Augenblick höchster Gefahr hatte die Marquise natürlich ganz andere Sorgen als die Bündnissysteme in Europa; das, was sich hier vor ihren Augen hinter verschlossenen Türen, in unmittelbarer Nähe ihrer Gemächer, abspielte, beunruhigte sie Tag und Nacht. Düster schien ihr Schicksal zu werden, wenn es nicht gelang, den König als Mann und Liebhaber, aber auch als Gesprächspartner zurückzugewinnen.

Madame de Pompadour griff zu einer List. Sie begann ihre Reisekisten zu packen und streute das Gerücht aus – das natürlich dem

König zugetragen wurde –, sie wolle dem Glück Ludwigs nicht im Wege stehen und daher in aller Heimlichkeit aus seinem Leben verschwinden. Nichts war dem König unangenehmer, als unerfreuliche Dinge hören zu müssen, als mit Angelegenheiten konfrontiert zu werden, für die ihm jedes Verständnis fehlte. Wie konnte es die Marquise eigentlich wagen, ihn ohne vorherige Ankündigung plötzlich allein lassen zu wollen, nachdem man schon so viele gemeinsame Jahre verbracht hatte? Kam dies nicht einem Verrat gleich? Er mußte sie zur Rede stellen. Als er die gepackten Truhen und die kaum zurückgehaltenen Tränen in den traurigen Augen der Frau sah, die er einmal heiß begehrt und vielleicht sogar geliebt hatte, da überfiel ihn ein Gefühl, das er bis dahin nicht gekannt hatte. Plötzlich fürchtete er sich davor, sie zu verlieren!

Er mußte, ob er wollte oder nicht, auf die heißen Nächte mit der kleinen Coislin verzichten, und er versprach Madame de Pompadour, die neue Geliebte auf der Stelle wegzuschicken, da diese Affäre auch international genug Staub aufgewirbelt hatte. In Wien hatte man durch die Liaison des Königs eine Entlassung Madame de Pompadours und damit eine Gefährdung des beabsichtigten Bündnisses mit Frankreich befürchtet. Jetzt atmete man am Kaiserhof befreit auf, als man vom Sieg der Marquise über ihre junge Rivalin erfuhr.

Am 1. Mai 1756 wurde in Versailles das Neutralitäts- und Verteidigungsbündnis zwischen Österreich und Frankreich unterzeichnet. Der Wechsel der Allianzen hatte endgültig stattgefunden, das Ansehen Madame de Pompadours war auf dem Höhepunkt angelangt. Am 7. Juni 1756 schrieb ein dankbarer Graf Kaunitz an die Marquise:

»Es ist Ihrem Eifer und Ihrer Weisheit, Madame, zuzuschreiben, was bisher zwischen den beiden Höfen vereinbart wurde. Ich empfinde so und kann mir die Genugtuung nicht versagen, es Ihnen zu bekennen, und danke dafür, daß Sie so gütig waren, bis zu dieser Stunde mein Führer sein zu wollen. Ich darf Sie auch nicht in Unkenntnis lassen darüber, daß Ihre Kaiserliche Majestät Ihnen alle Gerechtigkeit hat widerfahren lassen, die Ihnen zukommt, und für Sie Gefühle hegt, die Sie sich nur wünschen können. Was geschehen ist, muß, so scheint es mir, die Zustimmung der unparteiischen Öffentlichkeit und der kommenden Generation finden. Aber was noch getan werden muß, ist sehr viel und zu sehr Ihrer würdig, als daß Sie verzichten könnten darauf, den Versuch jener Leistung zu unternehmen, die Sie dem Vaterland für immer teuer machen muß. Ich bin auch überzeugt, daß Sie nicht aufhören werden, Ihre Sorgfalt einem so wichtigen Gegenstand zu widmen. Dann aber scheint mir der Erfolg sicher zu sein. Im voraus schon teile ich den Ruhm und die Genugtuung, die Ihnen daraus erwachsen müssen, da gewiß niemand Ihnen aufrichtiger oder ehrfurchtsvoller zugetan sein kann als Ihr sehr demütiger und gehorsamer Diener Graf von Kaunitz.«

Damit war es aber mit den Ehrungen für die Marquise von österreichischer Seite noch nicht genug. Die Kaiserin selbst ließ ihr ein Lackschreibzeug mit ihrem Porträt schicken, mit kostbaren Edelsteinen reich verziert. Maria Theresia selbst schrieb nie an die Mätresse des französischen Königs; die Gerüchte, die darüber vom Preußenkönig ausgestreut worden waren, dementierte die Kaiserin selbst in einem Brief an die Kurfürstin von Sachsen: »Sie irren, wenn Sie meinen, wir hätten jemals Verbindung mit der Pompadour gehabt, niemals gab es einen Brief, noch hat Unser Minister oder Unser Ministerium je diesen Weg gewählt. Man hat ihr wie allen anderen auch den Hof machen müssen, aber es kam nie zu irgendeiner Intimität. Diese Methode hätte mir nicht zugesagt. Ich habe ihr lediglich im Jahr 1756 mit Erlaubnis des Königs (Ludwigs XV.) ein eher galantes als prächtiges Geschenk gemacht.«

Um beide Frauen in Europa in Mißkredit zu bringen, hatte Friedrich II. nicht nur Briefe unter falschem Namen an alle möglichen Herrscher geschickt, er hatte auch verbreitet, daß die bigotte Habsburgerin die »Königshure« von Frankreich in zahlreichen Briefen als »meine liebe Schwester« tituliert hätte. In seinem Haß schreckte der Preußenkönig vor nichts zurück, um die Allianz der Frauen, die sich gegen ihn gebildet hatte – auch Zarin Elisabeth von Rußland war eine erklärte Feindin des kompromißlosen Preußen –, lächerlich zu machen.

Auch dem französischen König gegenüber wollte sich die Kaiserin, die wieder ein Kind erwartete, dankbar zeigen: Ludwig sollte der Taufpate des Kaiserkindes sein. Allerdings schenkte Maria Theresia einer Tochter das Leben, Maria Antonia, die als spätere Marie Antoinette in Frankreich ein trauriges Schicksal erleiden sollte.

Das Bündnis mit Habsburg sollte Frankreich nicht sehr viel Ruhm einbringen, denn obwohl die vereinigten Heere eine gewaltige

Übermacht über das preußische Militär bildeten, versäumten die von Madame de Pompadour protegierten Heerführer die günstigsten Gelegenheiten zur entscheidenden Schlacht. Ja, man betrachtete die ganze Angelegenheit, so wie die Kriege in den letzten Jahren auch, eher als amüsante Abwechslung in der Eintönigkeit des Lebens. Man ritt nicht nur mit Sack und Pack, sondern auch mit Köchen und Leibdienern, mit Musikanten und Mätressen ins Feld, ein bunter Haufen lärmenden Volkes zog durch die Lande und lagerte in Sichtweite des Feindes. Es änderte sich auch nichts, als die Absolventen der 1751 von der Marquise von Pompadour gegründeten Militärschule ihr Glück im Kampf versuchen wollten. Nur wer von hoher Geburt war und über einen prallen Geldsack verfügte, hatte die Chance, ein Kommando übertragen zu bekommen. Man machte sich wenig ernsthafte Gedanken um den Krieg und konnte den Preußenkönig nicht verstehen, der auf eine Entscheidung drängte. Alles zu seiner Zeit, dachten die Franzosen und amüsierten sich nächtelang bei Theatervorstellungen und in den Armen charmanter Damen. Nur dann und wann wurde die gute Stimmung durch die betrübliche Mitteilung am Schluß einer Komödie etwas abgeschwächt, wenn angekündigt wurde: »Morgen keine Aufführung wegen der Schlacht. Übermorgen: Der Hahn im Korb!«

Dabei gab es durchaus französische Offiziere, die dann am nächsten Tag, wenn es ernst wurde, Kopf und Kragen für… ja, für wen eigentlich riskierten? Denn Volk und Vaterland zu schützen und zu verteidigen, dazu bestand wahrlich kein Grund. Und für den König? Dieser Gedanke entlockte so manchem Haudegen höchstens ein süffisantes Lächeln. Der König war eine Marionette in den Händen der Pompadour. Und für sie, die in Frankreich schon bald zur mächtigsten, aber auch gefährlichsten Frau aufgestiegen war, für sie lohnte es sich wahrlich nicht zu sterben!

So war es kein Wunder, daß Soubise, der Schützling der Marquise, seine Offiziere und Soldaten im Krieg gegen den gefährlichen Preußenkönig nicht in der Hand hatte. Es kam, wie es kommen mußte: Friedrich schlug mit einem Häuflein bestens ausgebildeter Soldaten, die er mit eiserner Hand in die Schlacht gezwungen hatte, eine dreifache Übermacht der Feinde. Fassungslos über die schwere Niederlage ergriffen die Franzosen Hals über Kopf in panischem Schrecken die Flucht. Der Preuße hatte sie gelehrt, daß ein Krieg kein amüsantes Kavaliersgeplänkel war.

Dieser europäische Krieg, der als Siebenjähriger Krieg in die Geschichte eingehen sollte, war ein Wechselbad der Taktiken, ein Auf und Ab des Schlachtenglücks, ein Hin und Her der diplomatischen Bemühungen und dadurch völlig unüberschaubar geworden. Der Freund von gestern stand morgen vielleicht schon auf der Gegenseite – wer konnte das alles wirklich deuten? Die Zivilbevölkerung aber war wie üblich am schwersten in Mitleidenschaft gezogen. Hoffnungslos schien die Zukunft. Aber allmählich erkannten auch die Mächtigen auf allen Seiten, daß es sinnlos war, das jahrelange Kämpfen fortzusetzen. 1763 beendete man das Blutvergießen in Europa und in den Kolonien. Unterhändler aus zahlreichen Ländern kamen in Hubertusburg zusammen, diskutierten, verhandelten und unterzeichneten schließlich einen Friedensvertrag. Maria Theresia blieb nichts anderes übrig, als zähneknirschend das heiß umkämpfte Schlesien aufzugeben.

Frankreich aber war der wahre Verlierer in dem erbitterten Ringen um die Vormachtstellung. Es verlor im Frieden von Paris nicht nur sein Gesicht, sondern an den Hauptfeind England große und wichtige Gebiete in den amerikanischen Kolonien. Man wußte längst, wem man die Schuld an dem unseligen Krieg in die Schuhe schieben konnte, wie die Urheberin allen Unglücks hieß. Nicht der König war in den Augen des Volkes ein lethargischer Nichtstuer, ein entschlußloser Parasit; die aufgestaute Wut richtete sich gegen den »bösen Geist« des »Vielgeliebten«. Die Pompadour war an allem schuld!

Das Volk schrie nach Brot, und sie baute um riesige Summen Theater und Lustschlösser! Sie kannte in ihren Ausgaben weder Maß noch Ziel! Über zwei Millionen Franc allein verschlangen alljährlich die Theater, während ein einfacher Landgeistlicher mit dreihundert Franc im Jahr mehr schlecht als recht sein Leben fristete. Nur wer im Umfeld Ludwigs XV. seine Tage mit Nichtstun verbrachte, der konnte gewärtig sein, aus den königlichen Kassen überreichlich versorgt zu werden. Der Hof von Versailles glich einer kleinen Stadt, Menschen aus allen Schichten drängten sich in den engen Gängen und saßen untätig auf mitgebrachten Sesseln oft tagelang, um vielleicht von einem Blick des meist desinteressiert vorüberschlendernden Königs gestreift zu werden. Fliegende Händler versorgten die Wartenden mit Nahrung, Gaukler und Zauberkünstler vertrieben ihnen die Zeit. Man wußte eigentlich nicht so recht, warum man sich hier eingefunden hatte, aber es konnte sein, daß es über kurz oder lang eine lohnende Aufgabe gab, eine kleine, nicht anstrengende Beschäftigung, die Geld einbrachte. Vielleicht aber hörte man durch Zufall ein interessantes Gerücht, das man dann an gegebener Stelle gut in klingende Münze umsetzen konnte.

Nur wer reich war, konnte im Frankreich des 18. Jahrhunderts sorgenfrei leben. Geburt allein garantierte noch lange kein Leben in Saus und Braus. So zählten auch die Landadeligen zu den Ärmsten der Armen. Sie hatten nichts als ihren Titel, denn durch die unsinnigen Erbgesetze, nach denen vom väterlichen Besitz der Erstgeborene zwei Drittel bekam, stürzten alle Nachgeborenen unweigerlich ins Elend. Wie gern hätte sich so mancher als Handwerker, Kaufmann oder Soldat sein Brot verdient! Aber dies war gegen die Ehre des Standes und daher strikt untersagt. Die gewaltige Kluft zwischen unwahrscheinlich Reichen und Bettelarmen führte schon in der Mitte des 18. Jahrhunderts immer wieder zu offenen Revolten, die aber durch den Einsatz von königstreuen Soldaten im Keim erstickt wurden. Ein Attentat, das auf Ludwig XV. verübt wurde, hätte das Volk aufrütteln können, aber statt dessen verfolgte der Pöbel, der zunächst johlend und grölend unter den Fenstern der verhaßten Marquise vorbeigezogen war, mit wahrer Begeisterung die bestialische, stundenlange Folterung und darauffolgende Hinrichtung des armen Damiens.

Der König war nur leicht verletzt worden, fühlte sich aber zu Tode verwundet und verfiel in geradezu hysterische Reue. Er wollte sofort den leibhaftigen Beweis seiner Sünde und Schuld entfernen und Madame de Pompadour den Laufpaß geben. Aber wie schon früher gelang es der Marquise auch diesmal, die Absichten des Königs zu durchkreuzen.

Die immer trister werdende Stimmung und die miserable Situation des Volkes ließen Ludwig XV. und seine Mätresse völlig kalt. Und obwohl Madame de Pompadour ein Kind dieses Volkes gewesen war, schien es, als hätte sie mit ihrem Einzug in Versailles nicht nur die Vergangenheit abgestreift, sondern auch ihre Identität gewechselt. Die Macht, die sie erreicht hatte, demonstrierte sie, indem sie den Besuchern abverlangte, ihr beinahe königliche Ehren zu erweisen. Wie Ludwig XV. empfing sie die Bittsteller im Bett sitzend, oder sie thronte in einem prächtigen Stuhl mitten im Zimmer. Keiner der übrigen Anwesenden hatte die Gelegenheit, irgendwo Platz zu nehmen, das Sitzen war einzig ihr Vorrecht. Aber nicht alle, die von ihr eine Audienz erbeten hatten, fügten sich in ihre Anordnungen. So kam es vor, daß ein Mann von Rang und Adel sich einfach die Kühnheit herausnahm und sich, wenn er müde war, auf die Lehne ihres Stuhles setzte. In Ausnahmefällen ließen sich prominente Bittsteller sogar auf ihrem Bettrand nieder. Madame de Pompadour war über solch unziemliches Verhalten natürlich außer sich und beschwerte sich auf der Stelle bitter beim König, aber Ludwig amüsierte sich bloß über diese Vorfälle, und damit war die Sache für ihn abgetan.

Wer sich freilich um ein hohes Staatsamt bewarb oder einen lukrativen Posten bei Hofe anstrebte, der dienerte bis zum Boden und bot der Marquise diskret einen dicken Beutel mit Goldstücken. Alles war in Frankreich käuflich geworden, selbst die berüchtigten »Lettres de cachet«, die so manchen Unschuldigen ins Gefängnis brachten.

Je länger die Marquise an der Seite des Königs lebte, desto größer wurde die Schar ihrer Feinde, die sie in Grund und Boden verdammten. Nur wenigen konnte sie wirklich vertrauen, so dem Grafen Choiseul, der lange Jahre ihr unerbittlicher Gegner gewesen war. Das Eis war gebrochen, als man ihn in eine Intrige hineinziehen wollte, die wahrscheinlich das Ende der Karriere der Pompadour gewesen wäre. Ihr erklärter Feind, Graf d'Argenson, hatte ein Komplott gegen die heimliche Herrscherin angezettelt, dem auch eine langjährige Freundin und Vertraute, die Gräfin d'Estrades, nicht widerstehen konnte. Ziel war es, die Mätresse »en titre« endgültig zu entmachten, und alle waren sich darin einig, daß dies bei Ludwig XV. nur auf dem Umweg über das Bett möglich sein würde. Eine junge, reizvolle Geliebte sollte den König dazu bringen, der Pompadour den Abschied zu geben. Geschickt fädelte der Graf d'Argenson alles ein: Eine Hofdame der Töchter des Königs, die entzückende Madame de Choiseul, sollte den König verführen. Ludwig war es gewohnt, daß sich die Damen nicht lange zierten, wenn er sie beglücken wollte. Durch ihre scheinbare Weigerung hatte die Gräfin die brennende Leidenschaft des Königs entfacht. Sieben Tage wurde der König von der schönen Dame vertröstet, bis sie sich endlich ergab.

Auf diese schwache Stunde hatten die Rädelsführer der Kabale nur gewartet: Madame de Choiseul sollte dem König das Versprechen abringen, der Marquise de Pompadour den Laufpaß zu geben. Triumphierend überbrachte die neue Geliebte ihren Auftraggebern die ersehnte Nachricht. Sie war aber so unvorsichtig, ihren

Onkel Etienne-François Choiseul-Amboise, Graf de Stainville, als Postillon d'Amour einzuschalten, von dem sie glaubte, daß ihm ebenfalls viel daran gelegen sein müßte, die Pompadour zu entmachten. Aber plötzlich besann sich der Oheim eines Besseren; er witterte die Chance seines Lebens. Nicht der König würde ihm in Zukunft dankbar sein für seine Dienste. Eine ganz andere Person würde ihm seine Informationen sicherlich nie vergessen – und diese Person war natürlich die Pompadour.

Sein Glück war gemacht, während seine kleine Nichte ins Unglück stürzte. Die Rache der Marquise war fürchterlich: Meisterlich verstand sie es, den König so weit zu bringen, daß er sie, seine treue Freundin, reumütig für diesen Seitensprung um Vergebung bat. Madame de Pompadour verzieh dem »Vielgeliebten«, aber die vermessene Person, die in ihrer Verblendung um alles oder nichts gespielt hatte, wurde »wie eine kleine Hure, die sich schlecht benommen hatte und ein Auge auf den König geworfen hat«, vom Hofe gejagt.

Der Vorfall allerdings gab Madame de Pompadour zu denken. Was hier geschehen war, konnte jeden Tag aufs neue passieren. Sie mußte die Augen offen halten und wachsam sein. Aber die Marquise wußte auch, wie sinnlich Ludwig veranlagt war und daß alle ihre Künste seine Triebe nicht befriedigen und ihn nicht davon abhalten konnten, bald wieder in die Arme einer Abenteurerin zu fallen. Bevor ihm andere wieder eine neue Mätresse ins Bett legten, wollte sie selbst die Sache in die Hand nehmen. Für sie war es lebenswichtig, daß jede zukünftige Geliebte dem König bloß einen unbedeutenden, kurzlebigen Liebesrausch bot. Kinder aus dem Volk, kerngesund, hübsch, möglichst jung und natürlich Jungfrauen, das waren die Gespielinnen, die Madame de Pompadour für den nimmersatten König aussuchen wollte. In ihren Armen würde sich Ludwig bis zur Erschöpfung verausgaben; alle anderen Vergnügen aber wollte sie selber für den König arrangieren, und nach seinen nächtlichen Amouren würde er ihre amüsante Gesellschaft, die leichte, aber gehaltvolle Plauderei desto mehr schätzen.

Bald hatte es sich herumgesprochen, daß schöne junge Mädchen unter der Obhut der Marquise ihr Glück in den Armen des Königs machen konnten. Tag und Nacht liefen bei Hofe entsprechende Angebote ein; die eigenen Eltern priesen marktschreierisch die körperlichen Vorzüge ihrer blutjungen Töchter an. Man sah es als Ehre an, wenn sich der König herabließ, die Tochter höchstpersönlich zu »entehren«. Der Batzen Geld, der als Lohn für die verlorene Jungfernschaft winkte, tröstete so manche über den ersten Schmerz hinweg.

Die Marquise suchte selbst die Mädchen aus, denn sie wußte, was Ludwigs Blut in Wallung versetzte. Hatte ein schönes Kind alle strengen Kriterien erfüllt, von prallen Brüsten bis zu zierlichen Fesseln, von lockenden Lippen bis zur weißen Haut, dann wurden Ärzte gerufen, die die Jungfrau auf Herz und Nieren zu untersuchen hatten. Aber auch die Familie wurde einer strengen Kontrolle unterzogen und eine Zeitlang genau beobachtet, denn nur so war der König vor einer tödlichen Ansteckung zu bewahren. War alles zur vollsten Zufriedenheit ausgefallen, dann sprach man über das Geschäftliche, und die Apanage, die bis zu 200.000 Livres betrug, wurde vertraglich festgelegt.

Damit sich der König völlig ungestört ganz seiner Lust hingeben konnte, richtete ihm seine erfinderische Freundin mitten in einem wunderschönen Park, im »parc aux cerfs«, dem Hirschpark, unweit des Schlosses ein kleines, komfortables Haus ein. Ungesehen von der neugierigen Schar der Höflinge, konnte der König hier seinem Vergnügen nachgehen, wann immer ihn das Verlangen überkam. Im Hirschpark fand Ludwig XV. all das, was ihm seine Mätresse schon lange nicht mehr bieten konnte.

Die Tage im Hirschpark waren für die Mädchen allerdings meist schnell gezählt, denn der König kannte in seiner Sinnlichkeit nicht Maß noch Ziel, und bald schon sahen die einstigen Jungfrauen Mutterfreuden entgegen. Damit war zwar das Ende der Affäre mit dem König gekommen, aber das Füllhorn Fortunas war noch lange nicht leer. Die werdende Mutter wechselte ihren Wohnsitz und zog auf Wunsch der Marquise in ein gut eingerichtetes Haus, in dem sie das Königskind zur Welt brachte. Nach der Geburt wurde der jungen Mutter die fürstliche Abfindung überreicht, und eine sorgenfreie Zukunft stand ihr offen, denn die Mädchen aus dem Hirschpark galten als attraktive Partien; meist boten Männer von Adel den abgelegten Königsliebchen Hand und Titel an.

Wie viele Kinder Ludwig XV. in seinem idyllischen Haus im Hirschpark zeugte, wußte keiner. Die zahlreichen Söhne und Töchter, die dem Vater manchmal wie aus dem Gesicht geschnitten waren, interessierten ihn nicht im geringsten. Nur einmal wurde ein unehelicher Sohn beinahe zum Streitthema zwischen ihm und der Marquise.

Madame de Pompadour hatte aus ihrer legitimen Ehe eine schöne Tochter, Alexandrine, die im besten Internat Frankreichs Wissen und Bildung erlangen sollte. Obzwar die Pompadour wegen ihrer vielfältigen Aufgaben und Probleme in ständiger Anspannung lebte, kümmerte sie sich doch, wo sie konnte, um die Tochter. Auch der König war dem schönen, charmanten Kind mit den faszinierenden Augen sehr zugetan. Im Jahr 1747 schrieb die Marquise folgende Zeilen an ihre Tochter:

»Jedermann sagt mir, daß Sie Ihrer Mutter Ehre machen, und mein Herz versichert mich dessen gleichfalls. Ihre Damen sind sehr zufrieden mit Ihnen und werden nicht müde, Ihren Geist und Ihre Grazie zu rühmen. Befleißigen Sie sich, so vieler Zärtlichkeit und Fürsorge würdig zu sein, dadurch erfreuen Sie mich und werden sich in späteren Jahren auch der Wertschätzung anderer erfreuen. Besuchen Sie mich nächsten Freitag und bringen Sie Ihre kleine Freundin Mademoiselle de Rosières mit. Der König wird es nicht an Zärtlichkeit fehlen lassen, denn er liebt Sie wie sein eigenes Kind. Er unterhält sich häufig mit mir über Sie, und ich zweifle nicht, daß, wenn es einmal dazu kommt, Ihnen eine Position zu schaffen, er etwas ganz Beträchtliches für Sie tun wird. Adieu, mein geliebtes Kind, geben Sie auf Ihre Gesundheit recht acht und lieben Sie Ihre Mutter in gleichem Maße, wie Sie von ihr geliebt werden.«

In Madame de Pompadour reifte ein kühner Heiratsplan für die Tochter: Nur ein Sohn des Königs sollte ihr geliebtes Kind zum Altar führen. Ludwig XV. hatte einen einzigen legitimen Sohn, den Dauphin, der die Favoritin seines Vaters abgrundtief haßte; aber es gab ja auch zahllose illegitime, äußerst gutaussehende Söhne des Königs, und auf einen, auf den Grafen de Luc, hatte Madame de Pompadour ihr Hauptaugenmerk gerichtet.

Voller Erwartung unterbreitete sie Ludwig ihren Plan. Aber sie hatte sich verrechnet. Der König, der sich auch um den Grafen de Luc, seinen Sohn, den er mit der Gräfin Vintemille gezeugt hatte, kaum gekümmert hatte, lehnte den Heiratsvorschlag rundweg ab. Sosehr die Marquise auch für ihre Tochter bat und in Ludwig drang, sie erreichte nur, daß der König unwillig wurde und nicht mehr über diese Angelegenheit zu sprechen wünschte. Die wahren Gründe für seine Ablehnung wurden nie bekannt; vielleicht fürchtete Ludwig in seiner Entschlußlosigkeit, mit Familienproblemen belästigt zu werden.

Aber das Schicksal sollte der Marquise einen noch viel grausameren Schlag versetzen. Alexandrine hatte kaum ihren zehnten Geburtstag gefeiert, als sie an einer fieberhaften Erkältung erkrankte, die – trotz aller ärztlichen Hilfe – tödlich endete.

Madame de Pompadour war untröstlich, als sie vom Hinscheiden ihres einzigen Kindes erfuhr. War dies die Strafe des Himmels dafür, daß sie immer wieder Kinder Ludwigs hatte abtreiben lassen, wenn sie sich schwanger fühlte? Sie hatte so viel aufs Spiel gesetzt, und es sah so aus, als würde sie letztlich alles verlieren.

Aber sie war nicht die Frau, die so schnell die Flinte ins Korn warf. Mit eiserner Energie und Willenskraft unterdrückte sie Schmerz und Trauer, denn sie wußte, wie sehr der König betrübte, kummervolle Gesichter haßte. Aber sie fühlte nun, wie die tödliche Krankheit ihren Körper zerstörte. Rouge und Puder vermochten die schwarzen Ringe unter den Augen und die tief eingegrabenen Furchen um den Mund nicht mehr zu kaschieren. Sie hatte Elixiere und Wundersäfte hinuntergeschluckt, hatte Fröhlichkeit geheuchelt, auch wenn die Schmerzen schier unerträglich waren, und mit eiserner Überwindungskraft den König in eine Betriebsamkeit gestürzt, die ihr selbst die letzten Kräfte nahm. Allmählich aber mußte sie Tribut zahlen für den Raubbau, den sie jahrelang an ihrem Körper getrieben hatte.

Mit 42 Jahren war sie nun am Ende. Der Tag der Abrechnung war nahe. Sie war die meistgehaßte Frau in Frankreich; erbitterte Flüche des ausgebeuteten und hungernden Volkes verfolgten sie Tag und Nacht, und am Hof von Versailles wünschte man sich nichts sehnlicher, als daß sie lieber heute als morgen das Zeitliche segnete.

Und wie stand es um den König, für den sie alles gegeben hatte? Ludwig war sie zwar unentbehrlich, aber schon lange als Frau und als Mensch gleichgültig; sie fühlte bitter, daß sie für ihn zu einer Art Einrichtung geworden war. Wer brauchte sie eigentlich noch, ja, gab es einen Menschen, der sie wirklich liebte?

Die wahren Freunde, die sie im Leben gehabt hatte, konnte sie an einer Hand abzählen. Sicherlich waren ihr die Künstler Frankreichs zugetan, aber war es nicht blanker Eigennutz, der einen Voltaire, einen Boucher oder einen Diderot, d'Alembert auf ihre Seite schwenken ließ? Hatte sie nicht den Enzyklopädisten durch ihren Einfluß auf den König zum Durchbruch ihres bahnbrechenden Werkes verholfen? War sie es nicht gewesen, die den König auf

Werkes verholfen? War sie es nicht gewesen, die den König auf dieses Jahrhundertwerk, das, bevor es allgemein publik werden konnte, durch den Einfluß der Kirche verboten worden war, aufmerksam gemacht hatte, indem sie Ludwig veranlaßte, darin nachzulesen? War sie es nicht gewesen, die die Meister der Porzellanherstellung nach Frankreich geholt und so den Anstoß zur Gründung der weltberühmten Manufaktur von Sèvres gegeben hatte? Hatte sie nicht eine ganze Kunstrichtung – das Rokoko – inspiriert?

Ja, sie, Jeanne-Antoinette Poisson, verehelichte Madame d'Etioles, Marquise von Pompadour, hatte vieles in Bewegung gesetzt, hatte dem Theater in Frankreich einen neuen Stellenwert gegeben und hatte auf der politischen Bühne jahrelang eine der Hauptrollen gespielt. Sie hatte es durch ihren Einfluß beim König erreicht, die jahrhundertelange Feindschaft zu den Habsburgern zu überbrükken und sich die Kaiserin Maria Theresia gewogen zu machen. Aber sie hatte auch mitgeholfen, Frankreich an den Bettelstab zu bringen. Durch ihre Schuld hatte Frankreich riesige Gebiete in den Kolonien an England verloren; dem Ansehen des Staates in der Welt war ein schwerer Schlag versetzt worden. Madame de Pompadour hatte ihr Spiel gespielt, verloren und gewonnen. Das Volk hungerte und verfluchte die Pracht der Schlösser, die Schönheit der Gemälde, die Zartheit des Porzellans und die wohlgesetzten Worte der Dichter – das unsterbliche Werk der Marquise für spätere Zeiten. Die Abrechnung, die Madame de Pompadour hielt, wies ein erstaunliches Haben auf, aber auch ein ebenso starkes Soll. Sie selbst konnte nichts mehr an dieser Bilanz verändern, denn der Tod hatte längst seine Hand nach ihr ausgestreckt.

Schon 1757, mit 36 Jahren, hatte sie ihr erstes Testament aufgesetzt, aber damals erholte sie sich wider Erwarten von einer bösartigen Krankheit. Im März 1764 allerdings überfiel sie wieder ein schweres Fieber, so daß sie das Bett nicht mehr verlassen konnte. Erstaunlicherweise besuchte sie der König jeden Tag und holte sich von ihr Rat und Instruktionen. Der Tod gewährte ihr noch einen kleinen Aufschub, so daß sie mit ihrer Seele ins reine kommen konnte. Ein Leben lang war sie der Kirche, vor allem den Jesuiten gegenüber, feindlich gesinnt gewesen – ihre letzte entscheidende Tat war, daß der Jesuitenorden in Frankreich auf ihre Intervention hin verboten wurde. Bis zuletzt saß sie mit großer Mühe in ihrem Bett, durch Kissen gestützt, aufrecht und ließ sich von ihrem Ver-

Ansicht von Mantua.
Stich von Alexander Glässer nach einer Zeichnung
von Friedrich Bernhard Werner, um 1730

FRANCISCVS GONZAGA *IV.*
Marchio Mantuæ.

Francesco Gonzaga.
Stich des 17. Jahrhunderts

Isabella d'Este.
Stich nach einem Gemälde von Tizian

Louis Quinze
Et de

Roy de France
Navarre

Ludwig XV.
Stich von Gilles Edmé Petit nach einem Gemälde
von Louis-Michel Vanloo

Madame de Pompadour.
Gemälde von François Boucher

Erzherzogin Sophie.
Photographie, 1872

Die Herzogin und der Herzog von Windsor
in Palm Beach. Photographie, 1948

trauten Janelle die Postgeheimnisse mitteilen. In dieser Haltung empfing sie auch den Priester, der ihr die Letzte Ölung und das Abendmahl reichte. Als sich der Geistliche zum Gehen wandte, lächelte sie ihm schwach zu und sagte: »Warten Sie doch noch einen Augenblick, Herr Pfarrer, wir gehen dann zusammen!«

Am 15. April 1764 betrat der König die Gemächer der Marquise nicht. Er konnte niemanden sterben sehen, am allerwenigsten Madame de Pompadour. Nervös ging er auf und ab und erwartete voll Angst, aber dennoch ungeduldig die entscheidende Nachricht. Heftig widerstreitende Gefühle kämpften in ihm. Überdeutlich fühlte er, daß mit dem Tod der Marquise ein Abschnitt in seinem Leben zu Ende gegangen war, der durch ihren Einfluß, durch ihre Kraft, aber auch durch ihre Liebe zu den glücklichsten in seinem Leben gezählt hatte.

Was Ludwig XV. sich in seiner Schwachheit nicht eingestehen wollte, drückte der alte Voltaire aus. Er schrieb: »Ich trauere um sie aus Dankbarkeit… Von Geburt aufrichtig, liebte sie den König um seinetwillen. Sie besaß Güte in ihrer Seele und Gerechtigkeit in ihrem Herzen. All dem begegnet man nicht jeden Tag.«

Sogar der Königin, Maria Leszczynska, ging der Tod der Marquise, die einige Jahre die Ehre gehabt hatte, ihre Palastdame zu sein, nahe. Einige Tage nach der Beisetzung der Pompadour richtete sie an den Parlamentspräsidenten Henault folgende Zeilen: »Übrigens fragt man nun ebensowenig nach ihr, die nicht mehr ist, als ob sie nie gewesen wäre. So ist die Welt. Es lohnt sich wahrhaftig nicht, sie zu lieben.«

Der König hatte sich nach dem Tod der Marquise kaum die Tränen aus den Augen gewischt, als schon geschickte Diplomaten, die um Macht und Einfluß bei Hofe buhlten, ihm eine neue Mätresse anboten.

Die junge, blühende Dubarry war eine aufreizend sinnliche Frau, die keine Nebenbuhlerin duldete. So sehr sie auch durch ihre Leidenschaftlichkeit den König, der in die Jahre gekommen war, ermüdete, er fand doch immer noch die Kraft, wenn ihn die Lust überkam, sich irgendwelche Mädchen von der Straße ins königliche Bett zu holen. Der Dubarry aber fehlte die instinktive Weisheit einer Pompadour: Sie schloß das Haus im Hirschpark und glaubte den König dadurch noch fester an sich zu ketten. Aber sie kannte Ludwig viel zu wenig. Heimlich schlich er sich in zwielichtige Etablissements und suchte in der Halbwelt das, was er nicht an die gesundheitliche Gefahr, die sich aus den wahllosen körperlichen Beziehungen ergeben konnte. Und so ereilte ihn denn auch sein Schicksal:

Mit seinen 64 Jahren war er immer noch kerngesund, als er eine erfahrene, lebenslustige Schauspielerin mit dem Künstlernamen Raucourt kennenlernte. Wegen ihrer wilden Lebenslust trug sie den Beinamen »die Wölfin«, und der König erwartete von ihr besondere Raffinessen in der Liebe in seinen »petits Appartements«. Als Madame Dubarry erfuhr, wer sich im Bett des Königs wälzte, überfiel sie rasende Eifersucht. Sie griff nach einer Schere, lauerte der gemeinen Person auf, und es kam zu einer undamenhaften, vulgären Rauferei. Blut spritzte, und die »Wölfin« fiel in Ohnmacht. Fieberhaft suchte man nach einem Arzt, und es fand sich auch einer: Ein gewisser Dr. Guillotin hielt sich eben im Schloß auf, um dem König ein neues Projekt vorzustellen. Er eilte herbei und verband die leichte Verletzung an der Hand, mußte aber mit Erstaunen feststellen, daß die nicht gerade schwächliche Frau in eine tiefe Ohnmacht gefallen war.

Guillotin – seine berühmte Erfindung sollte etliche Jahre später auch die Dubarry ins Jenseits befördern – betrachtete die leblose Frau lange und intensiv – und schwieg.

Die Schauspielerin war bereits mit den gefürchteten schwarzen Pocken infiziert, als sie intimen Kontakt mit Ludwig XV. hatte.

Der ehemals schöne König ging einem häßlichen, fürchterlichen Ende entgegen. Am 27. April 1774 zeigten sich auf einer Jagd die ersten dunklen Flecken auf der Haut, die in eiternde Schwären übergingen. Der König verweste bei lebendigem Leib. Bestialischer Gestank erfüllte das Krankenzimmer. Von unerträglichem Durst gequält, wälzte sich der Sterbende auf seinem Lager, aber niemand kam in seine Nähe, um ihn mit erfrischenden Getränken zu laben. Kaum einer wagte, mit vorgehaltenen Tüchern vor dem Mund den Raum zu betreten; nur die Dubarry zeigte keinerlei Furcht, obwohl sie selbst noch nie die Pocken gehabt hatte, und erbarmte sich heldenhaft des Sterbenden.

Am Rande seines Totenbettes lieferten sich die politischen Intriganten aus zwei Lagern heiße Debatten darüber, welches Geschlecht weiterhin in Frankreich regieren sollte. Würde nämlich der König lasterhaft, wie er gelebt hatte, ohne Absolution in Sünde sterben, so konnte unmöglich das Haus Bourbon weiterhin an der Spitze des Staates stehen. Die Orléans hielten sich schon bereit, um die Regierung zu übernehmen. Aber Ludwig XV. machte der verhaßten Clique noch einen Strich durch die Rechnung. Abbé Maudoux, der Beichtvater des Königs, kam beinahe in letzter Minute. Eitrige Pusteln zersetzten schon die Zunge, und kaum hörbar flüsterte der König von Frankreich seine letzte Beichte. Vom Tod gezeichnet, bereute Ludwig sein skandalöses, unmoralisches, unchristliches Leben. Die Absolution und die Sterbesakramente schienen dem Todkranken noch einmal letzte Kräfte zu verleihen, denn er diktierte eine Erklärung, die bei seinem Begräbnis von allen Kanzeln verlesen werden sollte. Darin bat er sein Volk um Verzeihung für all das, was er jedem einzelnen durch sein kostspieliges, ausschweifendes Leben angetan und was er versäumt hatte, zum Wohl seiner Untertanen zu tun. Öffentlich bereute er sein Nichthandeln und seine Lethargie.

Nur wenige trauerten um den Mann, der zu schwach gewesen war, sich gegen die mächtigen Intriganten bei Hof und gegen den Einfluß der starken Madame de Pompadour durchzusetzen; die anderen wünschten seine Seele zur Hölle. Das Volk von Frankreich rüstete schon zur Revolution.

Die ungekrönte Kaiserin von Österreich

ERZHERZOGIN SOPHIE UND ERZHERZOG FRANZ KARL

Dicker Nebel lag über der altehrwürdigen Stadt Olmütz und hüllte die Paläste und Kirchen, die behäbigen Bürgerhäuser und ärmlichen Hütten in seinen grauen Schleier. Eiskalter Wind pfiff aus der weiten Ebene der Hanna über die Stadtmauern hinweg und trieb die welken Blätter in den Straßen vor sich her. Bleiern zog der Tag herauf, und jeder, der nicht dringende Geschäfte zu erledigen hatte, wäre sicherlich lieber zu Hause hinter dem warmen Ofen geblieben, wenn nicht ein Ereignis an diesem düsteren Morgen zu erwarten gewesen wäre, das das Schicksal nicht nur des Landes Mähren, sondern die Politik der gesamten österreichischen Monarchie, ja, die Situation in ganz Europa verändern konnte: Ein neuer Kaiser sollte gekürt werden. Man schrieb den 2. Dezember 1848. In den frühen Morgenstunden, um 8 Uhr, wollte der regierende Habsburgerkaiser Ferdinand zurücktreten, um seinem jungen Neffen Franz, dem Sohn seines jüngeren Bruders Franz Karl, auf dem Kaiserthron Platz zu machen.

Dicht gedrängt warteten die Olmützer auf das große Ereignis. Jeder wollte Zeuge sein, wenn der junge Kaiser den Palast verließ. Ein Wagenschlag wurde aufgerissen; als erster zeigte sich der neue Ministerpräsident, der erst seit dem 3. November im Amt war, Fürst Schwarzenberg, ein enger Vertrauter des jungen Erzherzogs Franz und seiner Mutter Sophie, gefolgt vom Fürsten Windischgraetz, dem alten Haudegen, der in Prag den Aufstand der Studenten der Karlsuniversität gegen Kaiser und Österreich blutig niedergeschlagen hatte. Nach und nach fuhren im Morgendämmer die Angehörigen der Kaiserfamilie vor: die Brüder des Erzherzogs, Ferdinand Maximilian, ein blonder, hübscher junger Mann mit einem sympathischen Lächeln, der den Leuten freundlich zuwinkte, gefolgt von Karl Ludwig, der einen eher unsicheren, verschlossenen Eindruck machte. An der Hand der Mutter entstieg als letzter der Brüder der kleine, schmächtig-blasse, erst sechsjährige Ludwig Victor dem Wagen.

Der Kaiser, Ferdinand I., war wie immer in schlichtem Zivil, ohne Orden und ohne sonstige Zierde. Ihm zur Seite schritt ganz nah, als wollte sie ihren Mann stützen, seine Gemahlin Maria Anna. Vereinzelt hörte man Hochrufe aus der wartenden Menge. Der Kaiser war trotz seiner Gebrechlichkeit und Krankheit, die seine ganze Kraft und Energie aufzehrten, auch hier in Olmütz ein beliebter Mann.

Ferdinand war seit seiner Kindheit ein vom Schicksal geschlagener, bedauernswerter, kranker Mensch. Sein Vater, der »gute Kaiser Franz« hatte in zweiter Ehe seine Cousine Maria Theresia von Neapel-Sizilien geheiratet, und diese Verbindung war mit einer großen Kinderschar gesegnet. Die Kaiserin erfüllte ihre Funktion als ununterbrochen Gebärende bis zum bitteren Ende im Kindsbett. Nach erstaunlich kurzer Trauerzeit heiratete der Kaiser wieder, diesmal eine andere Cousine aus Italien, Maria Ludovica d'Este, eine gebildete und schöngeistige Frau, mit der er allerdings keine Kinder zeugte. Auch dieser dritten Gemahlin mußte Kaiser Franz das letzte Geleit in die Kapuzinergruft geben, um dann die bayerische Prinzessin Karolina Augusta zu ehelichen, eine Schwester des späteren bayerischen Königs Ludwig I. Die nahe Verwandtschaft der Eltern Ferdinands erwies sich als verhängnisvoll; Erbkrankheiten konnten nicht ausbleiben. Der Thronfolger litt schon als Säugling an Epilepsie, an »Fallsucht«. Dem Kaiser war das Herz schwer, wenn er an die Nachfolge im Kaiserhaus Österreich dachte. Die Entscheidung darüber aber überließ er dem Mann, der die Macht im Staate in seinen starken Händen hielt. Fürst Metternich würde, davon war der Kaiser überzeugt, ganz in seinem Sinne handeln. Der Kanzler hielt einen kranken, hinfälligen Kaiser nicht für unfähig, die Krone zu tragen. Und wenn auch der Kopf Ferdinands sich bedenklich schief zur Seite neigte, die Krone würde für kurze Zeit schon halten! War Kaiser Ferdinand wirklich nicht in der Lage zu regieren, so würde er, Metternich, noch lange die erste Geige spielen können.

Der erste Schritt war für Metternich getan, nun mußte noch ein zweiter folgen: Ein zukünftiger Kaiser brauchte eine Gemahlin an seiner Seite, auch wenn die Ärzte immer wieder bestätigten, daß Ferdinand niemals in der Lage sein würde, Nachkommen zu zeugen. Wahrscheinlich war seine zukünftige Frau zur ewigen Jungfernschaft verurteilt, denn seine körperliche Schwäche würde es auch verhindern, daß Ferdinand die Ehe vollziehen konnte. Aber nach einigem Suchen fand man eine Braut, die Prinzessin von Sardinien-Piemont Maria Anna Karoline Pia, die mit ihrem fast engelsgleichen Charakter ihrem Gemahl ohne ein Wort der Klage hilfreich zur Seite stand,

Als der zweite Sohn des Kaisers, Franz Karl, im Dezember 1802 das Licht der Welt erblickte, schrieb die Wiener Zeitung: »Ihre Majestät die Kaiserin sind Dienstag, den 7. d. M. Nachmittags halb 5 Uhr zur innigsten Freude des Hofes, der Stadt und aller Untertanen von einem Erzherzog glücklich entbunden worden.«

Aber auch dieser Sohn von Kaiser Franz war beileibe kein Adonis, nicht einmal ein Jüngling zum Vorzeigen. Er hatte, genauso wie sein Bruder, das länglich-schmale Gesicht der Habsburger, mit leicht verschlafenen farblosen Augen unter den schweren, fleischigen Lidern und der typischen dicken Unterlippe. Dazu war er schmächtig geraten, und durch den großen Kopf wirkte der Körper noch zierlicher, noch schwächer. Die Degeneration sah man ihm schon von weitem an, bevor er noch den Mund auftat, um einige belanglose Sätze von sich zu geben. Denn Franz Karl war ein temperamentloser, desinteressierter Mensch, der nur eine Leidenschaft kannte: die Jagd. Alles übrige – die Musik, die Dichtkunst, die Literatur, die Malerei, aber auch die zunehmend komplizierte Politik in dem Vielvölkerstaat, die er in seiner Jugend hätte studieren und die sein ganzes Interesse hätten fordern sollen – ließ ihn völlig kalt. Er wollte seine Ruhe haben, Kaiser würde ohnedies sein Bruder werden. Wozu sollte er sich eigentlich mit Dingen beschäftigen, deren Wert er nicht erkennen wollte und von denen er absolut nichts hielt?

Kaiser Franz hatte seine Söhne und Töchter – natürlich beeinflußt von den Gedankengängen seines Staatskanzlers – erzkonservativ erziehen lassen. Jede Neuerung war verdächtig und mußte schon im Keim erstickt werden. So dachte und fühlte der Kaiser, und so dachten und fühlten seine Söhne; auch der dritte Sohn, Erzherzog Ludwig, der genauso wie Ferdinand seinem Vater auf dem Totenbett in die Hand versprechen mußte, die Monarchie vor allem zu bewahren, was nach neuem Geist und frischer Luft roch.

Jetzt in Olmütz ging mit dem Thronwechsel zwar ein Regierungsabschnitt, aber nicht eine Ära zu Ende. Denn auch der Sohn Franz Karls, der junge Erzherzog Franz, der nach langem Zureden als

Kaiser den Namen Franz Joseph (nach seinem liberalen Ur-
großonkel Joseph II.) annehmen sollte, war im starren und reak-
tionären Geist erzogen worden. Nicht so sehr vom Vater, denn dazu war Erzherzog Franz Karl viel zu wenig energisch; nein, er hatte eine Mutter, gegen die selbst ein Metternich in seinen alten Tagen kapitulieren mußte. Erzherzogin Sophie war eine Frau, die in
der Politik mitmischte, geheim zwar, dafür aber desto heftiger und
erfolgreicher.

Die Mutter des neuen Kaisers stammte zwar aus Bayern, entwickelte sich aber schon nach wenigen Jahren zu einer Habsburgerin wie aus dem Bilderbuch. Ihre Eltern hatten schon früh mit
dem Kaiserhaus eine Heirat zwischen Sophie und dem zweitälte-
sten Sohn von Franz I. vereinbart. Die königlichen Eltern, Maximilian Joseph I., der durch Napoleons Gnaden König von Bayern
geworden war, und seine zweite Gemahlin Karoline Friederike
Wilhelmine von Baden hatten ihren Kindern eine moderne, umfas-
sende Ausbildung angedeihen lassen, so daß die Töchter so gebildet waren, daß sie in jede auch noch so hohe Familie in Europa
einheiraten konnten. Es war aber durchaus kein Drill, dem sie die
Kinder ausgesetzt hatten; in fröhlicher, gelockerter Atmosphäre
lebten die Kinder in sehr engem Kontakt mit ihren liebevollen
Eltern. So hatte Sophie mit ihren Geschwistern eine heitere, weitgehend unbeschwerte Jugendzeit verbracht, als sie in den Ehe-
stand trat.

Zwanglos, am romantischen Tegernsee, sollten die beiden jungen
Leute einander im Frühjahr 1824 zum erstenmal treffen. Sophie
hatte ein prachtvolles Seidenkleid mit vielen Maschen und Rüschen angezogen, das ihre schlanke Taille betonte und das makel-
lose, üppige Dekolleté hervorhob. Lange braune Korkenzie-
herlocken umrahmten das hübsche Mädchengesicht. Diese
Lockenpracht herzustellen war nicht einfach, denn jede Haar-
strähne wurde einzeln mit Pomade präpariert, die aus erhitztem
Ochsenmark bestand, in das drei hartgekochte, zerdrückte Eier
gemischt wurden. Gekochte Spargelspitzen verfeinerten die cre-
mige Masse, die allerdings keinen allzu guten Geruch verbreitete.
Um die Locken duften zu lassen, setzte man dem Ganzen noch
Perubalsam zu.

Mit klopfendem Herzen erwartete Sophie den Zukünftigen. Der
Wagen rollte heran, der Schlag öffnete sich, und heraus stieg nicht
der ersehnte Märchenprinz, sondern ein linkischer, vor Verlegen-

heit errötender, dünner, unscheinbarer junger Mann mit einer allzu hohen Stirn, der ratlos neben der Kutsche stehenblieb und wartete, bis irgend jemand sich vom ersten Schreck erholt hatte, um ihn zu begrüßen. Als erste fand Sophies Mutter die Sprache wieder und hieß den Gast mit freundlichen Worten willkommen.

Es folgten anstrengende Stunden für die königliche Familie, denn es war äußerst mühsam, ein Gespräch in Gang zu bringen. Franz Karl hatte nur ein Thema, über das er wirklich Bescheid wußte, und das war die Jagd. Man kann sich vorstellen, daß die achtzehnjährige Sophie ganz und gar nicht an Gesprächen über das Waidwerk interessiert war. Lähmend langweilig war der erste Abend mit dem Bräutigam, und kaum waren die Kerzen etwas heruntergebrannt, gab man vor, dem von der langen Reise erschöpften Gast Ruhe gönnen zu wollen. Wahrscheinlich tat Sophie in dieser Nacht kein Auge zu und weinte in die Kissen. Und es ist anzunehmen, daß auch der bayerische König und seine Gemahlin noch stundenlange Gespräche führten. Konnte man wirklich diesem unbeholfenen, beinahe tölpelhaften jungen Mann die Tochter opfern, nur weil er aus dem alten Habsburgerhaus kam? War es nicht besser, auf die zweifellos verlockende Partie zu verzichten, um das Lebensglück der Tochter im Auge zu behalten?

Wie sollte man sich entscheiden? Aber bald kam man doch überein, daß Sophie sich schon arrangieren würde. Sicherlich hatte es im Laufe der Geschichte schlimmere Verbindungen gegeben. Immerhin war Franz Karl noch jung, und vielleicht würde es der aufgeweckten Prinzessin möglich sein, einen positiven Einfluß auf ihn auszuüben, vielleicht würde sie ihn durch ihr Temperament aus seiner Lethargie reißen. Daneben gab es natürlich noch den verlockenden Gedanken, daß Sophie wahrscheinlich dem späteren Thronerben das Leben schenken würde, denn von Ferdinand war gewiß kein Nachkomme zu erwarten. Sophie würde also, sollte sie mit einem Sohn gesegnet werden, Mutter des zukünftigen Kaisers des Habsburgerreiches sein.

Mit diesen Überlegungen war die Heirat besiegelt, und Sophie blieb nichts anderes übrig, als das Schicksal zu nehmen, wie es sich ergab. Wenig später reiste Franz Karl nach München, um mit dem König nähere Details zu besprechen. Auch jetzt zeigte er sich von keiner besseren Seite, obwohl er begann, seiner jungen, hübschen Braut verstohlen schöne Augen zu machen und ihr verliebte Blicke zuzuwerfen. Dies war Sophie noch unangenehmer, denn solange sich Franz Karl halbwegs neutral gezeigt hatte, konnte sie ihm aus dem Wege gehen; jetzt aber wurde offiziell Verlobung gefeiert.

Nun hatten die Königin und ihr Hofstaat alle Hände voll zu tun, die Tochter standesgemäß auszustatten. Weißnäherinnen stichelten Tag und Nacht, um die Dutzenden Hemden, Unterröcke, Nachtleibchen, Häubchen, Morgenröcke und Bettücher, Kopfkissen und Überzüge rechtzeitig fertig zu haben. Kleider, Pelze, Pelerinen, Abendkleider und Ballroben wurden aus den elegantesten Schneidereien Münchens angeliefert und ergänzten die Mitgift. Wertvoll und kostbar war vor allem der Schmuck, den der König von Bayern seiner Tochter mit nach Wien gab. Man sollte in der Kaiserstadt nicht die Nase über eine arme „Provinzbraut" rümpfen. Max Joseph suchte selbst die erlesenen Steine der Ringe, Armreifen, Ohrgehänge, Colliers und Broschen aus. Aber auch der zukünfte Schwiegervater, der Kaiser, griff tief in den Geldbeutel, um dem Sohn und der Schwiegertochter ein angenehmes Leben zu ermöglichen. Da aber Kaiser Franz nicht über ein unermeßliches privates Vermögen verfügte, war es schon viel, daß er dem Sohn allein als Morgengabe für seine junge Frau 30.000 Gulden übergab. Diese Summe sollte Sophie am Morgen nach der Hochzeitsnacht überreicht bekommen, gleichsam als Abgeltung für die verlorene Jungfernschaft.

Der November war noch nie ein besonders romantischer Monat für eine Hochzeit. Warum Sophie und Franz Karl ausgerechnet in dieser grauen trüben Herbstzeit, die die sonst so fröhlich bunte Stadt Wien von ihrer allerschlechtesten Seite zeigte, den Bund fürs Leben schlossen, das fragte sich wahrscheinlich so mancher der zahlreichen Hochzeitsgäste. Ein Frösteln ging durch die Menge in der Augustinerkirche, in der schon so viele Habsburger sich das Ja-Wort gegeben hatten, als das ungleiche Paar in die Kirche einzog. Sophie wirkte zaghaft gedrückt, man sah ihr an, daß sie der Zukunft sehr skeptisch ins Auge sah. Auch ihr Ja klang zögernd, als wollte sie sich die Sache im letzten Moment noch einmal überlegen. Aber es gab kein Zurück mehr, sie mußte in den sauren Apfel beißen, auch wenn sie daran zu ersticken drohte.

Die junge Frau lebte sich in Wien nur schwer ein, obwohl das Kaiserhaus sie mit offenen Armen aufgenommen hatte. Kaiser Franz als Pater familias tat alles, um der hübschen Schwiegertochter das Eingewöhnen zu erleichtern. Er fuhr mit ihr in der offenen Kutsche durch Wien und zeigte ihr alles, was er für interessant hielt. Die Wiener standen Spalier, wenn es hieß, daß die bayerische Sophie unterwegs war. Man winkte der jungen Frau mit den frischen roten Wangen und den blitzenden dunklen Augen zu, die mit ihrer etwas molligen Gestalt so richtig nach Wien paßte, wie ein echtes Wiener Mädel der Biedermeierzeit! Wie schade, daß sie nicht mit einem anderen Prinzen verheiratet worden war, etwa mit dem jungen, männlich-schönen Wasa-Prinzen, dem Sohn des abgedankten schwedischen Königs, der in Wien seine Offizierskarriere absolvierte. Das wäre ein Mann für Sophie gewesen – oder vielleicht der junge Herzog von Reichstadt, der Sohn Napoleons mit der Kaisertochter Marie Louise? Natürlich war »Fränzchen«, wie er vom Großvater liebevoll gerufen wurde, noch etwas jung, aber in ein paar Jahren würde er ein ganzer Mann sein.

Sophie war anfangs nur schwer aufzuheitern: Nichts half, weder die Ausfahrten, noch die gemeinsamen gemütlichen Abende im großen Familienkreis, bei denen verschiedene Spiele gespielt wurden, noch die Späße des Kaisers; nichts konnte ihr die ferne Heimat ersetzen. Sie litt an schrecklichem Heimweh. Hätte sie einen Mann an ihrer Seite gehabt, den sie geliebt, dessen Nähe sie gesucht hätte, dann wäre freilich alles anders gewesen. Aber so war sie im Kreis der Kaiserfamilie einsam und weinte bittere Tränen vor allem um ihre geliebte Mutter.

Nur einer vermochte sie froh zu stimmen; wenn er in ihrer Nähe war, dann erklang ihr Lachen weithin hörbar durch die langen Gänge. »Fränzchen« verstand es meisterlich, die junge Tante zu unterhalten. Der Herzog von Reichstadt war zwar sechs Jahre jünger als Sophie, hatte aber ein Wesen, das sich sehr von der habsburgischen Art unterschied. Charmant, liebenswürdig machte er Sophie Komplimente über Komplimente, spielte das zärtliche Kind und war dennoch dabei, gerade die Kinderschuhe abzulegen. Sophie war glücklich, wenn sie mit »Fränzchen« zusammensein konnte, auch als sie deutlich fühlte, daß es keine Kinderspiele mehr waren, die sie miteinander spielten.

Franz Karl und Sophie waren nun schon etliche Monate verheiratet, und nichts deutete darauf hin, daß die junge Frau in andere Umstände gekommen war. Sollte der Erzherzog auch hier ein Versager sein? Diskret versuchten der Kaiser und die Kaiserin nähere Details zu erfahren, wie oft und wie intensiv der Sohn seinen ehelichen Pflichten nachkomme, aber dabei erhielten sie immer nur beruhigende Antworten. Die junge Frau sah so frisch und gesund und dabei so attraktiv aus – an ihr konnte es wirklich nicht liegen, wenn noch kein Kind unterwegs war. Ganz andere Frauen hatten in der Habsburgerfamilie jahraus jahrein in schöner Regelmäßigkeit ein Kind geboren; warum sollte es ausgerechnet Sophie versagt sein, Mutter zu werden? Aber noch war man mit der Weisheit nicht am Ende, noch gab es Ärzte, die man hinzuziehen konnte und die gewiß mit ihrem Wissen und ihren Arzneien helfen würden. Noch wollte man zuwarten und die junge Frau nicht verunsichern.

Der Kaiser und die Kaiserin sahen mit großer Freude, wie sich Sophie allmählich in Wien einlebte. Sie hatte das Burgtheater entdeckt, von dem sie in überschwenglicher Weise begeistert war. Zeit ihres Lebens blieb sie diesem Theater besonders verbunden, schloß Bekanntschaft mit den Schauspielern und Schauspielerinnen, sammelte die Programmzettel und war der treueste Gast in jeder neuen Premiere. Auch Franz Karl war dem Theater zugetan, aber der älteste Sohn, der spätere Kaiser Franz Joseph, teilte diese Liebe der Eltern keineswegs, ja, er war geradezu ein Kunstbanause, was aus seinen Briefen an die Mutter hervorgeht. So schrieb Franz Joseph in einem Brief vom 28. August 1849: »…und jetzt sitzen die Brüder mit Georg seit ½ 7 Uhr in Torquato Tasso, was zur hundertjährigen Feier des Geburtstages des Altvaters Goethe glorreichen Andenkens gegeben wird. Diese unnütze Feier hätten wir uns hier wohl schenken können, wir haben bessere Sachen und Leute zu feiern. Das Stück freut Georg sehr, mich wird es ungeheuer ennuieren, ich werde nur auf einen Augenblick wegen Georg hinfahren…«

Sophie schien allmählich ihr Heimweh zu vergessen; außerdem erkannte sie, daß das Leben in einer Weltstadt wie Wien auch seine Reize haben konnte. Der Fasching mit den vielen glanzvollen und eleganten Bällen zog ins Land, und Erzherzog Franz Karl mußte, ob er wollte oder nicht, mit seiner jungen Frau die Palais des Hochadels besuchen. Es war ihm eine lästige Pflicht, denn zum einen blieb er am Abend nicht gerne auf, es sei denn, er war auf der Jagd, zum anderen haßte er es, das Tanzbein zu schwingen, denn er lief immer wieder Gefahr, über die eigenen ungeschickten Füße zu stolpern. Seine Frau hingegen war auf dem Parkett ganz in ihrem Element. Sophie war eine begeisterte und hervorragende Tänzerin, die galanten Herren Wiens umschwärmten sie, und sie flog von ei-

235

nem Arm in den anderen. Das war Franz Karl zuviel. Er suchte einen Stellvertreter und fand diesen in seinem jungen Neffen, in »Fränzchen«, dem charmanten Herzog von Reichstadt. Er wurde zu Sophies Kavalier bei allen größeren Bällen ernannt. Singend und tanzend verbrachten die jungen Leute die Nächte im kalten Wien, und meist fuhren beide erst in den Morgenstunden wieder in die Hofburg. Daß dabei dem Tratsch und Klatsch Tür und Tor geöffnet wurde, lag auf der Hand. Aber all die üblen Nachreden, die Verleumdungen, die bis ans Ohr des Kaisers drangen, störten die beiden nicht, und auch Kaiser Franz sah nichts Ehrenrühriges an der Sympathie der beiden. Warum sollte die erfrischend junge Sophie nicht mit ihrem angeheirateten Neffen – in allen Ehren, versteht sich – die großen Bälle Wiens besuchen?

Noch ein anderer Kavallier stand bereit, um Sophie die einsamen Stunden zu vertreiben: der schöne schwedische Prinz, Gustav Wasa, ein Mann wie aus dem Bilderbuch, ein Freund und Jagdgefährte Erzherzog Franz Karls, der das junge Ehepaar beinahe täglich besuchte. Die junge Frau mußte keine hellseherischen Gaben besitzen, um sehr bald zu erkennen, daß sie einen tiefen Eindruck bei Gustav Wasa hinterließ. Ein Funke war übergesprungen, und es war die Frage, welches Feuer er entfachen würde.

Als die junge Frau sich endlich nach vielen Monaten guter Hoffnung fühlte, war die Freude im Kaiserhaus übergroß. Nun schien der Bann gebrochen, und neues Leben würde in die Hofburg einziehen. Aber schon bald erwies es sich, daß Sophie das Kind nicht austragen konnte. Im Winter 1825/26 erlitt sie eine Fehlgeburt, und alle Hoffnungen waren mit einem Schlag zerstört. Auch in den nächsten Jahren waren die Schwangerschaften Sophies sehr kurz; eine Fehlgeburt folgte auf die andere. Die Ärzte konnten sich die Ursache nicht erklären; Sophie war medizinisch gesehen absolut gesund. Schließlich sahen die Mediziner die letzte Hoffnung in einem Kuraufenthalt. Sophie wurde von einer Kur zur anderen geschickt, schließlich auch nach Ischl. Von dem Wasser, in dem sie badete und das sie trinken sollte, versprach man sich Erfolg. Und tatsächlich: Kaum hatte Sophie das Salzkammergut verlassen, fühlte sie sich wieder guter Hoffnung. Der neu ernannte Leibarzt, Dr. Malfatti, erklärte der jungen Frau, daß sie in den nächsten Monaten ihr Leben von Grund auf umstellen müßte. Strengste Bettruhe war angebracht, wollte sie nicht wieder Gefahr laufen, das Kind zu verlieren. Es war eine schwere Prüfung für die werdende Mutter, aber in den unendlich langen, langweiligen Stunden vertrieb ihr »Fränzchen« die Zeit. Der Herzog besuchte sie, wann immer es möglich war, denn er fühlte sich in letzter Zeit nicht wohl und suchte den Trost der Freundin.

Napoleons junger Sohn war einsam am Wiener Hof. Er war nun einmal der Sohn des verhaßten Korsen, des Emporkömmlings, der den Kaiser gezwungen hatte, ihm seine Tochter zur Frau zu geben. Dem Vater hatte man die verachtende Abneigung nicht mehr zeigen können, und man fragte sich nicht, welche Schuld eigentlich den Sohn traf. Nicht der Großvater war das Problem für Franz – der Kaiser liebte diesen Enkel ganz besonders –, nein, die allgemeine Stimmung gegen ihn bedrückte den Jüngling und machte ihn krank. Wie wohltuend war dagegen Sophies Zuneigung, wie sehr liebte er sie dafür!

Sophie ertrug die langen Wochen und Monate im Bett mit großer Geduld. Ihr Mann genoß diese Zeit besonders, konnte er doch ohne große Entschuldigungen und ohne allzu schlechtes Gewissen tagelang auf die Jagd gehen. Er hatte ja außer dem edlen Waidwerk kaum eine andere Beschäftigung.

Dennoch war sein Tagesablauf genau geregelt. Jeden Morgen stand der Erzherzog pünktlich um sieben Uhr auf, dann setzte er sich zum Frühstück. Um neun Uhr besuchte er in der Kapelle der Hofburg die heilige Messe, meist in Begleitung seiner Frau – natürlich nur, wenn Sophie dazu in der Lage war. Die kurze Zeit bis um elf Uhr verbrachte er damit, verschiedene Zeitungen durchzublättern, denn um elf meldeten sich die ersten Besucher an, die sich von einer Audienz bei Franz Karl Hilfe erhofften. Meist war ihr Ansuchen vergeblich, denn der Erzherzog hatte keine Kompetenzen und keine Möglichkeiten, den Bittstellern zu helfen. Logierte man in Schönbrunn, bestellte Franz Karl die Bittsteller in den Garten, wo er sich recht leutselig geben konnte. Nach einem kurzen Mittagsmahl fuhr knapp vor ein Uhr der Wagen vor, in den der Erzherzog mit dem Glockenschlag einstieg. Die tägliche Ausfahrt war eine umständliche Zeremonie, denn Franz Karl vertrat die Ansicht, daß er zwar gehen könne wie ein Bürgerlicher, aber fahren müsse wie ein Kaiserlicher.

Um 17 Uhr setzte man sich dann gemeinsam zur Tafel, und wenn Franz Karl nicht am Abend das Hofburgtheater besuchte oder eines der vielen Konzerte, die in Wien gegeben wurden, dann machte er es sich gemütlich und ging sehr früh zu Bett. Politische Ambitionen zeigte er nicht, obwohl Sophie immer wieder versuchte, ihn für die Politik zu interessieren. Sie selbst führte intensive Gespräche mit dem alten Metternich, mit dem sie engen Kontakt pflegte, wie sie ihren Gemahl allmählich motivieren könne, sich über die Situation in der Monarchie wenigstens etwas zu informieren. Aber alle Versuche scheiterten an der Starrheit des Gatten: Was er nicht wollte, wollte er eben nicht!

1827 war Franz Karl auf Betreiben Sophies in den Staatsrat berufen worden; Sophie hatte gehofft, daß die Mitglieder dieses Gremiums, Graf Kolowrat, Erzherzog Ludwig und Metternich, eventuell einen positiven Einfluß auf ihren Mann ausüben würden. Aber jede Sitzung des Staatsrats war für die Erzherzogin mit den größten nervlichen Aufregungen verbunden; jedesmal mußte sie fürchten, daß sich ihr Mann unsterblich blamieren würde, wenn er bloß den Mund aufmachte. Und glücklich war sie, wenn er ihr berichtete, daß er sich bei diesem oder jenem Thema zu Wort gemeldet habe. Sophie tröstete sich mit diesen spärlichen Hoffnungsschimmern, vor allem, wenn sie sich den behinderten erstgeborenen Sohn des Kaisers, den Thronfolger Ferdinand vor Augen hielt. Denn der Zustand des bedauernswerten Mannes wurde immer schlimmer, die epileptischen Anfälle häuften sich, und tagelang war Ferdinand kaum ansprechbar.

Kaiser Franz war in den letzten Jahren überraschend schnell gealtert, und man konnte abschätzen, wann seine Tage gezählt sein würden. Was würde dann geschehen? Aber immer noch gab es einen alten, starren und trotz seines schweren Nierenleidens erstaunlich rüstigen Metternich. Sophie bewunderte den Staatskanzler offen, sie lauschte gebannt, wenn er seine politischen Ansichten und Absichten kundtat und ließ sich in vielen Dingen belehren. In Bayern hatte sie die aufgeschlossenere Politik ihres Vaters kennengelernt, aber bei näheren Überlegungen mußte sie nun dem alten Kanzler recht geben, wenn Metternich predigte, daß alles, was in der Französischen Revolution erzwungen worden war, alle Zugeständnisse an das Volk und alle Anklänge einer Verfassung die Zukunft der Monarchie und der Monarchen in Frage stellen würden. Nicht der geringste Hauch von Liberalismus dürfe durch die Länder wehen, wolle man sich nicht das eigene Grab schaufeln. So wie die Staaten vor 1789 gewesen waren, gefestigt durch die Vorstellung vom Gottesgnadentum des Königs oder Kaisers, so mußte alles wieder hergestellt werden. Es gab im Denken Metternichs keine andere Wahl und für die Monarchie keine bessere Lösung.

Gierig sog Sophie jedes Wort des Kanzlers in sich ein, und obwohl sie sich auch aus liberalen Zeitungen, die sie aus Augsburg kommen ließ, informierte, entwickelte sie sich geistig doch immer mehr in die Metternichsche Richtung. Sie wurde in den Jahren am Wiener Hof zu einer stockkonservativen Habsburgerin. Dabei übersah sie natürlich die Zeichen der Zeit, die Signale des Aufbruchs, wie sie damals in Europa überall deutlich hörbar wurden. Oder wollte sie sie nicht wahrhaben? Wahrscheinlich fürchtete sie nicht um ihre eigene Stellung sondern um die des Sohnes, den sie zu gebären hoffte und der einst die altehrwürdige Krone tragen würde. Dann würde sich das Opfer gelohnt haben, das sie Nacht für Nacht mit dem ungeliebten Ehemann gebracht hatte.

Sophie war noch jung, als schon klar zu erkennen war, daß sie immer das bekam, was sie wollte. Sie verstand es meisterlich, ihre Ziele durchzusetzen, ohne dabei mit der Faust allzu kräftig auf den Tisch zu schlagen. Sie war eine Frau, die die Kontrahenten nicht aggressiv maßregelte, sondern ihnen diplomatisch das Gefühl ließ, ohnedies im Recht zu sein. Am Ende aber war sie die Siegerin.

Um der werdenden Mutter das lange Liegen zu erleichtern, hatte man das Zimmer mit dem breiten Bett mit allem erdenklichen Komfort ausgestattet. Die Dienerschaft las Sophie jeden Wunsch von den Augen ab, täglich zierten frische Blumen die kleinen Tische, und der Kaiser ließ es sich nicht nehmen, seine Schwiegertochter jeden Tag zu besuchen und sich nach ihrem Befinden zu erkundigen. Aber trotzdem zogen sich die Wochen endlos dahin. Der Frühling war mit einer selten reichen Blütenpracht in Wien eingezogen und hatte einem heißen Sommer Platz gemacht. Nun näherte sich endlich der von den Ärzten überraschend genau errechnete Geburtstermin. Sophie hatte in der langen Wartezeit schon längst Überlegungen angestellt, wie das neugeborene Kind am besten versorgt werden könnte. Und wie alles im Leben hatte sie auch die ersten Schritte ihres Kindes genau geplant. Sie wollte eine gute Mutter sein; zu lange und zu sehr hatte sie sich auf dieses Kind gefreut, als daß sie es – kaum hatte es das Licht der Welt erblickt – in irgendeine Kindskammer abschieben wollte. Nicht fremde Leute sollten sich um den Prinzen kümmern, sie selbst wollte ihn in ihrer Nähe haben.

Als der Geburtstermin näherrückte, wuchs die Aufregung. Jede Regung, jede Bewegung, jede Veränderung im Gesicht der Erzherzogin wurde genau beobachtet, jeder Seufzer registriert. Als

Sophie plötzlich von heftigen Koliken befallen wurde, die allerdings von einem zu schweren Abendessen herrührten, und sich stöhnend im Bett herumwälzte, glaubten alle, die Wehen hätten schon eingesetzt. Ärzte und Diener, aber auch Erzherzoginnen und Erzherzoge eilten in fieberhafter Eile zu den Gemächern der werdenden Mutter, allen voran der Kaiser, der sich am Bett Sophies niederließ, um ihr Trost zuzusprechen und sie aufzumuntern. Er mußte es ja wissen, wie eine Geburt vor sich ging, hatte seine zweite Gemahlin doch immerhin zwölf Kindern das Leben geschenkt. Auch Sophies Mutter war längst in Wien eingetroffen und hatte die Zwillingsschwester der Erzherzogin mitgebracht. Die Anwesenheit der Mutter wirkte beruhigend auf die junge Frau, denn als die schwere Stunde immer näher rückte, wurde die sonst immer zuversichtliche Sophie doch etwas ängstlich. Als aber die Magenschmerzen nachließen, kehrte auch Sophies Humor zurück, sie scherzte mit den Anwesenden und beschenkte die Baronin Luise Sturmfeder, die sie als Aja für das Kind ausgesucht hatte.

Am 16. August schien es dann endlich soweit zu sein: Das Allerheiligste wurde ausgesetzt, in den Kirchen Wiens wurden Andachten abgehalten, und die Wiener baten den Himmel um eine leichte Entbindung für die hohe Frau.

In den Räumen Sophies hingegen ging es keineswegs ruhig zu. Das Leben und Treiben glich eher einer Abendgesellschaft als einer Entbindung. Die Geburt eines Erzherzogs oder einer Erzherzogin war nichts Intimes, das nur die Gebärende, den Arzt und die Hebamme etwas anging; sie war eine öffentliche Angelegenheit von hohem staatspolitischem Interesse. Jeder wollte dabei sein, wenn das Kind den ersten Schrei tat.

Während Sophie die beginnenden Wehen spürte, schob man Sessel und Sofas herein, rückte Tische zurecht und überprüfte die Kerzen in den großen Kristallustern. Man mußte sich immerhin für die nächsten Stunden häuslich einrichten, damit die Sache nicht allzu strapaziös werden würde. Dann nahmen die prächtig gekleideten Damen und Herren ihre Plätze ein, und der Kaiser setzte sich ganz nahe ans Bett der Erzherzogin. Die Hebamme Schmalzl, die man auserkoren hatte, Sophie Beistand zu leisten, erklärte der versammelten Gesellschaft, daß man die Geburt in den nächsten Stunden erwarten könne. Sie hatte sich allerdings getäuscht. Das Kind ließ länger als vermutet auf sich warten; die Wehen, die zunächst immer heftiger geworden waren, flauten ab, und Sophie lag ermattet in den Kissen. Gebete drangen an ihr Ohr, denn auch in ihren Gemächern hatte man eilends einen Altar errichtet und das Allerheiligste ausgesetzt. Stunde um Stunde verrann, nichts geschah. Jedes Stöhnen der Gebärenden riß die ermüdete Gesellschaft aus ihrem stumpfsinnigen Dösen, und man glaubte aus der Art dieses Stöhnens hören zu können, wie weit das Kind auf seinem Weg ins Leben schon sei.

Allmählich wurden die Gesichter sorgenvoll. Endlich trafen die Ärzte ein, untersuchten Sophie und erklärten, das Kind könne nur mit einer Zange geholt werden, und zwar möglichst rasch. Das war zuviel für so manchen der Anwesenden; die geschockten Gäste verließen den Raum, das Schreien und Stöhnen Sophies noch in den Ohren. Der Kaiser aber blieb; er wich nicht von ihrem Bett, hielt ihre Hand und sprach ihr, wenn sich die Schmerzen ins schier Unerträgliche steigerten, mit ruhiger, gütiger Stimme Mut zu. Und endlich, um dreiviertel zehn Uhr, war alles vorbei. Das Kind war geboren – ein Sohn, ein Prinz, ein Thronfolger!

Der Jubel bei Hof kannte keine Grenzen. In die übermüdete Gesellschaft war wieder Leben gekommen, man lag einander in den Armen, man schrie, lachte und weinte durcheinander, alle küßten Sophie die Hände, der Kaiser war überglücklich, und gemeinsam dankte man dem Himmel. Die Baronin Sturmfeder vermerkte all dies in ihrem Tagebuch, wobei sie jedoch kein Wort über Franz Karl, den Vater verlor, nichts über sein Verhalten oder über seine Anwesenheit im Geburtszimmer vermerkte, obwohl anzunehmen ist, daß auch er bei seiner Gemahlin ausharrte, bis der Sohn das Licht der Welt erblickt hatte. Aber wo der Kaiser anwesend war, stand Franz Karl immer im Schatten.

Nach der großen Aufregung kehrte im Zimmer Sophies Ruhe ein. Mutter und Schwester legten sich nach dem stundenlangen Wachen und Bangen endlich zu Bett, und auch der Kaiser ging müde, aber überglücklich in seine Gemächer.

Das Kind war sorgfältig gebadet und angekleidet worden, dann legte die Baronin Sturmfeder den Knaben in die Nähe seiner Mutter, die sich am Anblick ihres kleinen Sohnes nicht sattsehen konnte. Alle Ängste, alle Sorgen um die Zukunft, alle Schmerzen waren mit einem Schlag vergessen. Gott im Himmel hatte Sophies sehnlichsten Wunsch erfüllt.

121 Schuß aus den Kanonen verkündeten in den vielen Ländern der Monarchie, daß dem Erzherzog ein Sohn geboren worden war,

ein gesundes Kind, auf dem vielleicht einmal die Hoffnungen der Völker ruhen würden.

Schon zwei Tage später, am 20. August, wurde das Kind vom kaiserlichen Großvater stolz aus der Taufe gehoben und erhielt die traditionsreichen Namen Franz Joseph Karl. Bei Hofe konnte man sich über das Neugeborene kaum beruhigen. Man wetteiferte geradezu um die Gunst, einen Blick auf das hohe Kind werfen zu dürfen, das friedlich und wohlgesättigt in seinen Kissen ruhte. Ganz gegen die bei Hof herrschende Gewohnheit hatte es sich Sophie nicht nehmen lassen, ihren Sohn wenigstens zweimal am Tag selbst zu stillen. Daß die hochwohlgeborene Mutter ihrem Kind höchstpersönlich die Brust reichte, darüber schüttelten die adeligen Damen und Herren mißbilligend die Köpfe. Das war doch wohl eine Sache der Ammen, nur vulgäre Leute nährten ihre Kinder selbst. Wie konnte es der Erzherzogin einfallen, sich auf eine Stufe mit dem gewöhnlichsten Volk zu stellen?

Langsam kehrte Ruhe in den Gemächern Sophies ein. Der Alltag verlangte seine Rechte, und die junge Mutter konnte sich ungestört dem Kind widmen. Ihr Verhältnis zur Aja Sturmfeder war von gegenseitiger, beinahe freundschaftlicher Sympathie geprägt. Unter den wachsamen Augen von Mutter und Aja entwickelte sich der kleine Franz zum Liebling aller bei Hofe. Vor allem dem jungen, schönen Sohn Napoleons, dem Schwarm aller Damen, die den »deliziösen Reichstadt« umgirrten, war das Kind ans Herz gewachsen.

Sophie hatte von Anfang an klare Pläne für ihren Sohn. Er sollte in allem unterrichtet werden, was ihn in fernen Zeiten über all seine Mitbürger erhöhen sollte, damit er gerüstet war, wenn die schwere Bürde der Regentschaft einmal auf ihn zukommen sollte. Zwar war sie erschrocken, als sie von der bevorstehenden Heirat Ferdinands hörte, aber die Ärzte konnten sie beruhigen: Niemals würde der kranke Kronprinz Kinder zeugen können. Und Franz Karl würde sie schon überzeugen, sein Anrecht auf den Thron zugunsten des Sohnes aufzugeben.

Kaum konnte das Kind auf seinen krummen Beinchen stehen, da machte Sophie eine seltsame Beobachtung: Der kleine Franzi zeigte ein lebhaftes Interesse an jedem uniformierten Menschen. Gebannt beobachtete das Kind die Wachablöse im Burghof, und es war fasziniert, wenn die Soldaten das Gewehr präsentierten. Kaum war der Kleine in seinem Zimmer, suchte er etwas, was er als Gewehr benutzen konnte, und ahmte die Bewegungen nach, die er gerade gesehen hatte. Es sah aus, als würde Franz – ganz im Gegensatz zu seinem unmilitärischen Vater – ein erfolgreicher Heerführer werden.

Das, was sich hier andeutete, sollte aber nie in Erfüllung gehen. Der spätere Kaiser Franz Joseph liebte wohl alles Uniformierte, alles, was nach Soldatentum aussah, den paradierenden, salutierenden, in Wien bei großen Umzügen marschierenden Soldaten, den marionettenhaften Befehlsempfänger, der sich streng an das Reglement zu halten hatte, das er in wochenlanger Arbeit an seinem Schreibtisch teilweise selbst ausgearbeitet hatte. Wehe, ein Griff am Gewehr beim Salutieren klappte nicht genau; dem kritischen Auge des Kaisers entging nicht der kleinste Fehler beim Defilee seiner Truppen in Wien, während er hingegen völlig uninteressiert daran war, ob die Preußen nun das Zündnadelgewehr einsetzten oder nicht. Tausende seiner Soldaten starben auf den böhmischen Schlachtfeldern einen sinnlosen Tod, während er in der Zwischenzeit zwei Arrestbefehle unterzeichnete, weil die Wachposten beim Vorüberfahren der Kaiserin nicht vorschriftsmäßig salutiert hatten.

Schon sehr früh begann die gezielte Ausbildung des Kindes, und obwohl sich Sophie sehr intensiv um Franz kümmerte, legte sie doch großen Wert darauf, daß er, sobald es irgendwie möglich war, von den besten Lehrern unterrichtet wurde. Den Vater freilich berührte die Ausbildung seines Sohnes herzlich wenig. Franz Karl überließ alles, was das Kind anbelangte, seiner Frau, sie sollte schalten und walten, wie sie es für richtig hielt. Der Erzherzog sagte ohnedies zu allem Ja und Amen, und wenn er es nicht getan hätte, wenn er sich in die Erziehung eingemischt hätte, hätte er wahrscheinlich gegen seine energische Frau nicht viel auszurichten vermocht. Wozu sollte er sich also echauffieren? Seine Ruhe war ihm wichtiger als alle Diskussionen über Kindererziehung. Eines allerdings mußte er bald erkennen: daß er sich seinem Sohn gegenüber sehr zurückhalten mußte. Die Baronin Sturmfeder beobachtete nämlich, daß der kleine Franz jedesmal nach dem Besuch des Vaters in seinem Zimmer schrill aufschrie und kaum mehr zu beruhigen war. Schließlich fand sie zu ihrem Entsetzen heraus, daß der Vater zu dem verängstigten Kleinkind sagte: »Jetzt kommt der Wau-wau!« Dabei verstellte er noch die Stimme und rollte furchterregend die Augen. Daß er damit seinem Kind wahrscheinlich schlaflose Nächte bereitete, kam Franz Karl bei seiner einfachen Gemütsstruktur gar nicht in den Sinn, denn Boshaftigkeit oder gar Sadismus waren seine Sache nicht.

So konnte es nicht ausbleiben, daß sich der Sohn lieber an die aktive, intelligente und starke Mutter anlehnte. Und diese innere Zuwendung, diese ungewöhnlich intensive Bindung sollte ein Leben lang halten. Der Vater stand völlig im Hintergrund. Alles, was Franz in den Jahren seiner Kinderzeit, seiner Jugend und später als Kaiser bewegte, besprach er mit der Mutter, er diskutierte es mit ihr und hörte auf ihren Rat. Der Vater verhielt sich zeitlebens passiv, obwohl der Sohn in seinen zahlreichen Briefen an die »liebe Mama« niemals vergaß, auch dem Papa die Hände zu küssen.

Sophie beobachtete mit großem Interesse Franzis Fortschritte und schrieb voller Stolz im Herbst 1831 an ihre Mutter in München: »Du hast keine Idee, liebe Mutter, wie ausgezeichnet sich dieser Kleine entwickelt, wie hübsch, lebhaft, intelligent, gut, zärtlich er ist. Es ist unglaublich, wie geschickt er sich für sein Alter erweist...«

Franzi wurde zum Liebling des ganzen Hofes, vor allem des Kaisers. Aber auch der Herzog von Reichstadt suchte, wo es nur möglich war, die Nähe des Kindes. Seine Tage waren gezählt, sein Zustand verschlechterte sich von Woche zu Woche, und es war geradezu ein Wunder, daß die besorgte Mutter ihren kleinen Sohn in die Nähe des Tuberkulosekranken ließ. Aber Sophie wußte, daß es für den Sterbenden kaum noch ein Glück auf dieser Welt gab, und so gönnte sie ihm die Freude. Die nahe Beziehung zwischen der Erzherzogin und dem Sohn Napoleons gab erneut Anlaß zu Gerüchten, als der zweite Sohn Ferdinand Maximilian im Jahre 1832 das Licht der Welt erblickte. Man wollte und konnte am Wiener Hof anscheinend nicht glauben, daß Franz Karl bei seiner phlegmatischen Natur tatsächlich schon zwei Söhne gezeugt hatte. Dazu kam, daß weder Franz noch Ferdinand Maximilian die charakteristische Habsburger-Unterlippe geerbt hatten. Beide Buben wurden von Tag zu Tag hübscher. Von Franz Karl hatten sie ihr wohlgefälliges Äußeres beileibe nicht geerbt! Wie leicht lag da der Verdacht nahe, daß aus der schwärmerischen Verehrung des Herzogs mehr geworden war.

Am 22. Juli 1832 schloß Franz, der Herzog von Reichstadt, die Augen für immer. Die Trauer des Kaisers um seinen unglücklichen Enkel war groß; er hatte ja dem schönen Jüngling die Eltern er-

244

setzt, die sich nicht um ihren Sohn kümmern konnten oder wollten. Die Mutter Marie Louise hatte Napoleon so schnell wie möglich mit ihrem Beschützer und Liebhaber Graf Neipperg vergessen, als der Stern des großen Korsen sich dem Untergang zuneigte. Sie lebte, liebte und regierte im fernen Parma und erinnerte sich nur ganz selten an den fernen Sohn in Wien.

Auch mit der Gesundheit des Kaisers stand es nicht mehr zum besten. Jeder kleinste Lufthauch erzeugte schon eine ernstzunehmende Erkältung. Im Vorfrühling des Jahres 1835 legte er sich auf das Krankenlager, von dem er sich nicht mehr erheben sollte. Die Uhr des »guten Kaisers« war endgültig abgelaufen, und kein Arzt der Welt konnte die Zeiger zurückdrehen. Sophie trauerte ehrlich um den Schwiegervater, der ihr von Anfang an wie ein leiblicher Vater zur Seite gestanden war. Sie dachte mit bangem Herzen an die Zukunft. Wie sollte die Monarchie weiterbestehen, wenn auf dem alten Habsburger Thron ein Mann saß, der sich beinahe täglich in Krämpfen wand und dabei die Besinnung verlor? Erzherzog Ferdinand, der nun trotz aller Unkenrufe die Nachfolge des verstorbenen Kaisers angetreten hatte, war das Zerrbild eines Herrschers, die Personifizierung der habsburgischen Inzucht. Bis jetzt hatte er mit sich geschehen lassen, was Metternich, der Staatsrat und sein Vater für richtig gehalten hatten, er hatte geheiratet, wie man wollte, er war zum König von Ungarn gekrönt worden, wie Metternich dies vorgeschlagen hatte. Der greise Staatskanzler konnte zufrieden sein, er hatte auch unter dem neuen Kaiser die unumschränkte Macht im Staate. Ferdinand war seine Marionette, deren Fäden Metternich nach seinem Gutdünken zog.

Und so konnte der Staatskanzler nicht erkennen, daß das Ende seiner Ära gekommen war. Das Alter hatte seinen Tribut gefordert, aber Metternich wollte dies nicht wahrhaben. Er stemmte sich gegen alles Neue, er verschloß Augen und Ohren vor den drohenden Umwälzungen. Und neben ihm, dem Altersstarren, stand borniert und steif der Bruder des Kaisers, Erzherzog Ludwig, der den Staatskanzler in seiner politisch uneinsichtigen Haltung nur noch bekräftigte und unterstützte.

Metternich würde weichen müssen, das erkannte Sophie immer deutlicher, aber die Monarchie mußte unter allen Umständen erhalten bleiben. Nicht für einen Kaiser Ferdinand, aber für einen jungen, unverbrauchten Kaiser Franz, für ihren ältesten Sohn! Diese Vorstellung wurde für sie allmählich zur fixen Idee und zum

Ziel ihres Lebens. Nicht ihr eigener Mann sollte die Kaiserkrone tragen, sondern ihr Sohn sollte Kaiser von Gottes Gnaden sein, so wie es die Habsburger jahrhundertelang gewesen waren.

Aber zu ihrer großen Überraschung murrte man keineswegs gegen den neuen Kaiser. Man sprach zwar abfällig-begütigend von Ferdinand, dem »Trottel«, aber man revoltierte nicht gegen einen Herrscher, der für seinen desolaten Gesundheitszustand nur die Eltern verantwortlich machen konnte. Freilich war die Lage labil: Überall rumorte es, geheime Zirkel von Unzufriedenen bildeten sich, die Menschen waren unzufrieden. Die Polizei verfolgte – bestens informiert durch geheime Spitzel – alle Andersdenkenden und ging rigoros gegen jeden Verdächtigen vor. Dazu verschlechterte sich die ohnehin triste soziale Lage der einfachen Leute, Hunger und Not machten sich besonders in den Vorstädten breit. Aber auch im Adel und im Bürgertum begann es zu gären, man wollte mehr Freiheit und Mitsprache bei den Staatsgeschäften, man wollte nicht bloß, wie Metternich es wollte, passiver Untertan sein. Aber noch war die Zeit zum Handeln nicht gekommen, noch wagte man nicht, gegen Metternich und seine erzkonservativen Handlanger, zu denen man in erster Linie Erzherzogin Sophie zählte, vorzugehen. Plötzlich traute man ihr, die man einst als süßes »Wiener Mädel« gesehen hatte, jede nur mögliche Schlechtigkeit zu. Sie hatte sich als Frau in die Politik eingemischt, und das erschien dem Mann auf der Straße besonders verwerflich. Und diese starke Frau zog die Fäden in der Hofburg ganz in ihre Richtung, eine Tatsache, die unverzeihlich war. Aus der einstigen Sympathie des Volkes wurde Argwohn, vermischt mit Erbitterung und Haß. Über Franz Karl hingegen wurde beinahe öffentlich gehöhnt, über das bedauernswerte »Simandl«; daß er die Hosen nicht anhatte, das pfiffen in Wien die Spatzen von den Dächern. Er war ein armer Tropf, der kein Wort mitzureden hatte. Daß der Erzherzog aber sich um nichts kümmerte, weil er sich einfach für die Politik nicht interessierte, daß er eigentlich froh war, daß der Kelch des Regierenmüssens an ihm vorübergegangen war, das bedachten seine Wiener nicht, die Franz Karl wegen seiner ungenierten Leutseligkeit ins Herz geschlossen hatten. Wie ein einfacher Privatmann spazierte der Erzherzog in der Praterallee herum, grüßte jedermann und lud so manches Mal irgendeinen Menschen, der ihm sympathisch erschien, zu einem Plausch ein. Bevor er mit seinem Wagen in die Hofburg zurückfuhr, hielt er den Pferden eine kleine Ansprache, eine Marotte, die ihn in den Augen der Zuseher besonders menschlich erscheinen ließ. Dazu war er mildtätig und fromm, unterstützte den Blindenverein und bedachte auch sonst die Armen reichlich aus seiner Privatschatulle.

So oft es für Franz Karl möglich war, entkam er der Familie und den kritisch-spitzen Bemerkungen seiner Gemahlin und suchte seine Zerstreuung in den Wäldern rund um Wien, im Lainzer Tiergarten oder im Hütteldorfer Forst. Hier gab es reichlich Wild für die Jagd; die besondere Vorliebe seiner Nachkommen für das edle Waidwerk, das vor allem bei seinem Enkel Franz Ferdinand bis zur Perversion ausartete, dürfte auf ihn zurückgehen. Auch sein ältester Sohn Franz war ein begeisterter Jäger, der in politisch hochbrisanten Zeiten in den Briefen an seine Mutter voller Stolz und mit ungewöhnlicher Akribie berichtete, wieviele Rehe, Hirsche und Hasen er zur Strecke gebracht hatte.

Manche Zeit des Jahres verbrachte Franz Karl mit seiner Familie, aber auch oft allein in Ischl. Die Abende wären lang und eintönig gewesen, hätte hier nicht das städtische Theater Zerstreuung geboten. Aber wie alle Provinztheater litt auch die Ischler Bühne an chronischem Geldmangel, und je leerer die Theaterkassen waren, desto weniger namhafte Schauspieler konnte man engagieren, und je mittelmäßiger die Darsteller waren, desto weniger Besucher zählte das Theater. Franz Karl beschloß auf seine Art, das Ischler Theater vor dem gänzlichen Verfall zu retten. Er kaufte auf eigene Faust aus seiner Privatschatulle alle Theaterkarten auf und saß dann im gähnend leeren Theater, meist nur von einigen Personen seines Hofstaats begleitet, jeden Abend in den Vorstellungen, wobei sich das Programm natürlich ganz nach seinem Wunsch richtete. War dann im späten Oktober die Zeit der Abreise gekommen, so brauchten weder der Theaterdirektor noch seine Schauspieler bang in die Zukunft zu sehen. Erzherzog Franz Karl hatte vorgesorgt: Alle erhielten noch eine gesamte Jahresgage. Wunderschön konnte man das Theater renovieren, und so mancher Besucher staunte über die vergoldete Pracht, die sich hier in der kleinen Stadt im Salzkammergut darbot.

Man kann sich vorstellen, wie beliebt der Erzherzog in Ischl war. Die Kunde von seiner Freigebigkeit hatte die Runde gemacht, und man fand kaum Worte, das hohe Lied von dem großzügigen Gönner zu singen. Daher war es nur zu verständlich, daß Franz Karl viel populärer als seine Gemahlin war. Die Anwesenheit Sophies erzeugte gewöhnlich eine fühlbare Spannung, man wußte nie, wie man sich ihr gegenüber zu benehmen hatte. Gab sie sich leutselig, so konnte es sein, daß sie schon im nächsten Moment den gebührenden Respekt einforderte, war sie zugeknöpft, bemängelte sie wenig später, daß sich die Leute vor ihr verbargen. Nur manchmal schien sie dem Volk nahe, und das war, wenn sie an Fronleichnamsprozessionen oder anderen religiösen Festlichkeiten teilnahm. Dann war sie eine tiefgläubige Christin, ein Mensch wie jeder andere, der Gott als Schöpfer dieser Welt anbetete und verehrte.

Seit Jahrhunderten war die katholische Religion eine der stärksten Stützen des Hauses Habsburg. Die Normen der Kirche waren das oberste Gebot, und auch für Sophie – die aus dem ebenfalls streng katholischen Haus der Wittelsbacher kam – war es ein Bedürfnis, sich an die religiösen Traditionen und Vorschriften zu halten. So wie sie selbst ein Leben lang in Gott den festen Anker sah, so sollten auch ihre Kinder in tiefem Glauben erzogen werden. Sophie faltete ihren Söhnen und der einzigen, bald verstorbenen Tochter selbst die Hände und achtete streng darauf, daß sie die Messen und Andachten nicht nur besuchten, sondern auch andächtig mitfeierten. Der Ablauf des Jahres richtete sich weitgehend nach den Kirchenfesten, so wie es schon die große Maria Theresia und ihre Familie gehalten hatten. In den pompösen Räumen der Wiener Hofburg hatte der freie Geist, der sich mit der Französischen Revolution Bahn gebrochen hatte, absolut keinen Platz.

Angehörige der hohen und höchsten Geistlichkeit waren regelmäßige Gäste der Erzherzogin; besonders der Erzbischof von Wien, Kardinal Rauscher, war ihr bevorzugter Gesprächspartner. Ihn hatte Sophie persönlich zum Lehrer und Berater ihres Ältesten ernannt, er sollte aus dem jungen Mann wahrhaft einen Kaiser von Gottes Gnaden machen. Daneben wählte sie anerkannte Wissenschaftler als Lehrer für ihren Sohn. Franz sollte auf allen Gebieten die allerbeste Ausbildung und Unterweisung erhalten. Daß sie dabei den Bogen weit überspannte und das heranwachsende Kind heillos überforderte, kam ihr wahrscheinlich nicht in den Sinn. Nicht nur, daß der zukünftige Kaiser die Sprachen seiner Völker lernen sollte, er wurde mit zum Teil unnötigem Kram belastet und so um seine Kindheit betrogen. Es war ihm niemals vergönnt, unbeschwert mit seinen Geschwistern länger als ein paar Stunden zu spielen, er wurde immer ermahnt, vernünftig zu sein, auch in einem Alter, in dem ein Kind noch gar nicht erfassen kann, was dieses Wort eigentlich bedeutet. Und es war kein Wunder, daß Franz mit neun Jahren schon ziemlich altkluge Sprüche verfaßte, wie zum Beispiel:

»Der Mensch ruhe niemals aus Trägheit, sondern benütze die Zeit, sie ist das kostbarste Gut. Franz. 13. Feber 1839.«

Natürlich war sich Sophie im klaren darüber, daß ihr Sohn keine richtige Kindheit hatte, sie war aber auch überzeugt, daß dies nun einmal eine Notwendigkeit für einen zukünftigen Kaiser sei, ein Opfer, das er, der Gottgesandte, seinen Untertanen bringen müsse.

Das Jahr 1848 war heraufgedämmert, und mit ihm die Schatten eines bedrohlichen Umsturzes. Nicht die ausgebeuteten Arbeiter, nicht die ausgemergelten Bauern waren es, die zum Aufruhr riefen; die Studenten waren es, die dem Treiben in der Hofburg nicht mehr länger zuschauen mochten und sich in der Wiener Innenstadt versammelten. Von der friedlichen Versammlung bis zur fanatischen Demonstration war es nur ein kleiner Schritt. Kaum waren die ersten Anklagen gegen Kaiser und Regierung gefallen, rottete sich viel Volk zusammen, um dem Protest mehr Gewicht zu verleihen.

Das Frühjahr 1848 wurde gefährlich für die Habsburger. Noch zögerte man, von den Waffen Gebrauch zu machen, noch verschanzte man sich abwartend in der Hofburg. Freilich mußte ein Opfer gebracht werden, und dieses hieß, das war von allem Anfang an klar, Clemens Metternich. Er hatte seine Aufgabe erfüllt, ja, weit überschritten, und seine Zeit war endgültig um. Man legte ihm nahe, den Abschied zu nehmen. Inwieweit Sophie bei seiner Entlassung die Hände mit im Spiel gehabt hat, ist nie ganz geklärt worden. Wahrscheinlich aber hat sie an der Entmachtung des Staatskanzlers wesentlich mitgearbeitet, denn sie hatte im geheimen befürchtet, daß der greise Fürst aus reiner Machtgier die Abdankung Kaiser Ferdinands verhindern würde. Enttäuscht, deprimiert und krank schlich der einstmals so mächtige Metternich über eine Hintertreppe der Hofburg hinaus, in einen dicken Mantel gehüllt, das Gesicht im weiten Kragen verbergend, damit ihn keiner erkannte und noch im letzten Augenblick Rache an ihm nahm.

In einem Brief gab Sophie ihrem Bedauern über den Weggang des »armen« Metternich Ausdruck, aber die Zeilen waren wohl kaum ehrlich gemeint. Man war allseits froh, daß man den alten Querkopf endlich los war. Das hieß allerdings nicht, daß nun der Weg zu einer neuen, modernen Politik frei gewesen wäre! Im Gegenteil, man beharrte, ob mit, ob ohne Metternich, auf den alten Traditionen, und die verboten jedwede Neuerung im Staat. Auch als Kaiser Ferdinand unter dem Druck der Straße versprach, die Presse- und Versammlungsfreiheit zu garantieren, glaubte niemand so recht an diese Zusage. In ihrem Denken waren die Habsburger meilenweit von einer konstitutionellen Monarchie entfernt, und selbst die ersten Ansätze wirkten gekünstelt und unecht.

Die Lage in Wien spitzte sich durch das unschlüssige Verhalten des Hofes von Woche zu Woche mehr zu, so daß man bald um Leib und Leben fürchten mußte. Eine Krisensitzung nach der anderen wurde im intimen Kreis abgehalten.

So verließen Sophie und ihre Familie und das Kaiserpaar eines Tages unauffällig die Hofburg, um vor der Gefahr das Weite zu suchen. Man fuhr scheinbar gut gelaunt bis Schönbrunn und erging sich dann für ein paar Minuten im Freien, um sich dem überraschten Volk zu zeigen. Eine Kutsche brachte die Flüchtlinge bis Sieghartskirchen, wo sich die Gesellschaft Kleider ausborgte; der Kaiser hüllte sich in einen geliehenen, abgetragenen Mantel, dann setzte man noch im Dunkel der Nacht die Reise gen Westen fort. Die Salzburger und Tiroler hatten sich ruhig verhalten, dorthin konnte man aus dem Hexenkessel flüchten.

Einer fehlte auf dieser Flucht in das sichere Tirol: Der junge Erzherzog Franz war auf eigenen Wunsch nach Oberitalien gezogen und verdiente sich dort als Leutnant die ersten Sporen im Kampf gegen die aufständischen Italiener. Seiner Mutter schickte er begeisterte Briefe, in denen er schrieb, wie ihm die Kugeln um den Kopf sausten. Für Franz schien dieser Krieg immer noch ein willkommenes Abenteuer zu sein, und obwohl er manches Mal beinahe in Lebensgefahr geriet, schien ihm der Pulverdampf nur Vergnügen zu bereiten.

Die kaiserliche Familie fühlte sich in Innsbruck wohl. Alles schien wie im schönsten Frieden, die Revolution war weit weg. Sophie erschienen die Wochen in Tirol wie Ferien, sie konnte unbehelligt lange Spaziergänge unternehmen, kniete in den Wallfahrtskirchen rund um Innsbruck in stillem Gebet und labte sich anschließend in den Dorfwirtshäusern.

Den Wienern allerdings war es nicht einerlei, daß der Kaiser die Stadt verlassen hatte. Der Herrscher gehörte in die Hauptstadt, und wenn Ferdinand sich schon bedroht gefühlt hatte, so sollten jetzt Abordnungen, die man nach Tirol schickte, ihn vom Gegenteil überzeugen. Man wollte ihn wieder in der Hofburg haben, ihm und seiner Familie würde kein Haar gekrümmt werden, dessen konnte er sicher sein. So machte man sich denn schweren Herzens wieder nach Wien auf. Aber der neuerliche Aufenthalt in der Hauptstadt blieb nur ein kurzes Intermezzo. Die aufrührerische Bevölkerung hatte keineswegs die Waffen gestreckt; man hatte den Eindruck, daß es jetzt erst richtig losgehen würde. Gleich nach der Rückkehr hatte Sophie für sich und ihre Familie einen Schlachtplan entworfen. Sie sah, daß der Kaiser in keiner Weise mehr Herr der Lage war. Ferdinand ließ sich mehr oder weniger dahintreiben wie ein ankerloses Schiff im Sturm, er konnte nicht die Kraft aufbringen, das Ruder fest in die Hand zu nehmen, um die endgültige Richtung anzugeben. Auf ihn war kein Verlaß, auf ihn konnte niemand, am wenigsten die kaiserliche Familie, bauen.

Natürlich war auch Erzherzog Franz Karl für Sophie keine Stütze; er lebte beinahe fatalistisch in den Tag hinein, ohne Furcht vor dem Morgen. Die Wiener würden schon vernünftig werden, sie liebten ja ihren Kaiser und seine Familie, Franz Karl schüttelte über die Sorgen, die sich seine Frau machte, und über ihre Aufregung nur den Kopf. Aber Sophie befürchtete vor allem eins: daß die Wiener, falls der Kaiser abdankte, der Monarchie überhaupt ein Ende bereiten würden. Schon hatte sich eine Art Parlament gebildet, das in Kremsier tagte und das eine neue Verfassung ausarbeiten wollte. Mehr Rechte für das Volk, hieß die Parole. Aber wozu sollten die Leute Rechte bekommen? Sie würden ohnedies nichts mit ihnen anzufangen wissen. Sophie war felsenfest von der Notwendigkeit der absoluten Macht für einen Herrscher von Gottes Gnaden überzeugt. Niemals durfte sich hierin etwas ändern!

Aber noch war diese Stunde nicht gekommen. Doch man mußte fort, fort aus der Hauptstadt! Diesmal fuhr die Familie mit großem Gefolge nach Olmütz, und auch der junge Erzherzog Franz begleitete die Eltern und die Geschwister. Während alles für die Krönung des jungen Mannes vorbereitet wurde, löste sich der Reichstag von Kremsier auf; seine Mitglieder entgingen nur knapp der Verhaftung durch kaisertreue Polizeibeamte.

Der 2. Dezember 1848 war gekommen, und er bedeutete für Erzherzogin Sophie den Höhepunkt ihres Leben. Sie hatte das Ziel, das sie achtzehn Jahre lang mit hingebungsvoller Konsequenz verfolgt hatte, erreicht. Ihr schöner Sohn trug endlich die schwere Habsburgerkrone auf seinem jugendlichen Haupt. Aber seine Mutter war sich von vornherein darüber im klaren, welch ungeheure Aufgabe Franz übernommen hatte. Probleme würden auf ihn zukommen, die er mit seiner ganzen persönlichen Kraft, aber auch mit dem Beistand seiner Berater und mit Gottes Hilfe lösen mußte.

Der junge Kaiser ging mit Feuereifer an die Arbeit, mit der gleichen Disziplin, die er von Kindheit an gelernt hatte. Er hatte natürlich Ratgeber, die sich ihm zur Seite stellten, aber nicht aufdrängten. Fürst Schwarzenberg, ein erfahrener und weltgewandter Politiker, hatte schon vor der Krönung seine Dienste angeboten. Auch Fürst Windischgraetz war für Franz Joseph eine wichtige Hilfe. Von früh bis spät saß der junge Kaiser über seinen Akten, studierte alles so gewissenhaft wie möglich und versuchte Einblick in die Lage der Donaumonarchie zu bekommen. So sollte es ein Leben lang bleiben. Aber so emsig Franz Joseph auch arbeitete, so viel er auch unterzeichnete, es waren Papiere, Schriftstücke ohne großes Format. Der Kaiser war ein Mann ohne Weitblick, es mangelte ihm an zündenden Ideen, er schmiedete keine weltbewegenden Pläne. Die Politik, die er in den vielen Jahren seiner Herrschaft machte, war bieder und phantasielos. Franz Joseph verstand es niemals, sich um die wirklich wesentlichen Dinge zu kümmern, er rieb sich mit unbedeutenden Details auf und verschwendete, ohne daß er es merkte, die Zeit, die er an anderer Stelle hätte nutzbringend anwenden können. Er war gleichsam ein Beamtenkaiser mit Ärmelschonern.

Unmittelbar nach der Krönung wollten die Gerüchte nicht verstummen, daß sich Sophie zusammen mit ihrem Mann nach Innsbruck zurückziehen wollte. Wahrscheinlich wäre es ein Segen für den jungen Kaiser gewesen, hätte er sich endlich, wenn auch schmerzvoll, von der dominanten Mutter trennen können. Sein weiteres Leben wäre wohl in anderen, vielleicht auch glücklicheren Bahnen verlaufen. Aber Sophie brachte es nicht übers Herz, dieses gewaltige Opfer zu bringen. Wahrscheinlich fürchtete sie auch, daß ihr Franzi doch noch nicht reif genug sei, in allen Situationen, die auf ihn zukommen würden, die richtige Entscheidung zu treffen. Und so trat denn ein, was allgemein befürchtet worden war: Sophie blieb weiterhin die allmächtige graue Eminenz, die wahre Herrscherin im Habsburgerreich. Freilich hatten Fürst

Schwarzenberg und anfangs noch Fürst Windischgraetz ein gewichtiges Wort mitzureden, aber auch diese beiden Männer waren alles andere als liberal eingestellt, und so suchten und fanden sie das Einverständnis mit Sophie. Daß die bigotte Kaisermutter in vielen Fällen nur das Sprachrohr der Kirche, des geschickten, schlauen Kardinals Rauscher war, das konnte der junge Kaiser selbstverständlich nicht erkennen, denn er war selbst von diesem Lehrmeister beeinflußt worden.

Die politische Situation in der Monarchie hatte sich nach der Revolution noch keineswegs beruhigt. Die Aufstände in Ungarn nahmen an Gefährlichkeit zu, und auch in Wien selbst flammte immer noch Widerstand gegen die althergebrachte Regierung auf. Und so sehr es dem jungen Kaiser widerstrebte, die Hilfe anderer Staaten anzurufen, konnte er nun doch nicht umhin, den russischen Zaren um Unterstützung zu bitten. Nur so war es möglich, die Ungarn zur Raison zu bringen. Gegen die besiegten ungarischen Rebellen ging man mit brutaler Härte vor. Wer nicht sofort aufgegriffen und gehenkt wurde, der wurde in Abwesenheit zum Tod durch den Strang verurteilt. Inwieweit die Erzherzogin ihre Hände in diesem blutigen Spiel hatte, ist nicht geklärt. Aber es ist zu vermuten, daß sie namentlich bei den zum Teil ungerechtfertigten Todesurteilen in Ungarn kräftig mitgewirkt hat. Sie haßte alles Ungarische genauso, wie sie alles Böhmische liebte.

Die Aktivität Sophies hatte mit den Jahren nicht nachgelassen, im Gegenteil, je mehr sie sich mit der Politik, die ihr Sohn betreiben sollte, beschäftigte, desto intensiver war sie am Werk. Die Söhne waren herangewachsen, auch der jüngste, Ludwig Victor; sie war auch nicht mehr durch Schwangerschaften in ihrer Leistungsfähigkeit beeinträchtigt wie in früheren Jahren. Immerhin war sie über fünfzehn Jahre ihres Lebens ständig in anderen Umständen gewesen, und jede Schwangerschaft war von allen möglichen Schwierigkeiten und Komplikationen begleitet gewesen; eine Fehlgeburt folgte auf die andere. Die Erzherzogin muß eine überaus robuste Gesundheit gehabt haben, da sie bei den recht brachialen medizinischen Methoden, die man im vorigen Jahrhundert gerade in der Frauenheilkunde anwendete, keinen Schaden davontrug.

Das nahende Alter brachte ihr körperliche Ruhe, und das Verhältnis zu ihrem Ehemann hatte sich auf eine distanziert-freundschaftliche Basis gestellt. Beide lebten ihr eigenes Leben, manchmal kreuzten sich ihre Wege, dann ging man ein Stück gemeinsam, um

sich bald wieder den so unterschiedlichen Interessen zuzuwenden. Nachdem sich die politischen Verhältnisse in weiten Teilen der Donaumonarchie zwar nicht wieder gefestigt, aber doch oberflächlich beruhigt hatten, ging die Erzherzogin daran, ihren Plan, den sie schon lange gefaßt hatte, zu verwirklichen: Der Kaiser sollte heiraten. Für Sophie war es die selbstverständlichste Sache der Welt, daß sie allein die Frau, die an der Seite ihres Sohnes Kaiserin von Österreich werden sollte, aussuchen würde. Sie kannte ihren »Franzi« und wußte, daß er jedes Mädchen akzeptieren würde, das sie für geeignet hielt. Außerdem war der Kaiser ein vielbeschäftigter Mann: Er mußte die Probleme in Oberitalien lösen, die Ungarn beschwichtigen und die Böhmen bei der Stange halten. Wie sollte er da noch Zeit und Lust finden, auf Brautschau zu gehen?
Es war kein Geheimnis in Wien, daß Franz Joseph so manches Abenteuer in den Armen schöner, williger Mädchens erlebt hatte. Denn wenn auch die Habsburger standesgemäß und vor allem katholisch heiraten mußten, so sah man doch auch darauf, daß die Erzherzoge nicht unbedarft in die Ehe gingen. Sie sollten bei sogenannten »hygienischen« Damen die Kunst der Liebe erlernen. Und geschickte Lehrmeisterinnen fanden sich in allen Teilen der Bevölkerung, die sich der unerfahrenen hochwohlgeborenen Liebesjünger annahmen, noch dazu, wo sie für ihre zweifellos anerkennenswerten, manchmal sogar monarchieerhaltenden Verdienste mit einer schönen Abfindung rechnen konnten. Allerdings gab es auch Liebesdienerinnen, die sich ihr Geld wahrhaft schwer verdienten, denkt man an das Aussehen so mancher Habsburger. Aber bei Franz Joseph mußten sich die auserwählten Damen nicht lange überwinden, und es gab außer einer routinierten Frau aus der Umgebung von Krems sicherlich noch viele weibliche Wesen, denen es Vergnügen gemacht hätte, den hübschen jungen Mann in den Armen zu halten.
Der Kaiser war also kein unerfahrener Jüngling mehr, als Sophie nach einer Braut für ihn zu suchen begann. Die Aufgabe schien zunächst nicht allzu schwierig, aber es zeigte sich, daß es nicht viele Prinzessinnen gab, die in Frage kamen. Einige waren zu alt, die anderen zu jung, andere kamen wegen ihres unvorteilhaften Äußeren von vornherein nicht in die engere Wahl, und hatte endlich ein Mädchen alles, was man sich von einer zukünftigen Kaiserin wünschte, dann war sie sicher Protestantin.
Dabei hätte es in Wien einige bezaubernde Gräfinnen gegeben, die

sich nichts sehnlicher gewünscht hätten, als den schönen Franzi glücklich zu machen. Der Kaiser war der umschwärmteste Junggeselle seiner Zeit, jung, hübsch, charmant und dazu noch Kaiser eines riesigen Reiches. Er war der Held vieler Träume, die Zierde eines jeden Ballvergnügens. Eine Gräfin hatte es dem Monarchen besonders angetan: Elisabeth Gräfin Ugarte, ein reizendes junges Mädchen, von dem Franz Joseph geradezu entzückt war. Neun Walzer und zwei Kotilions tanzte er mit ihr, und Elisabeth war im siebenten Himmel. Die anwesenden Damen bemerkten neidvoll die Bevorzugung der Gräfin, und hinter vorgehaltenem Fächer kursierten schon vielsagende Gerüchte von einer Amour des Kaisers. Sophie aber, die ihre Späher und Zuträger natürlich auch in den Ballsälen verteilt hatte, machte der Sache schnell ein Ende. Eine Gräfin Ugarte war für den Kaiser von Österreich keine Partie, aus dieser Liebelei durfte nichts werden. Sie ließ die Gräfin wissen, daß ihre Anwesenheit in Wien nicht weiter erwünscht sei, und unter fadenscheinigen Vorwänden verschwand Elisabeth aus dem Leben Franz Josephs. Wie es um die Gefühle ihres Sohnes bestellt war, darum kümmerte sich Sophie in diesem Fall wenig, obwohl sie immer wieder vorgab, nur das Glück ihres geliebten Kindes im Auge zu haben. Sie suchte so lange die geeignete Frau für ihren Sohn, bis er die falsche gefunden hatte.

Auch eine zweite Elisabeth fand keine Gnade vor den unbestechlichen Augen der Mutter: Diesmal handelte es sich um eine Cousine zweiten Grades, eine reizvolle, geistreiche Frau von 22 Jahren. Das Schicksal wollte es, daß Elisabeth ihren Mann in ganz jungen Jahren verloren hatte und nun immer wieder einige Monate in Wien verbrachte, um auf andere Gedanken zu kommen. Natürlich verkehrte sie auch bei Hofe, und schon bald konnte man unschwer bemerken, daß der Kaiser Elisabeths Nähe suchte, sie zu ausgedehnten Spaziergängen im Prater einlud oder mit ihr allein in seiner Kutsche fuhr. Eine Ehe mit der Tochter des Palatins von Ungarn, Erzherzog Joseph, konnte vielleicht eine Annäherung an die immer noch feindseligen Magyaren bringen. Aber gerade diese Beziehung zu den aufrührerischen Ungarn war es, die Elisabeth in den Augen Sophies keine Chance ließ. Niemals würde sie es billigen, daß ihr Sohn eine Frau nahm, die aus diesem verachtenswerten Land kam! Und kaum hatte sich die Romanze zart entwickelt, da wurde sie von Sophie auch schon jäh beendet. Als Franz Joseph einige Tage aus Wien abwesend war, ließ die Erzherzogin die nichtsahnende junge Frau kommen und befahl ihr, den nächstbesten Erzherzog, der sich anbot, zu heiraten. Selbstverständlich klärte die Mutter ihren Sohn nicht über die wahren Zusammenhänge auf, und Franz Joseph erkannte wahrscheinlich zu spät das Werk Sophies; er war zutiefst über die Untreue Elisabeths enttäuscht.

Die Erzherzogin war Mutter und Politikerin zugleich. Sie mußte eine Braut für den Kaiser finden, die er akzeptierte, und das war nicht so leicht bei dem kritischen Geschmack Franz Josephs. Daneben mußte aber die junge Frau ins politische Konzept der Habsburger passen. Eine Prinzessin sollte es sein wie aus dem Bilderbuch, schön, damit sie Franz Joseph als Frau gefiel, klug, damit man sich mit ihr in der internationalen Gesellschaft zeigen konnte, katholisch, das war ein absolutes Muß, und dazu noch politisch passend. Sophie hatte vor allem an die Tochter ihrer mit dem König von Preußen verheirateten Schwester Elise gedacht, an die schöne junge Anna. Allerdings hatte die Erzherzogin zu ihrer Enttäuschung erfahren, daß Anna bereits anderweitig versprochen war. Aber eine geheime Verlobung ließ Sophie nicht gelten; immerhin war der Brautwerber der Kaiser von Österreich, und welcher Nebenbuhler konnte diesem schon das Wasser reichen! Anders jedoch dachte der Vater Annas, König Friedrich Wilhelm IV. Er hatte sein Wort gegeben, und das mußte gehalten werden. Da nützte es auch nichts, daß sich Anna in den gutaussehenden Kaiser von Österreich richtiggehend verliebt zu haben schien, daß auch Franz Joseph von seiner eventuellen Braut begeistert war. Ein Mann, ein Wort, und dieses Wort war aus dem Munde eines preußischen Königs gekommen! Sosehr sich auch seine Gemahlin bemühte, ihn umzustimmen, alle Versuche waren vergebens, und so mußte der Kaiser unverrichteter Dinge Berlin verlassen, und Sophie konnte ihre Verstimmung kaum verbergen. Der Kaiser von Österreich, ihr schöner Sohn, war als Schwiegersohn verschmäht worden. Eine Unglaublichkeit!

Aber die Erzherzogin besaß noch andere Schwestern, und die hatten ebenfalls Töchter. Als Franz Joseph aber erfuhr, daß seine Mutter mit seiner Tante aus Sachsen über eine mögliche Heirat mit seiner Cousine Sidonie sprach, da erwachte er plötzlich aus seiner Lethargie und erklärte frei heraus, daß er die häßliche Sächsin niemals zum Altar führen werde. Sophie blieb nichts übrig, als schweren Herzens einen Schritt in der Hierarchie abwärts zu tun und die älteste Tochter ihrer Schwester Ludovica ins Auge zu fassen.

Die Beziehungen dieser ungleichen Schwestern waren bisher eher lose gewesen; zu verschieden waren die beiden in ihrem Wesen, zu unterschiedlich hatte sich ihr Lebensweg entwickelt. Ludovica, die als junges Mädchen unsterblich in den König von Portugal verliebt gewesen war, hatte sich dem Wunsch der Eltern gefügt und den eher skurrilen Herzog Max in Bayern geheiratet, dessen Herz einer anderen gehörte. Die Ehe war von vornherein wenig vom Glück gesegnet, denn der Herzog liebte seine Freiheit über alles, beugte sich unter keinen Zwang und führte auch noch lange, nachdem er verheiratet war, ein unstetes Leben wie ein Junggeselle. Seine Frau und seine vielen Kinder, von denen er in schöner Regelmäßigkeit Jahr für Jahr eines gezeugt hatte, genierten ihn keineswegs; er kam nach Possenhofen, wo Ludovica mit den Söhnen und Töchtern den Sommer über logierte, wann er wollte, und ging genauso unerwartet. Alles auf der Welt interessierte ihn mehr als Ruhm und Macht, er war zufällig unter dem Herzogshut geboren worden, na und? Sein Leben gehörte ihm allein, er wählte seine Freunde nicht nach Adel und Stand; wer ihm zusagte und seinen Neigungen entsprach, den lud er in seine munteren Runden ein, in denen getrunken, gesungen und gedichtet wurde. Die Familie existierte für ihn nur am Rande, und wenn er sich schon einmal um Frau und Kinder kümmerte, dann nur, um seinen Söhnen und Töchtern immer wieder den Rat fürs Leben mitzugeben, sich die persönliche Freiheit zu erhalten. Das schönste Geschenk, so predigte Max in Bayern, sei Gottes freie Natur.

Daß die Kinder eines solchen Bonvivants nicht wie andere adelige Nachkommen erzogen wurden, läßt sich denken. Aber auch Ludovica hielt wenig von strenger Ettikette; sie wollte fröhliche Menschen um sich haben, wenn sie schon selbst in ihrer Ehe kein Glück fand. Und wenn sich Sophie diese Erziehungsmethoden vor Augen gehalten hätte, dann hätte sie eine Verbindung mit diesem Zweig der Familie unter keinen Umständen ins Auge fassen dürfen. Sie selbst hatte das Leben der Schwester schon immer wenig goutiert, vor allem der Schwager war ihr in seiner ganzen Lebensart zuwider. Aber all die Vorurteile, die sie Ludovica und ihren Kindern entgegengebracht hatte, waren jetzt verflogen. Sie suchte ein Braut für ihren Sohn, und hier in Bayern würde sie endlich eine finden!

Die Schwestern kamen darin überein, daß Helene, die älteste Tochter, dem Kaiser bei seiner Geburtstagsfeier in Ischl vorgestellt werden sollte. Um die Zwangslosigkeit der Begegnung zu unterstreichen, wurde auch die jüngere Schwester der eventuellen Braut, Elisabeth, eingeladen.

Was sich aber Sophie und Ludovica ausgedacht hatten, das machte Gott Amor mit einem Schlag zunichte. Für Franz Joseph war es Liebe auf den ersten Blick, als er die zierliche, blutjunge Elisabeth sah. Es interessierte ihn nicht mehr, was seine Mutter geplant hatte; er wollte »Sisi«, wie Elisabeth von den Eltern und Geschwistern gerufen wurde, und sonst keine. Bis dahin hatte Sophie Franz Joseph noch alle Liebeleien ausreden können; nun aber spürte sie die Grenzen ihrer Macht, und sie fühlte, daß jede Opposition sinnlos war. Ihr Sohn war erwachsen geworden und hatte selbst gewählt.

Wie es im Herzen Elisabeths ausgesehen hat, kann man nur ahnen. Wahrscheinlich war sie sich mit ihren fünfzehn Jahren über die Tragweite der Entscheidung, in die sie durch das Drängen Franz Josephs gleichsam hineingetrieben wurde, gar nicht bewußt. Ihr gefiel der gutaussehende Kaiser, der ihr ein Kompliment nach dem anderen machte, ihr, dem eher unscheinbaren, wilden Mädchen, das sich mehr um seine Tiere als um Männer gekümmert hatte. Vielleicht fühlte sie sich auch geschmeichelt, daß ausgerechnet der Kaiser von Österreich sie zur Frau haben wollte. Aber was dies bedeutete, welche Konsequenzen diese Tatsache für ihr zukünftiges Leben haben würde, darüber informierte sie keiner, darüber sprach weder ihre Mutter mit ihr noch klärte sie sonst jemand auf. Die naive Elisabeth schlitterte in eine Situation, aus der es kein Entrinnen gab. Sie war knapp sechzehn Jahre alt, als sie an einen Mann verheiratet wurde, der sie zwar als Frau vergötterte, der sich aber nie die Zeit nahm, über ihre Gefühle nachzudenken. Franz Joseph liebte Elisabeth ein Leben lang, er konnte ihr kaum einen Wunsch abschlagen, und trotzdem war seine Liebe nicht fähig, das Herz seiner Frau zu erreichen.

Es wäre eine große Aufgabe für Sophie gewesen, aus der kleinen, unbedeutenden Elisabeth eine wirkliche Kaiserin von Österreich zu machen. Sie versuchte es zwar, aber mit völlig ungeeigneten Mitteln. Sie mischte sich in alles und jedes, sie versäumte keine Gelegenheit, um ihre Schwiegertochter zu maßregeln, sie schalt vor fremden Leuten mit ihr wie mit einem trotzigen Kind, sie versuchte die Erziehung nachzuholen, die Ludovica ihrer Meinung nach versäumt hatte. So konnte es nicht ausbleiben, daß »Sisi«, trotz anfänglichem guten Willen, der sich noch in ihren ersten Briefen an die Schwiegermutter zeigte, sich mehr und mehr verschloß und die Gesellschaft Sophies mied, wo es nur möglich war – und schließlich begann die junge Kaiserin die Mutter ihres Mannes aus tiefster Seele zu hassen.

Im Herbst 1853 hatten die Worte der jungen Braut an die Tante und zukünftige Schwiegermutter noch liebevoll und herzlich geklungen:

„Liebste Tante, es ist mir nicht möglich, Dir zu sagen, wie unaussprechlich dankbar ich Dir bin für diese schönen Zeichnungen, die mir die glücklichsten Erinnerungen meines Lebens zurückrufen und die mir schon als ein Geschenk aus Deiner lieben Hand ewig wertvoll sein werden, wie auch die freundlichen, gnädigen Zeilen, die sie begleiteten und die mich ungemein beglückten. Jetzt zähle ich schon mit Ungeduld die Tage bis zur Ankunft des Kaisers, denn wie sehr ich mich auf den Augenblick freue, ihn nach so langer Zeit wieder zu sehen, begreifst wohl Du, liebe Tante, am besten. – Erlaube mir noch, liebste Tante, Dir nachträglich für die große Güte und Freundlichkeit zu danken, mit der Du mich in Ischl immer behandelt hast, und Dich bittend, mich auch ferner lieb zu behalten, küsse ich mit Helene Deine und des Onkels Hände."

Es sind rührende Zeilen, die fast wie ein Hilferuf anmuten, den Sophie in ihrer Starrheit nicht vernehmen konnte. Vielleicht hätte ein aktiver, liebevoller Schwiegervater ausgleichend wirken können, vielleicht wäre es Franz Karl möglich gewesen, das Verhältnis zwischen Schwiegermutter und Schwiegertochter günstiger zu gestalten; aber der Erzherzog hatte nun einmal seiner Frau gegenüber überhaupt nichts zu sagen. Im Gegenteil, wenn er in seiner tolpatschigen Art versuchte, seiner Frau einen Rat zu geben, war dies für Sophie ein Zeichen, eher das Gegenteil von dem zu tun, was der Gemahl vorgeschlagen hatte.

Als Elisabeth bei ihrer Ankunft in Wien von Franz Joseph liebevoll in die Arme geschlossen und vor der jubelnden Bevölkerung geküßt wurde, da konnte sie noch nicht ahnen, daß sie in eine Stadt gekommen war, die für sie in späteren Zeiten zum Gefängnis werden sollte. Romantik, Glitter und Glanz waren sehr bald verschwunden; übrig blieb eine einsame, blutjunge Frau, die den ganzen Tag darauf wartete, daß ihr Mann wenigstens am Abend ein paar Stunden allein mit ihr verbringen würde. Denn schon das Frühstück wurde in den Räumen der Schwiegermutter serviert, und hier erstarb der jungen Kaiserin das Wort auf den Lippen, wenn sie die tadelnden Blicke Sophies auf sich gerichtet fühlte. In den Augen so mancher Hofschranzen hatte die Erzherzogin mit ihren Erziehungsmethoden vollkommen recht; sie kannten nichts anderes und erwarteten von einer Kaiserin von Österreich nicht die Launen eines halben Kindes.

Franz Joseph stand zwischen zwei Frauen, die so verschieden voneinander waren, daß nichts sie zusammenführen konnte. Und er war nicht der Mann, die Gegensätze auszugleichen. Er war als Ehemann von Anfang an zum Scheitern verurteilt, denn so sehr er seine Frau liebte, so abhängig war er von seiner Mutter. Der Kaiser hatte nicht die Stärke, sich von Sophie zu lösen, sie hatte ihn mit einer geradezu magischen Anziehungskraft in ihren Bann geschlagen, und er fühlte wohl auch, daß er ohne ihren politischen Rat wahrscheinlich als Herrscher versagen würde.

Sophie machte kein Geheimnis aus ihrem Herrschaftsanspruch. Sie hatte damals in Olmütz darauf verzichtet, Kaiserin zu werden, und jetzt mußte sie Tag für Tag, Stunde für Stunde mitansehen, wie ein unreifes, nichtssagendes, rebellisches Mädchen an der Seite ihres Sohnes auf dem Thron saß, ein halbes Kind, das für seine Rolle völlig untalentiert war!

Diskretion wurde am Kaiserhof klein geschrieben. Sophie wurde über alles, was in den Gemächern ihres Sohnes geschah, genauestens informiert. Auch daß Franz Joseph mit Rücksicht auf seine unwissende, viel zu junge Braut Elisabeth nicht stürmisch in der Hochzeitsnacht in Besitz genommen hatte, sondern noch zwei Tage mit dem Vollzug der Ehe gewartet hatte, wurde der Erzherzogin zugetragen. Daß ausgerechnet die Schwiegermutter genaue Kunde davon hatte, was sich in den Privaträumen des jungen Paares, im kaiserlichen Bett, abgespielt hatte, erfüllte Elisabeth mit einem Gefühl tiefer Peinlichkeit. Es läßt sich nachvollziehen, warum Sophie so intensiv daran interessiert war, was sich in den Nächten zwischen den beiden abspielte. Sie selbst erinnerte sich wahrscheinlich ein Leben lang an eine schauerliche Hochzeitsnacht, als der plumpe, unattraktive, aber doch sexuell entflammte Franz Karl als Ehemann sein Recht verlangte und sie es ihm gewähren mußte, mit tiefem Abscheu und Ekel. Und nun hatte ihr ein knapp sechzehnjähriges Mädchen vom Land ihren geliebten Sohn weggenommen, einen körperlich anziehenden jungen Mann, der jede Frau beglücken konnte. Wie anders mußte Elisabeth den Beginn ihrer Ehe in den Armen von Franz Joseph erleben, wie beneidete sie Sophie in tiefster Seele! Die Schwiegermutter war fassungslos, als sie erfuhr, daß Elisabeth keineswegs eine körperliche Vereinigung mit Franz Joseph ersehnte, daß sie den jungen Ehemann sogar in den ersten Nächten ablehnte. Daß das junge Mädchen schüchtern und unaufgeklärt war, schien sie vergessen zu haben. Diese Ablehnung war eine Brüskierung, die Sophie nicht verzieh. Und Franz Joseph stand zwischen den beiden Frauen, von denen er jede auf seine Art liebte. Er begann sich zwischen den Fronten in der Hofburg durchzulavieren, eine Taktik, die ihn Zeit, Nerven und Kraft kostete und letztlich dazu führte, daß er der Verlierer war.

Unmittelbar nach der Hochzeit begann Sophie den Umerziehungsprozeß der Schwiegertochter. Alles, was Sisi tun wollte, wurde einer strengen Kontrolle unterzogen. Es gab für die junge Frau keine Möglichkeit des Protestes, kein Auflehnen gegen die Anordnungen Sophies. Wenn sich Sisi beim Kaiser über die Mutter beschwerte, stieß sie entweder auf taube Ohren, oder Franz Joseph machte eine launige Bemerkung, sie solle das alles nicht so tragisch nehmen, Mama meine es nicht schlecht mit ihr. Es dauerte nicht lange, da wurde aus der einstmals »lieben Tante« für Elisabeth die »böse Frau«, der sie durch alle möglichen Einfälle zu entkommen suchte. Sie flüchtete sich in Krankheiten und gab Schmerzen vor, wenn sie in der Öffentlichkeit an der Seite des Kaisers auftreten sollte. Sie vermied es, gesehen zu werden, vor allem, als sie wenige Monate nach der Hochzeit bemerkte, daß sie ein Kind erwartete.

Als dies bei Hof bekannt wurde, verlangte Sophie, daß Sisi ihr Leben von Grund auf umgestaltete. War sie bis jetzt stundenlang ausgeritten, so wurde dieses Vergnügen von einem Tag auf den anderen gestrichen. Eine werdende Mutter hatte sich möglichst zu schonen, sich ausschließlich auf das Kind zu konzentrieren, jede Gefahr zu vermeiden und sich, so oft es ging, in diesem Zustand dem Volk zu zeigen. Natürlich dachte Sophie an die Zeiten ihrer komplizierten Schwangerschaften zurück und forderte daher von ihrer Schwiegertochter, daß sie auf alles verzichtete, was dem Kind nur irgendwie schaden konnte. Elisabeth war in diesem Punkt wie so oft völlig anderer Meinung als ihre Schwiegermutter, aber es war ihr unmöglich, deren Willen zu mißachten, da auch der Kaiser seiner Mutter recht gab. Erste dunkle Wolken zeigten sich am Ehehimmel des Kaiserpaares, in einer Zeit, in der die junge Frau die Liebe ihres Mannes dringend gebraucht hätte. Außerdem hatte Sophie ihrem Sohn unmißverständlich zu verstehen gegeben, er solle sich als Liebhaber zurückhalten, um nicht das Kind zu gefährden. Auch diese Einmischung in die intimsten Angelegenheiten kam Sisi natürlich zu Ohren.

Daß ausgerechnet Sophie am Bett der jungen Kaiserin saß, als Elisabeth ihr erstes Kind, ein Mädchen, zur Welt brachte, zeigte allen die Vormachtstellung, die sich die Mutter des Kaisers in der jungen Ehe in kurzer Zeit erkämpft hatte. Diese Frau war aus hartem Holz geschnitzt, und sie war gewohnt, den Sieg davonzutragen. Was sie allerdings nicht erkennen konnte, war, daß sie nur einen Pyrrhussieg errungen hatte, denn sie zerstörte mit ihrem Verhalten das Lebensglück ihres Sohnes.

So zerbrach die Ehe des Kaisers teilweise auch durch das Verschulden seiner eigenen Mutter. Sophie trieb die junge Schwiegertochter systematisch aus dem Haus, aus der Hofburg, sie stieß Elisabeth in eine Welt, in der sie rast- und ruhelos herumirrte, während Franz Joseph einsam zurückblieb und die wenigen Stunden herbeisehnte, in denen seine Frau einen Abstecher nach Wien machen würde. Elisabeth hatte durch das Unverständnis und die falsche Vorstellung Sophies von der Rolle einer Kaiserin nicht die Chance gehabt, sich zu einer ebenbürtigen Ehefrau zu entwickeln. Sie schenkte zwar im Laufe der Zeit vier Kindern das Leben, aber sie erkaltete in den Armen ihres Mannes mehr und mehr. Sie entzog sich ihrem Mann und ihren Pflichten, sie wurde zur Egoistin, die nur einen Menschen liebte: sich selbst. Und obwohl der Kaiser Eifersucht gegenüber dem einen oder anderen Mann zeigte, hatte er dazu wahrscheinlich nicht den geringsten Grund. Auch der leidenschaftliche Gyula Andrássy, der Elisabeth mit seinem ungarischen Feuer verfolgte, konnte die kalte Kaiserin nicht zu einem Seitensprung verlocken. Zwar spielte sie leidenschaftlich gern das lockende Spiel der Verführung, hätte sich aber wahrscheinlich niemals eine Sekunde vergessen.

Aus dem zunächst feinen Riß in der Beziehung zwischen Franz Joseph und Elisabeth war in nicht allzu langer Zeit ein tiefer Bruch geworden, und es war nur eine Frage der Zeit, wann Sisi innerlich in der Lage war, die Konsequenzen zu ziehen. Alles, was mit der Hofburg, mit ihrem Status als Kaiserin, mit Wien, ja mit Österreich zu tun hatte, war ihr in tiefster Seele zuwider. Sie versuchte das starre Korsett des Hofzeremoniells abzuschütteln und die Fesseln zu sprengen, die ihr die Schwiegermutter eigenhändig angelegt hatte. Aber Elisabeth verließ nicht nur ihren Mann, sondern auch ihre Kinder, deren Betreuung und Erziehung von Anfang an Sophie gegen den Willen der jungen Mutter übernommen hatte.

Die beiden Töchter des Kaisers, Sophie und Gisela, wuchsen in den Gemächern der Großmutter auf und sollten einmal nach deren Willen echte habsburgische Erzherzoginnen werden, ganz im traditionellen Sinn. Sophie kümmerte sich zwar rührend um die Kinder, paarte die erforderliche Strenge mit großmütterlicher Milde, vergaß aber ganz, daß sie kein Anrecht auf die Kinder hatte, daß die beiden Mädchen nicht ihre Töchter waren. Die Kaiserin übernahm bloß die Rolle des Gastes in den Kinderzimmern; ihre eigenen Kinder wurden ihr wie Besucher vorgeführt. Sie war keine Kämpfernatur, aber im Sommer 1856 wurde ihr die groteske Lage, in der sie sich befand, doch so unerträglich, daß sie dem Kaiser ein Ultimatum stellte, in dem sie forderte, daß die Kinder unverzüglich in ihre Nähe kommen sollten. Franz Joseph wurde durch das Ansinnen seiner schönen Frau, die er nach wie vor innig liebte und heiß begehrte, in eine schwere innere Krise getrieben. Dieses Ansinnen kostete ihn schlaflose Nächte. Wie sollte er seiner Mutter beibringen, daß sie die Kinder herausgeben sollte? Andererseits stand die Drohung Sisis im Raum, sich ihm für alle Zukunft zu verweigern. Um nicht unmittelbar mit den Tränen und Vorwürfen seiner Mutter konfrontiert zu werden, griff er wie so oft in brenzligen Situationen zur Feder und schrieb Mama einen ausführlichen Brief:

»Liebe Mama, für zwei gnädige Briefe habe ich zu danken, die ich beide während unserer Reise erhielt, und mich zugleich so gut als möglich zu entschuldigen, daß ich erst jetzt antworte. Schon Sisi hat Ihnen geschrieben, daß die Hetze für mich sehr groß war, denn ich war mit Geschäften von Wien überhäuft, so daß ich die ganze Zeit, die wir nicht im Wagen saßen, arbeiten mußte und nie später als vier Uhr aufstehen konnte, nur um mit den Geschäften im laufenden zu bleiben...

Ich gehe gleich zur Hauptsache.

Nach reiflicher Überlegung und nachdem ich die Sache nochmals mit Sisi besprochen, bin ich der festen Überzeugung, daß es am besten ist, wenn die Kinder in die Radetzky-Zimmer kommen, wo sie sehr gut und zweckmäßig untergebracht sein werden. Das Hauptbedenken wegen der Sonne erschreckt Sisi und mich nicht, da ja die wenigsten Kinder in der Stadt Sonne haben und doch recht gut gedeihen, und selbst wir den größten Teil unserer Jugend in den ober dem Radetzky-Zimmer gelegenen eben so sonnenlosen Zimmern zugebracht haben. Sie haben, liebe Mama, einen Grund, der uns diesen Wechsel wünschen macht, gleich erraten. Ich bitte sie jedoch inständigst, Sisi nachsichtig zu beurteilen, wenn sie vielleicht eine zu eifersüchtige Mutter ist – sie ist ja doch eine so hingebende Gattin und Mutter! Wenn Sie die Gnade haben, die Sache ruhig zu überlegen, so werden Sie vielleicht unser peinliches Gefühl begreifen, unsere Kinder ganz in Ihrer Wohnung eingeschlossen mit fast gemeinschaftlichen Vorzimmer zu sehen, während die arme Sisi mit ihrem oft so schweren Volumen die Stiege hinaufkeuchen mußte, um dann selten die Kinder allein zu finden, ja auch Fremde bei denselben zu sehen, denen Sie die Gnade hatten die Kinder zu zeigen, was besonders mir auch noch die wenigen Augenblicke verkürzte, die ich Zeit hatte bei den Kindern zuzubringen – abgesehen davon, daß das Produzieren und dadurch Eitelmachen der Kinder mir ein Greuel ist; worin ich übrigens vielleicht Unrecht habe. Übrigens fällt es Sisi gar nicht ein, Ihnen die Kinder entziehen zu wollen, und sie hat mir eigens aufgetragen Ihnen zu schreiben, daß dieselben immer ganz zu Ihrer Disposition sein werden, wie es ja auch immer in Schönbrunn und Laxenburg der Fall war.

Dieses ist aber nicht der einzige Grund der Maßregel, sondern auch die Überzeugung, daß die Kinder bei etwaiger Vermehrung doch nicht oben bleiben könnten, da der Raum nicht zu erweitern ist, dann die Wohnung samt Vorzimmer eine Menge Nachteile hat, während unten die Wohnung sehr gut einzuteilen ist, gute Zimmer für die Leute hat und nach zwei Richtungen vergrößert werden kann... Dann wird auch das beständige Stiegensteigen Sisi sehr hart, was sie auch hier sehr unangenehm fühlt.

Sehr betrübt hat mich alles, was Sie, liebe Mama, an diese so einfache Maßregel knüpfen. Nie würde ich es zugeben, daß Sie Ihre jetzige Wohnung verlassen oder gar, was ich nicht gelesen haben will, ganz aus der Burg ausziehen würden. Ich hoffe noch immer, daß sich alles sehr gut machen wird; die Kinder bekommen eine viel bessere Wohnung, in der sie auch künftig bleiben können, und Alles wird zufrieden sein.

…Der lieben Sisi, die scharmant war, hat die Reise recht gut angeschlagen, obwohl sie noch nicht ganz gut aussieht. Sie nimmt jetzt Eisen… Ich muß jetzt schließen, um noch zu arbeiten und dann in die Stadt zu fahren. Ich küsse mit Sisi dem Papa die Hände und bleibe Ihr treuer Sohn Franz.«

Endlich hatte Elisabeth einen Sieg über die Schwiegermutter errungen, endlich hatte sich Franz Joseph aufgerafft und sich gegen den Willen seiner Mutter gestellt. Aber die Freude der Kaiserin sollte nur von kurzer Dauer sein, denn schon wenige Monate später erkrankte die Erstgeborene, die kleine Sophie, auf einer Fahrt nach Ungarn schwer. Die Großmutter war dagegen gewesen, die kleinen Kinder mit auf die Reise zu nehmen, aber Elisabeth wollte unter keinen Umständen, daß die Schwiegermutter sofort wieder das Regiment in der Kindskammer übernahm, kaum waren die Kutschen mit dem kaiserlichen Gefolge aus den Stadtmauern gerollt. Als es keine Rettung mehr für die kleine Sophie gab und das Kind in den Armen der Mutter für immer einschlief, fiel Elisabeth in abgrundtiefe Verzweiflung. Das Kaiserpaar wechselte in der Hofburg die Privatgemächer; nichts sollte mehr an die glücklichen Zeiten erinnern, als Sophie noch durch ihr Lachen die Eltern erfreut hatte. Der Tod der kleinen Tochter verwandelte die Kaiserin. Nichts war mehr von dem fröhlichen Naturkind aus Possenhofen übriggeblieben, das Franz Joseph in Ischl so entzückt hatte. Ihre einstige Schüchternheit war einer nicht zu übersehenden Arroganz gewichen; es war schwer, an sie heranzukommen, denn sie verstand es, ihre Komplexe geschickt hinter einer Maske zu verbergen. Den Hof in Wien mit seinen Hofschranzen verabscheute sie in tiefster Seele, hinter jedem Diener witterte sie einen Spitzel ihrer Schwiegermutter, und jede Kammerfrau war eine Zuträgerin Sophies. So oft es ging, zog sie sich in ihre Gemächer zurück und war für niemanden zu sprechen. Die allmählich zu einer berühmten Schönheit gewordene Kaiserin haßte nichts so sehr, als sich in der breiten Öffentlichkeit zeigen zu müssen, wo sie Hunderte Augenpaare neugierig anstarrten. Sie mied solche Situationen, und falls sie doch repräsentieren mußte, verschwand sie bei der ersten Gelegenheit. Der Schwiegermutter war dieses scheue Verhalten natürlich ein Dorn im Auge; eine Kaiserin hatte sich ihren Untertanen zu zeigen, Wohltätigkeitsveranstaltungen zu besuchen, Kinderhände zu schütteln und dem Kaiser in dieser schweren Zeit zur Seite zu stehen. Wenn auch Sophie vieles durchgesetzt hatte, dies erreichte sie nicht: Elisabeth konnte sie nicht ins Rampenlicht zerren. Mit Erfolg verweigerte sich die junge Frau.

Im Sommer 1858 trat endlich das große Ereignis ein, auf das man schon sehnlichst gewartet hatte: Sisi schenkte einem Kronprinzen das Leben, der nach dem Stammvater der Habsburger Rudolf genannt wurde. Jetzt war auch Sophie mit der Schwiegertochter zufrieden; endlich hatte sie ihre Pflicht als Kaiserin erfüllt.

Der Bub hatte kaum seinen ersten Schrei getan, da stand es für Sophie schon fest, daß sie dieses Kind unter gar keinen Umständen unter der Obhut der Mutter lassen wollte. Der Thronfolger mußte eine ordentliche, strenge und katholische Erziehung genießen. Es gab keine Diskussion; Rudolf verschwand schon wenige Stunden nach der Geburt in den Gemächern Sophies. Wortlos nahm Franz Joseph die Entscheidung seiner Mutter hin, ohne einen Funken Widerstand zu leisten, obwohl er wußte, daß dies zu einer schweren Krise mit seiner Frau führen mußte. Elisabeth erholte sich von der schweren Entbindung nur sehr langsam. Und als sie hörte, daß wieder Sophie auf den Plan getreten war und sich fast mit Gewalt des Kindes bemächtigt hatte, da fand sie nicht mehr die innerliche Kraft zum Kampf und gab auf.

Die psychische Verfassung, in der sich die Kaiserin befand, war bedenklich geworden. Hysterische Anfälle und Schreikrämpfe wechselten mit tiefen Depressionen, in denen sie stundenlang vor sich hinweinte. Dann wieder sprang sie auf, schwang sich aufs Pferd und galoppierte stundenlang bei Wind und Wetter über Stock und Stein, ohne Rücksicht auf ihre angeschlagene Gesundheit. Mit großer Sorge verfolgte Franz Joseph das Verhalten seiner Frau und kam schließlich auch zur Einsicht, daß es das einzig Richtige sei, daß seine Mutter das neugeborene Kind betreute. Und je mehr der Kaiser seiner Mutter recht gab, desto mehr entfernte sich seine Frau von ihm. Es gab zwischen Franz Joseph und Elisabeth keine Gemeinsamkeit mehr, weder bei Tag und erst recht nicht bei Nacht. Und dennoch fiel Elisabeth aus allen Wolken, als sie erfuhr, daß ihr Mann das bei anderen Frauen fand, was sie ihm zu geben nicht gewillt war. Ihre Enttäuschung kannte keine Grenzen, und erneut flüchtete sie sich von einer Krankheit in die andere, bis die Ärzte keinen anderen Rat mehr wußten, als sie auf die Insel Madeira zu schicken, wo sie endlich Ruhe und Erholung finden sollte.

Damit begann für Elisabeth ein neuer Abschnitt in ihrem Leben, die Zeit der ruhelosen Wanderschaft, ein verzweifeltes Suchen nach Glück, das sie aber nirgends finden konnte. Und Sophie hatte das erreicht, woran sie jahrelang konsequent gearbeitet hatte: Sie hatte die beiden Kinder Gisela und Rudolf wieder ganz für sich, und auch ihr Sohn war innerlich zu ihr zurückgekehrt. Bei ihr konnte er sich zu Hause fühlen und sehen, wie seine Kinder heranwuchsen, geleitet von der Hand der liebenden Großmutter.

Franz Joseph liebte die gemütlichen Stunden beim Tee im Salon Sophies; hier gab es keinen Zank und Hader, die Mutter hatte für all seine Sorgen und Probleme ein offenes Ohr, und der Kaiser merkte kaum, wie sehr sie ihn noch immer in ihrem Sinn beeinflußte. So war es ihrer Überredungskunst zuzuschreiben, daß Franz Joseph – nicht unbedingt aus religiöser Überzeugung – das Konkordat mit dem Vatikan unterzeichnete.

Auch sein Vater kümmerte sich um die Enkelkinder, ohne allerdings irgendeinen Einfluß auf sie zu nehmen. Franz Karl führte das beschauliche Leben eines alternden Mannes, der sich nie für die Probleme der großen Welt interessiert hatte, dem es genügte, daß ihn die Leute auf der Straße freundlich grüßten. Er ergriff auch nicht Partei bei den Streitigkeiten mit der Schwiegertochter; manchmal versuchte er zwar sein »Sopherl« etwas zurückzuhalten, erntete dabei aber nur ein müdes Lächeln. Man wußte, daß er seine Frau noch niemals von etwas hatte abbringen können, und warum sollte es ausgerechnet jetzt möglich sein, sie zu ändern?

Elisabeth hatte indes begonnen, ihr Leben selbst zu gestalten. Sie ging zu ihrer Schwiegermutter auf offenen Konfrontationskurs. Da Sophie zum Beispiel die Ungarn haßte, war dies für Sisi Grund genug, sich zu diesen Menschen besonders hingezogen zu fühlen. Sie engagierte eine ungarische Vorleserin, Ida Ferenczy, die schon sehr bald ihre Vertraute und Freundin werden wollte, und lernte mit wahrem Feuereifer die schwierige ungarische Sprache. Und mit dem Verständnis der Sprache kam auch die Liebe zur ungarischen Literatur, zu den weiten Ebenen des Landes, den schnellen Pferden und den temperamentvoll-schwermütigen Menschen. Elisabeth war von dem harten Schicksal, das dieses Land in den letzten Jahrzehnten erlebt hatte, von den schrecklichen Todesurteilen, die auch auf das Konto der Schwiegermutter gingen, entsetzt und setzte sich als Lebensziel, das Los dieses freiheitsliebenden, tapferen Volkes zu erleichtern. Ihr Verhalten den Ungarn gegenüber war durch und durch von sentimentalen Emotionen geprägt, die natürlich raffinierte Politiker wie Ferenc Deák und Gyula Andrássy geschickt in ihrem Sinne auszunützen verstanden. Die Krönung Franz Josephs zum König von Ungarn 1867 war das Ergebnis eines wahren Ausgleichs der Interessen, wobei der Kaiser beinahe über seinen Schatten springen mußte. Er tat dies wahrscheinlich wirklich seiner Frau zuliebe, in der Hoffnung, daß seine angebetete Sisi doch noch zu ihm zurückfinden würde.

Ein viertes Kind war das Ergebnis der vorübergehenden Aussöhnung zwischen Franz Joseph und Elisabeth, ein Mädchen, Marie Valerie, das die Königin von Ungarn im Land ihrer Sehnsucht zur Welt gebracht hatte und das für sie die »Einzige« war, jenes Kind, um das sie sich allein kümmern konnte, denn Sophie erhob nun keinen Anspruch mehr auf die Enkelin. So wenig sich die exaltierte Kaiserin um das Schicksal ihrer beiden anderen Kindern gekümmert hatte – nur einmal hatte sie gefordert und auch erreicht, daß der harte Erzieher Rudolfs, Gondrecourt, der das Kind beinahe unmenschlich quälte, entlassen wurde –, so übertrieben besorgt zeigte sie sich nun Marie Valerie gegenüber.

Um ihre Schwiegermutter hingegen war es in den letzten Jahren ruhig geworden. Sophie kümmerte sich um Gisela und Rudolf und versuchte ihnen so gut wie möglich die ferne Mutter zu ersetzen. Die Kinder liebten die Großmutter, und die tiefe Zuneigung Rudolfs drückte sich rührend in den kindlichen Briefen aus, die er ihr schrieb. Bei ihr fand er die Wärme, die ihm die Eltern nicht geben konnten. Die Mutter schien immer nur auf Besuch zu sein, und so schnell sie gekommen war, so schnell verschwand sie wieder. Mit der Großmama war alles ganz anders, sie hatte Zeit für ihn, sie plauderte mit ihm, gab ihm so manchen guten Rat und tröstete ihn, wenn er traurig oder bedrückt war. Aber eines Tages fand er sie hemmungslos weinend, untröstlich, als die schreckliche Nachricht vom Tod Maximilians von Mexiko eingetroffen war. Dieser Sohn, Ferdinand Max, war der Liebling Sophies gewesen, der Schöngeist unter ihren Söhnen, liebenswürdig, geistreich, humorvoll und charmant. Ferdinand Max war von den europäischen Mächten, namentlich von Frankreich, in Mittelamerika zum Kaiser gemacht worden, ein Unterfangen, das von vornherein zum Scheitern verurteilt war. Das Ende des verblendeten Habsburgers war schrecklich: Maximilian wurde wie ein Verbrecher im Morgengrauen exekutiert.

Sophie war gebrochen. Sie versank in stundenlangen Gebeten und besuchte eine Messe nach der anderen. Die wenigen Dinge, die man ihr von ihrem toten Sohn überbrachte, ein Stück des Tuches, in das die Leiche gewickelt worden war, ein Fetzen des Mantels, den er bei der Hinrichtung getragen hatte, waren ihr wie Reliquien. Sie nahm die Stoffreste in ihre zitternden Hände und ließ ihren Tränen freien Lauf.

Der Kaiser war nicht in der Lage, seine verzweifelte Mutter zu trösten; seine Trauer um den toten Bruder, auf den er immer ein wenig eifersüchtig gewesen war, hielt sich in Grenzen. Und natürlich unternahm auch Elisabeth nicht den leisesten Versuch, die Tränen der verhaßten Schwiegermutter zu trocknen. Beinahe schadenfroh sah sie zu, wie diese litt, obwohl sie ihrem Schwager immer große Sympathie entgegengebracht hatte.

Auch die politische Entwicklung erfüllte Sophie mit großer Trauer. Österreich hatte endgültig seine jahrhundertelange Vorherrschaft in Mitteleuropa eingebüßt; mit der Schlacht bei Königgrätz hatte eine neue Zeit begonnen, die nur schlechter sein konnte. Alles hatte sich in ihren Augen zum Nachteil entwickelt; der verhaßte König von Preußen war siegreich in Paris eingezogen und hatte sich zum deutschen Kaiser krönen lassen.

Sophie war müde geworden. Vielleicht erkannte sie auch allzu spät die Folgen ihrer rigorosen Familienpolitik. Sie fühlte mit bangem Herzen, wie Franz Joseph, für den sie alles geopfert hatte, ein einsamer, glückloser Mann geworden war. Sie sah besorgt auf die geliebte älteste Enkeltochter Gisela und hoffte, daß die so frühe Verlobung mit Leopold von Bayern zu einer glücklichen Ehe führen würde. Und angstvoll erkannte sie, daß Rudolf ein übersensibler, melancholischer Jüngling geworden war, dem die Liebe seiner Eltern fehlte.

Wie seit Jahr und Tag fanden im Salon der Erzherzogin die täglichen Zusammenkünfte der Familie statt, aber immer mehr zeigte es sich, daß die Mutter des Kaisers resigniert hatte. Sie nahm kaum mehr Anteil an dem, was um sie herum geschah. Ihre Uhr war abgelaufen.

Am 9. Mai 1872 besuchte sie das Burgtheater. Die Luft im Theater war drückend heiß gewesen, und Sophie war froh, als sie endlich zu Hause war. Sie setzte sich auf den Balkon, um die kühle, frische Nachtluft zu genießen. Dabei schlief sie ein und erwachte erst in den frühen Morgenstunden, vor Kälte erstarrt. Zitternd legte sie sich ins Bett, von dem sie nicht mehr aufstehen sollte. Franz Joseph saß stundenlang neben ihr; als es keine Hoffnung mehr gab, schickte er ein Telegramm nach Meran, wo Elisabeth sich schon mehrere Wochen hindurch aufhielt.

So schnell sie konnte, eilte die Kaiserin nach Wien zurück, direkt in die Gemächer Sophies in der Hofburg. So wie ihr kaiserlicher Gemahl verbrachte sie Tage und Nächte an ihrem Bett, als wolle sie nun, da es mit der verhaßten Schwiegermutter zu Ende ging, doch noch eine Aussöhnung finden.

Auch der Gemahl Franz Karl lauschte auf jeden Atemzug seiner Frau mit Angst und Sorge; er brachte ihr jeden Tag, wenn er schon sehr früh die Todkranke besuchte, einen Veilchenstrauß mit, Blumen, die er besonders liebte und die zu seinem bescheidenen Wesen paßten. Die Familientradition wurde streng eingehalten: Ein Mitglied der kaiserlichen Familie kam im Kreise einer großen Gesellschaft zur Welt und verließ diese auch nicht in aller Stille, sondern begleitet vom Schluchzen und den gemurmelten Gebeten der Kinder und Kindeskinder. Sophie konnte kaum noch sprechen und rang schwer nach Atem, aber sie konnte sich nicht in Ruhe dem Sterben hingeben. Jeder, der an ihrem Bett stand, wollte noch irgendeine Bitte vortragen, bat noch um Rat. Es kostete Sophie beinahe übermenschliche Anstrengung, diese letzten Stunden durchzuhalten.

Schließlich sank sie ermattet in die Kissen und verlor das Bewußtsein. Es war gerade in dem Augenblick, als man sich entschlossen hatte, sich zu einem kleinen Diner zurückzuziehen. Auch Elisabeth hatte das Zimmer verlassen, um in aller Eile nach Schönbrunn zu fahren, wo ihre Tochter Valerie krank zu Bett lag. Aber kaum hatte die Kaiserin die Stadtgrenze erreicht, da holten sie aufgeregte Boten des Kaisers zurück. Elisabeth kam gerade noch rechtzeitig, ehe die Schwiegermutter den letzten Atemzug tat.

Der Kaiser hatte durch den Tod seiner Mutter viel verloren. Mit Sophie war auch der Mittelpunkt der Familie gestorben, die »wahre Kaiserin«. Sie hatte durch ihre Gegenwart, durch ihre Frühstücksrunden, ihre Teestunden und durch die Art, wie sie die Feste des Jahres zu zelebrieren verstand, die Familie zusammengehalten; sie war es, die den Enkelkindern das notwendige Gefühl gab, im Kreis einer Familie aufzuwachsen. Ihr Tod hinterließ eine große Lücke, mehr noch, eine kalte Leere, die nicht nur Franz Joseph, sondern auch Rudolf in die Einsamkeit trieb.

Sophies Gemahl überlebte seine Frau um sechs Jahre. Er führte nach ihrem Tod weiterhin das beschaulich-ruhige Leben eines alten Mannes, der nie von der Schnelligkeit des Lebens erfaßt worden war, der sich immer der Muße hingegeben hatte. Und so wie er immer gelebt hatte, leise und unauffällig, so trat auch der Tod an ihn heran. Unpäßlichkeiten hatten Franz Karl immer wieder heimgesucht, so zum Beispiel als er sich im Jahre 1873 beim Betreten der Hofloge durch einen unbedachten Tritt den Fuß böse verrenkte. Vier Monate war er danach ans Bett gefesselt, um dann mit Krücken langsam wieder gehen zu lernen. Im Winter des Jahres 1878 befiel Franz Karl eine unangenehme Erkältung, die sich nicht bessern wollte. Der Erzherzog verließ seine Räume nicht mehr, da er die kalte Luft und den eisigen Wind fürchtete, der durch die Straßen Wiens blies. Mit Sorge beobachtete Franz Joseph den Gesundheitszustand seines Vaters, und als sich der Husten und die allgemeine Mattigkeit des alten Herrn nicht bessern wollten, verschob er den Hofball, das glanzvollste Ereignis der Faschingssaison, auf den Faschingsdienstag, da er hoffte, daß sein Vater dann wieder halbwegs hergestellt sein würde.

Aber auch für Franz Karl war das Ende gekommen. Aus seiner Erkältung wurde eine Lungenentzündung, die von den Ärzten nicht mehr behandelt werden konnte. Still, wie er immer gelebt hatte, im Schatten seiner Frau und seiner exzentrischen Familie, entschlief Erzherzog Franz Karl am 8. März 1878.

Mit dem Tod der Eltern brach die Kaiserfamilie auseinander. Sophie war der Mittelpunkt im Leben des Kaisers und seiner Kinder gewesen, das starke Band, das sie alle zusammengehalten hatte. Ihre Stärke hatte den Sohn mitgerissen und in seine Bahn gebracht. Mit der Kraft ihres Geistes hatte sie das politische Konzept Franz Josephs festgelegt und bestimmt. Sophie hatte es mit ihrer Familie ein Leben lang sicherlich gut gemeint, sie hatte das Beste für alle beabsichtigt, aber sie hatte die falschen Wege beschritten. Ihre starke Persönlichkeit war an sich selbst gescheitert. Ein gütiger Gott, an den sie ein Leben lang geglaubt hatte, war ihr gnädig, daß sie die Folgen ihres Handelns und ihrer Politik nicht mehr miterleben mußte. Sie starb, bevor die große Tragödie über die Kaiserfamilie hereinbrach.

Für ihre Liebe opferte er einen Thron

WALLIS SIMPSON UND EDWARD VIII.

»David ist tot! Erinnerst du dich noch, daß Clifton Webb ihn immer David nannte? Ich war einmal zum Abendessen auf ihrem Schloß. Was für ein Abend! Sie saß da, ›ganz das elegante Skelett‹, und nach dem Essen klatschte sie in die Hände, als würde sie einen Dienstboten rufen und sagte in diesem affektierten Amerikanisch: ›Geh, David! Zieh deinen Kilt an und führe unseren Gästen deinen Tanz vor!‹ Und dieser Mann, der einmal König war, geht tatsächlich! Und er kommt wie ein Chorjunge aus Bridadoon in komplett schottischer Nationaltracht zurück und vollführt einen Tanz – auf Zehenspitzen und mit wirbelndem Röckchen! Schrecklich! Und die Hunde! Hast du je ihre häßlichen Hunde gesehen? Sie hecheln! Lange Dinger tropfen aus ihren eingedrückten Nasen, und ihre Glotzaugen tränen. Was für eine Art zu leben! Schreckliche Leute – sie hatten einander verdient!«

Von der pietätvollen Aufforderung »de mortibus nihil nisi bene« scheint Marlene Dietrich nicht viel gehalten zu haben, als sie sich in so abfälligen Worten über den ehemaligen König von England äußerte, jenen König, der aus der verhängnisvollen Liebe zu einer geschiedenen Frau heraus auf Macht, Reich und Thron verzichtet hatte.

Als die Diva jene höhnischen Zeilen schrieb, war viel Zeit vergangen seit den Tagen, als sich das Schicksal Edwards VIII. so dramatisch gestaltete. Tiefe Furchen hatten die Jahre in sein ehemals hübsches Gesicht gegraben, und die unzähligen Nächte, die der Herzog von Windsor an der Seite seiner exzentrischen Frau zum Tag gemacht hatte, waren nicht spurlos an beiden vorübergegangen; sie hatten Edward vorzeitig verbraucht und ihn früh altern lassen.

Die Windsors waren gern gesehene Partygäste, und obwohl sie sich eher herablassend gaben – Adel verpflichtet –, so fühlte man sich doch im internationalen Jet-set geehrt und geschmeichelt, wenn das Herzogspaar sein Erscheinen zusagte. Aber welche Abwechslung hätten der Exkönig und seine Frau auch in den vielen Jahren der politischen Untätigkeit und menschlichen Bedeutungslosigkeit haben können, als die Welt zu bereisen und die Nachtclubs und Bars mit ihrer Anwesenheit zu beglücken? Wo der ehemalige König von England mit seiner bürgerlichen Gemahlin auftauchte, war die Boulevardpresse sofort zur Stelle und berichtete eingehend, mit welch sündteuren Kleidern und exquisiten Pelzen die Herzogin, die zehn Jahre hindurch den Titel der bestangezogenen Frau der Welt trug, ihren immer dürrer werdenden Körper aufzuputzen versuchte. Aus dem überreifen Romeo und der männererfahrenen Julia, die nur nach allergrößten Schwierigkeiten zum Altar gefunden hatten, war ein ältliches Ehepaar geworden, ein langweiliger, bevormundeter, entscheidungsloser David und eine spitzzüngige, umtriebige, herrschsüchtige Wallis.

Sie waren seit ihrer Eheschließung unzertrennlich geworden, und das, was sich Edward VIII. in den vielen Nächten vor der schwerwiegenden Entscheidung im Herbst 1936 so sehnlichst gewünscht hatte, war wahr geworden: Sie hatten ein langes Leben gemeinsam verbracht. Aus König Edward VIII. war ein David geworden, der sich freiwillig dem Kommando seiner Frau unterstellt hatte. Aber vielleicht gab es doch ab und zu für ihn eine stille Stunde, in der er sich manchmal fragte, ob er damals die richtige Entscheidung getroffen hatte.

Zu sehr war er von Stanley Baldwin, dem Premierminister, und dem Erzbischof von Canterbury, Dr. Lang, in die Enge getrieben worden. Wie ein trotziger Primaner hatte er allen Widerständen männlich die Stirn bieten und die Frau seines Herzens unter gar keinen Umständen aufgeben wollen. Edward, ein Mann hoch in den Dreißigern, hatte sich im Jahre 1931 in die beinahe gleichaltrige Frau von Ernest Simpson, einem Schiffsmakler, bis über beide Ohren verliebt. Diese Liebe hatte ihn zwar nicht wie ein Blitz aus heiterem Himmel getroffen; sie entwickelte sich langsam und allmählich, wurde aber zu einer Lebens- und Existenzfrage für den Frauen gegenüber eher zurückhaltenden zukünftigen König von England.

Edward, Prinz von Wales, der erstgeborene Sohn König Georges V. und seiner Gemahlin Mary von Teck, hatte die aparte, überschlanke Mrs. Simpson auf einer kleinen, intimen Gesellschaft kennengelernt. Vielleicht wäre ihm die Amerikanerin gar nicht weiter aufgefallen, hätte sie nicht ihm gegenüber eine spitze Bemerkung fallen lassen, die so gar nicht zur Konversation mit einem Thronfolger gepaßt hatte. Durch diese eher schnippischen Worte blieb ihm die selbstsichere Frau im Gedächtnis. Als Edward die Bekanntschaft von Wallis Simpson, geschiedene Spencer, geborene Bessie Warfield machte, war er seit drei Jahren mit einer Dame der britischen Gesellschaft, Thelma Furness, liiert. Man nahm daran bei Hofe keinen Anstand, und hoffte lediglich, daß sich der doch ein wenig in die Jahre gekommene Prinz allmählich entschließen würde, zu heiraten. Denn die Tage seines kranken Vaters, des Königs, schienen gezählt, und man hoffte, daß Edward, der englischen Tradition entsprechend, als Familienvater den Königsthron besteigen würde.

Nicht nur die eigene Familie sorgte sich um eine Frau für Edward, auch die internationale Presse schien die Herzenswünsche des zukünftigen britischen Königs erraten zu wollen. Kaum tauchte Edward in Gesellschaft irgendeines heiratsfähigen Mädchens auf, hörten die Leser der Boulevardzeitungen schon die Hochzeitsglocken läuten. Dabei schien Edward weder an den jungen Damen sonderlich interessiert noch machte er sich etwas aus standesgemäßen Partien. Im Gegenteil: Er sah Heiraten innerhalb weniger Familien der europäischen Hocharistokratie als verhängnisvoll an und äußerte sich seiner ob dieser revolutionären Bemerkungen entsetzten Mutter gegenüber mehr als einmal abfällig über derartige Verbindungen. Mit Bangen erkannten die Eltern, daß ihr ältester Sohn wohl kaum von einer Konventionsehe zu überzeugen sein würde. Edward würde sich die Frau seines Lebens selbst suchen, ohne Rücksicht auf Tradition und Familie.

Edward war das, was man heute als einen »Softie« bezeichnen würde: ein fügsames Kind, ein problemloser Jugendlicher, der sich den Anordnungen seiner Lehrer und Erzieher fügte, der keinen Widerstand leistete und der die Eltern und die Geschwister innig liebte. Der Kronprinz war in seiner Jugendzeit sportlich durchtrainiert und scheute nicht davor zurück, sich im Ersten Weltkrieg in Frankreich die ersten Lorbeeren im Schützengraben zu erwerben. Dabei war er aber kein unüberlegter Haudegen, sondern er behielt kühlen Kopf auch in den gefährlichsten Situationen.

Nach dem Krieg hielt es sein Vater für angebracht, den Thronfolger ins Ausland zu schicken, damit sich der zukünftige König von

England ein Bild von den Zuständen in dem riesigen Weltreich machen konnte. Edward ging mit offenen Augen und mit viel Anteilnahme durch die Welt, suchte Kontakt mit der Bevölkerung und hörte von den Leuten, die bald Vertrauen zu ihm gefaßt hatten, von ihren Sorgen und Nöten. In seiner freundlichen Art gewann er die Herzen aller, obwohl es ihm natürlich durch seine traditionelle, konservative Erziehung verwehrt war, die Hintergründe mancher Dinge zu durchschauen, die sich bei genauerer Untersuchung und näherer Betrachtung anders erwiesen, als es zunächst den Anschein hatte. Edwards Sympathien für die extremen politischen Richtungen der Zeit sind so zu erklären. Immer und überall versuchte er aber redlich, das moderne Leben zu verstehen. Dieses Bemühen wurde allgemein anerkannt, und man war in England und in den Ländern der britischen Krone froh, einen jungen, aufgeschlossenen, modern denkenden Thronfolger zu haben. Man sah in ihm den idealen Nachfolger seines eher zu konservativen Vaters und hoffte auf viele grundlegende Neuerungen, wenn ihm in naher Zukunft die Krone aufs Haupt gesetzt werden würde.

Die Zeit nach dem Ersten Weltkrieg war auch für Großbritannien keineswegs rosig. Die sozialen Probleme schienen der Regierung über den Kopf zu wachsen; weite Schichten der Bevölkerung waren ohne Arbeit, ohne Einkommen, ohne Hoffnung. Die britische Regierung stand unter enormem Druck; Extremisten hämmerten ihre Parolen, und je aussichtsloser die Lage für die Menschen wurde, desto empfänglicher wurden sie für derlei Botschaften. Auch die Kolonien erkannten die Gunst der Stunde und forderten von der Regierung in London vehement weitgehende Rechte und Selbständigkeit. Winston Churchill, der große britische Staatsmann, erklärte in diesen kritischen Jahren: »Die Krone ist das geheimnisvolle, ja ich möchte sagen, das magische Bindeglied geworden, das unser locker zusammengehaltenes, aber eng verflochtenes Commonwealth der Nationen, Staaten und Völker miteinander verbindet.« Und alle waren sich darin einig, daß auf den zukünftigen König von England schwere Aufgaben in einer ungewissen, schicksalhaften Zeit warteten. Aber Edward schien gut gerüstet, er verfügte über all das, was man sich von einem modernen Herrscher erwartete. Die Sterne standen gut für den englischen Thron. Alles schien in geordneten Bahnen zu verlaufen, niemand hatte Angst um die Zukunft im Hause Windsor. Bis zu jenem verhängnisvollen Abend, an dem Edward Wallis Simpson begegnete.

Es war keine gewöhnliche Einladung gewesen, die Ernest und Wallis Simpson in ihrem Haus Bryanston Court Nr. 5 erhalten hatten. Denn obwohl die Simpsons ein sehr geselliges Leben führten, das bei weitem ihre finanziellen Möglichkeiten überstieg, war die Überraschung doch groß, daß sie am 10. Januar 1931 im Landhaus von Lady Furness in Melton Mowbray in Leicestershire zur illustren Gästeschar zählen sollten. Schon bald hatte Wallis Simpson durch ihre Freundinnen in Erfahrung gebracht, daß auch der Prinz von Wales anwesend sein würde.

Wallis erzählte ihrer Tante Bessie, der sie regelmäßig nach Amerika schrieb und alle Neuigkeiten haarklein berichtete, von der ersten Begegnung mit dem zukünftigen König von England:

»Trotz meiner Erkältung nahmen wir am Samstag den 3.20 Zug, zusammen mit Ben Thaw. Connie war in Paris. Wir kamen um 6.30 an, und der Prinz & Thelma Furness trafen gegen 7.30 ein, mit Prinz George und dem Stallmeister des Prinzen, General Trotter. Prinz George blieb nur kurz und fuhr dann weiter zu Lady Wodehouse. So waren wir nur noch sieben – du kannst dir vorstellen, was für ein Hochgenuß es war, den Prinzen auf diese ungezwungene Weise kennenzulernen. Am Samstag fand keine Dinnerparty statt, aber am Sonntag waren zehn Gäste zum Dinner geladen, auch Prinz George kam wieder dazu. Gestern mittag sind wir zurückgekommen. Es war wirklich ein Erlebnis, und da ich ja, seit ich hier bin, fest entschlossen war, ihn kennenzulernen, bin ich jetzt erleichtert. Aber ich hätte nie gedacht, daß alles, auch mit Prinz George, so ungezwungen passieren würde.«

Der Eintritt in die königliche Gesellschaft bedeutete für Wallis weit mehr als nur eine Prestigeangelegenheit. Ihr ganzes Denken in den nächsten Monaten kreiste um den Prinzen von Wales. Er hatte zwar auf sie als Mann keinen umwerfenden Eindruck gemacht – sie schilderte ihn in ihren Memoiren als eher klein, wenn auch distanziert charmant –, aber wahrscheinlich blendete sie der Glanz, den die Krone von England jetzt schon auf ihren Anwärter warf. Nicht jedermann war es vergönnt, mit dem Thronfolger ein Wochenende zu verbringen, nicht jedermann zählte zu den Bekannten eines späteren Monarchen.

Wallis Simpson war eine modern denkende, emanzipierte Amerikanerin, frei von Traditionen und althergebrachten Sitten. Sie lebte seit 1928 in England, wo sie in zweiter Ehe den Schiffsmakler Ernest Simpson geheiratet hatte, der sich aus Liebe zu ihr von seiner ersten Frau und dem gemeinsamen Kind getrennt hatte. Auch Wallis hatte eine gescheiterte Ehe hinter sich; nach fünf Ehejahren hatte sie die Scheidung von ihrem ersten Mann Winfried Spencer, einem feschen Marinepiloten aus Chicago, der zu oft und zu tief ins Whiskyglas geschaut hatte, eingereicht und damit ihre konservative Familie, vor allem den Erbonkel, so geschockt, daß er das Geld, das er ihr nach seinem Tode zugedacht hatte, bis auf eine kleine Summe anderweitig vergab.

Zunächst hatte es so ausgesehen, als würde sich Wallis nicht mehr so leicht dazu entschließen können, Sicherheit in einer weiteren Ehe zu suchen. Die aparte junge Frau mit den leuchtend blauen Augen und dem schwarzen Haar verstand es meisterlich, sich den entsprechenden Freundeskreis zu schaffen, in dem sie als exzellente Unterhalterin und Gesellschafterin begehrt und beliebt war. Sie versprühte Charme und fesselte ihre Umgebung durch geistreich-witzige Gespräche, ohne aber allzu intelligent zu wirken. Die leichte Konversation war ihre Stärke, Koketterie ihre Waffe, von der sich so mancher nur allzu schnell besiegt fühlte.

Wallis genoß das Leben als Mittelpunkt der Gesellschaft in vollen Zügen, entschloß sich dann aber doch, vielleicht aus Vernunftgründen, Ernest Simpson zu heiraten. Am 15. Juli 1928 schrieb sie einen Brief aus London an ihre Mutter in Washington:

»Liebste Mutter, ich habe mich nun endgültig entschlossen, Ernest zu heiraten. Es ist wohl das beste und klügste, was ich tun kann. Ich habe ihn sehr gern, er ist *liebevoll*, und das ist ein großer Vorteil… Mama, Du wirst mir schrecklich dabei fehlen, aber das zweite Mal ist irgendwie einfach nicht mehr so wichtig – und nach Weihnachten komme ich nach Hause. Vielleicht kann ich Tante B. dazu überreden, bis dahin nach London zu kommen, und dann mit ihr heimfahren. London ist ziemlich düster – im Winter werde ich sicher einsam sein und Heimweh haben. Aber ich kann für den Rest meines Lebens nicht immer nur herumziehen, ich bin es so leid, der Welt immer nur alleine entgegenzutreten, noch dazu ohne Geld. Und mit 32 ist man nicht mehr so jung, wenn man all die jugendlichen Gesichter ansieht, mit denen man konkurrieren muß. So werde ich mich also auf ein recht bequemes Alter einrichten…«

Wenn Wallis durch diese Heirat gerechnet hatte, finanziell in Zukunft abgesichert zu sein, so hatte sie sich allerdings schwer getäuscht. Die Geschäfte gingen nach dem Schwarzen Freitag in New York sehr schlecht, und aus der gesicherten Position, die Ernest lange Zeit innegehabt hatte, wurde ein Zittern und Bangen um die nächsten Aufträge. Zwar hatte Wallis nie aus dem vollen schöpfen können, sie hatte sich aber durch ihren reichen Freundeskreis in den Staaten an einen gewissen aufwendigen Lebensstil gewöhnt. Und darauf konnte und wollte sie auch in London nicht verzichten. Wallis wollte ihren neuen Londoner Freunden aus den besten Kreisen in keiner Weise nachstehen, und sie verstand es ausgezeichnet, aus wenig viel zu machen, so daß es niemandem auffiel, daß sich dieses Paar, das auf dem gesellschaftlichen Parkett neu eingeführt war, all das eigentlich nicht leisten konnte, was es nach außen hin bot. Waren die Geldmittel erschöpft, so flatterte meist ein kleiner Scheck von der guten Tante Bessie in die Hände ihrer Nichte.

Die Simpsons führten in den ersten Jahren ihres Londoner Aufenthalts ein Leben, in dem die Nacht zum Tag gemacht wurde. Wallis galt als exzellente Tänzerin und brillierte jeden Abend aufs neue durch Charme und Weltoffenheit. Man sprach in London von ihrer Eleganz und ihrem erlesenen Geschmack; nicht nur ihre Garderobe erregt neidlose Bewunderung, auch die gepflegte Atmosphäre in ihrem Haus wurde beinahe sprichwörtlich.

Die Stunden in dem luxuriösen Landhaus von Lady Furness hatte sie in vollen Zügen genossen. Die charmante Unterhaltung mit dem Prinzen von Wales entzückte sie. Diese Umgebung hatte sie schon lange gesucht, und sie warf all ihren Geist und ihren Charme in die Waagschale, um wieder eingeladen zu werden. Es mußte doch möglich sein, auch in Zukunft in Kontakt mit dem Prinzen zu bleiben. So nahm sie denn ihren ganzen Mut zusammen und lud den Prinzen von Wales zu einem Dinner im kleinen Kreis, und tatsächlich ließ die Zusage auch nicht lange auf sich warten.

Der Abend wurde ein voller Erfolg. Wallis trachtete in jeder nur erdenklichen Weise, Edward zu verwöhnen. Sie hatte sich ein besonderes Menü ausgedacht, das sie selbst nach eigenen raffinierten Rezepten zubereitete. Anstelle anderer Vorspeisen wurde Suppe aus schwarzen Bohnen serviert, die dem Prinzen ganz besonders mundete, dann folgten gegrillte Hummer, eine Lieblingsspeise Edwards, Brathähnchen Maryland erinnerten an die amerikanische Abstammung der Gastgeberin, und als Dessert rundete kaltes Himbeersoufflé das Mahl ab. Es wurde ein gelungener Abend, und Edward war von der Atmosphäre im Hause Simpson tief beeindruckt. Dabei war nur allzu leicht zu erkennen, daß nicht nur die

Kochkunst von Wallis Edward gefallen hatte. Sie war eine perfekte Gastgeberin: Es lief alles wie am Schnürchen, kein Mißton trübte die gute Stimmung, die Gesprächsthemen wurden von ihr geschickt ausgewählt, die Diskussionen durch interessante Einwürfe in immer neue Bahnen gelenkt. Wallis aber stand im Mittelpunkt, makellos vom dunklen Scheitel bis zum Maßschuh.

Tief in Gedanken versunken, verließ Edward das Haus in Bryanston Court weit nach Mitternacht. Es war ein faszinierender Abend gewesen, und am anziehendsten war die Hausfrau selbst. Der Prinz fühlte den Wunsch, möglichst bald wieder hierher zurückkehren zu können, nicht nur zu Wallis; auch mit Ernest Simpson hatte ihn spontane Sympathie verbunden.

Dieser Ernest Simpson ahnte wahrscheinlich nicht, daß er mit dem Feuer spielte. Noch waren die Flammen klein, sie zügelten einstweilen im verborgenen; Wallis und Edward aber spürten die Welle der Zuneigung, die von einem auf den anderen übersprang, waren sie einander nahe. Für Wallis war Edward der Prinz aus dem Märchen, den ein Glanz umgab, der sie bis zur Blindheit blendete, und der Prinz sah in Wallis die Frau, die ihn in ihrer knabenhaften, grazilen Schlankheit körperlich anzog wie kaum eine andere vor ihr und deren Interesse und Anteilnahme echt und ungekünstelt schienen.

Sobald er es für schicklich hielt, revanchierte sich Edward mit einer Einladung an das Ehepaar Simpson. Noch im Januar brachen beide auf, um in Fort Belvedere ein Wochenende zu verbringen. Das Fort war von Edward nach seinen Vorstellungen zu einem luxuriösen Landsitz ausgebaut worden, wo er jene Tage im Jahr verbrachte, in denen er Privatmann sein konnte. Hier hatte er alles, wonach er sich sehnte, ein komfortables Zuhause, Zimmer mit großzügigen, modernen Bädern, ein Dampfbad, in dem man sich herrlich entspannen konnte, angenehme, durch eine Zentralheizung wohltemperierte Räume und geschmackvoll möblierte Gesellschaftszimmer. Hier war er nicht der vielbeachtete Thronfolger Englands, hier konnte er ganz Mensch sein inmitten seines riesigen Parks, den er nach seinen Vorstellungen gestaltet hatte, denn Edward war ein begeisterter und sehr geschickter Gärtner.

Schon am ersten Abend in Fort Belvedere fühlte sich Wallis sichtlich wohl und vergaß für ein paar Stunden die drückenden Geldsorgen. Hier in Belvedere war sie vom Luxus umgeben, hier war der Ort, wo sie sich von ihrem strapaziösen Partyleben erholen konnte. Wallis genoß es, bis weit in den Vormittag hinein zu schlafen, während die übrigen Gäste zusammen mit Edward dem Unkraut im Park den Kampf ansagen mußten, ihm beim Heckenschneiden behilflich waren und dann wie echte Gärtner zerzaust und schmutzig ins Schloß zurückkehrten. Das war nicht die Tätigkeit, die Wallis suchte. Lieber räkelte sie sich in den Seidenkissen und wartete, bis das Stubenmädchen diskret an die Tür klopfte und das Frühstückstablett auf dem Nachttisch absetzte.

Die Tage waren ausgefüllt mit Gesprächen über die Jagd, an denen sich Wallis kaum beteiligte, weil sie ganz und gar nichts vom edlen Waidwerk verstand, ganz im Gegensatz zu den Damen der britischen Gesellschaft, die der Prinz gewöhnt war. Den Tee nahm man im Salon und kleidete sich dann abendlich-festlich zum Dinner um. Oft kam es vor, daß sich der Prinz diskret zurückzog, um seinem seltsamen Hobby zu frönen – der Petit-Point-Stickerei, die er von Kindheit an beherrschte. Mit dieser akribischen Handarbeit, die er von seiner Mutter gelernt hatte, beruhigte er seine manchmal mitgenommenen Nerven.

Nach dem exquisiten Dinner traf man sich bei Spiel und Tanz. Dabei blieb niemandem verborgen, daß Edward und Mrs. Simpson das ideale Tanzpaar waren, daß ihre Schritte außergewöhnlich gut harmonierten. Einen naheliegenden Schluß daraus zu ziehen wagte aber noch niemand.

Allmählich war es für die Simpsons nichts Außergewöhnliches mehr, wenn man entweder gemeinsam mit dem Prinzen von Wales und Lady Furness bei Freunden eingeladen war oder aber, wenn der Butler eine Einladung ins Fort überbrachte. Und obwohl Wallis deutlich spürte, daß Edward sich immer mehr zu ihr hingezogen fühlte, fanden diese Begegnungen immer nur in Gesellschaft Thelmas statt. Wie die spätere Herzogin von Windsor in ihren Memoiren schrieb, hatte sie zur damaligen Favoritin des Prinzen eine freundschaftlich-unbefangene Beziehung, die aber nicht sehr intim war, da beide keine Frauen waren, die gerne Vertraulichkeiten miteinander austauschten. Zwar hatte Wallis in früheren Zeiten gern und oft Freundinnen um sich – sie war sogar auf einer ihrer Reisen nach Südfrankreich am Rande eines Skandals miterwähnt worden, da einige ihrer amerikanischen Freundinnen wegen lesbischer Beziehungen angegriffen worden waren –, zu Thelma aber blieb ihr Verhältnis eher distanziert.

Der Londoner High Society entging es natürlich nicht, daß die

Simpsons immer häufiger in Gesellschaft des Thronfolgers gesehen wurden. Und so nahm es niemanden wunder, daß es Wallis als geschiedener Frau sogar gelang, bei Hofe vorgestellt zu werden, etwas, was bis dahin undenkbar gewesen war. Die Königsfamilie hatte es, so lange man denken konnte, strikt abgelehnt, geschiedene und wiederverheiratete Personen zu empfangen.

Das Leben der Simpsons blieb hektisch und ermüdend. Wallis litt an immer wiederkehrenden Magengeschwüren und quälenden Halsbeschwerden; sie kurierte sich nur vorübergehend aus und war glücklich, als sie für ein paar Wochen England mit seinem tristen, feuchten Wetter verlassen konnte, um ihre Tante Bessie in den USA zu besuchen. Ihre Freunde und Bekannten freuten sich über das Wiedersehen, man gab ihr zu Ehren Einladungen und Cocktailparties, auf denen sie der gefeierte Mittelpunkt war. Sie genoß die Bewunderung und die Komplimente ihrer alten Kavaliere und fühlte sich wieder jung und unbeschwert. Viel zu schnell verflogen die schönen Wochen, und ins graue England zurückgekehrt, vermißte sie die fröhliche Leichtigkeit des amerikanischen Lebens mehr denn je. Beinahe deprimiert schrieb sie in einem Brief an ihre Tante am 25. Juni 1933:

»Ich habe noch immer Heimweh nach Washington, denn hier behandeln mich die Männer wie eine ältere Frau. Diese Reise war wirklich mein letzter großer Auftritt.«

Die Beziehung zwischen Thelma Furness und Edward war inzwischen sichtlich abgekühlt. Die Lady aber war kein Kind von Traurigkeit; sie erkannte die entscheidende Stunde, in der sie ohne dramatische Auftritte das Feld für eine andere räumen wollte, und sie wußte auch ganz genau, wer in ihre Fußstapfen treten würde. Um sich elegant aus der Affäre ziehen zu können, beschloß sie, eine luxuriöse Vergnügungsreise nach Amerika zu machen, auf der sie den umschwärmten Prinzen Ali Khan ins Visier nahm. Beim Abschied legte sie Wallis »den kleinen, einsamen Mann« mit den Worten ans Herz: »Du kannst dich ja um ihn kümmern, während ich weg bin.«

Das brauchte man Wallis wahrlich nicht zweimal zu sagen. Längst schon hatte sie die Blicke richtig interpretiert, die Edward auf sie richtete, wenn sie im Fort zu Gast weilte oder zusammen mit ihrem Mann zum Dinner eingeladen war. Aus vielerlei Gründen genoß sie die unumschränkte Bewunderung, die der Prinz ihr augenfällig entgegenbrachte. Und bald hatte sie nur noch das Bestreben, Thelma so gut wie möglich zu »vertreten«. Sie begann wieder jung zu werden, sie, die vor kurzer Zeit beinahe in Panik geraten war, als sie erkannte, daß die erste Blüte der Jugend verschwunden war. Und nun brachte ihr der zukünftige König von England eine beinahe jungenhafte, schwärmerische Verehrung entgegen! Sie spürte eine Verlockung, eine verführerische Stimme, die ihr zuraunte, Edward entgegenzukommen, ihm zu zeigen, daß auch er ihr nicht gleichgültig war, obwohl sie bis zu dieser Bekanntschaft eine glücklich verheiratete Frau gewesen war – oder sich zumindest so gegeben hatte. Die Türen der Londoner Hocharistokratie öffneten sich plötzlich weit, wenn sie an der Seite des britischen Thronfolgers erschien. Die Freundschaft war nach Thelmas Abreise nur noch inniger geworden, der Prinz rief sie immer öfter an, nur um ihre Stimme zu hören, und Edward fand auch nichts mehr dabei, unangekündigt im Hause Simpson zu erscheinen, vor allem dann, wenn er wußte, daß Ernest geschäftlich unterwegs war oder zu arbeiten hatte. In Wallis' Gegenwart fühlte sich der Prinz wohl, mit ihr konnte er über politische Konzepte sprechen, über neue Sozialpläne für die Tausenden Arbeitslosen, über das Komitee für Sozialfürsorge oder ganz allgemein über sein tagtägliches Arbeitsprogramm. Wallis war eine interessierte und aufmerksame Zuhörerin, wie Edward noch nie eine gefunden hatte. Er meinte eine Frau entdeckt zu haben, die völlig mit ihm übereinstimmte, die alle seine Vorstellungen teilte.

Natürlich war Wallis sich im klaren darüber, daß sie allmählich in London zum Tagesgespräch wurde, aber dies störte sie nicht im mindesten. Bis in die USA waren die Klatschmeldungen über sie und den Kronprinzen gedrungen. Beruhigend schrieb Wallis an ihre Tante, die ihr leise Vorhaltungen machte:

»Das mit dem Prinzen ist nur Klatsch. Es ist nicht meine Art, meinen Freundinnen den Kavalier auszuspannen. Wir gehen oft zusammen aus, und natürlich klatschen die Leute darüber. Ich glaube, ich amüsiere ihn. Ich bin sein Hofnarr, und wir tanzen gern miteinander – habe immer Ernest im Schlepptau, also ist alles ungefährlich.«

Längst war allerdings aus dem Spiel mit dem Feuer für Edward Ernst geworden. Für Freunde und Bekannte stellte sich die Frage, ob Wallis auch nur eine der zahlreichen Favoritinnen des Prinzen werden und bleiben sollte – oder ob diese Liaison verheerende Folgen haben würde. Und obwohl es sich der Prinz wahrscheinlich selbst noch nicht so ganz eingestehen wollte, wie sehr er Wallis liebte, überführte ihn doch seine alte Freundin und Geliebte Thelma Furness nach ihrer Rückkehr. Sie schrieb in ihren Memoiren:

»Nach einer Weile sagte ich: ›Wallis, der Prinz hat mich für nächstes Wochenende ins Fort eingeladen... Hättet ihr, du und Ernest, Lust zu kommen? Das wäre vielleicht ganz gut.‹ ›Natürlich‹, antwortete Wallis herzlich, ›wir kommen sehr gerne.‹ Dieses Wochenende hat sich in meinem Gedächtnis eingeprägt... Der Samstag (1. April) verlief bis zum Abend ohne Zwischenfall. Beim Dinner jedoch bemerkte ich, daß der Prinz und Wallis kleine private Scherze zu machen schienen. Als er einmal ein Salatblatt mit den Fingern aufnahm, schlug Wallis ihm spielerisch auf die Hand... Wallis sah mich an. Und da wußte ich, daß der ›Grund‹ Wallis war... Da erkannte ich, daß sie sich außerordentlich gut um ihn gekümmert hatte. Dieser kalte, herausfordernde Blick hatte mir die ganze Geschichte verraten.

An diesem Abend ging ich früh zu Bett, ohne irgend jemandem gute Nacht zu sagen... Ein wenig später kam der Prinz in mein Schlafzimmer und wollte wissen, ob er mir irgend etwas gegen meine Erkältung bringen lassen könne?... ›Liebling‹, fragte ich direkt, ›ist es Wallis?‹ Das Gesicht des Prinzen erstarrte. ›Sei nicht albern‹, sagte er scharf. Dann ging er aus dem Zimmer und schloß die Tür leise hinter sich. Ich wußte es. Am nächsten Morgen verließ ich das Fort.«

Obwohl Wallis alle Gerüchte hartnäckig zu leugnen versuchte, gestand sie doch ihrer Tante Bessie gegenüber ein, daß der Prinz ihr regelrecht den Hof machte. Sie fühlte sich verehrt und geschmeichelt und genoß jedes Wort und jede Aufmerksamkeit. Ihr Denken kreiste nur noch um »HRH« (»His Royal Highness«), wie sie Edward oft in ihren Briefen nannte. Seine Anwesenheit erfüllte sie mit Freude, und sie tat alles, um ihn zufriedenzustellen. Seltsamerweise schien sie sich um die Zukunft keine Sorgen zu machen, obwohl sie ständig daran denken mußte, daß sie ja einen Mann hatte, mit dem sie für gewöhnlich unter einem Dach lebte.

Ernest Simpsons Probleme und Sorgen wuchsen von Tag zu Tag. Während sich seine Frau an der Seite des britischen Thronfolgers sonnte, wußte er so manches Mal nicht, wo er das Geld auftreiben sollte, das seine Frau so dringend benötigte. Es wäre für Wallis unvorstellbar gewesen, sich in billigen Kleidern mit dem Prinzen in

Gesellschaft zu zeigen; dazu waren elegante Roben aus renommierten Modehäusern nötig, die natürlich den entsprechenden Preis hatten. Ihrem Mann gegenüber, der die horrenden Rechnungen bezahlen mußte, argumentierte sie sehr einleuchtend: »Er will, daß man schick aussieht.«

Ernest Simpsons Großzügigkeit kannte anscheinend keine Grenzen. Freilich schienen seine Stimmungen doch auch ab und zu zu wechseln, denn seine Frau machte darüber eine Bemerkung ihrer Tante gegenüber: »Ernest spart oder er hat wirklich nichts mehr; weil ich mir eine Masseuse für 15 Shilling nahm, sprachen wir eine Weile nicht mehr miteinander, derart wütend war er. Sie ist billiger als ein Dr., und es hilft, überschüssige Magensäure abzubauen.«

Aber Wallis gelang es immer wieder, ihren Mann zu besänftigen und ihn sogar dazu zu bringen, sie mit dem Prinzen allein zu lassen. Wie es ihr gelang, Ernest einzureden, daß er sich durch das Abenteuer seiner Frau geschmeichelt fühlen sollte, war eines der Geheimnisse in dieser seltsamen Dreierbeziehung.

Noch wahrte man aber den Schein, noch ergingen alle Einladungen des Prinzen von Wales an Mr. und Mrs. Ernest Simpson. Auch als Edward beschloß, wieder, wie so oft, eine Reise nach Biarritz zu unternehmen, ließ er bei Mr. Simpson anfragen, ob er und seine Frau seine Gäste sein wollten. Aber Ernest hatte andere Sorgen, als sich die Zeit an der Biscaya um die Ohren zu schlagen. Endlich winkten für ihn lukrative Geschäfte in den Vereinigten Staaten, und die wollte er auf keinen Fall aufs Spiel setzen. Seine Frau sollte, wenn sie wollte, allein fahren oder auch Tante Bessie, die zu Besuch in Europa weilte, mitnehmen.

Die Wochen in Spanien verbrachte die illustre Gesellschaft, die sich um den Kronprinzen scharte, mit Dolce far niente. Man räkelte sich in der Sonne, suchte Abkühlung im frischen Meer, traf sich auf dem Golfplatz oder verabredete sich zum Bridgespiel. Wallis lernte hier das Leben der Reichsten kennen, so wie es in den dreißiger Jahren in der internationalen Gesellschaft gang und gäbe war. Wahrscheinlich niemals vorher und auch später nicht mehr führte die Haute volée ein so luxuriöses Leben wie damals, in jener Zeit gespannter Ruhe vor dem großen Sturm. Es schien, als ginge man mit geschlossenen Augen durch die Welt, den Blick einzig und allein auf das eigene, nicht endenwollende Vergnügen gerichtet. Was kümmerte es diese Menschen, daß die sozialen Zustände in Europa immer trister wurden, daß die Arbeitslosigkeit grenzenlos geworden war, daß es Tausende von Menschen gab, die nicht mehr wußten, was sie am nächsten Tag essen sollten, daß radikale Politiker immer mehr Zulauf erhielten? All dies war weit weg, man schwebte in einer anderen Sphäre und hatte keine Verbindung zur Realität.

Nach einer Schiffsreise auf der Yacht von Freunden des Prinzen kehrte Wallis voll von neuen Eindrücken nach London zurück. Sie fühle sich wie »Wallis im Wunderland«, äußerte sie entzückt ihrem Mann gegenüber. Ernests trockener Kommentar lautete daraufhin spöttisch: »Das klingt für mich wirklich wie eine Reise in das Buch ›Alice hinter den Spiegeln‹. Oder vielleicht noch besser, in das Reich von Peter Pans ›Never-Never-Land‹«.

Allmählich fiel es auch Edward auf, daß seine neue Favoritin wohl über einen hervorragenden Geschmack, aber nicht über das nötige Kleingeld verfügte, um sich so zu kleiden, wie es ihrem Stil entsprach. Und da Edward selbst durch äußerst gewählte Kleidung auffiel – ein neuartiger Krawattenknoten, den er kreierte, wurde sogar nach ihm benannt –, steckte er Wallis diskret immer wieder Geld zu, damit sie ihre Herzenswünsche erfüllen konnte. Wallis berichtete ihrer Tante auch von Leopardenfellen, die Edward ihr geschenkt hatte und woraus sie sich einen hübschen, leichten Sportmantel machen lassen wollte. Edward war großzügig in seinen Geschenken und verwöhnte die Dame seines Herzens vor allem durch überaus kostbare Preziosen. Da zu Wallis' blauen Augen besonders gut dunkelblaue Saphire harmonierten, besaß Mrs. Simpson schon sehr bald eine ansehnliche Kollektion dieser Edelsteine.

Der Prinz von Wales und Mrs. Simpson galten nun für alle Welt als Liebespaar, und man fragte sich, wie sich Ernest Simpson zu dieser Affäre seiner Frau stellen würde. Scheidungsgerüchte begannen zu kursieren, die aber sowohl von Ernest als auch von Wallis vehement dementiert wurden. Im Gegenteil, Wallis gab vor, es sei keine leichte Aufgabe, sich um zwei Männer gleichzeitig kümmern zu müssen. Auf die Ermahnungen ihrer Tante antwortete sie am 5. November 1934:

»Hör bloß nicht auf diesen lächerlichen Klatsch. E. und ich denken nicht an Scheidung, und wir hatten eine lange Unterredung über PW und mich und haben auch mit dem Prinzen darüber gesprochen, und alles wird so weitergehen wie bisher, das heißt, wir drei sind die besten Freunde, was in der Welt allerhand Verwirrung hervorrufen dürfte, denn jeder wartet nur darauf, daß meine Ehe in Brüche geht. Ich werde so klug vorgehen, daß ich sie beide behalten kann.«

Der Prinz war ohne Zweifel ein bemerkenswerter Mann, gebildet, weitgereist, vielseitig interessiert, charmant und aufgeschlossen. Aber eine Eigenschaft suchte man bei ihm vergebens: Stärke gegenüber sich selbst. Er war nicht der Mensch, der seine persönlichen Gefühle zu beherrschen oder hintanzustellen vermochte. Er träumte einen langen, schönen Traum, in dem die Dame seines Herzens Wallis war, und fürchtete sich vor dem Morgen des jähen Erwachens, denn er wußte, daß er ohne diesen Traum nicht leben konnte. Seine erträumte Zukunft hing allerdings von der Einstellung seiner königlichen Eltern ab, das wußte Edward nur zu gut. Und so versuchte er, Wallis vorsichtig in die königliche Familie einzuschleusen, diplomatisch, wie er glaubte. Die Hochzeit seines Bruders George von Kent mit der griechischen Prinzessin Marina schien ihm der geeignete Anlaß zu sein, den Eltern die Frau seines Herzens diskret vorzustellen.

Wallis hatte sich für dieses vielleicht entscheidende Ereignis besonders vorbereitet. Sie trug ein violettes Lamékleid mit giftgrüner Schärpe, das die Blicke aller auf sich zog. Prinz Paul von Griechenland ließ sich zu der bewundernden Bemerkung hinreißen: »Mrs. Simpson, es steht außer Fage – Sie tragen das bemerkenswerteste Kleid hier im Raum.«

Aber was sich Edward vielleicht erhofft hatte, blieb aus: Die Eltern schienen von Wallis nicht mehr und nicht weniger Notiz zu nehmen als von allen anderen geladenen Gästen. Sie tauschten ein paar bedeutungslose Höflichkeitsfloskeln mit ihr, dann war das Gespräch zu Ende.

Zu Beginn des Jahres 1935 war es für Edward längst klar geworden, daß er ohne Wallis nicht mehr leben wollte. Er bedauerte jeden Tag, jede Stunde, die er nicht in ihrer Nähe verbringen konnte. Er liebte sie, ja, er betete sie geradezu an. Unwiderstehlich war ihre Anziehungskraft. Sie faszinierte den Prinzen nicht durch körperliche Reize, durch sexuelle Erfahrung, durch raffinierte Verführungskünste; sie strahlte etwas aus, was ihn unausweichlich, unentrinnbar in ihren Bann zog.

Seine Freunde und Bekannten beobachteten die Veränderung, die im Wesen des Thronfolgers vor sich ging. Winston Churchill, ein treuer Freund in Freud und Leid, berichtete über die Verwandlung Edwards:

»Er blühte in ihrer Gesellschaft auf, und ihre Eigenschaften waren für sein Glück so wesentlich wie die Luft zum Atmen. Jene, die ihn gut kannten und beobachteten, merkten, daß seine Nervosität sich völlig legte. Er war ein ausgeglichener Mensch und nicht mehr eine kranke, gequälte Seele. Diese Erfahrung, die den meisten Menschen in ihrer Jugend widerfährt, machte er erst spät im Leben, und deshalb war sie für ihn um so kostbarer und auch zwingender. Die Verbindung war eher seelischer als sexueller Natur und wohl auch nur ausnahmsweise von Sinnlichkeit geprägt.«

Es war die große Tragik in dieser Beziehung, daß Wallis eine verheiratete Frau war, die außerdem noch eine andere gescheiterte Ehe hinter sich hatte. Damit konnte sie nach anglikanischem Gesetz als Frau des Thronfolgers niemals in Frage kommen. Die bürgerliche Abstammung und ihre Herkunft aus Amerika wären keine Hindernisse gewesen, im Gegenteil, man hätte es vielleicht sogar begrüßt, hätte sich der britische Thronfolger für eine Frau von jenseits des Ozeans entschieden. Die traditionell guten politischen Beziehungen zu den USA wären dadurch wahrscheinlich noch gefestigt worden. Aber eine Mrs. Simpson, geschiedene Spencer, mußte sich der zukünftige König von Großbritannien ein für allemal aus dem Kopf schlagen. Walter Monckton, ein enger Freund Edwards, erkannte schon früh die Tragik, die sich unausweichlich anbahnte:

»Niemand... der nicht... die Intensität und Tiefe der Liebe des Königs für Mrs. Simpson begreift, wird jemals seine Lebensgeschichte verstehen. Für ihn war sie die ideale Frau. Sie tat alles dafür, daß er sich wohlfühlte und immer sein Bestes gab, und er betrachtete sie als Quell der Inspiration. Es ist ein großer Irrtum anzunehmen, daß er sie lediglich auf die gewöhnliche physische Weise liebte. Ihre Beziehung bestand in einer Art intellektueller Kameradschaft, und zweifelsohne fühlte er sich durch die geistige Verbundenheit mit ihr weniger einsam... Er fühlte zutiefst, daß er und Mrs. Simpson füreinander geschaffen waren, und es gab für ihn nur eine ehrenhafte Lösung in dieser Lage: die Ehe.«

Edward – oder David, wie ihn Wallis seit geraumer Zeit zärtlich in ihren Briefen nannte – war in eine Abhängigkeit geraten, aus der es kein Entrinnen mehr gab. Die Gesundheit seines Vaters verschlechterte sich von Tag zu Tag, und die Stunde näherte sich, da er das schwere Amt als König von England würde antreten müssen. Aber neben ihm auf dem Thron konnte niemals eine Wallis, geschiedene Simpson, geschiedene Spencer, Platz nehmen. Dagegen sprachen nicht nur Tradition und Sitte – er selbst hatte Wallis einem anderen Mann abspenstig gemacht –, dagegen wandten sich auch vehement die eigene Familie, die Kirche und die Regierung, allen voran Premierminister Stanley Baldwin und fast das gesamte Kabinett. Die englische Bevölkerung, allerdings, die auf Edward große Hoffnungen setzte, teilte sich – so weit sie informiert war – in zwei Lager. Die einen verurteilten die Liaison des Kronprinzen und waren über ihn und sein Liebchen zutiefst empört, die anderen aber fragten sich, warum es eigentlich dem zukünftigen König nicht gestattet sein sollte, die Frau, die er von Herzen liebte und mit der er glücklich werden konnte, zu heiraten.

Wie sollte Edward diese verhängnisvolle Dreierbeziehung, in die er, Wallis und Ernest Simpson geraten waren, ehrenvoll lösen? Lange hatte der Mann von Wallis gute Miene zum lockeren Spiel seiner Frau gemacht, aber allmählich schienen ihn die groß aufgemachten Berichte in der amerikanischen Presse doch zu stören. Auch die Beteuerungen von Wallis ihrer Tante gegenüber, daß »das Leben unverändert friedlich mit Ernest verläuft, trotz HRH auf der Türschwelle«, schienen nur noch eine Beschwörung zu sein. Aber je düsterer die Aussichten schienen, desto leidenschaftlicher wurde die Liebe des Prinzen zu Mrs. Simpson. Sie hatten einen gemeinsamen Skiurlaub und ein paar wunderbare Tage in Wien miteinander verbracht – ohne Tante Bessie und selbstverständlich ohne Ernest –, und da man das Osterfest nicht miteinander verbringen konnte, schrieb Edward aus Cornwall an Wallis einen seiner ersten Liebesbriefe:

»Meine (zweimal unterstrichen) Eanum (dreimal unterstrichen) Wallis,

Dies ist nicht die Art Osterfest, das WE sich wünschen, aber nächstes Jahr wird es anders sein… Ich liebe Dich jede Minute mehr & mehr & mehr & Du fehlst mir so (dreimal unterstrichen) schrecklich hier. Ich fehle Dir auch, nicht wahr, mein Herz. Gott segne WE. Immer Dein (zweimal unterstrichen) David.«

In allen Briefen der nächsten Jahre taucht das seltsame Wort »Eanum« auf, das die beiden wie einen Geheimcode für sich geschaffen hatten und das beide genauso wie die beiden Buchstaben »WE« für sich benutzten. Dabei bedeutete »eanum« soviel wie »winzig, schwach, rührend oder ergreifend« und WE natürlich »Wallis und Edward«.

Wallis erkannte in den nächsten Monaten klar, daß es für sie kein Zurück mehr gab. Sie hatte eigentlich fast alles erreicht, was sie wollte: der britische Thronfolger war ihr mit Haut und Haaren verfallen. Und doch stiegen in ihr von Zeit zu Zeit Zweifel auf, ob sie den richtigen Weg eingeschlagen hatte. Allmählich nämlich verlangte Ernest, der gutmütige, so lange widerspruchslose Kavalier, doch eine Klärung der seltsamen Situation. Erst jetzt begann sich Wallis ernstlich klar darüber zu werden, in welche Lage sie sich durch ihr Verhalten gebracht hatte. Sie, die bis jetzt willensstark und unbeirrt ihr Ziel verfolgt hatte, begann zu schwanken. Ihr Brief an Edward im April oder Mai 1935 brachte diese Überlegungen zum Ausdruck:

»David, Liebster, ich war und bin noch immer schrecklich aufgeregt. Versteh doch, mein Lieber, man kann nicht durchs Leben gehen und dabei anderen Leuten auf die Füße treten. Ich weiß, daß Du zutiefst in Deinem Herzen nicht *wirklich* egoistisch oder gedankenlos bist, aber in Deinem Leben hat sich alles immer nur um Dich gedreht, also denkst Du natürlich nur an Deine Wünsche und nimmst Dir, was Dir gefällt, ohne dabei einen Gedanken an andere zu verschwenden. Man kann dasselbe Ergebnis auch auf etwas freundlichere Art erreichen. Gestern abend hatte ich eine lange, ruhige Aussprache mit E, und am Ende fühlte ich mich sehr eanum. Alles, was er sagte, ist so wahr. Der Abend war problematisch, weil Du viel zu lange geblieben bist. Ist Deine Liebe zu mir denn nicht so groß, daß Du mir die Dinge etwas leichter machen möchtest? Die wunderschönen Dinge, die Du mir sagst, sind nicht sehr viel wert, wenn sie nicht durch entsprechende Taten bekräftigt werden... Manchmal denke ich, Du bist, was die Liebe angeht, nicht ewachsen geworden, und vielleicht ist es nur eine knabenhafte Leidenschaft, denn es fehlt ihr sicherlich die Rücksichtnahme auf mich, wozu die Liebe eines Mannes aber fähig ist... Dein Benehmen gestern abend ließ mich erkennen, wie einsam ich eines Tages sein werde – und weil ich Dich liebe, habe ich anscheinend nicht die Kraft, mich vor Deiner Jugendlichkeit zu schützen... Gott segne WE, und sei die kommenden Jahre gut zu mir, denn ich habe etwas wirklich Edles verloren wegen eines Jungen, der vielleicht immer Peter Pan bleiben wird.«

Dieser Brief, der für Edward Zuckerbrot und Peitsche wohldosiert enthielt, fachte die Glut des Prinzen aufs neue an. Jetzt war es für ihn endgültig klar, daß sich Wallis scheiden lassen mußte. Er,

»ihr Junge«, wie er sich oft in seinen glühenden Briefen bezeichnete, brauchte sie wie die Luft zum Atmen. Nicht ein Mann von über vierzig Jahren warb hier um eine kaum jüngere, erfahrene Frau: Edward verfiel in die Rolle eines bis über beide Ohren verliebten Jünglings. Alles andere, das bis dahin für ihn Bedeutung gehabt hatte, schien unwichtig geworden zu sein. Sein ganzes Leben, jeder Tag, jede Stunde waren ausgefüllt von dem Gedanken an Wallis. Am Dienstag, dem 23. Juli 1935, schrieb er ihr um ein Uhr nachts:

»Wallis – ein Junge hält sein Mädchen heute nacht so fest in seinen Armen. Er wird sie morgen noch mehr vermissen, weil er dann einige Stunden länger von ihr fort sein wird und sie nicht vor Mittwochabend sehen kann. Ein Mädchen weiß, daß niemand und nichts WE trennen kann – nicht einmal die Sterne – und daß WE einander für immer gehören. WE lieben (zweimal unterstrichen) einander mehr als das Leben, also segne Gott WE. Dein (zweimal unterstrichen) David.«

So glühende Briefe der Thronfolger auch an seine angebetete Wallis sandte, so kühl wirkten ihre kurzen Schreiben:

»Ich finde, es wäre sehr nett, die (Winston) Churchill-Drinks auf der Veranda vor dem Salon einzunehmen. Ich finde auch, daß Du ein sehr netter Junge bist.«

Der Sommer 1935 war heiß und abwechslungsreich für Wallis und Edward. Man verbrachte Wochen des Nichtstuns an der französischen Riviera, dann segelte man auf einer luxuriösen Yacht nach Korsika, um von dort über Budapest, Wien und Paris nach London zurückzukehren. Wallis genoß jeden Tag in vollen Zügen, den Reichtum, den Luxus, die Aufmerksamkeiten ihrer Umgebung, die Reisen, die teuren Kleider, die sie sich durch Edwards Unterstützung in den besten Modehäusern von Paris kaufen konnte, wo man sie wie eine Königin hofierte. Und Wallis sah jetzt klar, daß sie nie mehr dorthin zurückkehren wollte, wo sie ihren eigentlichen Platz hatte. Ihre Ehe mit Ernest war endgültig zu Ende, die von finanziellen Sorgen belastete Atmosphäre im Haus Bryanston Court war für sie unerträglich geworden.

Mit Festen und Vergnügungen ging das Jahr 1935 zu Ende. Als der Januar des neuen Jahres heraufzog, ahnte mancher, daß in absehbarer Zeit große Entscheidungen in der Königsfamilie fallen würden, denn der Gesundheitszustand Georg V. wurde von Tag zu Tag beunruhigender. Am 20. Januar 1936 schloß der Vater Edwards auf Schloß Sandringham im Kreise seiner Familie für immer die Augen.

Der einstige Liebling des Volkes war König geworden, und man sah erwartungsvoll auf den neuen Monarchen. Doch dieser neue Herrscher hatte keine Augen mehr für die Sorgen und Nöte der Bevölkerung; wer konnte ahnen, daß sich seine Gedanken nicht mit den Problemen Großbritanniens beschäftigten, sondern daß all sein Denken und Trachten darum ging, Wallis Simpson um sich zu haben, ihre Nähe zu spüren, ihre Stimme zu hören, ihre Zärtlichkeiten zu fühlen und eine Möglichkeit zu finden, sie zu heiraten? Mit Argusaugen betrachteten die englischen Politiker, aber auch die Mitglieder des Königshauses und die Vertreter der anglikanischen Kirche Wallis Simpson auf Schritt und Tritt. Bisher war man ihr gegenüber eher zurückhaltend gewesen, jetzt aber wurde sie zum Feindbild für Staat und Familie. Nur wenige Politiker brachten es übers Herz, ihr gegenüber halbwegs objektiv zu bleiben. So äußerte sich der Unterhausabgeordnete Harold Nicolson über Wallis, die er in Begleitung des Prinzen im Theater erblickt hatte, er habe sie »juwelenbehängt, mit gezupften Brauen, klug und zurückhaltend« gefunden, »spürbar entschlossen, ihm zu helfen«.

Zuerst traten die Vertreter der Kirche zum Kampf gegen die Unmoral des Königs auf den Plan, und sie verstanden es meisterlich, das Ansehen Edwards subtil zu untergraben. Bei den sonntäglichen Gottesdiensten wurden von den Kanzeln versteckte, flüchtige Andeutungen gemacht, ein zweideutiges Gerücht blieb im Raum hängen und verunsicherte die königstreuen Gläubigen. Der Erzbischof von Canterbury, Dr. Lang, der kompromißlose, mächtigste Kirchenmann Großbritanniens, ein persönlicher Freund König Georgs V. hatte niemals versucht, die Sympathie Edwards zu erringen. Sein Standpunkt war dem König längst bekannt. Er wußte, daß Dr. Lang, ein Mann mit einer ungewöhnlichen Vergangenheit – der ehemalige Schauspieler war erst auf Umwegen in den Schoß der Kirche zurückgekehrt –, ihn niemals als Ehemann einer Wallis Simpson zum König krönen würde. Mit Schrecken mußte Edward erkennen, daß die Phalanx gegen ihn immer dichter und geschlossener wurde. Auch die ablehnende Haltung des Premierministers verstärkte sich. Edward konnte in diesem zähen Ringen um die Behauptung der öffentlichen und privaten Interessen niemals den Sieg davontragen, beschränkte sich doch seine Macht auf unwesentliche Dinge, während Baldwin hinter sich das britische

Kabinett wußte. Nur der eine oder andere persönliche Freund des Königs, wie der spätere Kriegsminister Duff Cooper, wagte in den entscheidenden Abstimmungen ein vorsichtiges Wort der Verteidigung für die Interessen des Königs.

Im Herbst 1936 spitzte sich die Lage verhängnisvoll zu, als bekannt wurde, daß der lang erwartete Scheidungsprozeß von Wallis Simpson in Ipswich stattfinden sollte. Obwohl man die Sache so geheim wie möglich abhandeln wollte, hatte die Presse von der Sensation, die sich anbahnte, Wind bekommen. In den ausländischen Journalen las man in großer Aufmachung alles über die Ursachen und Gründe des Scheiterns dieser Ehe. Zur allgemeinen Überraschung wurde Mr. Ernest Simpson für schuldig befunden, seine Frau Wallis mit deren Freundin Mary Raffray, die unter dem Pseudonym Buttercup Kennedy aufschien, im Hotel de Paris in Bray betrogen zu haben. Der Staatsanwalt machte mit griesgrämigem Gesicht gute Miene zum abgekarteten Spiel und billigte der »verlassenen Ehefrau« die Scheidung zu. Ernest mußte zusätzlich noch die Gerichtskosten übernehmen, und Wallis wurde auferlegt, ein halbes Jahr keinerlei nähere Kontakte zu Männern zu pflegen. Der Prozeß mit dem überraschenden Urteil hatte die Gemüter aufgewühlt, und auch die britische Presse war nun nicht mehr gewillt, sich weiterhin in Schweigen zu hüllen. Wie auf Kommando informierten die Zeitungen in dicken Schlagzeilen die Briten bis ins kleinste Detail über den König und seine Mätresse. Die Situation für Edward VIII. war unhaltbar geworden. Es gab für ihn nur zwei Möglichkeiten: entweder er trennte sich, so rasch es ging, von Wallis, oder er gab seinen Rücktritt bekannt. Aber es schien noch eine letzte Hoffnung zu geben, die ein guter Freund Edwards, Esmond Harmsworth, der Sohn des Zeitungskönigs Lord Rothermere, plötzlich dem König unterbreitete: eine morganatische Ehe. Wallis würde nach diesem in England unüblichen Heiratsgesetz nie zur Königin von England gekrönt werden; sie würde lediglich den Titel einer Herzogin oder Gräfin führen, Kinder aus dieser Verbindung könnten niemals erbberechtigt sein. In der europäischen Geschichte war diese Form der Heirat manchmal praktiziert worden, zum Beispiel bei dem Habsburger Franz Ferdinand und seiner Frau Sophie. Nach anfänglichem Zögern erschien Edward diese Idee seines Freundes wie ein Rettungsanker. Wallis allerdings konnte der Sache nicht viel abgewinnen und bezeichnete diese Art der Eheschließung Harmsworth gegenüber als seltsam und unmenschlich. Ohne daß sie es vielleicht beabsichtigte, hatte sie durch diese Bemerkung ihre geheimen Ambitionen verraten: Sie wollte Königin von England werden und neben, mit oder statt Edward regieren. Sie wollte ihn lenken und leiten, wie sie wollte. Aber sie spürte auch, daß Edward dem Premierminister gegenüber auf verlorenem Posten stand, daß Baldwin hart wie Granit war. Der Premier und die Regierung stellten den König vor die endgültige Wahl: Krone oder Wallis Simpson!

Das letzte Ringen um den englischen Königsthron dauerte nur ein paar Wochen. Edward trug Baldwin die Idee von der morganatischen Heirat vor und merkte sofort, daß der Vorschlag beim Regierungschef auf keine Gegenliebe stieß. Baldwin gab ihm zu bedenken, daß nicht er über diese Form der Eheschließung des britischen Königs zu entscheiden hätte, sondern daß dafür einzig und allein das Kabinett zuständig sei und daß man auch die Zustimmung der Regierungschefs in den Dominions einholen müßte. Und Stanley Baldwin wußte von vornherein, daß die Premierminister der Dominionstaaten eine morganatische Ehe des Königs ablehnen würden. Am 27. November fiel die Entscheidung im Kabinett: Es würde keine Gesetzesnovelle gegen, es würde daher auch keine morganatische Ehe des Königs geben, und es würde vor allem keine Mrs. Simpson als Ehefrau des Königs von Großbritannien geben!

Damit war das Schicksal König Edwards VIII. entschieden. Als Wallis von der Entscheidung der Regierung erfuhr, erlitt sie beinahe einen Nervenzusammenbruch. Die Ereignisse in den letzten Wochen hatten sie in eine schwere psychische Krise getrieben. Der sogenannte »Mann auf der Straße« war nicht untätig geblieben. Es hagelte Schmähbriefe in ihre neue Wohnung in Cumberland Terrace, man warf ihr die Fensterscheiben ein und schreckte nicht davor zurück, ihr Leben zu bedrohen. Nur im Schutze der Dunkelheit, flankiert von Sicherheitsbeamten, wagte sie sich aus dem Haus, und Edward wußte kaum, wie er sie schützen konnte. Alle, die sie noch vor ein paar Monaten mit Komplimenten und Schmeicheleien überschüttet hatten, kannten sie nicht mehr, ja, man nannte ihren Namen nur mit Indignation und Abscheu. Einer derartigen Person wegen wollte der König sein Land und sein Volk verlassen! Undenkbar. Was hatte diese Mrs. Simpson bloß an sich, daß der König seine gottgegebene Pflicht vergessen konnte und tatsächlich abdanken wollte?

Niemand, der sich über die Motive Edwards den Kopf zerbrach, konnte die Stärke fühlen, die von Wallis ausging. Sie war die dominierende Frau, die ein »Junge« wie Edward/David brauchte. Ohne sie war er entscheidungslos, ließ sich treiben und hatte keinen festen Anker. Sie gab ihm den Halt im Leben, den er dringend benötigte, sie war seine Mädchen, seine Beraterin, seine Unterhalterin, seine Geliebte, seine Mutter.

Er unternahm einen letzten, verzweifelten Versuch, eine legale Heirat mit Wallis in England zu erreichen. Durch eine Rundfunkrede wollte er das Volk über seine Absichten informieren und dann dessen Meinung hören und akzeptieren. Aber auch zu dieser Information der Öffentlichkeit wäre eine Zustimmung der Minister notwendig gewesen, und daran scheiterte der Versuch.

Wallis hatte indes bei Nacht und Nebel London verlassen. Sie war mit einem guten Freund Edwards, Perry Brownlow, und Inspektor Evans von Scotland Yard regelrecht aus England geflohen. Viel zu spät hatte sie eine Erklärung abgegeben, daß sie auf den König verzichten und eventuell die Scheidung rückgängig machen wolle, um zu ihrem Mann Ernest zurückzukehren. Die Affäre hatte sich längst selbständig gemacht und war durch persönliche Initiativen nicht mehr zu bremsen. Außerdem hätte Edward ihre Absichten, wenn sie auch ehrlich gemeint gewesen wären, niemals akzeptiert, im Gegenteil: Je mehr sich Wallis als Märtyrerin präsentierte, desto deutlicher zeigte er der Welt seine Liebe zu ihr. Obwohl Wallis nicht mehr in Edwards Nähe war, versuchte sie ihn in all seinen Handlungen zu beeinflussen. So riet sie ihm dringend, noch nicht abzudanken, sondern die Sache hinauszuzögern; vielleicht beruhigte sich die Angelegenheit nach dem ersten heftigen Sturm der Entrüstung, um schließlich im Sand zu verlaufen. Dann hätte Edward, nach erfolgter Krönung zum König von England, sie in aller Stille heiraten können. Edward war oft und gern ganz Ohr, wenn Wallis ihm ihre Ratschläge erteilte, aber in diesem Punkt war er ein »honourable man«, der sich nicht entschließen konnte, mit einer vorsätzlichen Lüge auf den Lippen den Eid als König zu leisten. Dies wäre gegen jede Ehre und jeden Anstand gewesen.

Die Flucht von Wallis hatte sich wenige Stunden nach ihrer Abreise aus London sofort wie ein Lauffeuer herumgesprochen. Kaum hatte Mrs. Simpson französischen Boden betreten, als ein Heer von Reportern sie zu verfolgen begann. Geduckt, auf dem Boden des Autos kauernd, versuchte sie den Photographen aus aller Herren Länder zu entgehen. In einem Hotel in Mittelfrankreich kletterte sie mitten in der Nacht aus dem Küchenfenster, um den sensationslüsternen Presseleuten zu entkommen, die ihr in der Hotelhalle auflauerten. Die bevorstehende Abdankung eines regierenden britischen Königs einer zweifach geschiedenen Frau wegen hatte ungeheures Aufsehen in Europa und den USA erregt. Nach einer tagelangen Irrfahrt kreuz und quer durch Frankreich gelangte sie schließlich nach Cannes, wo ihr ein befreundetes Ehepaar Unterkunft und Sicherheit angeboten hatte.

Am 10. Dezember 1936 teilte Premierminister Stanley Baldwin die Abdankung König Edwards VIII. offiziell der Regierung mit. Jetzt blieb Edward nur noch eines: sich in entsprechender Weise von seinen Untertanen zu verabschieden.

Als Wallis in Cannes das Radio aufdrehte, hörte sie die ihr so wohlvertraute Stimme:

»Es hat lange gedauert, bis ich nunmehr einige wenige Worte von mir aus sprechen kann.

Ich habe nie irgend etwas verbergen wollen, aber bis jetzt war es mir nach dem Verfassungsrecht unmöglich zu sprechen.

Vor wenigen Stunden habe ich meine letzte Regierungshandlung als König und Kaiser vollzogen, und jetzt, da mein Bruder, der Herzog von York, mir nachgefolgt ist, muß ich als erstes ihm meine loyale Ergebenheit erklären. Das tue ich aus ganzem Herzen.

Ihr alle kennt die Gründe, die mich gezwungen haben, auf den Thron zu verzichten. Aber ich möchte euch begreiflich machen, daß ich bei meinem Entschluß weder das Land noch das Reich vergessen habe, dem ich als Prinz von Wales und dann als König fünfundzwanzig Jahre lang zu dienen versuchte. Aber glaubt mir, wenn ich euch sage, daß es mir unmöglich war, die schwere Bürde der Verantwortung auf mich zu nehmen und meine Pflichten als König, so wie ich wollte, zu erfüllen, ohne die Hilfe und die Unterstützung der Frau, die ich liebe. Und ihr sollt auch wissen, daß die von mir getroffene Entscheidung ganz allein von mir abhing. Diese Angelegenheit konnte nur ich für mich entscheiden. Die andere Person, die am nächsten betroffen ist, hat bis zum Äußersten versucht, mich zu einem anderen Weg zu überreden. Ich habe diese ernsteste Entscheidung meines Lebens nur unter dem einzigen Gesichtspunkt getroffen, was schließlich für alle das Beste sei.

Es hat meinen Entschluß wesentlich erleichtert, sicher zu wissen, daß mein Bruder mit seiner langen Übung in öffentlichen Angelegenheiten des Landes und mit seinen hervorragenden Eigenschaften imstande sein wird, meine Aufgabe ohne Unterbrechung und ohne Nachteil für Leben und Gedeihen des Reiches fortzuführen. Und auf ihm ruht ein Segen ohnegleichen, dessen sich so viele von euch erfreuen können, und der mir nicht zuteil geworden ist – ein glückliches Heim mit Weib und Kindern.

In diesen schweren Tagen fand ich Trost bei meiner Mutter und meiner Familie.

Die Minister der Krone und insbesondere Mr. Baldwin, der Premierminister, haben mir immer ihre volle Achtung entgegengebracht. Es hat nie einen konstitutionellen Streit zwischen mir und ihnen und zwischen mir und dem Parlament gegeben. Da ich von meinem Vater in der konstitutionellen Überlieferung erzogen bin, hätte ich niemals zugelassen, daß sich ein solcher Streitfall erhöbe. Seit ich Prinz von Wales war und später, als ich den Thron innehatte, haben mir alle Schichten des Volkes, wo immer ich mich aufhielt oder auf Reisen im Empire war, größte Zuneigung bewiesen. Dafür bin ich tief dankbar.

Ich ziehe mich jetzt völlig von den öffentlichen Dingen zurück und lege meine Bürde nieder. Es mag eine Weile vergehen, ehe ich wieder in mein Heimatland zurückkehre, aber ich werde immer das Glück des britischen Volkes und Reiches mit tiefer Anteilnahme verfolgen, und wenn ich vielleicht künftig irgendwann in persönlicher Mission Seiner Majestät dienlich sein kann, wird es an mir nicht fehlen. Und jetzt haben wir alle einen neuen König.

Ich wünsche Ihm und euch, Seinem Volk, aus ganzem Herzen Glück und Gedeihen.

Gott segne euch alle.

Gott segne den König.«

Es war alles gesagt worden, was zu sagen war, und getan worden, was zu tun war. Edward blieb nur noch, von seiner Familie Abschied zu nehmen und zu gehen. Es war ihm längst klar geworden, daß er für eine geraume Zeit englischen Boden nicht mehr betreten sollte. Er wollte seinem Bruder Bertie, einem eher zurückhaltenden, schüchternen, sprachlich leicht behinderten Mann, der jetzt als George VI. König geworden war, das Leben nicht schwer machen. Die Brüder hatten sich immer sehr gut miteinander verstanden, und Edward liebte die kleinen Töchter des neuen Königs, Elizabeth und Margaret Rose, wie seine eigenen Kinder. Mit den beiden Mädchen war auf jeden Fall die Thronfolge für das Haus Windsor auch in Zukunft abgesichert.

Es war eine kalte, klare Winternacht, als der ehemalige König von England am 12. Dezember 1936, mit seinem Hund Slipper unter dem Arm, als Privatmann das Deck des Zerstörers »Fury« in Portsmouth betrat. Von tausend Gedanken gequält, stand Edward sinnend an Deck. In seinen Memoiren beschrieb er diese Fahrt in eine ungewisse Zukunft:

»Ich beobachtete, wie die englische Küste zurückwich, und war sehr bewegt. Es war schwer gewesen, den Thron aufzugeben; noch schwerer war es, Großbritannien aufzugeben. Ich wußte jetzt, daß ich unwiderruflich auf mich selbst gestellt war. Die Zugbrücken gingen hinter mir hoch. Aber eines war mir gewiß: was mich betraf, so hatte die Liebe über die Forderungen der Politik gesiegt.«

Wie gerne wäre Edward/David jetzt in die Arme von Wallis geeilt, wie gut hätte ihm ihr Trost getan, wie sehr sehnte er sich nach ihr, um sich an ihr anlehnen zu können! Aber sie mußten in den nächsten Monaten getrennt von Tisch und vor allem von Bett sein, um nicht das Scheidungsurteil Mrs. Simpsons zu gefährden. Noch in London hatten sie daher besprochen, daß Wallis diese Zeit in Cannes verbringen und Edward das Angebot des Barons Eugène de Rothschild und seiner amerikanischen Frau Kitty annehmen sollte, auf Schloß Enzesfeld südlich von Wien Zuflucht zu nehmen. Die Rothschilds waren nicht nur reiche, sondern auch äußerst großzügige Menschen, die das Schloß für den abgedankten König hatten renovieren lassen, um ihm ein würdiges Ambiente zur Verfügung zu stellen. Zahlreiche Diener und erfahrenes Hauspersonal waren angeheuert worden, die dem hohen Gast jeden Wunsch von den Augen ablesen sollten. Die charmante Hausfrau kümmerte sich äußerst besorgt um Edward und fiel dadurch dem exaltierten ehemaligen Monarchen schon sehr bald auf die überstrapazierten Nerven.

Edward war ein unangenehmer Gast. Er nahm rücksichtslos alle Vergünstigungen, alles, was man für ihn arrangierte, in Anspruch, mit einer blasierten Überheblichkeit, die selbst die großzügigen Rothschilds empörte. Niemals dachte er daran, ein Wort des Lobes oder des Dankes auszusprechen; es schien für die Gastgeber eine Gnade zu sein, ihn bedienen zu dürfen. Edward nützte die Gutmütigkeit der Rothschilds bis zur Unverschämtheit aus. Horrende Telephonrechnungen fielen in den Wochen an, die Edward in

Enzesfeld verbrachte, da er mehrmals täglich mit Wallis in Cannes telephonierte. In seiner Sehnsucht und Abhängigkeit von der Geliebten steigerte er sich in eine hysterische Verfassung hinein, die sich in seinen zahllosen Briefen deutlich ausdrückte. So schrieb er am 22. Dezember 1936:

»Mein einziger Liebling, ich weiß einfach nicht, wie ich anfangen soll, denn ich habe Dir so vieles zu berichten, was doch nur mündlich und mit vielen ›oohs‹ gesagt werden kann. Oh! Mein Herz, der Gedanke an die bevorstehenden vier Monate Trennung quält mich, und ich darf einfach nicht daran denken. Ich zwinge mich, so zu tun, als sei ich nur fort von Dir, weil ich in diesem Land einen Job zu erledigen habe und Du aus geschäftlichen Gründen nicht herkommen kannst! Andernfalls hätte ich schon den Verstand verloren, obwohl ich erst seit zehn Tagen hier bin – zehn Tage, die sehr langsam und mit äußerst monotoner Präzision verstrichen sind… Oh! Mein Liebstes, ich lebe nur für den 27. April (wer weiß, vielleicht dauert es auch nicht gar so lange) und im Augenblick lebe ich nur für unsere abendlichen Telephonate… Oh! Wallis, warum müssen wir so lange warten? Es ist so grausam. Aber ich darf so etwas jetzt nicht sagen, denn wir haben füreinander und für unser vollkommenes Glück so vieles ertragen, daß wir diese letzte, wenn auch schwerste und langwierigste Probe ebenso tapfer bestehen werden, wie wir der Welt in den letzten Monaten entgegengetreten sind. Es ist alles so herrlich, Wallis, und so kostbar und süß und heilig, und zum allererstenmal in meinem Leben bin ich wirklich glücklich… Ich liebe Dich, liebe Dich, Wallis, mehr und mehr und mehr und halte Dich ganz fest. Dein David.«

Die Stimmungen Edwards wechselten von Stunde zu Stunde; wie ein pubertierender Jüngling konnte er die Welt umarmen, um im nächsten Augenblick in tiefe Schwermut zu versinken. Dazu kam die tödliche Langeweile, die ihn Tag für Tag mehr belastete. Hatte er anfangs gehofft, in der britischen Botschaft in Wien ein- und ausgehen zu können, um mit dem Botschafter politische Fragen zu diskutieren, so mußte er bald erkennen, daß der Rat und die Meinung eines abgedankten englischen Königs nicht gefragt waren. Und dort, wo er gerne gesehen gewesen wäre, verärgerte er durch sein arrogantes Auftreten all diejenigen, die sich gerne mit einem ehemaligen Monarchen gezeigt hätten. Auch die Wiener Gesellschaft zog sich bald zurück. Überall, wo Edward auftauchte, zeigte man verschlossene Gesichter und reservierte Mienen. In den exquistiten Herrengeschäften am Graben oder an der Kärntner Straße hatte man Edward anfangs in der Hoffnung auf entsprechende Geschäfte untertänigst hofiert. Allzu bald aber mußte man erkennen, daß der ehemalige König sich aus purer Langeweile stundenlang ganze Kollektionen von Hemden, Krawatten und Hüten vorlegen ließ, um am Ende gar nichts zu kaufen. Ohne ein Wort des Dankes für die geduldige Mühe, die sich die Verkäufer mit ihm gegeben hatten, und beinahe grußlos verließ er die Geschäfte. Edward führte das Leben eines übersättigten, überreizten Nichtstuers, der sich die öde Langeweile dadurch zu vertreiben suchte, daß er sich tagtäglich von einem Chauffeur ins Hotel Bristol in die Wiener Innenstadt fahren ließ, um sich dort von einem Friseur rasieren und frisieren zu lassen. Als Edward hörte, daß man für diese Prozedur auch ein Zimmer für ein paar Stunden im Hotel mieten konnte, beschloß er dies zu tun – natürlich auf Kosten seiner Gastgeber. Edward bezahlte auch den Friseur nicht sofort, sondern ließ alles anschreiben. Als er dann vor der Abreise die Rechnung in Händen hatte und sah, daß der Friseur die Taxe für die Zimmerbedienung dazugeschlagen hatte, so wie es in Wien üblich war, war seine Empörung grenzenlos.

Vielleicht könnte man als Entschuldigung anführen, daß der ehemalige König von England es nicht gewohnt war, Geld in der Tasche zu haben. All seine Ausgaben wurden notiert und die Rechnungen dann an die zuständigen Behörden geschickt. Auch wenn Edward privat, in kleinem Kreis oder nur zu zweit mit Wallis einen Abend im Restaurant verbracht hatte, zahlte er nie und konnte auch dem Personal kein Trinkgeld geben. Wallis hatte zu diesem Zweck stets Kleingeld eingesteckt, aber mit der Zeit konnte sie sich die vielen Trinkgelder, die natürlich höher sein mußten als bei normalen Gästen, nicht mehr leisten, und Edward war baß erstaunt, als sie das Thema zur Sprache brachte.

Bei der Abdankung König Edwards VIII. war im britischen Parlament nicht über seine finanzielle Absicherung diskutiert worden; trotzdem war Edward auch als Privatmann ein reicher Mann. Er hatte von seiner Urgroßmutter Victoria die stattliche Summe von mindestens zwei Millionen Dollar geerbt; nach anderen Berichten sollen es sogar vier Millionen gewesen sein. Dazu kamen Erbschaften von seinen Großeltern und später von seiner Mutter, deren Höhe nicht öffentlich bekanntgegeben wurde. Natürlich beschäftigten sich die britischen Zeitungen ausführlich mit der finanziellen Situation des ehemaligen Königs, dem nach seiner Abdankung der Titel eines Herzogs von Windsor zugesprochen wurde. So berichtete die »Times« am 20. Dezember über harte Auseinandersetzungen zwischen Premierminister Baldwin und Edward über die Höhe der Zuschüsse, die die britische Regierung sanktionieren sollte:

»Die Wut des Souveräns, der so oft seine Meinung wechselte, steigerte sich zu Flüchen und entlud sich in Ausdrücken von erschreckender Männlichkeit und im Herumwerfen von Büchern... Einmal nahm seine Majestät das Angebot abzudanken zurück, als er erfuhr, daß er die 500.000 Pfund jährlichen Einkünfte aus dem Herzogtum Cornwall nicht für Lebenszeit bekommen würde. Am Abend bedauerte er es, daß er am Tage vorher abgedankt hatte.«

Aber trotz der harten Haltung der Regierung wurden der ehemalige König und seine Frau von der Familie recht gut versorgt. Aus dem Privatfonds erhielten sie zur Hochzeit eine Art Abfindung von 500.000 Dollar und außerdem noch – jeder für sich – ein garantiertes jährliches Einkommen von 100.000 Dollar zugesichert. Freilich war dies für die Herzogin von Windsor gerade so viel, wie sie allein für ihre Kleider Jahr für Jahr ausgab, nicht eingerechnet die Dessous, Pelze, Schuhe, Handschuhe und Hüte, von denen sie einmal auf einen Schlag 45 Stück bestellte. Aber Wallis konnte der Zukunft an der Seite ihres David beruhigt entgegensehen, denn die Überlassung der beiden Schlösser von Sandringham und Balmoral an König George VI. brachte allein 900.000 Pfund ein, obwohl der Herzog noch jährlich 25.000 Pfund zusätzlich an Zinsen erhielt. Und so ließen sich die Einnahmequellen, aus denen Edward und Wallis ein Leben lang schöpfen konnten, weiter ausführen. In Österreich allerdings gab Edward kein Geld aus, und auch später drehte er jeden Dollar einzeln um.

Um sich die Wartezeit zu verkürzen, besuchte der ehemalige König von England regelmäßig das Dianabad am Wiener Donaukanal, und um sich fit zu erhalten, spielte er, wenn es das Wetter irgendwie zuließ, Golf. Nicht viele im Österreich der dreißiger Jahre konnten es sich leisten, diesem Sport der Reichen und Superreichen nachzugehen; für die meisten war der Kampf ums nackte Überleben ausreichend Zeitvertreib. Edward jedoch wußte vor lauter Langeweile nicht, wie er die Stunden und Tage totschlagen sollte, er vertrödelte die Zeit mit größtenteils sinnlosen Beschäftigungen. So ließ er es sich nicht nehmen, das Entlausen seiner

Hunde selbst zu beaufsichtigen und verbrachte einen guten Teil des Tages damit, die Flaschen im hervorragend sortierten Weinkeller von Schloß Enzesfeld zu zählen. Die Zeit stand für Edward still, die Tage schlichen dahin und ließen ihn immer lethargischer werden.

Auch Wallis war in Cannes unglücklich. Anonyme Briefe mit wüsten Beschimpfungen beunruhigten sie, tägliche Drohanrufe und Mordankündigungen ließen sie erzittern. Die Wut der englischen Bevölkerung schreckte vor nichts zurück: In London hatte es sich eine Frauenorganisation zum Ziel gesetzt, die ehebrecherische Mätresse zu töten; man wollte einen bezahlten Killer anheuern. Von Angst und Schrecken verfolgt, konnte Wallis so manche Nacht kein Auge zutun. Ihre Nerven waren zerrüttet, sie wurde von Weinkrämpfen geschüttelt. Dazu kam noch, daß die feine britische Gesellschaft, die sich wie jedes Jahr an der Riviera ein Stelldichein gab, Wallis wie eine Aussätzige mied. Sie, die immer der Mittelpunkt der elegantesten Parties gewesen war, fühlte sich wie eine Einsiedlerin. Nur Edward konnte sie aus ihrem tristen Dasein erlösen. Nun merkte sie, daß sie ohne ihn nichts war, aber gleichzeitig entnahm sie aus seinen weinerlichen Briefen, daß er, der schwache, kraftlose David, der er nun einmal war, sie mit jeder Faser seines Wesens brauchte, um durch ihre Kraft wieder aufgerichtet zu werden. Ihre Macht über ihn wuchs mit jedem Tag des Fernseins.

In den tristen Wochen an der Riviera begann sich Wallis allmählich mit Überlegungen für die bevorstehende Hochzeit zu beschäftigen. Es war nicht leicht, aus der Zahl der verbliebenen Freunde diejenigen auszuwählen, die man einladen wollte, ohne die anderen zu brüskieren oder zu beleidigen. In erster Linie dachte Wallis natürlich an die königliche Verwandtschaft in London und forderte ihren fernen Bräutigam immer wieder dazu auf, am Königshof anzufragen, ob eine Chance bestünde, daß Vertreter der Königsfamilie zur Hochzeit kommen würden. Wahrscheinlich ahnte Edward, der seine Familie nur zu gut kannte, von vornherein die abschlägige Antwort, die dann auch wirklich gegeben wurde: Natürlich würde kein einziger »Royal« bei diesem Ereignis anwesend sein!

Nicht nur dieser Schlag saß; ein weiterer, noch schmerzlicherer sollte in Kürze folgen. Die britische Regierung und der König teilten dem Herzog von Windsor mit, daß er in Hinkunft auf die

Dienste des Hofes, auch auf die seines ehemaligen Sekretärs, verzichten müsse und daß sein Name ab sofort nicht mehr auf der neuen Zivilliste aufscheine. Damit war auch sein jährliches Salär ein für allemal gestrichen. Ferner erhielt er die Mitteilung, daß seine künftige Frau auf keinen Fall irgendeinen königlichen Rang erhalten werde und daß es ihm und seiner Gemahlin bis auf weiteres untersagt sei, englischen Boden zu betreten. Wer immer hinter diesen Verfügungen stand, er hatte ganze Arbeit geleistet. Edward konnte sich in seinem ersten Zorn kaum fassen; er wollte nicht glauben, daß sein Bruder Bertie, mit dem er sich immer sehr gut verstanden hatte, solche Anordnungen getroffen hatte.

Auch Wallis fand diese Verfügungen empörend. Aber sie erging sich nicht nur in Gejammer, sie war gewillt, zu handeln. Und da sie ihren David kannte, versuchte sie alles, um ihn von Cannes aus dazu aufzustacheln, sich seiner Haut und seiner Reputation zu wehren. Ein Brief, den sie am letzten Märztag des Jahres 1937 an ihren fernen Bräutigam schrieb, gibt beredtes Zeugnis davon, wie sie Edward zum Widerstand aufrufen wollte:

»Mein Liebling, ich habe den ganzen Vormittag über Deinen niederträchtigen Bruder nachgedacht. Ich finde, Du solltest ihm schreiben, daß Dir – wenn er Dich weiterhin wie einen Verstoßenen behandelt, der etwas Ehrenrühriges getan hat, und sich nach dem Rat von Leuten richtet, die Dich hassen (ich meine den Rat, nichts für Dich zu tun, sondern Dich zu demütigen) – nur ein Ausweg bleibt, nämlich die Welt genauestens darüber zu informieren, wie Dich die Leute (Familie) behandeln, die Dir ihre gegenwärtige Stellung verdanken. Schreib ihm, Du bist es leid, alle Schläge einzustecken und die unfairen Presseberichte hinzunehmen. Du hast ein großes Opfer gebracht, und Du bereust es nicht, aber Du hättest nicht erwartet, daß Dein Bruder Deinen Platz einnehmen und Dich einfach vergessen würde – und Dir nicht einmal die geringste Hilfe beim Aufbau eines neuen Lebens geben würde. Sein Benehmen sei in höchstem Maße verletzend, und du hättest das Gefühl, Du müßtest Maßnahmen ergreifen, um Dich zu schützen. Dann kannst Du einfließen lassen, daß Du niemanden hast, der in England Deine Interessen wahrnimmt, z. B. das Herzogtum etc., ferner eine Reihe von Beleidigungen etc. anführen, die Du hingenommen hast, ohne den Versuch, Dich zu wehren. Dann stell ihm eine Art Ultimatum – und seine Reaktion darauf würde Deine künftige Handlungsweise bestimmen etc. Gib Dir keine Blöße, sei nicht grob, sei stark, und mach, daß er sich schämt – falls das möglich ist. Ich liebe Dich und möchte so gerne, daß Du hier wärst. Wallis.

4 Monate unwürdige Behandlung – reib ihm das unter die Nase & seine Ratgeber. Du könntest und solltest vielleicht auch hinzufügen, daß die Art, wie Du ihn in sein neues Leben eingeführt hast, von ganz anderem Geist zeugt als der Einstand, den er Dir für Dein neues Leben gibt.«

Aber während Wallis zum Kampf gegen König und Regierung aufrief, saß Edward betrübt in seinem gemieteten Landhaus Appesbach am Wolfgangsee, wo er die letzten Wochen der Trennung verbringen wollte. Wallis hatte ihm nämlich mitgeteilt, daß ihr gemeinsamer Hund Mr. Loo von einer giftigen Schlange gebissen worden war. Der Tod dieses Tieres scheint Edward beinahe mehr erschüttert zu haben als der Verlust des britischen Throns; jedenfalls wirkten seine Zeilen so:

»Oh! Wie unaussprechlich grausam, daß unser kleiner Mr. Loo WE so einfach geraubt werden konnte. Heute morgen wollte mir schier das Herz brechen, mein Liebling, so traurig bin ich, vor allem, weil ich nicht bei Dir sein und Dich ganz fest halten kann, das einzige, was hilft, wenn WE unglücklich sind. Auch ich habe viel geweint, und ich weiß, was für eine furchtbare Nacht Du hinter Dir haben mußt. Ich will nicht weiter darauf eingehen, weil es gar zu traurig ist und zu schmerzlich für meinen einzigen Liebling, aber ich bin sicher, Du möchtest gern, daß Mr. Loo an einem der eanum Wege im Fort begraben wird, die ich für Dich angelegt habe. Wenn Du ihn einbalsamieren und in einen eanum Zinkbehälter betten läßt, werde ich ihn nächste Woche von Dudley Forwood abholen lassen, der mit dem Auto nach England zurückfährt... Dein Junge hält sein Mädchen ganz, ganz fest, mein Herz. Dein trauriger David.«

Für Wallis stand es schon sehr bald fest, daß sie nicht vor der Krönung König Georges am 12. Mai heiraten wollte; die Presse hätte dann wahrscheinlich von ihrer Eheschließung nur wenig Notiz genommen. Aber so klein wollte Wallis nicht beigeben; nicht die Krönung eines unbedeutenden englischen Königs, sondern ihre Hochzeit sollte nach allem, was vorausgegangen war, die Sensation des Jahres sein!

Schon lange hatten Wallis und Edward den Plan verfolgt, in Frankreich zu heiraten. Es mußte nur noch der geeignete Ort in

der richtigen Umgebung gefunden werden. Der Zufall kam Wallis zu Hilfe. Ein wohlhabender französischer Industrieller, Charles Bedaux, der das Schicksal König Edwards VIII. mit aufrichtiger Anteilnahme verfolgt hatte, bot dem Paar seinen hochherrschaftlichen Landsitz Schloß Candé in der Nähe von Tours unentgeltlich an. Schon im März packte Wallis ihre Koffer und übersiedelte in das Schloß. Hier konnte sie in Ruhe alles für die Hochzeit vorbereiten, obzwar noch niemand so genau wußte, wann die Eheschließung nun tatsächlich stattfinden sollte. Denn die obersten Justizbehörden Englands schienen die Absicht zu verfolgen, im letzten Moment den Plänen des Herzogs und seiner Braut einen gewaltigen Strich durch die Rechnung zu machen. Plötzlich wurde in der Öffentlichkeit das Gerücht ausgestreut, daß nicht Ernest die Ehe gebrochen habe, sondern daß Wallis schon lange vorher intime Beziehungen zum britischen Thronfolger unterhalten habe. Außerdem munkelte man schon sehr laut darüber, daß Ernest Simpson von seiner Frau und dem damaligen König für seine Aussagen vor Gericht bezahlt worden sei. Es war eine äußerst gefährliche Situation für den Herzog und seine Braut; allzu leicht hätte es möglich sein können, daß das Verfahren wieder aufgerollt worden wäre und alles von vorne begonnen hätte. Aber schließlich gab der Staatsanwalt nach, und am 3. Mai erhielt Wallis den erlösenden Anruf aus London, daß die Scheidung endgültig rechtskräftig sei. Der Tag der Hochzeit, der 3. Juni des Jahres 1937, war ein strahlend schöner, warmer Frühsommertag. Es war kein glanzvolles Fest, das in Schloß Candé in eher kleinem Rahmen stattfand. Der dreiundvierzigjährige »Junge« schwor seinem zwei Jahre jüngeren »Mädchen« ewige Treue, und Wallis bemühte sich redlich, ihr Versprechen glaubwürdig klingen zu lassen, ihn zu lieben und zu achten, bis daß der Tod sie scheiden würde. Für Edward war der Traum seines Lebens, für dessen Erfüllung er Thron, Familie und Heimat geopfert hatte, Wirklichkeit geworden.
Die erste Zeit ihrer Ehe verbrachten die Windsors auf Schloß Wasserleonburg in Kärnten; David hatte das Schloß schon von Enzesfeld aus gemietet. Dann zog es beide wieder an die Riviera, wo die internationale Gesellschaft vergaß, wie schlecht man noch vor kurzem von Wallis gedacht hatte. Die Windsors waren bald gern und oft gesehene Gäste des Jet-Set, sie wurden tonangebend in Geschmacksfragen, und man interessierte sich brennend dafür, welche Toiletten die Herzogin trug und mit welchen Kostbarkei-

ten sie sich behängte. Schon lange vor der Hochzeit war der erlesene Schmuck Mrs. Simpsons allgemein aufgefallen, großzügige Geschenke Edwards, die so manches Mal den englischen Staatssäckel enorm belastet hatten. So hatte der damalige König die wertvollen, aber wie er fand, altmodisch gefaßten Preziosen der Königin Alexandra bei Cartier in Paris in neue Form bringen lassen. Die Rechnung des Juweliers belief sich auf 600.000 Dollar, die Edward ohne Zögern der Regierung als Erbe hinterließ. Wallis verfügte am Ende ihres Lebens über eine Schmucksammlung, die zu den exquisitesten der Welt zählte; allein der Riesendiamant, der von den Reportern »das große Eisstück der Herzogin« genannt wurde, wog ungefähr 50 Karat und war damit halb so groß wie der Koh-i-noor, der die englische Königskrone ziert.

Wallis war ein Leben lang eine Frau mit viel Geschmack, seit ihrer Hochzeit mit dem Herzog auch mit dem nötigen Geld. Sie konnte es sich leisten, bei den berühmtesten Modeschöpfern in Paris und New York arbeiten zu lassen, die es sich zur Ehre anrechneten, wenn die Herzogin ihre Kreationen bei den entsprechenden Gelegenheiten trug. Dabei achtete Wallis streng darauf, daß ihre körperlichen Vorzüge ins rechte Licht gerückt wurden; sie ließ sich nicht vom jeweiligen Modetrend beeinflussen, wenn dieser vielleicht gerade nicht ihrem überschlanken Typ entsprach. Die Modezaren wußten genau, daß sie der Herzogin von Windsor keine dekolletierten Abendkleider vorschlagen durften. Dafür kreierte sie großzügig-raffinierte Rückendekolletés und machte sie gesellschaftsfähig. Eine Reporterin des »American Mercury« nannte ihren Leserinnen den Grund für die immer wiederkehrenden hochgeschlossenen Abendkleider: »...sie trägt sie wegen ihrer flachbrüstigen, jungenhaften Figur.« Erst viel später sah man Wallis in rauschenden, kurzen, aufwendig bestickten Tüllkleidern, die nur von Spaghettiträgern gehalten wurden und die einen Blick auf ihre schlanken Beine erlaubten.

Ihre sündteure Kleidung wurde von exquisitesten Pelzen ergänzt. Obwohl das Herzogspaar gewöhnlich mildes Klima bevorzugte und Wallis kaum rauhem, kaltem Wetter ausgesetzt war, hüllte sie sich gern in bodenlange Zobel-, Chinchilla- oder Hermelinpelze und trug russische Breitschwanz- oder Nerzmäntel. Die modebewußte High Society verfolgte alljährlich gespannt bei den Modeschauen, was die Herzogin von Windsor orderte. Die Modeschöpfer von Paris lagen ihr zu Füßen und erfüllten ihr jeden noch so ausgefallenen Wunsch, da sie wußten, daß durch sie ihr Geschäft nur profitieren konnte.

Wallis gab für ihr Aussehen ein Vermögen aus. Je älter sie wurde, desto mehr beschäftigte sie auch die berühmtesten Kosmetikspezialisten, von denen sie sich, ebenso wie von bekannten Visagisten, erhoffte, daß sie ihrem alternden Gesicht wieder jugendliche Straffheit verleihen würden. Angeblich soll sie auch immer wieder bei amerikanischen Schönheitschirurgen Patientin gewesen sein, aber die Erfolge dieser Spezialisten waren denkbar unauffällig.

Millionen Dollar gab das Herzogspaar von Windsor im Laufe der langen Jahre für sein Image und sein Vergnügen aus, Millionen, die in vielerlei Hinsicht besser und nutzbringender hätten angelegt werden können, ganz davon zu schweigen, wieviel Not und Elend Edward und Wallis mit diesem Geld hätten lindern können. Aber Wohltätigkeit und Freigebigkeit waren nicht ihre Sache. Sie gingen blind durch ihre Glitzer- und Glamourwelt und suchten einzig und allein ihr vergängliches Vergnügen. Da sie keine Kinder hatten, hielten sie sich gleichsam als Ersatz Hunde. Und jedes Tier wurde mit allem nur erdenklichen Luxus verwöhnt und verzärtelt, so daß selbst die wohlmeinendsten Freunde nur den Kopf schütteln konnten. Nur ein einziges Mal ließ sich der Herzog hinreißen, bei einer amerikanischen Wohltätigkeitsveranstaltung 100 Dollar in die Sammelbüchse zu stecken, aber nur, weil Reporter ihn dabei photographierten. Es kam dagegen des öfteren vor, daß Wallis dem überraschten Hotelpersonal statt des erhofften Trinkgeldes zwei eigenhändig signierte Photos von sich und dem Herzog mit großer Geste überreichte.

Durch ihre Heirat mit dem Herzog war Wallis wieder gesellschaftsfähig geworden, und sie erkannte, wie wetterwendisch der »Club der Reichen« nun einmal sein konnte. Plötzlich rechnete man es sich wieder zur Ehre an, sie beide Abend für Abend irgendwohin einzuladen, wo sich die wohlhabenden Nichtstuer ein Stelldichein gaben. Dabei ließen die Windsors aber alle anderen Gäste deutlich spüren, daß sie nicht ihresgleichen waren.

In den ersten Jahren nach seiner Abdankung versuchte Edward noch einmal, in der Politik Fuß zu fassen und seine internationalen Kontakte zum Wohle der britischen Regierung einzusetzen. Dabei trat er aber, da man kein Interesse an seinen Interventionen hatte, da und dort gewaltig ins Fettnäpfchen. So konnte selbst sein langjähriger Freund Winston Churchill Edwards Besuchen in

Deutschland nichts abgewinnen. Der Ex-König galt allgemein als deutschfreundlich, und auf den Parties, die der damalige deutsche Botschafter in London und nunmehrige Außenminister, Joachim von Ribbentrop, gegeben hatte, waren Edward und Wallis immer gern gesehene Gäste gewesen.

Nun nahm Edward mit Wallis, ohne sich mit der britischen Regierung abzusprechen, eine Einladung der NS-Regierung nach Berlin an, um den Bau von Arbeiterwohnstätten in Deutschland zu studieren, für den er sich interessierte. Der britische Botschafter ließ sich peinlichst berührt entschuldigen, und so wurden die Herzogin und der Herzog von dem zuständigen Referenten Dr. Ley im offenen Auto in rasender Fahrt durch Berlin geführt. Ein Besuch in Karinhall bei Göring und seiner Frau schloß sich an, der eher privaten Charakter haben sollte. Aber die britischen Zeitungen stellten die Aktionen des abgedankten Königs groß heraus und machten kein Hehl aus ihrer Ablehnung derartiger privater Ambitionen.

Mit Hermann Göring und seiner Frau unterhielten sich die Windsors ausgezeichnet. Edward konnte die Konversation in deutscher Sprache führen, da er Deutsch beinahe fehlerfrei beherrschte. Schaltete sich die Herzogin ins Gespräch ein, so wechselten die Görings einfach ins Englische oder Französische, so daß es keine Sprachprobleme gab. In Görings Arbeitszimmer machte Edward eine verblüffende Entdeckung: eine Landkarte, auf der – man schrieb immer noch das Jahr 1937 – Österreich bereits als Teil des Deutschen Reiches eingezeichnet war. Darüber befragt, meinte Göring, man müsse dann, wenn es so weit sei, die Landkarte nicht neu zeichnen.

Bevor man auseinanderging, mußten der Herzog und seine Frau noch mit dem Reichsminister, auf den Knien rutschend, auf dem Dachboden Eisenbahn spielen. Tief beeindruckt von der Liebenswürdigkeit und Freundlichkeit der Gastgeber verließen die Windsors Karinhall und beschlossen, später noch einmal auf Besuch zu kommen.

Es folgten Tage mit interessanten Einladungen. Ribbentrop gab für das Herzogspaar ein Essen, zu dem auch das Ehepaar Gustaf Gründgens und Marianne Hoppe geladen war. Paul Schmidt, der Chefdolmetscher Hitlers, übernahm es, die Unterhaltung zwischen der Herzogin und der Schauspielerin zu übersetzen.

Als englischer König Edward VIII. wäre der Herzog auch für

Adolf Hitler von größtem Interesse gewesen, da Hitler immer wieder den Eindruck hatte, daß Edward den Deutschen und den Nationalsozialisten gegenüber freundschaftlich gesinnt sei. Als Herzog von Windsor, der politisch zur Bedeutungslosigkeit herabgesunken war, waren seine Aktien für den »Führer« zwar in den Keller gefallen, aber dennoch war es ein Gebot der Höflichkeit, den Herzog und seine Frau auf den Berghof bei Berchtesgaden einzuladen. Nachdem Edward und Wallis München besucht und nette Plauderstunden im Hause von Rudolf Heß verbracht hatten, wurde ein Sonderzug der Reichsbahn für die Windsors zur Verfügung gestellt, der sie aus der bayerischen Hauptstadt an die österreichische Grenze brachte. Und obwohl alles protokollarisch geklärt war und der Herzog und seine Frau pünktlich zur festgesetzten Zeit auf dem Obersalzberg erschienen, geruhte der »Führer« den ehemaligen König von England eine Stunde warten zu lassen, bis er ihn leutselig empfing.

Wie die Herzogin später in ihren Memoiren vermerkte, hatte sie den Eindruck, daß Hitler mit Damen nicht viel anzufangen wußte; jedesmal, wenn sie den Augenkontakt mit ihm suchte und er ihren Blick auf sich ruhen fühlte, senkte er sofort die Augen.

Hitler bat den Herzog ins Nebenzimmer, wo er mit ihm alleine lange sprach. Paul Schmidt fungierte wieder als Unterhalter der Herzogin, die über die prachtvolle Aussicht auf die schneebedeckten Berge und den modernen, unauffälligen Komfort, der im Berghof geboten wurde, entzückt war. Paul Schmidt schilderte in seinen Memoiren ihr eindrucksvolles Auftreten:

»Die Herzogin mischte sich nur gelegentlich und mit großer Zurückhaltung in das Gespräch, wenn irgendwelche Dinge auf sozialem Gebiet zur Sprache kamen, die besonders eine Frau interessieren. Sie war der Gelegenheit entsprechend sehr einfach, aber äußerst geschmackvoll gekleidet und hinterließ bei Hitler einen nachhaltigen Eindruck. ›Sie wäre sicherlich eine gute Königin geworden‹, sagte er, nachdem sich die Gäste verabschiedet und das Haus verlassen hatten.«

Es war diese Kunst der perfekten Geselligkeit, die Wallis bis zur höchsten Verfeinerung beherrschte. In jeder, auch in solcher Gesellschaft, in jeder Situation und bei jedem Gespräch verstand sie es, der scheinbar ungewollte Mittelpunkt zu sein. Nicht der Herzog erregte die ungeteilte Aufmerksamkeit; alle Augen richteten sich auf seine Frau und ihr Verhalten. Und alle waren sich darüber einig, daß in dieser Ehe Wallis die absolut Dominierende war.

Die Windsors zogen sich nach Frankreich zurück und erlebten in Paris, wo sie ein Haus gemietet hatten, den Ausbruch des Weltkriegs. Edward übernahm eine untergeordnete militärische Funktion, während Wallis sich beim Roten Kreuz betätigte. Beides waren halbherzig ausgeführte Aufgaben, denn Edward hatte erwartet, daß die britische Regierung ihn mit einem wichtigen militärischen Amt betrauen würde. Er hatte sich wieder einmal getäuscht; man brauchte, selbst im Krieg, keinen Herzog von Windsor als General oder Heerführer. Im Gegenteil, die Anwesenheit der Windsors in Frankreich, in das die deutschen Truppen einmarschiert waren, hätte zu einem ernsten Problem führen können, da bekannt wurde, daß Pläne des deutschen Geheimdienstes existierten, Edward gefangenzunehmen und ihn nach einer etwaigen Eroberung Englands anstelle seines Bruders auf den britischen Thron zu setzen. Man hoffte dadurch, das englische Volk, das teilweise immer noch Edward große Sympathien entgegenbrachte, in zwei Lager zu spalten. Es war der Aufmerksamkeit und Weitsicht eines Winston Churchill zu verdanken, daß die Windsors in Paris rechtzeitig gewarnt wurden und schleunigst versuchten, über Südfrankreich das zunächst sichere Spanien zu erreichen. Hier wollte man nähere Instruktionen aus England abwarten. Auch für einen Herzog von Windsor war es nicht ganz einfach, die spanische Grenze mitten im Krieg zu passieren, aber schließlich trafen er und seine Frau wohlbehalten in der spanischen Hauptstadt ein, wo sie sofort von der Madrider Gesellschaft mit offenen Armen aufgenommen wurden. Es gab Empfänge und schier nicht enden wollende Feste für den Exkönig und seine elegante Frau. So sehr Edward das süße Nichtstun in Spanien gefiel, er schrieb doch eindringliche Briefe an Churchill, in denen er den Freund bat, ihm einen Posten irgendwo im weiten Empire zu vermitteln. Dabei dachte der Herzog vor allem an Kanada, wo er als junger Kronprinz einst von der Bevölkerung so herzlich empfangen worden war und wo er vor vielen Jahren einen großen Landbesitz erworben hatte. Britischer Gouverneur in Kanada, das schien Edward die geeignete Position. Churchill bemühte all seinen Einfluß, aber es war der Regierung in London nicht schmackhaft zu machen, daß der abgedankte König plötzlich als kanadischer Gouverneur in Erscheinung treten sollte. Alles, was Churchill erreichte, war, daß Edward Gouverneur auf den Bahamas werden konnte, eine Stelle, die ganz und gar nicht seiner Mentalität entsprach. Auch Wallis war durchaus nicht begeistert, ins Exil gehen zu müssen. Einzig und allein die Sicherheit, die die Inseln mitten im Krieg boten, sah die Herzogin als positiv an.

Auf den Bahamas, wo die Windsors während des Zweiten Weltkriegs lebten, führten sie ein eher eintöniges Leben, wie in einem unterentwickelten Kolonialgebiet, gequält vom feuchtheißen Klima, das vor allem der Herzogin sehr zusetzte. Und obwohl sie hier wirklich keine aufsehenerregenden Parties und Gesellschaften geben konnte und meist mit ihrem David und den schon sprichwörtlich gewordenen Hunden allein war, ließ sie doch die Vertreter der amerikanischen Modehäuser mit ihren Modellen und Kollektionen einfliegen. Dutzende von Schneiderinnen fertigten für sie an Ort und Stelle leichte Tropenkleider, kühle Leinenkostüme, aufwendige Ballroben, verführerische Negligés und winzige Hüte. Auch in der heißen Einsamkeit der Bahamas war die Frau des Gouverneurs immer und überall tadellos gekleidet. Es war, als müßte sie jederzeit gewärtig sein, besonderen Besuch zu empfangen, der sich allerdings kaum jemals ankündigte.

Fünf Jahre war die Amtszeit eines britischen Gouverneurs auf den Bahamas; Edward, aber vor allem Wallis sehnte mit aller Macht den Augenblick herbei, die Inseln verlassen zu können. Wallis verglich ihren Aufenthalt oft mit der Verbannung Napoleons auf St. Helena – allerdings hatte sie die Geschichtsbücher wohl zu oberflächlich gelesen; ihr luxuriöses Haus, im Kolonialstil erbaut und mit höchstem Komfort ausgestattet, war keineswegs mit dem muffig-feuchten Quartier des ehemaligen Franzosenkaisers zu vergleichen.

Im Frühling 1945, in einer Zeit, da halb Europa durch den unseligen Krieg in Trümmern lag, verließen die Windsors die Bahamas, wo Edward zum letzten Mal in seinem Leben einer geregelten Tätigkeit nachgegangen war. Die folgenden Jahre und Jahrzehnte verbrachten beide mit immerwährendem Nichtstun; sie führten das Leben von Leuten, denen es nicht zu langweilig wurde, am Morgen nicht zu wissen, wie man den Tag totschlagen sollte.

Wallis war es mit ihrer Willensstärke meisterlich gelungen, dem Herzog ihren ganz privaten Stil aufzuzwingen, den sie ein Leben lang bevorzugt hatte. Und Edward/David fand nach den ersten, eher kläglichen Versuchen einer sinnvollen Beschäftigung nie

mehr einen Weg, den er mit gutem Gewissen hätte beschreiten
können. Er schlenderte lieber wie ein Trabant an der Seite seiner
Frau durch die Welt, ohne Plan und ohne Ziel, und führte das Leben, das Wallis behagte. Eine Einladung jagte die andere, die Ter-
mine der Pariser und New Yorker Modeschauen waren im Kalen-
der der Herzogin dick unterstrichen, und die Suche nach Stadt-
oder Landhäusern, die man kaufen wollte, trug zur gelegentlichen
Abwechslung bei. Dabei waren sich Wallis und der Herzog nicht
einig, wo sie sich für den Rest des Lebens niederlassen sollten.
Wallis brauchte, um glücklich zu sein, das pulsierende Leben der
Großstadt, während David die Idylle des Landlebens vorzog, wo
er vor allem seiner geliebten Tätigkeit als Hobby-Gärtner nachgehen konnte.
Zunächst allerdings wohnten sie in einem großzügigen Haus in
der Rue de la Faisanderie Nr. 85, das ihnen von einem steinreichen
französischen Industriellen zur Verfügung gestellt wurde. Paul
Louis Weiller wußte, wie er die Windsors erfreuen konnte: Wenn
er sie zum Dinner zu sich geladen hatte, ließ er extra für den Herzog Speisen des berühmten Gastronomen Horcher aus Berlin einfliegen, da er gehört hatte, daß der Herzog die Gerichte aus der
Horcherschen Küche besonders bevorzugte. Die Herzogin überraschte er dadurch, daß er ein ganzes Zigeunerorchester aus Wien
kommen ließ, das Wallis schmalzige Weisen ins Ohr fiedelte.
Der Lebenswandel der Windsors erregte im Paris der Nachkriegs-
zeit Aufsehen und verursachte einigen Wirbel. Laute Musik
dröhnte aus dem Haus in der bisher verträumten Rue de la Faisanderie, und die Nachbarn stießen auf taube Ohren, wenn sie sich
über den übermäßigen Lärm beschwerten. Außerdem hatten einige Journalisten die Deutschfreundlichkeit des Herzogs und seiner
Frau nicht vergessen; besonders linksgerichtete Zeitungen brachten immer wieder Artikel, die auf diese Vergangenheit der beiden
hinwiesen. Als den Windsors die Schwierigkeiten in Paris zu groß
wurden, faßte man einen Wohnungswechsel ins Auge. Nach langem Hin und Her überraschte der Herzog seine geliebte Wallis
zum Geburtstag mit einem großzügigen Geschenk: Er hatte zwei
Häuser erstanden, eines in Paris und eine alte Mühle am Stadtrand.
So hatten sie in Zukunft beide, was sie immer gesucht hatten: ein
Domizil in der Stadt und ein Landhaus zum Ausspannen. Hier gab
sich auch ab und zu die Prominenz aus aller Welt ein Stelldichein,
klingende Namen standen auf den Gästelisten, bekannte Schau-

spieler, erfolgreiche Dichter, namhafte Künstler, und natürlich die Dietrich! Die Stimmung erreichte einen Höhepunkt, wenn der Herzog auf Befehl seiner Frau im Schottenröckchen erschien, um vor den Gästen zu tanzen.

Als im Jahre 1952 der Bruder Edwards, König George VI., starb, nahm der Herzog allein an der Beisetzung teil. Seine Frau war von der Königsfamilie immer noch nicht akzeptiert, obwohl die junge Königin Elizabeth II. als Kind Wallis schon an der Seite ihres geliebten Onkels kennengelernt hatte. Aus dem ehemaligen König von Großbritannien war ein absolut bedeutungsloser Mann an der Seite einer herausgeputzten alternden Frau geworden, deretwegen er auf eine sinnvolle Lebenstätigkeit verzichtet hatte, der seine Tage zwischen der Côte d'Azur, Paris, New York und Palm Beach, auf langweiligen, ewig gleichen Cocktailparties, bei Small-Talk und internationalen Klatschgeschichten verbrachte, in der einen Hand das Champagnerglas, in der anderen das Kaviarsandwich. Wallis amüsierte sich dabei meist königlich, tanzte, auch als sie längst nicht mehr taufrisch war, ganze Nächte durch, während David sich gegen Mitternacht verabschiedete.

Um endlich doch eine Beschäftigung in all der Langeweile zu finden, begannen beide ihre Memoiren zu schreiben, wobei das Buch des Herzogs unter dem Titel »Eines Königs Geschichte« in den USA erschien und angeblich eine Million Dollar eingebracht haben soll. Noch einmal erstrahlten die Windsors im hellen Licht der Öffentlichkeit, bevor es im Alter langsam ruhig und dunkel um sie wurde. Der Herzog begann zu kränkeln, seine Augen bereiteten ihm zunehmend Probleme. Wallis und die heißgeliebten Hunde begleiteten ihn auf Schritt und Tritt, schließlich auch nach London, wo er sich einer komplizierten Augenoperation unterziehen mußte.

Viel Zeit war seit den turbulenten Tagen der Abdankung, der Krönung seines Bruders, den blutigen Jahren des Zweiten Weltkrieges mit den verheerenden Zerstörungen Londons und anderer britischer Städte, dem Wiederaufbau des Heimatlandes und dem Tod König Georges VI. vergangen. Seine Nichte Elizabeth, die als Königin von England auch schon einige Jahre auf dem britischen Thron saß, hatte in Erfahrung gebracht, daß ihr Onkel in einer Klinik in London weilte. Sie überraschte ihn mit ihrem Besuch und traf bei dieser Gelegenheit auch mit Wallis zusammen. Obwohl man sich einige Höflichkeiten sagte, war diese Begegnung noch nicht der Anfang einer Familienaussöhnung. Zu sehr sah man in der jungen Königsfamilie noch selbstgefällig auf die Einhaltung von Sitte und Moral. Freilich konnte die Königin damals nicht ahnen, daß der erste Skandal im Hause Windsor in den Jahren 1936/37 noch harmlos sein würde im Vergleich zu dem, was ihre allerengste Familie, ihre Schwester und ihre eigenen Kinder ihr einmal antun würden. Vielleicht hätte die Königin sonst nicht gezögert, der ungeliebten »Tante« die Hand zur Versöhnung zu reichen, was man auch in der britischen Bevölkerung begrüßt hätte. Allerdings erhielten die Windsors im Mai 1967 überraschend eine Einladung zu einem Familientreffen, als anläßlich des hundertsten Geburtstages von Queen Mary an deren langjährigem Wohnhaus eine Plakette enthüllt werden sollte. Man traf sich zwar, gab sich bewußt ungezwungen, aber die wahre Herzlichkeit fehlte.

Noch ein einziges Mal sollte Edward nach England zurückkehren, aber diesmal für immer. Als Königin Elizabeth von seinem Tod am 28. Mai 1972 in Paris erfuhr, ordnete sie an, daß der Leichnam des ehemaligen Königs im Park des Schlosses von Windsor beigesetzt werden sollte.

Die Herzogin wurde uralt. Nach dem Tod ihres Mannes lebte sie sehr zurückgezogen in Paris und hatte nur noch mit einigen wenigen, sehr guten Freunden Kontakt. Ab dem Jahr 1980 wurde sie kaum mehr gesehen, da sie schwer leidend war. Die Krankheit, die sie ein Leben lang begleitet hatte, brach sich nun im hohen Alter mit voller Gewalt Bahn. Die Herzogin mußte sich einer schweren Magenoperation unterziehen, von der sie sich nicht mehr erholen konnte. Der Tod erlöste sie am 24. April 1986 in Paris, kaum zwei Monate vor ihrem 90. Geburtstag. Was niemand, vielleicht sie selbst nicht, für möglich gehalten hatte, wurde wahr: Königin Elizabeth II. schickte ihr Privatflugzeug nach Frankreich, um die Herzogin nach England heimzuholen, wo Wallis ihre letzte Ruhestätte unter den Bäumen im Park von Windsor fand, unweit ihres geliebten David.

Andics, Hellmut: Die Frauen der Habsburger. Wien – München – Zürich 1969

Anthony, Evelyn: Glanz und Liebe am Hofe König Ludwigs XV. Konstanz 1968

Aretz, Gertrude: Die Marquise von Pompadour, Dresden 1921

Bärchtold, H.: Die Gebräuche bei Verlobung und Hochzeit. Basel 1914

Baehr, Rudolf: Das literarische Portrait im Cinquecento und das Problem einer Beziehung zur Malerei. Aus: Festschrift Richard Milesi, Klagenfurt 1982

Barbier, Edmond J.: Journal historique et anécdotique du règne de Louis XV. New York 1966

Bartz, Karl: Der Sonnenkönig. Berlin 1935

Baum, Wilhelm: Margarete Maultasch. Graz – Wien – Köln 1994

Beauvais, Jean-Baptiste-Charles-Marie: Trauerrede auf Ludwig XV., den vielgeliebten König von Frankreich. Augsburg 1774

Bengtson, Hermann: Kaiser Augustus. München 1981

Bernier, Olivier: Ludwig XV. Eine Biographie, Zürich – Köln 1986

Birkenhead, Frederick William Smith Earl of: Walter Monckton. London 1969

Bolitho, Hector: King Edward VIII. His Life and Reign. London 1937

Bongiovanni, Giannetto: Isabella d'Este, Marchesa di Mantova. Mailand 1939 (dt. Isabella d'Este, Markgräfin von Mantua. Zürich 1941)

Brachvogel, Carry: Die Marquise de Pompadour, Leipzig o. J.

Brody, Iles: Vergangen mit den Windsors. München 1954

Bunte (Illustrierte): Die Liebe des Jahrhunderts. München 1986, Heft 19

Burckhardt, Jacob: Weltgeschichtliche Betrachtungen. Leipzig o. J.

Castelot, André: Der Herzog von Reichstadt. Wien – Berlin – Stuttgart 1960

Chamberlin, E. R.: Unheilige Päpste. Tübingen – Stuttgart o. J.

Corti, Egon Caesar Conte: Vom Kind zum Kaiser. Graz – Salzburg – Wien 1950

Corti, Egon Caesar: Mensch und Herrscher. Graz – Wien – Altötting 1952

Corti, Egon Caesar Conte: Elisabeth von Österreich. Tragik einer Unpolitischen. München 1979

Cronin, Vincent: Der Sonnenkönig. Stuttgart 1965

d'Angerville, O. V.: Geschichte des Privatlebens Ludwigs des XV. von Frankreich. Berlin – Stettin 1781–85

Drimmel, Heinrich: Franz Joseph. Biographie einer Epoche. Wien – München 1983

Düringsfeld, Ida: Das Buch denkwürdiger Frauen. Leipzig 1871

Durant, Will und Ariel: Frankreich vor der Sintflut. In: Kulturgeschichte der Menschheit, Bd. 15. München 1982

Eltz-Hoffmann, Lieselotte von: Die Hochzeit der Könige: In: Salzburger Nachrichten, Oktober 1969

Emmer, Johannes E.: Erzherzog Franz Karl. Salzburg 1883

Endler, Franz: Wien im Biedermeier. Wien 1978

Erlanger, Philippe: Isabella die Katholische. Gernsbach 1990

Ernst, Otto: Franz Joseph I. in seinen Briefen. Wien – Leipzig – München 1924

Felisatti, Massimo: Isabella d'Este, la primadonna del Rinascimento. Roma o. J.

Feuchtwanger, Lion: Die häßliche Herzogin Margarete Maultasch. Hamburg 1982

Forino-Pagden, Sylvia: Isabella d'Este, La prima donna dell' mondo. In: Ausstellungskatalog, Kunsthistorisches Museum Wien 1994

Friedell, Egon: Kulturgeschichte der Neuzeit. München 1927

Fussenegger, Gertrud: Maria Theresia. München 1994

Garin, Eugenio: Die Kultur der Renaissance. In: Propyläen Weltgeschichte, Bd. 6, Berlin – Frankfurt/Main 1991

Gebhard, Bruno: Handbuch der deutschen Geschichte. Stuttgart 1959

Genz, Werner: Die Grundzüge der Geschichte Italiens in Mittelalter und Renaissance. Darmstadt o. J.

Gilbert, Martin: Winston Churchill. London 1976

Gleichen-Russwurm, A. v.: Die Sonne der Renaissance. Sitten und Gebräuche der europäischen Welt 1450–1600. Stuttgart 1921

Grant, Michael: Nero. München 1978

Grant, Michael: Roms Cäsaren. Bindlach 1987

Größing, Helmuth: Der Kampf um Wien im Oktober 1848. In: Militärhistorische Schriftenreihe, Wien 1983

Größing, Sigrid-M.: Amor im Hause Habsburg. Wien 1990

Größing, Sigrid-M.: Schatten über Habsburg. Wien 1991

Hamann, Brigitte: Elisabeth. Kaiserin wider Willen, Wien – München 1980

Hamann, Brigitte (Hg.): Die Habsburger. Ein biographisches Lexikon, Wien 1988

Hantsch, Hugo: Die Geschichte Österreichs 1618–1916. Graz 1937–1969

Haug, Flamin H.: Ludwig V. des Brandenburgers Regierung in Tirol (1342–1361). In: Forschungen und Mitteilungen zur Geschichte Tirols und Vorarlbergs 3, 1906

Hecht, Fritz: Johann von Mähren. Phil. Diss. Halle 1911

Herm, Gerhard: Glanz und Niedergang des Hauses Habsburg. Düsseldorf – Wien – New York 1989

Herre, Franz: Kaiser Franz Joseph von Österreich. Köln 1978

Herre, Franz: Maria Theresia. Köln 1994

Herre, Franz: Metternich. Staatsmann des Friedens, Köln 1983

Hödl, Günther: Habsburg und Österreich 1273–1493. Köln – Graz 1988

Holler, Gerd: Gerechtigkeit für Ferdinand. Österreichs gütiger Kaiser, Wien – München 1986

Holler, Gerd: Napoleons Sohn. Der unglückliche Herzog von Reichstadt, Wien – München 1987

Holler, Gerd: Sophie – Die heimliche Kaiserin. Wien – München 1993

Holzer, Hans: Der Fluch über dem Hause Habsburg. München 1981

Huber, Alphons: Das kirchliche Strafverfahren gegen Margaretha von Tirol wegen der Verjagung ihres ersten Gemahls... Wien 1888

Huber, Alphons: Geschichte der Margarethe Maultasch und die Vereinigung Tirols mit Österreich. Innsbruck 1863

Huber, Alphons: Geschichte des Herzogs Rudolf IV. von Österreich. Innsbruck 1865

Hundt, Barbara: Ludwig der Bayer. Der Kaiser aus dem Hause Wittelsbach, Esslingen – München 1989

Jessen, Hans (Hg.): Friedrich der Große und Maria Theresia in Augenzeugenberichten. München 1972

Ketösy, Graf M.: Habsburger Messalliancen und Liebesaffären im 19. Jahrhundert. Leipzig 1900

Konetzke, Richard: Überseeische Entdeckungen und Eroberungen. In: Propyläen Weltgeschichte, Bd. 6, Berlin – Frankfurt/Main 1991

Kornemann, Ernst: Große Frauen des Altertums... Basel o. J.

Kornemann, Ernst: Römische Geschichte. Bd. 2, Stuttgart 1954

Kornemann, Ernst: Tiberius. Stuttgart 1960

Kröger, Uwe: Die Windsor: Glanz und Elend einer Monarchie. Bergisch Gladbach 1994

Kuhn, Annette/Schneider, Gerhard: Frauen in der Geschichte II. Düsseldorf 1984

Lauts, Jan: Isabella d'Este: Fürstin der Renaissance. Hamburg 1952

Lhotsky, Alphons: Das Haus Habsburg. Wien 1971

Lissner, Ivar: So habt ihr gelebt. Freiburg i. Br. 1970

Lissner, Ivar: So lebten die römischen Kaiser. Freiburg i. Br. 1970

Lutterotti, Otto von: Die Legende von der häßlichen Herzogin. Innsbruck 1963

Marek, George Richard: The Bed and the Throne. The Life of Isabella d'Este, New York 1976

Mc Guigan, Dorothy Gies: Familie Habsburg. Wien 1967

Merris, Violet A.: Eduard – Herzog von Windsor. Wien 1937

Miller, Townsend: Isabel und Juana. München 1967

Mommsen, Theodor: Das Weltreich der Cäsaren, O. O. 1955

Morton, Henry Vollam: Wanderungen in Spanien. Frankfurt/Main 1968

Nostitz-Rieneck, G.: Briefe Kaiser Franz Josephs an Kaiserin Elisabeth. Wien 1966

Palmer, Alan: Metternich. Eine Biographie. Stuttgart o. J.

Perez, Joseph: Ferdinand und Isabella. München 1989

Perl, Henry (Hg.): Briefe der Marquise von Pompadour. Leipzig 1907

Ploetz, Karl (Hg.): Hauptdaten der Weltgeschichte. Würzburg 1963

Raffalt, Reinhard: Große Kaiser Roms. München 1977

Raithel, Richard: Maria Theresia und Joseph II. ohne Purpur. Wien 1954

Ranke-Graves, Robert v.: Ich, Claudius, Kaiser und Gott. München 1968

Redlich, Joseph: Kaiser Franz Joseph von Österreich. Eine Biographie. Berlin 1928

Reschauer, Heinrich: Das Jahr 1848. Wien 1872

Richter, Johannes: Die Reichspolitik König Johanns von Böhmen seit dem Ausbruch des Erbstreites um die Alpenlande (1335–1346). Phil. Diss., Marburg 1923

Riva, Maria: Meine Mutter Marlene. Wien 1992

Roland, A.: Kaiser Franz Joseph und sein Haus... Wien 1879

Saint-Aulaire, August Félix Charles Graf von: Franz Joseph. Wien 1949

Schad, Martha: Bayerns Königinnen. Regensburg 1992

Schaeffer, E.: Habsburger schreiben Briefe. Leipzig 1935

Schmidt, Paul: Statist auf diplomatischer Bühne 1923–45. Bonn 1950

Schmidt-Pauli, Elisabeth v.: Kolumbus und Isabella. Salzburg – Leipzig 1940

Schreiber, Hermann: Marie Antoinette. München 1988

Schuler, Josef: Die Gräfin von Tirol. Innsbruck o. J.

Schulz, A.: Das Leben im 14. und 15. Jahrhundert. Wien 1992

Sethe, Paul: Deutsche Geschichte im letzten Jahrhundert. Frankfurt/Main 1960

Simanyi, Tibor: Madame de Pompadour. Düsseldorf 1959
Spevaček Jiři: Karl IV. Sein Leben und seine staatsmännische Leistung. Wien – Köln – Graz 1978
Srbik, Heinrich v.: Metternich. Der Staatsmann und der Mensch. München 1925–1954
Stadelmann, Heinrich: Kleopatra – Ägyptens letzte Königin. Dresden 1924
Stern (Illustrierte): Bericht über die Windsors. Heft 25/72, Hamburg 1972
Strano, Titina: Isabella d'Este, Marchesa di Mantova. Milano 1938
Sturmfeder, Louise v.: Die Kindheit unseres Kaisers. Briefe der Baronin Louise von Sturmfeder, Aja Seiner Majestät. Aus den Jahren 1830–1840. Wien 1910
Sueton: Cäsarenleben. Stuttgart 1957
Sueton: Kaiserbiographien, Bd. I und II, München o. J.
Tacitus: Germania/Die Annalen. München 1957
Tacitus: Historien. München 1960
Tarn, W. W./Charlesworth, M. P.: Octavian, Antonius und Kleopatra. München 1967
Trissino, Giovan Giorgio: I ritratti II. Verona 1729
Ürögdi, Georg: Das Leben im alten Rom. Frankfurt/Main 1963
Vacha, Brigitte (Hg.): Die Habsburger. Graz – Wien – Köln 1992
Vallotton, Henry: Kaiserin Maria Theresia. Hamburg 1968
Vanderbilt, Gloria/Furness, Thelma: Double Exposure. A Twin Autobiography, London 1959
Waldegg, Richard: Sittengeschichte von Wien. Stuttgart 1965
Wandruszka, Adam: Das Haus Habsburg. Wien – Freiburg – Basel 1978
Wandruszka, Adam: Die europäische Staatenwelt im 18. Jahrhundert. In: Propyläen Weltgeschichte, Bd. 7, Berlin – Frankfurt/Main 1991
Weckbecker, Wilhelm Freiherr von: Von Maria Theresia zu Franz Joseph. Zwei Lebensbilder aus dem alten Österreich. Berlin 1929
Weissensteiner, Friedrich: Frauen um Kronprinz Rudolf. Wien 1992
Weitz, John: Hitler's Diplomat – Joachim von Ribbentrop. London 1992
Wertheimer, Oskar v.: Kleopatra. Wien 1930
White, J. Lincoln: The Abdication of Edward VIII. London 1937
Wibmer-Pedit, Fanny: Margarete Maultasch. Klagenfurt 1966
Wieser, Hans: Der Brautbecher der Margarete Maultasch. Innsbruck 1965
Wilson, Andrew N.: Aufstieg und Fall des Hauses Windsor. Tübingen 1993
Windsor, Duchess of: Mein Herz hatte recht. Die Memoiren der Herzogin von Windsor. München 1954
Windsor, Edward Duke of: Eines Königs Geschichte. Berlin 1951
Windsors, Die: Briefe einer großen Liebe. Die private Korrespondenz aus dem Nachlaß der Herzogin von Windsor. München 1986
Winzer, Fritz (Hg.): Kulturgeschichte Europas. Köln o. J.
Wittlin, A.: Isabella. Zürich – Leipzig o. J.
Wolter, Udo: Ein Lächeln für die Welt. Bad Wörishofen 1953
Zenker, Ernst Victor: Die Wiener Revolution 1848 in ihren socialen Voraussetzungen und Beziehungen. Wien – Pest 1897
Ziegler, Gilette (Hg.): Der Hof Ludwigs XIV. in Augenzeugenberichten. Düsseldorf 1964
Zingerle, J. Vincenz: Die Sagen von Margaretha, der Maultasche. Innsbruck 1863
Zöllner, Erich: Geschichte Österreichs. Wien 1961

PERSONENREGISTER

BILD- UND TEXTNACHWEIS

Kunsthistorisches Museum, Wien: Bildseite 1 oben; Museo Archeologico Nazionale, Neapel: Bildseite 1 unten; Museo Capitolino, Rom: Bildseite 2; Österreichische Nationalbibliothek, Wien, Bildarchiv: Bildseite 3, 4, 5, 6, 8, 9, 10, 11, 12, 13, 14, 15, 16; Palacio Real, Madrid: Bildseite 7

Verlag und Autorin danken für die Erlaubnis, folgende Texte abdrucken zu dürfen:
Textstellen aus dem Briefwechsel zwischen Edward VIII. und Wallis Simpson: © Droemer Knaur Verlag, München
Abschiedsrede Edwards VIII. aus »Eines Königs Geschichte«. © Blanvalet Verlag, Berlin 1951